身体传播

DY

COMMUNICATION

赵建国 ○ 著

社会科学文献出版社
SOCIAL SCIENCES ACADEMIC PRESS (CHINA)

导　读

　　把握理论框架对于从整体上理解一本理论著作很有必要。本书初步构筑了身体传播研究的理论框架。这个框架包括三大部分：身体传播概论、身体传播构成论、身体传播关系论。这三大部分的具体内容如下。

身体传播概论
- 传播是生命的存在方式
- 身体交流、交往和传播的物质基础——身体的交流系统
- 身体实体信息传播
- 身体传播的特征
- 人体是最综合的传播媒体、有机活媒体

身体传播构成论
- 身体传播的三种主要方式
  - 语言传播
  - 动作传播
  - 表情传播
- 身体传播的主要形态
  - 交往的身体
  - 劳动身体的传播
  - 消费身体的传播
  - 政治身体的传播
  - 道德身体的传播
  - 宗教身体的传播
  - 体育身体的传播
  - 艺术身体的传播
  - 健康/病态身体的传播

身体传播关系论（身体与传播媒体）
- 身体与书籍、报刊
- 身体与广播、电视
- 身体与互联网
- 身体与手机
- 媒体中的身体

读学术著作就要找其中有理论价值、有启发意义的原创之处，本书有新意的观点和见解如下。

学界的"语言学转向"和"图像转向"都是向信息和传播转向，身体转向有明显的传播意涵。

"身"与"体"在汉语言文字中具有本体地位。

传播是生命的存在方式，传播学研究需要回到身体这个原点。

人体是天然的、最高级的、最综合的传播媒体，人全面具备"传播五要素"。人是有机活媒体、移动媒体，人作为传播媒体具有能动性。人体是综合的文化载体和导体。身体与媒介同一，交流、交往和传播永远不能把身体排除在外。传播学者普遍忽略了人体这个最天然、最高级和最重要的媒体。传播一直被身体所限定，人的感知、传播方式决定了他（她）的存在方式。

从身体交往、交流角度阐释性爱，可以发现性活动也是交往和传播。

身体美只能通过身体来展示和传播，身体美具有交往性。

人的一生都在用身体"叙事"或者"讲故事"，这是真正意义的身体叙事。其实，用"叙"和"讲"都是不准确的，身体在"做"、在"行"，事都是做出来的、干出来的，而不是叙出来的、讲出来的。身体叙事本是身体传播的一种途径和方式。

为了研究和理论开拓的需要，笔者提出了如下新术语。

如果从社会功能和综合功能（包括生理功能）角度看，身体还有一个系统，这就是交流系统。人体交流系统的高度发达，是人区别于其他动物的最重要特征。

笔者提出了"身体接触式传播"这一术语。身体接触式传播是指身体与实体信息源的直接接触，而非与传播媒体的接触并在与传播媒体接触中获得符码信息。显然，触觉信息来源于身体接触式传播过程中。没有身体接触式传播，触觉信息就无从谈起。

理论著作最好具有关注现实的品格，关注现实问题也是本书贯穿始终的动力。比如，笔者提出"手机已经成为人们正常工作和生活的最严重干扰者"，并建议"加强手机使用的综合社会管理应提上议事日程"。

目　录

引　论　身体传播研究现状述评

第一节　"语言学转向"和"图像转向"
都是向信息和传播转向

一　"语言学转向"和"图像转向"

学术转向就是众多学者的学术兴趣和研究方向发生了重大转变。学界，特别是哲学界通常认为，西方哲学的发展经历了两次重要的转向。第一次是从古希腊的本体论哲学转向近代的认识论哲学；第二次是从近代的认识论哲学转向 20 世纪的语言学哲学，即"语言学转向"（the linguistic turn）。

古希腊哲学属于本体论哲学。哲学家试图找到纷繁复杂世界背后的恒定本质。他们提问的话语方式是："世界的本源是什么？"进入近代以后，哲学研究的主题变成了认识论。哲学家开始反思人类自身的认识能力，提问的话语方式转换为："我们的认识何以可能？"正如恩格斯经常被人们引用的一段话所说："全部哲学，特别是近代哲学的重大的基本问题，是思维和存在的关系问题。"① 所谓思维和存在的关系问题，就是意识和物质的关系问题。它包括两方面的内容，一是思维和存在何者为第一性的问题，二是思维能否正确认识存在的问题。前者回答"世界的本源是什么"，后者回答"我们的认识何以可能"。

从 20 世纪开始，语言成为哲学研究的中心课题，语言的意义、结构等问题取代了认识论的问题。结构主义语言学、语言分析哲学、符号学等成

---

① 〔德〕恩格斯：《路德维希·费尔巴哈和德国古典哲学的终结》，《马克思恩格斯选集》第 4 卷，人民出版社，1972，第 219 页。

为这种转向的主要收获。向语言学转向之后，话语的形态、话语的表达方式以及话语的结构成为人们关注的重点，主体间性取代主体性而成为中心话题。人们更加注重意义的建构方式以及意义的获得方式。语言的本质是对话和交流；语言学转向之后，带来了一种新的研究理念，这就是从独白到对话，从本质论到建构论。

然而，在不少学者看来，现在正经历着另一种转向。

从学理上说，"读图时代"的到来，可以采用一种转型的表述，那就是我们当下的文化正在经历一个告别"语言学转向"，进入到一个"图像转向"的新的时期①。

1992 – 1994年，美国学者米歇尔（W. J. T. Mitchell）和瑞士学者博姆（Gottfried Boehm）几乎同时提出了"图像转向"这一术语。前者所用的术语是"the pictorial turn"，后者所用的术语是"ikonische wendung"。"图像转向"后来又被学者们概括为"视觉转向"（the visual turn）②。在这些学者之前，海德格尔在把语言看作人类的财富的同时，强调了世界被把握为图像。语言和图像转向属于同一文化潮流和趋势，"图像转向"并未取代（"告别"）"语言学转向"。率先提出这一转向的美国学者米歇尔甚至认为，"语言学转向"就已经隐含了某种"图像转向"的思想渊源，即是说，"语言学转向"中实际上隐含着"图像转向"的潜能。他写道：

我想把这一转变称之为"图像转向"。在英美哲学中，这一转向的种种形式早期可追溯到皮尔斯的符号学，后期可追溯到古德曼（Nelson Goodman）的"艺术语言"，两者都探讨了构成非语言符号系统之基础的惯例和符码。更为重要的是，它们并不从如下假定出发，即语言乃是意义的范式。在欧洲，人们可以把这一变化和现象学关于想象和视觉经验的研究等同起来，或把它与德里达的"语法学"等同起来，后者通过把注意力转向书写可见的物质性痕迹而将语言的"语

---

① 周宪：《"读图时代"的图文"战争"》，《文学评论》2005年第6期，第140页。
② 参见 Martin Jay, *Downcast Eyes: The Denigration of Vision in Twentieth-Century French Thought*, Berkeley: University Press of California, 1994; Nicholas Mirzoeff, *An Introduction to Visual Culture*, London: Routledge, 1999。

音中心论"模式去中心化了；或者，还可以把这一转变与法兰克福学派对现代性、大众文化以及视觉媒介的研究等同起来，或者与福柯所坚持的权力/知识历史和理论等同起来，这一历史和理论揭示了话语的和"视觉的"、可见的和可说的东西之间存在的裂隙，这种裂隙乃是现代性的"视觉政体"中的关键所在①。

中国学者周宪认为：

> 米歇尔的论述指出了西方文化的一个传统，那就是历来把语言活动视为心智活动的最高形式，是理性的活动；相反，视觉图像和视觉感知则是一种对观念进行阐释的次等形式，是低一等和靠不住的。因此，"图像转向"实际上就是在向"语言学转向"提出挑战，它深刻地动摇了语言（尤其是言语）的霸权地位②。

时至今日，图像已经越来越不容忽视，甚至欲占据主导地位，所谓"读图时代"就是对这一动向的概括。瓦尔特·本雅明曾引用过的这句话当下已经在相当程度上成为现实："未来社会的文盲不是不会写字的人，而是不懂摄影的人。"图像转向并未完结，仍处于"现在进行时"。

二　"语言学转向"和"图像转向"都是向信息和传播转向

"图像转向"有现实依据，但从更宏观的视野看，笔者认为仅仅看到这两种转向还不够，还应当挖掘这两种转向的共同动因。所谓"语言学转向"和"图像转向"，其实都是向信息和传播转向，因为语言和图像的本质都是记录、对话和交流，语言、图像都是信息、都是传播，都是信息和传播的方式或内容。周宪在谈到"语言学转向"时已经发现了这一点：

> 有学者提出，"语言学转向"发生在18世纪的德国，海曼、赫尔德尔、洪堡就是这一转向的先驱。20世纪又经历了海德格尔、伽达默尔等人的发展，一直到阿佩尔、哈贝马斯等人，形成了一条线索明晰

---

① W. J. T. Mitchell, *Picture Theory*, Chicago：University of Chicago Press, 1994, p. 11 – 12.
② 周宪：《"读图时代"的图文"战争"》，《文学评论》2005年第6期，第142页。

的语言学转向。这个转向的核心在于强调语言的世界开启层面，强调语言的交往功能而非认知功能①。

人类创造语言是为了交流、交往。如果说语言学转向在某种程度上"强调语言的交往功能而非认知功能"，那么在笔者看来，"图像转向"肯定同时强调图像的传播功能和认知功能。海德格尔早在 20 世纪 30 年代就指出："从本质上看来，世界图像并非意指一幅关于世界的图像，而是指世界被把握为图像了。……世界图像并非从一个以前的中世纪的世界图像演变为一个现代的世界图像；毋宁说，根本上世界成为图像，这样一回事情标志着现代之本质。"② "世界被把握为图像"，标志着现代之本质。这是海德格尔对现代世界的独特认识，也是他对图像引起的人们思维方式变化的哲学概括。正如周宪所言，"比较而言，图像比语言更有效和更有力地塑造了我们对现实世界的看法。当代视觉文化中各种复杂的图像或影像形式的爆炸性发展，必然对当代人的主体性、意识形态和认知方式产生着越来越深刻的影响"③。显然，没有图像的传播就很难谈得上"世界被把握为图像"。"当代视觉文化中各种复杂的图像或影像形式的爆炸性发展"，当然是指图像或影像的大规模、普遍性传播。据此，我们可以把"语言学转向"和"图像转向"统一概括为"信息－传播转向"。也就是说，哲学的第二次转向，到"语言学的转向"并未彻底完成，"图像转向"完成之后才算最后完成，甚至可以说"互联网哲学"或"互联网思维"达成之后才算最后完成。仅仅分别看到"语言学转向"和"图像转向"还不够，把它们割裂开来或对立起来更缺乏整体观念和联系思维。

其实，国外已经有学者发现了哲学的信息转向趋势。当代信息哲学的问世，提出"信息转向"（information turn）的初衷就是强调信息的基础性地位。美国特拉华大学认知科学与哲学系的亚当斯（Fred Adams）教授甚至认为，自 20 世纪 50 年代以来，由于科学的信息论引起哲学问题，哲学已经开始了信息转向。瑞典马拉达伦大学的斯诺克科维奇（Gordana Dodig-Cmkovic）也提出科学哲学的范式向信息哲学转移的趋势。弗洛里迪不仅

---

① 周宪：《"读图时代"的图文"战争"》注释 13，《文学评论》2005 年第 6 期，第 144 页。
② 〔德〕海德格尔：《世界图像时代》，见孙国兴编《海德格尔选集》，生活·读书·新知三联书店，1996，第 899 页。
③ 周宪：《"读图时代"的图文"战争"》，《文学评论》2005 年第 6 期，第 142 页。

提出哲学的"信息转向"，而且还大胆地预言信息哲学可能成为新的"第一哲学"（philosophia prima）①。笔者还要补充说，信息转向与传播转向几乎是同时发生的，因为信息需要传播，传播的内容只能是信息，信息与传播二位一体。

还要明确，哲学的"图像转向"是现时世界图像传播越来越强势引起的，是哲学的与时俱进，哲学自身发展的逻辑要求倒在其次。显然，信息和传播已经成为哲学关注的极其重要的对象。由此看来，哲学家研究信息学、传播学和信息学者、传播学者以哲学思维方式看待信息与传播问题，是这种转向所需，也是学科交融所需。

其实，哲学的两次转向有内在的逻辑关联。本体论关注世界是怎样的，认识论关注人对世界的认识是否可能，语言学和图像转向关注人是通过何种方式认识和描述（传播）世界，以及这种认识和描述是否准确。具体说就是，人是通过语言和图像来认识和描述世界的，语言和图像在相当程度上能够认识和描述世界，但语言和图像在认识和描述世界时也有其局限性。不难理解，语言和图像这一"信息－传播转向"是对本体论和认识论的继承和深化，因为认识世界需要信息和传播。

随着图像的大量传播，有人对世界的现实感产生了怀疑。美国学者詹姆逊说："不管对柏拉图的解读是怎样的，我认为后现代主义文化正是具有这种特色。形象、照片、摄影的复制、机械性的复制以及商品的复制和大规模生产，所有这一切都是类像。所以，我们的世界，起码从文化上来说是没有任何现实感的，因为我们无法确定现实从哪里开始或结束。"② 从文化上来说，文化正是对现实物质世界的反映，何以会"没有任何现实感"呢？现实从物质世界开始，如果有结束也只能在物质世界中结束。商品的复制和大规模生产能离开物质吗？我们不能在滚滚而来的图像面前丧失理性思维，不能割断图像世界与真实现实世界的源和流的关系。从本源意义上说，世界本来就是由实体的、具体的物象构成的。物象就是客观事物及其形象，它有质量、形状、颜色、声音、气味，因而是具体可感的。语言和文字的发明是为了描述这个丰富多彩的物象世界，图像的发明和传播也是为了描述这个丰富多彩的物象世界。

---

① 参阅刘钢《哲学的"信息转向"》，《江西社会科学》2004年第2期，第22页。
② 〔美〕弗·杰姆逊：《后现代主义与文化理论》，陕西师范大学出版社，1986，第200页。

维特根斯坦是现代语言哲学转向的重要代表人物。维特根斯坦前期的哲学思想被概括为图像论。图像论是基于世界是实体而存在的，世界的实体是图像存在的前提之一。维特根斯坦在其著作《逻辑哲学论》中认为，"图像是实在的一个模型"，"图像即是一个事实"。"只有事实才能表达意义。"

第二节　身体转向及其传播意涵

语言、图像与身体密切相关。图像已经蕴含了身体，而身体则承载着语言，也构成大部分图像。在这个意义上，向语言转向、向图像转向和向身体转向，都是向传播的转向。

一　身体转向

差不多于语言学转向和图像转向的同时，在思想和哲学领域还出现了身体转向，它首先发生在西方。在 20 世纪，西方社会学以及哲学研究开始大量出现"身体"这个话题。在西方，作为非理性主义对理性主义突围的"身体"话语的凸显或身体转向，可谓哲学现代性转向的重要标志。克里斯·希林（Chris Schilling）在《身体与社会理论》（*The Body and Social Theory*）中指出："身体已经进入了学术分析的核心，反映出它在社会和文化维度上的重要意涵。"[1] 他还说："身体倾向于越来越成为现代人自我认同感的核心。"

在学界，已经形成身体社会学（sociology of the body），身体社会学成为独具特色的社会学研究领域。身体是人学研究的对象之一，对身体的许多研究也可以归入人学。

（一）西方身体与理性相分离的哲学传统

形而上学从来就不愿将身体看成人的本体和本质，因为身体是动物性的东西，是人和动物共同具有的东西。人要摆脱自身的兽性，就必须以最大的可能性排斥自身的兽性基础——身体。

---

[1] 〔英〕克里斯·希林：《身体与社会理论》（第二版），北京大学出版社，李康译，2010，新版序第 5 页。

古希腊哲学家柏拉图（Plato，约前427－前347）断言："因为带着肉体去探索任何事物，灵魂显然是要上当的。""我们要接近知识只有一个办法，我们除非万不得已，得尽量不和肉体交往，不沾染肉体的情欲，保持自身的纯洁。"① "保证身体需要的那一类事物是不如保证灵魂需要的那一类事物真实和实在的。"② 既然本体论和认识论曾经在相当长的时期内成为主流话语，排斥身体就成为必然。

后来，勒内·笛卡尔（René Descartes，1596－1650）的《第一哲学沉思集》一书中有令人惊讶的一段话："我首先曾把我看成是有脸、手、胳臂，以及由骨头和肉组合成的这么一架整套机器，就像从一具尸体上看到的那样，这架机器，我曾称之为身体。"笛卡尔又继续写道："除此而外，我还曾认为我吃饭、走路、感觉、思维，并且我把我所有这些行动都归到灵魂上去。"③ 笛卡尔的足迹遍布欧洲，尽管作为一名旅行者，他随时随地都因身体疲惫而不得不改变自己的起居习惯与生活方式等，但他在提升思想的同时贬低了身体。"认为思考能力与身体器官密不可分，以至于离开身体器官就无法思考，这种观点是不可取的。思考能力绝非身体器官的产物。"④ "严格来说我只是一个在思维的东西，也就是说，一个精神、一个理智，或者一个理性。"⑤ 笛卡尔的这种说法几乎到了无视事实的地步。

黑格尔（Georg Wilhelm Friedrich Hegel，1770－1831）的《精神现象学》，在开篇序言中向人们解释了人的意识是怎样同动物断然分离的。黑格尔对这种分离活动给予了高度的评价，称它是"知性［理解］的力量和工作，知性是一切势力中最惊人和最伟大的，或者甚至可以说是绝对的势力"⑥。人和动物一样有身体，但人的意识让身体学会了克制，意识的产生似乎天生就是为了克制身体，以身体的克制作为基础和代价的。

在人类历史进程中，对身体的指责和嘲笑，有时来自道德伦理，有时来自真理知识。身体受到哲学和宗教的双重磨难。宗教尤其是教会和修道院的历史就是压抑身体的历史。

---

① 〔古希腊〕柏拉图：《斐多》，辽宁人民出版社，2000，第15－17页。
② 〔古希腊〕柏拉图：《理想国》，商务印书馆，1986，第375页。
③ 〔法〕笛卡尔：《第一哲学沉思集》，商务印书馆，1986，第24页。
④ 转引自〔法〕勒布雷东《人类身体史和现代性》，上海文艺出版社，2010，第79页。
⑤ 〔法〕笛卡尔：《第一哲学沉思集》，商务印书馆，1986，第26页。
⑥ 〔德〕黑格尔：《精神现象学》上卷，商务印书馆，1979，第23页。

　　如果说，存在着一个漫长的主体哲学，这种哲学或者将人看成是智慧的存在（柏拉图），或者将人看成信仰的存在（基督教），或者将人看成理性的存在（启蒙哲学），这一切实际上存在着一个共同的人的定义：人是理性的动物。这是形而上学对人的定义，"这个定义支撑着全部的西方历史，它的起源迄今尚未被理解"①。

　　但探索真理、接近知识是无法排除肉体的。思维和存在的关系问题，不能避开身体与存在的关系问题，因为思维是身体的机能，身体是思维之起点，正如中国古代哲学所言："即身而道在。"

（二）西方哲学身体转向的主要代表人物

　　19世纪前，法国启蒙思想家、哲学家保尔·昂利·霍尔巴赫（Heinrich Diefrich，1723－1789）突破了身体与理性相分离的西方哲学传统。他指出："当我的身体向前走的时候，我的灵魂并不是仍然留在后面的；可见灵魂具有一种与我的身体完全相同的性质，一种为物质所特具的性质，因为它是与身体连在一起移动的。……灵魂完全服从身体的运动，没有身体，灵魂就是僵死的。"

　　霍尔巴赫还说："灵魂是我们身体的一部分，只有通过抽象才能把它与身体分开，灵魂本来就是身体，……这个灵魂也不得不和身体一样，承受同样的变化；它和身体一同诞生，一同发展；像身体一样，它也要经过一种幼稚的、软弱的、无经验的状态；它和身体以同样的进度成长、壮大；这时候它才变得能够发挥某些作用，才拥有理性，才显示出或多或少的精神、判断力和能动性。它也和身体一样，受到影响它的各种外界原因使它承受的种种变迁；它分享着身体的苦乐；身体健康时它也健康；身体为疾病所侵时它也患病；它也和身体一样，受到不同程度的气压、季节变化、下肚的食物的影响；最后我们也无法不承认，在某些时期，它也表现出麻痹、衰老和死亡的明显征象。"② 他把灵魂与身体不可分割地联系在一起。

　　19－20世纪有两个重要的身体学说：一是尼采和福柯根本不想调和身

---

① 汪民安、陈永国：《身体转向》，《外国文学》2004年第1期，第39页。Martin Heidegger, *Nietzsche*, vol. 3&4, Harper, 1991, p.217.

② 以上两段引文均出自〔法〕霍尔巴赫《自然体系》，I.7，见北京大学哲学系外国哲学史教研室编译《西方哲学原著选读》下卷，商务印书馆，1982，第223－224页。

体与意识的对立，凸显了身体和历史、身体和权力、身体和社会的复杂关系；二是梅洛－庞蒂（Maurice Merleau-Ponty，1908－1961）以现象学的独特视角审视身体，在探索知识的起源中充分强调了身体的重要作用，从而取消了意识在这个领域中的特权地位。

关于梅洛－庞蒂的身体学说本书将有很多引述评析，在此暂且从略。

德国哲学家弗里德里希·威廉·尼采（Friedrich Wilhelm Nietzsche，1844－1900）的口号是：一切从身体出发。

尼采强调了身体对思想与情感的主宰地位，他在《苏鲁支语录》中借智者的话说："兄弟啊，在你的思想与感情后面，有个强力的主人，一个不认识的智者——这名叫自我。他寄寓在你的躯体中，他便是你的躯体。""我完完全全是肉体，此外无有，灵魂不过是肉体上的某物的称呼。"[①] 他在《权力意志》中说：

> 肉体乃是比陈旧的"灵魂"更令人惊异的思想[②]。

什么是尼采的身体？海德格尔同德勒兹的解释十分相似。在海德格尔看来，动物性是身体化的，也就是说，它是充溢着压倒性的冲动的身体，"身体"这个词指的是在所有冲动、驱力和激情中的宰制结构中的显著整体，这些冲动、驱力和激情都具有生命意志，因为动物性的生存仅仅是身体化的，它就是权力意志。在尼采这里，由于权力意志构成了一切存在者的基本属性，作为权力意志的动物性当然就是人的存在的根本规定性。

汪民安、陈永国是这样评价尼采身体哲学之意义的："尼采开辟了哲学的新方向，他开始将身体作为哲学的中心：既是哲学领域中的研究中心，也是真理领域中对世界作出估价的解释学中心。由于身体就是尼采的权力意志本身，因此，如果海德格尔是对的——他说尼采有一个权力意志的本体论——那么，同样地，这也是一个身体本体论：世界将总是从身体的角度获得它的各种各样的解释性意义，它是身体动态弃取的产物。在此，我们能明白，尼采的哲学为什么既敌视基督教，又对启蒙不屑一顾：这两种貌似对立的哲学，不是表现出对身体的压制，就是表现出对身体的

---

① 〔德〕尼采：《苏鲁支语录》，商务印书馆，2009，第27－28页。
② 〔德〕尼采：《权力意志：重估一切价值的尝试》，中央编译出版社，2000，第37－38页。

反感。两者都表现了对待身体的不以为然。只不过是，前者借用了上帝的名义，后者则借用理性的名义。"①

另一位中国学者梅琼林评价说："尼采的身体发现获得了大批信徒，逐渐开辟了一个新时代——主体（意识）哲学在20世纪50年代之后成为结构主义和后结构主义不倦的摧毁对象；与之相反，身体这股活跃的升腾的积极性的生产力量开始高歌猛进。总之，身体逐渐摆脱了被灵魂和意识宰制的卑贱地位，摆脱了在历史中缺席的尴尬处境。身体在哲学中的合法化引发了世俗景观中一浪高过一浪的身体浪潮。人们看待和谈论身体时不再怀有罪恶感，压抑已久的身体的一切冲动、驱力和激情都爆发出来并受到鼓励和激赏。"②

法国哲学家福柯（Michel Foucault, 1926 - 1984）认为身体是一切问题的起点，历史在某种意义上只能是身体的历史，历史将自己的痕迹铭写在身体上。各种各样的权力、技术，都围绕着身体而展开角逐，权力在控制和生产身体。

与上述哲学转向相呼应，20世纪90年代前期到中期，在美学领域英国学者特里·伊格尔顿、美国学者理查德·舒斯特曼和德国学者沃尔夫冈·韦尔施三人不约而同力倡"肉体话语""身体美学""身体的审美化"等理念，向传统美学发起挑战和冲击。

二 身体转向的传播意涵

向语言转向和向图像转向都是向信息和传播转向，向身体转向也包括向信息和传播转向。但在已有的身体转向中，还没有对身体的信息和传播意义充分关注和研究。

在身体转向中，表现出传播意涵最明显的学者是萨特、梅洛-庞蒂和约翰·奥尼尔。

萨特（Jean-Paul Sartre, 1905 - 1980）说：身体"也是为他存在的。……这也就是要研究我的身体向他人显现的方式或他人的身体对我显现的方

---

① 汪民安、陈永国：《身体转向》，《外国文学》2004年第1期，第41页。
② 参阅梅琼林《囚禁与解放：视觉文化中的身体叙事》的"身体转向"部分，《哲学研究》2006年第3期。

式"①。"他人的身体作为别人所是的东西直接地向我们表现出来。"② 这里实际上是在谈身体的交往和传播了。美国学者施皮格伯格评价说："对于萨特来说，身体最重要的功能就是它在社会接触中所起的连结作用。"③

梅洛－庞蒂说："动作的沟通或理解是通过我的意向和他人的动作、我的动作和在他人行为中显现的意向的相互关系实现的。"④ 这里谈的是人们之间身体动作的沟通和传播。

美国学者约翰·奥尼尔（John O'Neill）在其著作《身体形态：现代社会的五种身体》中指出："任何社会都不能将活生生的身体从其符号体系中排除出去，因为所有社会成员正是通过身体来交流诸如年龄、婚姻状况、性爱的可能性、社会地位等等信息。"⑤ "人类身体是一种交往性身体，其直立姿态和视听能力的结合拓展出了一个符号的世界，这极大地丰富了我们的经验并使之超出了其他任何生命形式的范畴。"⑥ 奥尼尔关于交往性身体的论述，已经进入身体传播研究的主干部分。

除了上述三位学者之外，美国社会学家 E. 戈夫曼和英国学者克里斯·希林涉及身体研究时，也表现出一定的传播意涵。

戈夫曼指出："在若干人相聚的场合，人的身体并不仅仅是物理意义上的工具，而是能够作为传播媒体发挥作用。"⑦ 戈夫曼也有对身体动作的研究。

希林指出："身体的各种运动和外表都释放着人与人之间意向的讯息。比如说，在我们的文化中，要维持有焦点的日常接触，时不时的眼神接触不可或缺，而频频看表就表示想要走人。"⑧ 也就是说，身体在释放信息，也在传播信息。他还指出："身体是社会意义的接收器。"⑨ 身体具有接收能力，身体是"社会意义"的接收者。

---

① 〔法〕让－保尔·萨特：《存在与虚无》，生活·读书·新知三联书店，1987，第441页。
② 〔法〕让－保尔·萨特：《存在与虚无》，生活·读书·新知三联书店，1987，第451页。
③ 〔美〕赫伯特·施皮格伯格：《现象学运动》，商务印书馆，1995，第721页。
④ 〔法〕莫里斯·梅洛－庞蒂：《知觉现象学》，商务印书馆，2001，第241页。
⑤ 〔美〕约翰·奥尼尔：《身体形态：现代社会的五种身体》，春风文艺出版社，1999，第11页。
⑥ 〔美〕约翰·奥尼尔：《身体形态——现代社会的五种身体》，春风文艺出版社，1999，第4页。
⑦ 〔美〕E. 戈夫曼：《聚集现象的结构》，日译本，东京诚信书房，1980，第108页。
⑧ 〔英〕克里斯·希林：《身体与社会理论》（第二版），北京大学出版社，2010，第80页。
⑨ 〔英〕克里斯·希林：《身体与社会理论》（第二版），北京大学出版社，2010，第68页。

当然，虽然身体转向中包含不容忽视的信息－传播意涵，然而信息－传播意涵只是身体转向的深意之一，身体转向的指向是多元而丰富的。

第三节　信息－传播转向的深刻根源和广泛影响

一　信息－传播转向的深刻根源

学术转向表面看来是众多学者学术兴趣和研究方向发生了大致相似的改变，但实际上这种转向不仅有学理上的某种逻辑规律，而且更重要的是它有深刻的社会现实依据和要求。

信息社会（信息时代）、媒介社会（媒介时代）的来临，是学术向信息和传播转向的最深刻的社会根源。

随着人类社会的不断发展，交流、交往和传播日益频繁和重要，由此催生了信息传媒科技的迅速发展。19世纪30年代美国发明家莫尔斯发明电报；19世纪60年代贝尔发明了有线电话；1895年卢米埃兄弟发明了电影；20世纪初广播诞生；20世纪20－30年代出现电视；20世纪60年代互联网开始出现；20世纪70－80年代出现移动手机。不难发现，20世纪是传媒大发展的世纪，因为广播、电视、互联网、移动手机都产生于这一百年中。尽管电报和有线电话产生于19世纪，但在20世纪的大部分时间仍很兴盛；而作为大众传媒的电影产生于19世纪末，但大发展无疑是在20世纪。现在，大众传媒已经渗透到现代社会的基本体系之中，成为社会结构的一个中心部分。从文化发展全局看，如果说19世纪是文学特别是小说的世纪，那么20世纪则是传媒的世纪、媒介的时代。媒介时代与信息时代几乎是同义语，互联网的诞生和普及标志着信息时代的真正到来。

产生于20世纪中后期的互联网具有划时代的意义，直到现在它的全部意义远未全部展现。信息传播和传播媒体，尤其是互联网对社会各个领域的全面渗透和改造，"信息化""数字化""互联网＋"就是这种全面渗透和改造的重要标志。大数据、网商网购、物联网等都是互联网的产物。

信息传媒技术的发展为语言和图像转向提供了坚实的物质基础；语言和图像转向也为信息时代和媒介时代的到来做了理论准备，成为信息时代和媒介时代的先导。

我们已经说过，从 20 世纪开始，语言成为哲学研究的中心课题。但人们忽略了与此密切相关的两个学科的出现，这就是传播学和信息论。传播学出现于 20 世纪初，1949 年，施拉姆出版《大众传播学》，标志着传播学形成。香农于 1948 年发表论文《通信的数学理论》（*A Mathematical Theory of Communication*），标志着信息论的诞生。哲学的语言学转向与传播学和信息论差不多同时出现，不是偶然的，它们之间有内在的关联。也许有必要指出，在学术上概括和指出"语言学转向"这一趋向的时间是 20 世纪 60 年代，与信息论和传播学的形成时间非常接近。对于人类来说，信息传播、交流互动和对话的主要工具是语言。当信息和信息传播社会需求频繁时，当交流互动和对话越来越重要和频繁时，研究语言就成为必然。图像转向也可作如是观，从信息和传播角度考察，图像具有语言所不具备的一些优势，如信息量大、直观生动等。但无论如何，影像技术的高度发达和影像的大量使用是图像转向的必要前提。图像和语言相结合承载信息进行传播具有更大的优势。

二　信息 - 传播转向的广泛影响

信息 - 传播转向产生了广泛的社会影响。信息传媒技术的发展、普及和信息 - 传播转向合力推进了信息社会的到来。信息 - 传播转向已经汇入信息社会、媒介社会的洪流并成为其中的一部分。由于信息学和传播学等学科的迅速成长，人们建设和投身信息社会的行为更加自觉和理性化。信息、传播、互联网、手机成为热词，即使普通人也对这些词语耳熟能详，传播学、互联网研究成为显学。这种影响的更深层表现是，信息 - 传播思维、互联网思维已经潜移默化地影响人们的思想方式、心理活动，在许多方面改变了人们的思维方式，遇到问题上网搜索，已经成为人们的行为习惯。

我们还可以看到，信息学和传播学正在和已经对各个学科和领域进行全面渗透和整合。如今，研究政治不关注大众媒体传播是不可想象的，与此相关形成一个学科分支——政治传播研究。经济学、教育学、文学、史学，等等，无不如此，经济传播、教育传播、文学传播、图像史学等的研究应运而生。其实，每一个学科都有传播自身的内在要求。同时，由于信息学和传播学理论体系的建构，原有的新闻学等学科获得新的理论支撑，从而使自身的面貌发生了重大变化。1982 年施拉姆在访问中国期间对传播学的发展作出预测："在未来的一百年中，分门别类的社会科学——心理学、政治学、人类学等等——都会成为综合之后的一门科学。在这门科学里面，传播的研究会成为所有这些科学里面的基础。……综合之后的社会科学会非常看重对传播的研究，它将成为综合之后的新的科学的一个基本学科。"① 30 多年的历史发展表明，施拉姆的预测在相当程度上是准确的。信息学和传播学对各个学科和领域的全面渗透和整合，正是信息 – 传播转向的表现和结果。

第四节　传播学缺乏对身体持续而明确的聚焦

一　关于身体传播的外围研究

英国学者克里斯·希林的著作《身体与社会理论》（北京大学出版社2010 年版）和布莱恩·特纳的著作《身体与社会》（春风文艺出版社 2000年版），是从社会学角度研究身体的。法国学者勒布雷东的著作《人类身体史和现代性》（上海文艺出版社 2010 年版），勾勒出了人类身体史，尤其是身体观念在现代社会的变迁。英国学者罗宾·奥斯邦于 2011 年出版的《古典希腊身体的历史书写》一书，解释了为什么要写身体史。法国学者梅洛 – 庞蒂的著作《知觉现象学》（商务印书馆 2001 年版）以现象学的独特视角审视身体，具有开拓意义。需要提及的另外一本著作是海外华裔学者吴光明的《论中国身体思维———一种文化解释学》（Kuang-ming Wu, *On Chinese Body Thinking: A Cultural Hermeneutic*, Leiden Grill, 1997.）。但他所说的"身体思维"有三个层面，即具体思维、故事思维及跨文化互动②，也就是说，与具体的身体的直接联系较少，与本书所说的身体相去甚远。因此，在此就不作更多评述了。倒是张之沧、唐涛的论文《论身体思维》更多地直接涉及具体的身体："正是人的身体结构、身体欲望、身体行为、身体意向、身体爱好、认识冲动、好奇心、求知欲、潜意识、自由意志、

---

① 见中国社会科学院新闻所世界新闻史研究所编《传播学》，人民日报出版社，1983，第124 页。

② 张再林：《吴光明"中国身体思维"论说》，《哲学动态》2010 年第 3 期，第 43 页。

身体场、知觉场，以及在此基础上形成的身体思维或身体智能，一起构成认知的源泉和机制。"① 关于身体的社会学、历史学、哲学、政治学和心理学研究，为身体传播研究奠定了坚实的基础。

中国学者汪民安、陈永国编写的《后身体文化、权力和生命政治学》（吉林人民出版社 2011 年版）对中国的身体研究具有介绍和普及意义。

应当指出，正像现象学为身体社会学提供哲学基础一样，它也只能为身体传播研究提供哲学基础和研究的起点，但并不是身体传播研究本身。身体社会学也是如此。

二　传播学缺乏对身体持续而明确的聚焦

（一）国外学者关于身体传播的研究简介

在维基百科中搜索 "body communication"，搜索结果会显示：The page "body communication" does not exist，可见 "身体传播" 在国外还没有专门的研究。

当然，也有一些涉及身体传播的研究，相关内容已经在 "身体转向的传播意涵" 中介绍过，这里就不再重复了。

（二）中国学者关于身体传播的研究

在西方，对身体的关注首先兴起于哲学领域。在中国，跟进最快的是文学界，"身体叙事""身体写作""下半身写作" 的创作和理论就是这种跟进的产物。之后，传播学才缓慢跟进。

明确提出了 "身体传播" 这一术语的只有陈明珠的专著《身体传播：一个女性身体论述的研究实践》（台湾五南图书出版股份有限公司 2006 年版）一书，但遗憾的是实质性的研究并没有展开。

《身体传播：一个女性身体论述的研究实践》较早有意识地开始身体传播研究，提出了 "回到身体本身" 这样的思路。但该著作以现象学为理论基础来看身体传播，有较多关于身体政治的论述，真正把身体拉进传播学视野内研究的内容较少。另外，还有一半内容是女性身体论述，即使这部分内容，真正深入女性身体传播的内容也并不多，如关于女性 "除毛" 问题就占了相当多的篇幅。该书共 300 多页，关于女性身体论述占了近150 页。

---

① 张之沧、唐涛：《论身体思维》，《学术研究》2008 年第 5 期，第 30 页。

该书共五章内容，第一章是绪论：传播现象的原初——回到"身体"本身。第一章之后分为两篇，第一篇"理论篇"：建立身体传播研究的思维。包括两章：第二章身体传播——一个现象学思维的起源，第三章身体理论（包括现象的身体、政治的身体、身体政治三节）。第二篇"实践篇"：女性身体论述的众声喧哗。包括两章：第四章女性身体论述的研究实践；第五章结语（包括两节：传播身体的主体还原，后现代身体传播的剽窃、戏耍）。可以看出，这本著作只是明确提出了"身体传播"这一术语，实质性的研究展开不够。

与身体传播相关的有参考价值的论文有如下几篇。

梁国伟、候薇的论文《虚拟现实：表征身体传播无限开放性的符号形式》（《现代传播》2008 年第 3 期）从虚拟现实角度阐释传播中的身体，但只把身体看作一种符号形式。

金萍华的《网络交往中的身体嵌入》（2009 年复旦大学新闻学院博士学位论文）认为，"绝大多数虚拟社会的交往行动都无法切断同现实自我的身体或者同社会身体之间的关系"。金萍华、芮必峰的《"身体在场"：网络交往研究的新视角》（《新闻与传播研究》2011 年第 5 期）则是这一论题的延展。

汪民安的论文《手机：身体与社会》（《文艺研究》2009 年第 7 期）以手机这一具体媒体为对象，探讨身体与媒体的关系。

第一章　关于身体及其传播的发散性思考

第一节　与身体相关的几个概念与观念

一　身体与灵魂

（一）身体与灵魂一体

1. 身体、肉体、裸体

生理学的身体指一个由皮肤、骨骼、肌肉、内脏和五官组成的有机实体；在哲学意义上，它又指与灵魂、精神、意识、思想相对应的物质肉体。这都与身体的物质性有关，身体是人类（包括其他动物）最直接、最具体的物质性存在。

身体具有时间和空间的双重维度。身体的时间性表现在它一产生就具有过去、现在和将来，但身体立足于现在。身体是有一定体积的物质实体，就意味着它必须要占有空间。身体必须占有空间，没有空间身体将无法存在。身体自身就是一个具有躯壳的空间。我的身体空间不能容纳另外一个身体（怀孕另当别论），除非我的身体移动了位置。

身体生存需要空间，是导致领土争端的最内在原因。"领土神圣，不容侵犯""寸土不让""寸土必争"是保卫领土空间的决心，"无立足之地"则表达了无领土空间的焦虑。"要说起义的嘎达梅林，是为了蒙古人民的土地"（蒙古族民歌《嘎达梅林》），"祖国的好山河寸土不让"（现代京剧《沙家浜》中郭建光的唱词）都是这种观念的具体表达。由"领土"还衍生出"领海""领空"的概念。

身体（body）、躯体或肉体（fresh）、裸体（nude），含义有所差别，但内核是一样的，都以肉身、肉体为基元、为基础。《广雅》曰："体，身也。""体"字在甲骨文中暂时找不到对应的字体，金文是𨡚，也就是𢀳（身）＋豊（豊，盛器中的珍品），表示分布在身体里的诸多重要器官。篆文𨡚用𩌪（骨）代替金文的𢀳，强调"骨骼"对"身子"的支撑作用和"骨腔"对"脏器"的保护作用。隶书𨡚用𦙾（肉）代替篆文的𩌪，强调"体"的"肉质"特征。总之，"体"字的本义是骨腔和诸多内脏组成的躯干，是"骨肉之躯"。裸体被许多人认为是最本真、最自然、最未被物质世界污染的身体状态，但严格说来，即使人的裸体也深深打上了自然进化和文化的烙印。当然，审视裸体也是人直视自身、反观自身的一个契机。

2. 灵魂

灵魂（soul）是相对于身体而言的，世界上的主要宗教大体上认为灵魂是附在人的躯体上作为主宰的一种非物质的灵体，灵体离开躯体人就死亡了。某些宗教、哲学相信灵魂可以独立存在于肉体死亡以后。这些看法都缺乏科学依据。本书所说的灵魂是与精神（spirit）、思想属于同一性质的人的大脑思维活动的产物或与大脑思维活动有关。

3. 身心一体、灵肉一体

身心不可分，肉体和灵魂、心智不可分割，精神是身体的精神，身体是精神的身体，"身心二元论"经不起现代科学的拷问。这里所说的心是指心灵。中国明代哲学家王阳明就强调身心不可分，他说："耳、目、口、鼻、四肢，身也，非心安能视听言动？心欲视、听、言、动，无耳、目、口、鼻、四肢亦不能。故无心则无身，无身则无心。"① 无心，身则无主，无身，心则无以存。法国哲学家萨特指出："身体表现了我对于世界的介入的个体化。……设想灵魂能通过死或纯思想来与身体分离而脱离这种个体化是白费力气的，因为灵魂就是身体正如自为是它自己的个体化。"② 身体死了，作为身体组成部分和身体产物的灵魂也就随之消失了。正如美国诗人惠特曼在《我歌唱带电的肉体》中所问："假使肉体不是灵魂，那什么才是灵魂？"其实，恰恰是人的身体结构和性质，使人具备了逐渐超越动物性的生理的、物理的基础。意识恰恰是身体（具体说是大脑）活动的产物。

汉语中有"身首异处""身首分离""身首异地"等成语，说的是人

---

① 王阳明：《传习录下》，《王阳明全集　知行录》，红旗出版社，1996，第95页。
② 〔法〕让－保尔·萨特：《存在与虚无》，生活·读书·新知三联书店，1987，第405页。

死亡了。在这里"首"就是指脑袋，脑袋里装着灵魂，灵魂和身体分家了，人也就死亡了。可见身体和灵魂不可分。汉语中还有一个成语叫"安身立命"，安身，是指在某处安下身来，立命，是指精神有所寄托。这个成语告诉人们两个道理：其一，身体必须有个存在、生存的地方，如果"无处存身""无处安身"，身体就无法安定下来，就难以生存下去，"安身"方可"立命"；其二，只有"安身"了才能"立命"，只有身体存在才能有生命，有了身体和生命才能有精神，因为精神就寄托在身体和生命之中。这里"立命"还包括精神。

心灵是肉身化的身体，人通过身体而存在，心智存在于身体中，身体存在于世界中。身体是人之生存之所，也是人之死亡之所。当一个人希望"不再有身体"，他自己也就"不再有"了，也就消失了。

身体对人是如此不可或缺，即使在灵魂的幻觉中"飞走"的也是身体。棉棉发表于1998年的短篇小说《每个好孩子都有糖吃》中，叙述了几个都市青年的另类生活。小说中的"我们"吸毒、斗殴、乱交，但即使在吸毒后的幻觉中，也是身体在飞，"身体飞走了"：

> 我们都找不到自己了。"我们讲感觉"嘛！飞啊飞啊，我们的身体飞起来了，那是多么迷人的一件事！我们的身体变大变小，无须努力就能得到快乐，像兔子一样灵巧，思路变得宽广、平缓，无数条轨道，无数扇大门向我们敞开，所有的逻辑和理性，坠落、消失、遗忘。我们的身体在这里，我们飞到那里，可那里是哪里呢？赛宁（作品中的一个人物），你最大的弱点是不会控制。我不再吸毒，不再酗酒，甚至不再追求高潮。鸟儿们不再叫了，也许是我们听不到了。我没想到我还是和你一样，这就是代价。我们的身体飞走了，找不到了！

即使最幻想、最离奇的灵魂游走、灵魂放飞，往往都不能缺少身体这个主角。

人们想象"天堂"时，总是想象身体进入了天堂。其实，天堂是一个没有身体的世界，因为只有人失去身体即死亡时才有所谓的进入天堂，肉体凡胎只能生存在尘世中。

4. 人道主义就是尊重和满足身体的正当需求

人们经常说"终身大事"，终身指一生、一辈子，终身大事就是关系终生的大事，关系一辈子的大事。还有"终身不娶""终身不仕""一日为师，终身为父""终身教育""碌碌终身"等类似说法。"终生"和"终身"都是指人的一生。在这里"身"就是生命、就是人本身。这都说明没有身体就没有生命、没有人生。所谓"生命""生活"就是身体行动、保持和释放活力的过程。法国历史学家泰纳从庞贝古城废墟归来后感叹道："那时候的人，是用整个身体活着。"无可否认，身体更多地与快感、欲望、力比多、无意识联系在一起。有人说："当前，医学中出现一些误解——把身体当成了生命。实际上，是生命生病，不是身体生病。"① 生命就是活着的身体，生病就是活着的身体受到了感染，出现了伤痛。生命的载体是身体，把生命和身体分离开是不可想象的。人即身体，身体即人。我就是我的身体，我的身体就是我，"我来到了，我随身带着我的身体"。如果谁这么说，听者一定觉得荒唐可笑。

人受奴役、受压迫是不人道的，把人从受奴役、受压迫的境况中解救出来叫作"翻身"解放，有一首歌叫作《翻身农奴把歌唱》，唱的是西藏农奴翻身得解放的喜悦。因此，所谓人道主义就是尊重和满足身体的种种正当需求，人道主义的第一要义就是尊重和保障人的身体的生存权，人道主义就是以人的身体为本。对人的肯定必然要肯定他的身体，如果人的身体不能生存下去了，人道主义就化为乌有。同样，对女性的解放最实际的也是从身体开始。比如，中国女性身体的解放是从废除缠足开始的。

我的身体是诸事物指示者的整个归属中心。尤其是，我们的身体不仅仅是人们长期称为的"五种感官的所在地"，它也是我们行动的工具和目的②。身体既是工具也是目的，但它首先是目的。身体是意义的发生场，意义在身体上凝结。新的意义在身体产生，人的身体还是可以生产新意义的身体。《孝经·开宗明义》说："身体发肤，受之父母，不敢毁伤，孝之始也。""身体发肤"本指身躯、四肢、须发、皮肤，后亦泛指自己身体的全部、自身。在《孝经》中，身体产生了"孝"的意义。在中国封建社会中，女性身体的完整、纯洁有特殊意义。"守身"是女性的责任和美德，

① 潘德孚：《是生命生病不是身体生病》，《光明日报》2013年9月8日，第6版。
② 〔法〕让-保尔·萨特：《存在与虚无》，生活·读书·新知三联书店，1987，第417页。

于是"洁身自好""守身如玉"就是社会所提倡的女性美德，"失身"则是女性的奇耻大辱。懂得这一点后，就可以理解为什么有些女人"失身"后会壮烈自尽。

有所谓的"人性多于身体性"这一说法，但人性离开了身体就无从显现和表达。我的身体同其他人的身体不同，我的特殊身体决定了我的特殊本质。男人与女人不同是因为男人与女人的身体不同。

老子说："吾所以有大患者，为吾有身，及吾无身，吾有何患？"然而，我们又不能没有身体，没有身体就失去了一切。身体死去了，一切皆休，包括任何忧患都不存在了。所以，我们的最大敌人就是我们的身体，因而需要不断与自己的本性和身体作斗争，在有些情境下的确是这样。然而，更不要忘记，我们最亲密的朋友也是我们的身体，没有身体将失去所有，身体的消失就意味着人的消失。

（二）身心也有矛盾和不同一的一面

身，有限、受限；心，除了思想桎梏外，几乎无可限。所以身与心的矛盾也是身体使然。灵魂被监禁在身体里，同时身体也被监禁在灵魂里。"在一个充满竞争、速度和交际的世界里，以身体为本的人尤为可怜，这一点被反复强调。对于其他人而言，身体尤其意味着让人无法容忍的约束性，限制了自我繁殖的愿望与思想的无所不能。"[1] 既有我自己身与心的矛盾，又有我与他人身与心的矛盾。通常情况下，我并不能支配他人的身体。

李白的《闻王昌龄左迁龙标遥有此寄》畅想："我寄愁心与明月，随君直到夜郎西。"李白身体不能与朋友王昌龄在一起，但心可像明月一样跟随王昌龄到夜郎西，他只能在想象中超越身体的"不能"。

李商隐的《无题》："身无彩凤双飞翼，心有灵犀一点通。"恨自己身上没有五彩凤凰一样的双翅，可以飞到心爱的人身边，但彼此的心意却像灵异的犀牛角一样，息息相通。但事实上仅仅有心灵上的息息相通，身体无论如何也无法相聚在一起。

陆游在《诉衷情》中叹道："此生谁料，心在天山，身老沧州。"复国的壮志难酬，壮志不能实现，但身体已经老掉。"心在天山，身老沧州"，道尽了远大志向与身体限制、身体气数限度的内在矛盾和博弈，是感叹也

---

[1] 〔法〕勒布雷东：《人类身体史和现代性》，上海文艺出版社，2010，第319－320页。

是无奈。

身体与心灵的不同一、不一致还表现在另外一个层面上。白居易的《卖炭翁》中的诗句"可怜身上衣正单,心忧炭贱愿天寒",就呈现了身体与心灵另外一种不寻常的矛盾。通常身上穿衣服单薄时希望天气暖和,可是这位卖炭翁却希望天更寒冷些,因为只有这样才有人来买他烧的炭。

二 身体与主体、客体

(一) 主体的含义

哲学意义上的主体是与客体相对而言的,主体是指对客体有认识和实践能力的人。

身体作为主体的人的载体,身体就是人本身。主体就存在于自己的身体之内,主体和身体不可分离,主体与身体同一。我就是我的身体,我的身体就是我,我与我的身体不能分割。一个人可以抛弃一切,可以宣称"赤条条来去无牵挂",但是"赤条条"的身体是不可能被抛弃的,而且需要时时"牵挂"。一旦连身体也不"牵挂"了,你便失去了"赤条条来去"的资格和本钱。主体性就是身体自主实践、自我实现、自我确认的品性。

有主体意识的人才有身体意识(body sense),身体意识首先来源于主体对自己身体的感知,然后来源于对他人身体的感知和认识。

(二) 身体既为主体又为客体

但身体既为主体又为客体,身体既是一个自在的身体,也是一个自为的身体。作为客体的身体,我的身体我不能完全掌控,我不能使它变得更美,我不能阻止它的衰老,甚至我想睡觉时我睡不着。这时候我们"长恨此身非我有"。汉语成语"身不由己"的意思是身体不由自己作主,它在一定程度上可以表达我的身体我不能完全掌控的意思。散文作家周国平就描写过性对自己身体的掌控:"男孩的生理发育是一个充满心理迷乱的过程。一开始,仿佛有一阵陌生的微风偶尔从远处吹来,带着从未闻到过的气息,掠过男孩的身体,激起一种轻微的莫名快乐。接着,那风吹得越来越频繁了,风力越来越大了,它渐渐靠近,突然现身为猛烈的风暴。这风暴把男孩的身体抓在自己的手掌之中,如同一个新的猎获物,颠簸它,撕扯它,玩弄它。这风暴从此在男孩的身体里定居,如同一个神秘而强大的入侵者,不由分说地成为男孩的主人,迫使他带着狂喜和惊慌俯首称臣。"①

　　然而，作为主体，我能随我的意愿去处置我的身体，我可以随意走向我想到的地方，我可以自杀——毁灭我的身体。中国人讲究"修身养性"，就是改造和修养自己的"主观世界"，就是主体的自我完善。

　　从人的神经系统来说，人的神经系统分为自主神经系统和非自主神经系统。之所以称自主神经系统是因为四肢、躯干和头的运动或多或少可以由自己的意愿来控制、指挥。而非自主神经系统不在主体的直接控制之下，如当人们害怕时无法阻止自己心跳加快、瞳孔放大、面色苍白此类无意识反应。

　　我的身体既是他者的客体也是我本人的主体；人们相信自己是主体，也承认他人是主体，在这个意义上人类互为主体。我只能通过身体与别人产生关系，而且我只能通过我的身体与他的身体与他产生关系。没有身体，我就不存在，他也不存在。"是我的身体在感知他人的身体，在他人的身体中看到自己的意向的奇妙延伸，看到一种看待世界的熟悉方式。"②因为看和被看是相互的，因此，

　　　　"被别人看见"是"看见—别人"的真理③。

我能够看见别人，就意味着在同样情境下别人也能够看见我。

　　当我们关注我们的身体时就会发现：我的身体不在我的面前，而我在我的身体中。我的身体，我可以自视，却不能完全观察它，为了相对完全观察它，需要另一个本身也不能被自己完全观察到的身体。同样，眼睛不能看见眼睛自己。我从来没有，也永远不会看见我的大脑。我的身体可以自触（主要用手），却不能触及所有部位。比如，挠痒就有挠不到的部位，需要借助挠痒小耙。达·芬奇在他的《笔记》中写道："哦！我们的身体仿佛一台机器，埋头研究摆弄它的你，通过别人的死才能了解它，但不要因此而伤心难过。我们的造物主以无上的智慧创造出这般卓越的用具，你应当为此感到欣喜。"④ 梅洛-庞蒂在《眼与心》中认为，"它（人）

① 周国平：《岁月与性情——我的心灵自传》，人民文学出版社，2009，第42－43页。
② 〔法〕莫里斯·梅洛－庞蒂：《知觉现象学》，商务印书馆，2001，第445页。
③ 〔法〕让－保尔·萨特：《存在与虚无》，生活·读书·新知三联书店，1987，第341页。
④ 转引自〔法〕勒布雷东《人类身体史和现代性》，上海文艺出版社，2010，第56页。

能够看到自己在看，能够摸到自己在摸，它是对于自身而言的可见者和可感者"。其实，应该说，人能意识到自己在看，自己在摸。人对于自身而言是可感者和半可见者，他仅能看见自己的一部分身体。

（三）体验就是主体身体的体验

对于自己的身体，我们在思考它时，也在体验它。

所谓经验就是身体的经验（body's experience 或 lived experience），就是身体的经历和验证，汉语成语"身经百战"正是这个意思。所谓体验就是身体作为主体的体验，离开了身体就不存在体验。所谓实践只能是身体的实践，离开了身体的实践是不存在的。

图1-1这幅新闻照片报道的是2014年2月18日，江西省迎来新一轮雨雪天气，宜春市的两名学童在大雪中戏雪。我们可以从照片中看到学童在用身体特别是舌头来体验飞雪，用皮肤体验飞雪与用舌头体验飞雪感受有所不同，至少舌头有对飞雪味道的感受。

图1-1　学童戏雪

资料来源：邹海斌摄，《光明日报》2014年2月19日，第3版。

身体是体验赖以存在的场所。身体是体验中的身体；身体绝不仅仅是一个由肌肉、血液和骨骼组成的"客体"，还是一个产生各种生活体验的"主体"。体验具有具身性，强调个体独特性。

人用身体感觉身体，用身体体验身体。用我的身体的动作来体验正在动作中的他的身体；用他的身体感受和体验我的身体，我的身体就成为被别人体验过的。

自由也是一种体验，身陷牢笼体验到的是不自由。人们千百年来一直崇尚的自由，首先表现为身体行动的自主和不受限制。

虽然我能够体验我的生命过程，但是，

> 我的生和我的死都不能作为我的体验呈现给我，因为如果我以这种方式想象我的生和我的死，那么我也许以为我在出生前已经存在或在死后继续存在，以便能体验我的生和我的死，因此，我确确实实不能想象我的生和我的死。所以，我只能把自己理解为"已经出生"和"还没有死"，我只能把我的生和我的死理解为前个人的界域：我知道人们出生，人们死亡，但我不可能知道我的生和我的死①。

人不能体验自己的出生和死亡，死而复生的人也许对死亡比他人多些许体验，但严格说来，那还不是真正的死亡体验，因为他（她）并没有真死。

（四）身体被生存环境所限定

身体所存在的外部环境是身体主体的客体。萨特说："身体是这样一个身体，它所是的这团肉体是被它注视着的桌子、被它坐的椅子、被它在上面行走的人行道等确定的。……身体是对世界有意义的关系的整体。在这个意义下，它也是通过参照它呼吸的空气，它喝的水，它吃的肉所定义的。事实上，身体若不保持与存在物整体之间赋予意义的关系，它就不可能显现。"② 身体存在于与客观世界的关系之中。大自然创造了人，人也创造了自己。身体既臣服于环境又改造和创造环境。身体是一个综合体，回到身体就是回到自然身体、文化身体、社会身体的综合交织中。

同时身体也是我们实践的对象，"身体既是我们实践的环境，也是实践的手段。我们以身体为劳动的对象、场所和手段"③。在这个意义上，身体又是客体，是劳动和改造的对象。

三　私人的身体与社会化的身体

（一）身体的私人性与社会性

私人的身体与社会化的身体是一对矛盾。

---

① 〔法〕莫里斯·梅洛-庞蒂：《知觉现象学》，商务印书馆，2001，第277页。
② 〔法〕让-保尔·萨特：《存在与虚无》，生活·读书·新知三联书店，1987，第448页。
③ 〔英〕布莱恩·特纳：《身体与社会》，春风文艺出版社，2000，第278页。

具体实体身体具有私人性，有隐私需要保护。独处或在隐蔽的私人空间时，就可以顺其自然、放松对身体的调控。

身体一旦进入社会公共领域，身体的自主、独立和完整就在一定程度上遭到破坏。进入大众媒体的图像身体很多都失去了私人性，包括私密部位，成为"公共身体"，变得无隐私。

作为社会化的身体，一切社会矛盾都在身体上凝聚、显现和发泄。

（二）女性身体的看和被看

看和被看在许多情况下是相互的，如男女情人之间经常出现脉脉含情的对视。也有被看者不知道自己在被看的情况，这种情况也很常见。由于美女被看的频率很高，她们已经有了被看的经验，所以很多美女走过街头巷尾，知道有许多陌生的目光在窥视自己，多数很坦然并自豪——当然是在安全有保障的前提下。"走你的路，让别人看去吧！"女性也有双眼，也可以看并且看男人的身体（包括男人的私密部位）。但男人的被看，多数情况下不是一个社会问题。相反，如果男人成群裸体在露天游泳，多数女人会有意避开，这似乎是社会习俗使然。

可是，女人身体的被看却成为一个社会问题。多数女人的身体（尤其是私密部位）通常在私人空间内展示、显露，具有私人性。但一旦进入公共空间，如走上舞台、进入大众媒体，就失去了私人性，从而成为社会化的身体，往往成为人们聚焦和议论的对象。事实上，不仅男人在看女人的身体，女人也在看男人的身体，男人和女人对对方身体的相互欣赏甚至窥视本属正常现象。但是由于性别差异男性更具有进攻性，所以女性被男人看自己的身体格外敏感。还有，无论是在社会上还是在大众媒体中，多数情况下男性占主导地位，于是女性被看的地位就更加突出。这是目前还无法改变的现实。有一对比数据可以帮助我们理解这种状况：女性主义的视觉文化研究者发现，在西方艺术史上，只有5%的女性艺术家，但是裸体像的85%是女性[①]。几乎所有的女性裸体画都代表了男性的眼光。看，更多表达的是男性的欲望，视觉快感与欲望纠结在一起。

对于女性影视演员来说，有三重被看。首先是拍摄情境下摄影机旁边的男性导演与摄影师的注视与审视，然后是剧情叙事中男演员的注视，最后是银幕或屏幕下男性观众的注视。前两者都是在场的被看，只有观众的

---

① 参阅周宪《视觉文化的转向》，北京大学出版社，2008，第70页。

看是不在场的。

现在的社会现实是，女性成为被看的对象——视觉对象，女性的鉴定者是男性，男性成为女性形象美标准的制定者。女性把为男人美化自己看作荣耀和义务。于是许多女性把自己的身体被男人欣赏、被众多男人看当作一种骄傲和荣耀、当作一种资源和资本，女性影视明星的被看多数属于此类。而且这种骄傲和荣耀、资源和资本也为不少女性所羡慕和追求。

聚焦公众目光的往往只能是领袖或明星，老百姓能在影视中露脸的机会少而又少。一位官职不大的公务员，终于得到通知有机会在电视新闻中有一个短暂的镜头，他就打电话通知所有的亲朋好友，请他们按时守候在电视机前不要错过一睹自己光辉形象的那一瞬间。

（三）身体与社会制度的冲突与调适

身体都具有私人性，但所有社会都要求身体社会制度化，只不过好的社会制度给每一个私人的身体留下了尽可能多的自由空间。波德里亚指出："身体的价值曾在于其颠覆性价值，它是意识形态最尖锐矛盾的策源地。"① 不断调整、变动的社会制度和意识形态就包括依据身体所作的调适。张弦的小说《被爱情遗忘的角落》表现了身体感性欲望冲决礼教、理性、法律的力量：

　　　　就像出涧的野豹一样，小豹子猛扑上去，他完全失去了理智，不顾一切地紧紧搂住了她。姑娘大吃一惊，举起胳膊来阻挡。可是，当那灼热的、颤抖着的嘴唇一下子贴在自己湿润的唇上时，她感到一阵神秘的眩晕，眼睛一闭，伸出的胳膊瘫软了。一切反抗的企图都在这一瞬间烟消云散。一种原始的本能，烈火般地燃烧着这一对物质贫乏、精神荒芜，而体魄却十分强健的青年男女的血液。传统的礼教、理性的尊严、违法的危险以及少女的羞耻心，一切的一切，此刻全都烧成了灰烬。

小豹子与年轻姑娘的青春热血冲决了礼教、理性、法律的堤坝。但任何个人身体都不可能与社会制度绝对对立，这种情况一旦发生多以个人身体的毁灭为结果。

---

① 〔法〕让·波德里亚：《消费社会》，南京大学出版社，2000，第147页。

第二节　身体：最大牺牲和最终
惩罚的承受者

一　从"以身殉国""以身殉教"到"以身相许"再到"以身试法"

对于人来说，最大的牺牲是牺牲身体。每当人们愿意为某种目标或事业付出最大代价、作出最大牺牲时会说："献身于人类的解放事业""以身殉国"，哪怕"肝脑涂地、马革裹尸，也无怨无悔"，即使"赴汤蹈火，也在所不辞"；还有"以身殉职""以身殉情"（为爱而死）等，这几乎是人死的最高意义了。

《孟子·尽心》说，"摩顶放踵利天下"，意思是只要对天下有利，不惜浑身伤残。还有鲁迅的"我以我血荐轩辕"，虽然没有说"身体"二字，但"血"说的正是"血肉之躯"。"轩辕"即传说中中华民族的祖先黄帝，用来指代中华民族或祖国。"我以我血荐轩辕"是说我一定要把自己的一腔热血奉献给我的祖国。《中华人民共和国国歌》（《义勇军进行曲》）"把我们的血肉，筑成我们新的长城"，《英雄赞歌》"舍生忘死保和平"等都吼出和讴歌了这种献身精神。董存瑞舍身炸碉堡、黄继光挺身堵枪眼等更以血肉之躯践行了这种献身精神。

宗教更强调献身精神，"以身殉教"为人们所熟知。一位修女对心中的上帝说："如果我有一千具身体、一千种爱、一千次生命，我都会把它们献祭给你，供你驱使。"① 献身宗教，还有比这更虔诚的表达吗？

"以身相许"也是最大的信任与奉献了，不过它一般用于女人委身于心仪的男子，将全部的情感身心奉献给心爱的男人。

当然，"以身试法"是最大的冒险了，因为代价是"身陷囹圄（监狱）"即人身失去自由，或毁灭身体即付出生命。

"以身作则"就是以自身的行动做出榜样，这是最好的表率了。与其相近的就是"身先士卒""率先垂范""事必躬亲"。正如《论语·子路》

---

① 〔法〕乔治·维加埃罗主编《身体的历史卷1 从文艺复兴到启蒙运动》，华东师范大学出版社，2013，第77页。

所说："其身正，不令而行；其身不正，虽令不从。"

同样，我们可以进而说，用身体传播通常也是最有效的传播。关于这方面的内容在这里先不多谈，留待后边专门讨论。

二 对人的惩罚最终涉及的总是身体

最终的惩罚是对身体的惩罚。世间对人的惩罚手段和措施多种多样，但最终都会归结到人的身体上。即使舆论的压力、名声的诋毁，也最终以对身体的伤害为结果，"尔曹身与名俱灭"。中国古语说的"以其人之道，还治其人之身"，最终还是要回到"其人""身"上。"以眼还眼，以牙还牙"也有这方面的意思。

在福柯看来，社会惩罚"最终涉及的总是肉体，即肉体及其力量、它们的可利用性和可驯服性、对它们的安排和征服"。比如，把犯人和疯人放在一起监禁被视为一种惩罚。"权力关系直接控制它，干预它，给它打上标记，训练它，折磨它，强迫它完成某些任务、表现某些仪式和发出某些信号。"[1] 而对身体惩罚的终极手段是死刑，因为死刑是对身体的消灭。德国的菲利普·梅兰克森在《道德哲学概要》中说："政治权力最高的和终极的手段是死刑。"权力对人的控制总是表现为对身体的控制，对思想的控制也是为了达到对身体的控制。自我控制也是对自己身体的控制，自我控制能力的强弱也是通过身体表现出来的。

"车裂"或"五马分尸"是中国古代有名的刑罚。"车裂"就是把人的头和四肢分别绑在五辆车上，套上马匹，分别向不同的方向拉从而把人的身体硬撕裂。有时，执行这种刑罚时不用车，而直接用牛或马来拉，所以车裂也称"五牛分尸"或"五马分尸"。秦国的商鞅就是被车裂的。

"人彘"更是骇人听闻的对身体的折磨和摧残。汉高祖死后，吕后（吕雉）摄政，就把高祖的宠妾戚夫人抓来，剁去手脚，割掉鼻子、耳朵、舌头，挖出眼睛，用铜注入耳朵，使其失聪，用暗药灌进喉咙，破坏声带，使其不能言语，丢在猪圈（当时的厕所是与猪圈相连的）里喂养，取名为"人彘"。"彘"即猪。《史记·吕太后本纪》的原文是：

---

[1] 〔法〕米歇尔·福柯：《规训与惩罚 监狱的诞生》，生活·读书·新知三联书店，1999，第 27 页。

断戚夫人手足，去眼，烷耳，饮喑药，使居厕中，命曰"人彘"。

具有讽刺意味的是，吕后自己的儿子刘盈看到此番残景后受到强烈刺激，从此沉迷于酒色之中，不理朝政，七年后，抑郁而亡。

随着社会的发展进步，对人身体的惩罚受到了越来越多的限制，但还是以各种方式或明或暗地存在。比如，现在以赤裸裸的殴打等暴力手段进行刑讯逼供的情形越来越少，更多的是冻、饿、晒、烤等隐性方式。这样的行为不易留痕迹，很难取得证据。

即使表达抗敌复国、收复失地的壮志，也有这样的名句："壮志饥餐胡虏肉，笑谈渴饮匈奴血"（岳飞《满江红》）。彻底打败敌人，表现为对敌人身体的消灭，吃敌人的肉、喝敌人的血。

"苦肉计"之所以容易奏效，是因为它给身体带来了真正的伤害，是真正的惩罚。赤壁之战中周瑜与黄盖上演了"黄盖受刑"的苦肉计。周瑜以黄盖在军前胡言、乱军心的罪名，要斩杀黄盖，在群臣劝阻下，终以几十军棍将黄盖打得皮开肉绽，卧床不起。曹操在东吴的细作，看在眼里，并寄书信给曹操，曹操终于相信了黄盖真的要投诚。民间有句歇后语叫"周瑜打黄盖——一个愿打，一个愿挨"。

第三节　汉语语言语汇中的身体和身体传播

一　以身体为认识事物的工具、理解和表达思想感情的手段

每一个人都有属于自己的一具躯体，身体与我们朝夕相处，人们对身体的每一个部位尤其是外在器官都很熟悉。远古时人们就采用"近取诸身，远取诸物"（《易经·系辞下传》）的方式认识世界。身体成为我们认识事物的工具，如博物学先驱怀特和利奥波德以及美国生物学家戴维·乔治·哈斯凯尔，将目光聚焦于一个较小的区域，主要通过肉眼和身体持续观察，从而达到对自然的认识。身体还成为我们理解和表达某种感情和思想的有效手段，人们每每以身体说事。

我们以身体观察、认知、领会、领悟、验证、尝试、理解、表现事物和他人，于是就有了"体认""体察""体悟""体会""体证""体验""体味""体尝""体谅""体念""体惜""体恤""体现"等词语。这些

词语都以自己的身体为媒介、为工具，以身体投入其中去认、察、悟、会、证、验、味、尝、谅、念、惜、恤、现。"体谅"就是设身处地为他人着想，设想自己身处别人的那种境地。"体念"与"体谅""体惜""体恤"的意思相近，但"体谅"多了一层理解、谅解的意思，"体惜"多了一层爱惜的意思，"体恤"多了一层同情、照顾的意思。"体现"的英文词是 embodiment，身体（body）是词根，体现就是身体表现、表达、展现出来。

新闻界要求记者做到"四勤"，即脑勤、腿勤、耳勤、手勤，脑勤多想，腿勤多跑，耳勤多听，手勤多记。文学研究家杨义说自己治学有五条路径，即眼学、耳学、手学、脚学、心学。眼学就是用眼睛阅读经典和原始文献，耳学就是通过听讲扩展视野、交流思想，手学就是勤于动手找材料记笔记，脚学就是迈开双脚去搞田野调查、走向文学文本发生的现场，心学就是用心体会研究对象内在的生命和意义。"四勤"和"五学"都强调要全身心地投入采访写作和学术研究。

我们通过身体来认识事物、获得启发。以身体为基础和标尺来认识事物，这种认知过程和结果都是身体化的。《吕氏春秋·审分》说："夫治身与治国，一理之术也。"唐代的司马承祯说："国犹身也"，"顺物自然而心无所私，则天下理矣"。"唇齿相依""唇亡齿寒""肝胆相照""亲如手足""手足情""十指连心""打断骨头连着筋""打铁还需自身硬，绣花要得手绵巧"等，都是以身体来说事、来讲道理。"量体裁衣"，就是按照身材来裁剪衣服，它启发我们按照实际情况办事。"授人玫瑰，手留余香"，就是送给别人玫瑰，无意间，玫瑰把芳香留在了自己的手上，它告诉我们把快乐分享给别人，也就得到了分享别人快乐的机会。

许多事物被赋予人的形象，这些事物被拟人化。于是壶有壶"嘴"，耙有耙"齿"，锯有锯"齿"，梳有梳"齿"，鞋有鞋"舌"，钟有"指"针，果实有果"肉"，矿有矿"脉"。

有些用身体说事的词语，非常形象，容易记、容易理解，获得广泛使用和传播。

"竖起耳朵听意见"，表示认真听别人提意见。

"耳朵里塞进了驴毛"，表示对别人的话听不进去。

"掩耳盗铃"，偷铃铛怕别人听见而捂住自己的耳朵，这明明是自己欺骗自己。

"顶嘴"，用言语冲撞他人尤其是尊长。

"眼睛里揉不得沙子"，表示容不得一点瑕疵。

"像爱护眼睛一样爱护……"表示十分珍爱。

"睁一只眼闭一只眼"，表示看见了装作没看见。

"如鲠在喉"，是说鱼骨头卡在喉咙里，比喻心里有话没有说出来，非常难受。

"刎颈之交"，"刎颈"就是割脖子，说的是可以同生死、共患难的朋友。

"脸皮儿薄"与"脸皮厚"，是一对反义词，前者表示不好意思、容易害羞，后者表示不知羞耻，与"不要脸"意思相近。"硬着头皮"，意思是勉强去做难度较大的事。

"芒刺在背"，是说有芒刺扎在背上。形容内心惶恐，坐立不安。《汉书·霍光传》记载："宣帝始立，谒见高庙，大将军光从骖乘，上内严惮之，若有芒刺在背。"

"一根筋"，心无旁骛，坚定不移；也有死板不开窍、认死理不知变通，一条道走到底的意思。

"心像刀割一样"，刀割肉非常疼痛，表示极度难受。

"好了伤疤忘了疼"，是说某些人没有记性，不善于记住教训。

"浑身不自在"，在不同的语境中含义有所变化，多表示身体或心里不舒服，忐忑不安。

"赤膊上阵"，就是光着膀子上阵交战。比喻不顾一切，勇敢战斗。也比喻公然跳出来干坏事。

一些表达对某些人不好的看法也具体化为身体器官或身体的某一部分，比如：如果一个人心量小，心内不能容人、容物，爱记仇，不能原谅别人等，就是"心胸狭窄"；如果一个人见识不深、缺乏远见，就是"目光短浅"或"近视眼"；如果一个人宁可付出代价而硬充作了不起，就是"打肿脸充胖子"；如果一个人本来想害别人，结果害了自己，自食其果，就是"搬起石头砸自己的脚"；如果一个人游荡懒散、不愿参加劳动，就是"游手好闲"。

男女间挑逗、戏弄一类的举动含有轻佻、过于随便之意时，就用"动手动脚"；弯腰俯首，屈从奉迎，就是"卑身屈膝"。李白有"安能摧眉折腰事权贵，使我不得开心颜"的诗句。"卑身屈膝"与"摧眉折腰"含义相近。不向权贵"摧眉折腰"，在李白之前，陶渊明不为"五斗米"向乡里小儿"折腰"。《晋书·陶潜传》载：

> 郡遣督邮至县，吏白应束带见之，潜叹曰："吾不能为五斗米折腰，拳拳事乡里小人邪！"

这段话用白话文讲就是：浔阳郡派遣督邮来检查公务，县吏拦住陶渊明说：参见督邮要穿官服，并且束上大带。陶渊明长叹一声道："我不能为五斗米向乡里小人折腰！"意思是，我怎能为了县令的五斗薪俸，就去向这些小人低头哈腰献殷勤呢！

二　"身"与"体"在汉语言文字中的本体地位

在中国最早的文字甲骨文中，"大""太""天""元"等文字，都取像直立的人的身体的形状。而从人的整体身体形状演变而来的"大""太""天""元"所代表的原始意义，都具有令人敬畏的、不可动摇的、本初地位。

甲骨文"大"字的形状是🧍和大，像张开双臂双腿、顶天立地的成年人身体的形状。许慎《说文解字》曰："大，天大，地大，人亦大。故大象人形。"意思是大，天大，地大，人也大。所以"大"字像人的形象。

"太"字在甲骨文中暂时还没有找到对应的字形，天梁宫高镫上金文的字形是太，也就是在"大"字大下面加上一点（指事符号），表示"大"的最高程度，极大、无限大。请不要忘记，"大"字由人身体的形状而来。

"天"字在甲骨文中的形状是天，也就是在"大"大（人）的头上加一圆圈指事符号⚪，表示头顶上的空间。"天"字的本义是人的头顶上方的无边苍穹。

"元"字在甲骨文中的形状是元，也就是在"人"🧍的头顶上加一横指事符号—，代表混沌初开，万物之始。有的甲骨文元，将一横指事符号—改成两横=（二，即上），表示上苍、宇宙。"元"即始也。

"身"与"体"在语言中具有如此重要的地位，以至于我们在表达这个重要性时也避不开"本体"这个词。

身体的重要性决定了"身"与"体"在语言中的本体地位。所谓本体就是事物的主体或自身，事物的来源或根源。我们在解释"本体"时却不得不使用"主体""自身"这样的词,还是避不开"身"与"体"。"身"的引申义也是指事物的主体部分,比"车身""机身"等。

"本身""本体"说的是事物的根本和根源,其重要性不言而喻。身体如此重要,所以"身外之物"就无足轻重了。

"本身"是人或事物"自身","自身"就是人或事物"本身"。是不是这个人"本身"需要验明"正身","验明正身"就是查验交付执行死刑的罪犯是否确为该项判决的本人。人们把创始人、祖先称为"鼻祖"。"鼻"的本字原为"自"。《说文解字》曰:"自,鼻也,象鼻形。""自"是一个象形字,其本义就是指鼻子,人们说到自己时常常指着鼻子。《说文解字》里有"今以始生子为鼻子"的说法,就是把出生的第一个儿子称"鼻子",于是"鼻"字即有"第一""最初"或"开始"的意思。所以,作为身体一部分的"鼻"就有了"鼻祖"的组合,"鼻祖"即始祖。

汉语中有"体己"一词,"体"就是身体,"己"就是人自己,体己的就是与自己不分离的、紧随自己身体的。最贴近我身体的物或人,对我有特殊的重要性。直接为我所用、不能轻易被别人知悉和拿走的就是"体己"钱。与我形影不离、保护我人身安全的就是"贴身"保镖,伴我左右、随时服侍照料我的就是"贴身"丫鬟。

此外,由身体部位演化而来的最初的象形字,多成为汉字造词的基元。"最早产生的人体词语就文字来说大多为象形字,如'心''手''止''目'等,可知是人们常说的'初文',甲骨文时代均已问世,历史十分悠久。在汉字体系里它们一般作为汉字的部首而存在。表现人体器官的这些词大多属于汉语的基本词。""人体类词语大多是汉语的基本词汇,因而在构词中往往具有很高的能产性。"[1]

三 许多成语和习惯说法都与身体有关

汉语中有许多成语和习惯说法都与身体有关。

心肝宝贝,心乃"脏之尊者","肝"则被称为"将军之官",因此,心、肝被用来比喻最亲热、最心爱的人,尤其是年幼的子女。

拳拳之心,本义是手紧握不舍,引申为恳切、服膺,是铭记心中的意思。形容恳切地牢记不忘。《礼记·中庸》有言:"得一善,则拳拳服膺而

---

[1] 古敬恒:《人体词与人的秘密》,团结出版社,2000,第 2 - 4 页。

弗失之矣。"

首屈一指，意思是辩指头计算，首先弯下大拇指，用来表示第一。

怒发冲冠，本义是愤怒得头发直竖，把帽子都顶起来了，比喻极度愤怒。《史记·廉颇蔺相如列传》记载："王授璧，相如因持璧却立，倚柱，怒发上冲冠。"后来使用"怒发冲冠"最有名的是被传为岳飞写的《满江红》："怒发冲冠，凭栏处、潇潇雨歇。"

呕心沥血，呕即吐，沥即一滴一滴，比喻用尽心思。

粉身碎骨，就是身体粉碎而死，比喻为了某种目的或遭到危险而丧失生命。

体无完肤，就是受伤很重，身体上没有一处完好的皮肤。

遍体鳞伤，与体无完肤意思相似。

赤身露体，就是光着身子，衣不蔽体或赤裸全身，不穿衣服。

俯首帖耳，像狗见了主人那样低着头，耷拉着脑袋，形容卑屈驯服的样子。

腰缠万贯，就是非常有钱。它的反义词是"身无分文"。

引狼扑身，吸引狼向自己的身体扑来，给自己带来危险。现代京剧《红灯记》中李玉和正在与磨刀师傅接关系，突然警车叫跳下来鬼子搜查急，磨刀师傅故意把磨刀架子弄倒将鬼子引向自己。李玉和唱道："他引狼扑身让我过难关。"

壮士断腕，指勇士手腕被蝮蛇咬伤，就立即截断，以免毒性扩散全身。比喻做事要当机立断，不可迟疑、姑息。习近平总书记在十八届中央纪委三次全会上发表重要讲话说：以壮士断腕的勇气反腐到底。

刮骨疗毒，就是将深入骨头的毒液用刀刮除，达到治疗的目的。本来是指三国时期华佗为关羽刮骨疗毒，后来也用刮骨疗毒比喻意志坚强的人。

直接描述身体特征的成语如"大腹便便"，是肥胖的样子；"骨瘦如柴"，是消瘦到了极点；"面黄肌瘦"是脸色黄、肌体瘦，营养不良或有病的样子；"腰肥体壮""虎背熊腰"都是形容身材魁梧，体格健壮。"巧笑倩兮，美目盼兮"（《诗经·卫风·硕人》），倩是笑靥美好，盼是眼目黑白分明。"肤如凝脂"，是皮肤洁白且细嫩，像凝固的油脂。"杏脸桃腮"，是脸似杏花白、腮如桃花红，面容非常美丽。"柳腰莲脸"，是腰如柳、脸似莲，形容女性腰身和面容的美好。"明眸皓齿"，指明亮的眼睛，洁白的牙齿，女子容貌美丽。"身怀六甲"，是妇女怀有身孕。

在有些成语中，"身"并非单纯指肉体之身，更包括操守、处世态度等。比如，"守身为大"意思为坚守自身的操守是最重要的。"明哲保身"是指明智的人善于保全自己。《诗经·大雅·烝民》："既明且哲，以保其身。"现在通常指因怕连累自己而回避原则斗争的处世态度。"洁身自好"意思是保持自己纯洁，不同流合污；也指怕招惹是非，只顾自己好，不关心公众利益。

人们形容某些领导干部决策过程的"三部曲"是："拍脑门决策、拍胸脯保证、拍屁股走人"。"拍脑门""拍胸脯""拍屁股"这"三拍"，拍的都是身体的不同部位。"拍脑门"就是不经过深思熟虑、详细论证就想当然决策；"拍胸脯"就是决策后信誓旦旦、打包票肯定成功；"拍屁股"就是决策实施后事情没办好，草草收场，不承担责任一走了之。"三拍"所拍的身体不同部位，准确描述了这些领导干部在这"三部曲"中的身体动作特征及其心理状态。我们应当从体制、制度上不让"拍脑门决策"者"拍屁股走人"，要有追责机制。

"身体词"已经成为语言学研究较热门的分支，近年出现的专著如：古敬恒著《人体词与人的秘密》（团结出版社 2000 年出版）、李玄玉（韩国）著《汉语人体词语研究》（中国工人出版社 2003 年出版）、黄碧蓉著《人体词语语义研究》（复旦大学出版社 2010 年出版）。

第二章　身体传播概论

第一节　身体能够传播吗

一　传播是生命的存在方式

习惯了传播媒体（机器）的人会问：身体能够传播吗？

我们的祖先原始人对这个问题会感到非常可笑。他们会说：身体不传播才是怪事呢！因为——

人类产生之初，除了身体一无所有，只能用身体来交流、交往和传播。为了生存和发展，人不能不传播，因而人体必须承担起传播的使命，人体必须成为传播体。为了生存，身体必须传播。从母腹中的躁动——向母亲传递了自己存在，到临死之前对身体的安置——向活人宣示自己的离去，都是在传播。人的社会性决定了身体必须具有交往、传播能力。传播是生命的存在方式，传播是生物的本能。

这是生活常识：身体看和被看、问和被问、听和被听、吻和被吻、闻和被闻、触摸和被触摸、感受和被感受、爱和被爱、恨和被恨、打和被打，一句话，身体存在的状态和方式就是交往、交流和传播。我们人类看见也能被看见，听到也能被听到，触摸也能被触摸，思考也能被思考，传播也能被传播。本书在"引论"中已经引用过萨特的这两段话：身体"也是为他存在的。……这也就是要研究我的身体向他人显现的方式或他人的身体对我显现的方式"[1]。"他人的身体作为别人所是的东西直接地向我们表现出来。"[2] 我们的身体不仅为自己而存在，它对别人也是一个存在。我

---

[1] 〔法〕让－保尔·萨特：《存在与虚无》，生活·读书·新知三联书店，1987，第441页。
[2] 〔法〕让－保尔·萨特：《存在与虚无》，生活·读书·新知三联书店，1987，第451页。

的身体直接显示给对方，对方也把自己的身体直接显示给我，这就是身体的交往和传播。人类一直在注意和观察身体互相"显现的方式"。比如，是裸体显示还是衣冠楚楚地显示呢？是以看和被看的方式显示还是以触摸和被触摸的方式显示呢？等等。这些都是身体社会学所关注的内容。

在相当程度上，我们的身体为交流、交往、创造而存在，因交流、交往、创造而进化。身体是最古老、最基本的认知工具、传播媒介、文化载体。身体具有天然的表现、储存、传达和反馈能力。在他人和我们自己身上，我们都能感觉到交往性的身体存在（communicative bodily presence）。"人类身体是一种交往性身体，其直立姿态和视听能力的结合拓展出了一个符号的世界，这极大地丰富了我们的经验并使之超出了其他任何生命形式的范畴。"① 能够创造和使用复杂的符号系统，是人类身体的特征和优势。但是，使用身体动作、表情来传情达意比语言符号更早，"情欲通过爱抚表达出来就像思维通过语言表达出来一样"②。情欲可以通过"爱抚"这样的动作来表达，其他感情和意念当然也可以用动作或表情来表达。上文所述，实际上也在相当程度上涉及研究身体传播的必要性。

梅洛－庞蒂说，身体是我们能拥有世界的总的媒介。

> 我的身体是所有物体的共通结构，至少对被感知的世界而言，我的身体是我的"理解力"的一般工具③。

在此观念基础上，约翰·奥尼尔发挥说："我们所拥有的并正在加以思考的交往身体是我们的世界、历史、文化和政治经济的总的媒介。"④ 我们的身体是交往的身体、媒介的身体、文化载体的身体。主体通过主体的身体感觉到世界的存在并进而认识世界。有什么样的身体，就有什么样的交流、交往和传播；身体与媒介同一。交流、交往和传播永远不能把身体

---

① 〔美〕约翰·奥尼尔《身体形态——现代社会的五种身体》，春风文艺出版社，1999，第4页。
② 〔法〕让－保尔·萨特：《存在与虚无》，生活·读书·新知三联书店，1987，第504页。
③ 〔法〕莫里斯·梅洛－庞蒂：《知觉现象学》，商务印书馆，2001，第300页。
④ 〔美〕约翰·奥尼尔《身体形态——现代社会的五种身体》，春风文艺出版社，1999，第3页。

排除在外。社会传播的所有内容都与人和人的身体有或隐或显、千丝万缕的联系。

过去的，"我思（想）故我在"（I think, therefore I am）；在信息时代，已经发展、转变为"我传（播）故我在"。一个人如果没有传播能力就几乎等于从这个世界上消失了，当然，至少在笔者这里并没有否认思想的重要性。不过，正像罗丹的青铜雕塑《思想者》所展示的那样，思想活动也要通过人体来实现，没有人体，思想活动便无以附着；对于雕塑来说，没有身体（包括头脑在内的身体）思想便无法表现。同样，传播者的传播活动也要通过身体来实现，没有身体，传播便无法进行。进而可以说，没有身体新的思想就不会再产生，传播活动也就停止。

即使在某些特殊情况下，人们力图不让身体传递任何信息，但这种行为本身也是在传递某种信息。比如，第二次世界大战期间，面对德国党卫军时，罗贝尔·安泰尔姆（R. Antelme）回忆道，"没有人通过脸向党卫军表达任何信息，这可能会被看作是一次对话的开始，并可能会在党卫军的脸上激起这种持续否定以外的东西，对其他所有人也都一样。因此，既然这样做毫无裨益，并且，不管自己是否有意，也十分危险，终于，我们开始努力对自己的脸进行否定，以积极配合党卫军的脸"①。不"表达任何信息"也是一种传播。

二　身体在传播活动中的地位和作用

身体在传播活动中的地位和作用可以概括如下：身体是信息来源之一；身体是传播发起者；身体是传播媒介；身体是传播接收者、分析者和反馈者；身体是传播发生效果的场所。于是，我们看到了作为信息源的身体，作为传播发起者和传播者的身体，作为传播媒介的身体，作为信息接收、分析和反馈者的身体，作为传播产生效果场所的身体。

交往、交流和传播绝不仅仅是文字、图像，实体身体的动作、表情、身体触摸等都是交往、交流、传播。

所有媒体传播都是为身体传播服务的，没有身体，媒体传播就失去意义。

---

① 罗贝尔·安泰尔姆：《人类》。见〔法〕勒布雷东《人类身体史和现代性》，上海文艺出版社，2010，第148页。

三 传播学研究需要回到身体这个原点

但是，自从文字、印刷术和广播、电视产生之后，传播媒体成为传播学研究的主要对象。传播学奠基人之一拉斯维尔（Harold Lasswell，1902 - 1977）对传播学研究五大分支的经典阐释中，有一个分支是媒体研究。另外两个分支——传播者研究和受众研究本来都是指人，然而人只是一个笼统的概念，很少考虑人的身体，身体从传播中淡出，似乎与传播无关。

梅洛－庞蒂指出：

> 现象学是关于本质的研究，在现象学看来，一切问题都在于确定本质……但现象学也是一种将本质重新放回存在，不认为人们仅根据"人为性"就能理解人和世界的哲学。它是一种先验的哲学，它悬置自然态度的肯定，以便能理解它们，但它也是这样一种哲学：在它看来，在进行反省之前，世界作为一种不可剥夺的呈现始终"已经存在"，所有的反省努力都在于重新找回这种与世界自然的联系，以便最后给予世界一个哲学地位。……它试图直接描述我们的体验之所是……①

在这段引文中，有两点值得注意，一是"悬置自然态度"，二是"将本质重新放回存在"。先说第一点"悬置自然态度"。另外一位美国学者对此作了解释：

> 在现象学那里，"悬搁"就是使自然意向中立化，这是我们沉思这些自然意向的时候必须采取的措施②。

"悬搁"（与"悬置"意思相同）或"中立化"就是不要从观念出发、先入为主。对于传播研究来说，也需要采取这种态度，摆脱和超越包括对身体视而不见的传播观念在内的传统理念和框框。写作本书的目的就是力

---

① 〔法〕莫里斯·梅洛－庞蒂：《知觉现象学》，商务印书馆，2001，前言第1页。
② 〔美〕罗伯特·索科拉夫斯基：《现象学导论》，武汉大学出版社，2009，第49页。

倡传播学研究要回到身体这个原点。

再说第二点"将本质重新放回存在"。现象学要求把本质重新放回存在进行研究，对于传播来说，身体是一个显在的存在，传播现象本来首先发生在人的身体上，传播研究回到身体理所当然。"对著作的哲学注释不会产生任何东西：我们在著作中只能找到我们放入其中的东西，如果历史要求我们作解释，那是哲学史使然。正是在我们自己身上，我们发现了现象学的统一性和它的真正含义。"① 同样，在我们自己身上，我们也会发现传播的真谛。

第二节　身体交流、交往和传播的物质基础：身体的交流系统

萨特指出："身体是我不能以别的工具为中介使用的工具。"② 我直接使用身体，我直接使用身体来交流、交往和传播。当我使用别的工具为中介，如使用传播媒体时，我的身体就不再是工具而是使用工具或媒介的主体了。

人直接使用自己的身体来交流、交往和传播，就意味着身体是人类交流、交往和传播的物质基础。传播一直被身体所规定、所指引、所限定与制约。与人有关的所有的传播方式，都在人的身体许可范围内进行。就身体对人的交往能力的限制而言，牛津大学人类学家罗宾·邓巴认为，一个人最多拥有150个朋友。人类大脑的逻辑和记忆结构，决定了大脑可以容纳148人的稳定社交关系，四舍五入大约是150人。这就是"150人定律"，又称"邓巴数"。有科学家认为，能够维持亲密关系的朋友，不超过6人。

一　身体的交流系统

每个身体都是一个完整的系统，还包括子系统。

身体系统由能够共同完成一种或几种生理功能的多个器官按照一定的

---

① 〔法〕莫里斯·梅洛-庞蒂：《知觉现象学》，商务印书馆，2001，前言第2页。
② 〔法〕让-保尔·萨特：《存在与虚无》，生活·读书·新知三联书店，1987，第429页。

次序组合构成。通常认为，身体有八大系统，分别是分泌系统、消化系统、循环系统、呼吸系统、泌尿系统、生殖系统、神经系统、运动系统。也有九大系统之说，即再加上免疫系统。

消化系统负责食物的摄取和消化，获得糖类、脂肪、蛋白质、维生素等营养。神经系统负责处理外部信息，对外界的刺激产生反应，包括学习、交流传播等重要活动也是神经系统完成的。呼吸系统负责气体交换，使人体获得新鲜的氧气。循环系统负责氧气和营养的运输，废物和二氧化碳的排泄以及免疫活动。运动系统负责身体的活动，可以做出各种动作姿势。内分泌系统调节生理活动，使各个器官组织协调运作。生殖系统负责生殖活动，维持第二性征。泌尿系统负责身体及血液中废物的排泄。免疫系统负责人体抵御病原菌侵犯，它由免疫器官（骨髓、胸腺、脾脏、淋巴结、扁桃体、小肠集合淋巴结、阑尾等）、免疫细胞（淋巴细胞、单核吞噬细胞、中性粒细胞、嗜碱粒细胞、嗜酸粒细胞、肥大细胞、血小板等）和免疫分子（抗体、免疫球蛋白、干扰素、白细胞介素、肿瘤坏死因子等细胞因子等）组成。

神经系统由中枢神经系统和外周神经系统组成。中枢神经系统包括脑和脊髓，外周神经系统包括 12 对脑神经和 31 对脊神经。外周神经分布于全身，把脑和脊髓与全身其他器官联系起来，通过传入神经传输感觉信息使中枢神经系统能感受内外环境的变化，通过传出神经传达调节指令调节体内各种功能，从而保证人体的完整统一和对环境的适应。信息在神经系统中的传输表现为特定的生物电变化及其传播。身体具有一套完整的信息系统，这个系统需要与外部世界交换能量和信息。

上述身体的八大系统或九大系统主要是从生理功能角度着眼的，如果从社会功能和综合功能（包括生理功能）角度看，笔者认为身体还有一个系统，这就是交流系统。这个系统主要包括所有五官（眼、耳、鼻、舌、身）、神经系统（包括大脑）、四肢尤其是双手也是其组成部分。可以说，几乎整个身体构成了这个交流系统。语言、表情、动作是身体交流系统的主要外在表现方式。不言而喻，身体的交流系统是一个综合的功能系统，这个系统与前述八大系统或九大系统都是交叉的。

美国《科学新闻》双周刊网站 2017 年 7 月 6 日报道称，早在我们驯化其他动物之前，人类可能最先驯化的是自己。"最早的智人可以进行复杂思考，但不具备语言能力。一旦人类开始自我驯化，神经嵴细胞的变化就开始推动我们向更善于交流的物种进化。"① 而这种进化的结果就是逐渐形成了身体的交流系统。正是身体的交流系统成为人类交流、交往和传播的物质基础。没有这个交流系统，人类就无法进行交流、交往和传播活动。人体交流系统的高度发达，是人区别于其他动物的最重要特征，对于这一点，人们在此之前有所忽略和认识不足。

人之外的动物，即使是最高级的动物也只能进行极简单的信息和情感交流。而人所进行的信息交流，复杂到需要编纂字典、词典和百科全书作为依据，知识信息复杂、高深到需要以书籍的方式记载和保留，情感交流复杂、微妙到只可意会不可言传的程度。不仅如此，人类还创造了各种信息媒体和载体，使人类的经验、知识、情感等可以跨越时间和距离世代相传。人类之所以比其他动物更聪明、更有能力，比其他动物进化更快，与人的高度发达的信息交流系统、交流能力高度相关。交流、传播是人类文明的助推器。

二　身体对信息的感觉、感知

身体是一个感觉体，我们通过身体感觉世界，身体是感觉产生的必要条件。生物进化必然要选择能够有效感觉、感知实体信息的有机体的身体，否则就会被淘汰。我们的感知觉完全由世界的实在性支撑。我们的身体是一个能感受所有其他物体的一个有机体，它因各种声音而共鸣，因各种颜色而绚烂，因各种味道而知味，因各种物体而有软硬、凉热、干湿感。比如，有人在写诗人余光中的童年时有这样一段话："周遭大量的动植物使他的视觉、听觉等感觉变得相当敏锐，无意中为日后成为诗人播下了感性的种子。"② 环境丰富多彩的刺激有助于形成敏锐的感觉。

色彩必须用视觉感知，声音必须用听觉感知，抚摸必须用触觉感知，味道必须用味觉来感知，气味必须嗅觉来感知。你无法对一个聋子论证和解释声音是什么，你也无法跟一个天生的瞎子去论证和解释颜色。"视角"之类的说法，对天生的盲人没有意义。

最有效的感受、接收器官是眼睛和耳朵，其次是鼻子和皮肤。人眼可以区分数百万种颜色，人耳可以听出约 50 万种音调。人的鼻子大约有 384

---

① 《人类可能最先驯化的是自己》，《参考消息》2017 年 7 月 8 日。
② 密斯赵：《余光中：中国文字的炼丹人》，《名人传记》2014 年第 3 期。

种不同的嗅觉细胞，学术界一直认为人的鼻子只能嗅辨大约 1 万种气味，2014 年美国《科学》杂志刊登的一项新研究显示，人类的鼻子理论上可以嗅辨至少 1 万亿种气味。但人的嗅觉与狗相比要差很多，如让受过训练的狗嗅病人的尿液，发现前列腺癌的准确率高达 90% 以上。不过，人的鼻子所闻到的味道占我们感受到的味道的 80% - 90%，所以鼻子在味觉感受中很重要。最有力的传播器官是嘴巴、舌头，其次是面部表情尤其是眼睛，还有动作尤其是双手的动作。

视觉，最能给人以整体感，"一目了然""一览无余"就有这个意思。触觉不容易获得整体感，"盲人摸象"说的正是触觉的局限性，由于盲人失去视觉，靠触觉很难获得对大象的整体感受。

人们会惊异于目光（也是物体）相遇时没有被撞碎，但两个目光之间产生了感应。可是两种声音相遇会互相干扰，可能使两者都听不清。

三 人类的视觉优势和视觉主导

用眼睛看、观察和审视世界是人类的基本生存方式，看是主体的搜寻和扩张，视线与被视对象的关系是基本的生存关系。人类的视觉优势和视觉主导现象很早就被发现。古罗马的奥古斯丁就非常深入而细致地指出：

> 这种欲望本质上是追求知识，而求知的工具在器官中主要是眼睛，因此圣经上称之为"目欲"。
> "看"，本是眼睛的专职，但对于其他器官，如我们要认识什么，也同样用"看"字。我们不说："听听这东西怎样发光"，"嗅嗅这东西多么光亮"，"尝尝这东西多么漂亮"，"摸摸这东西多么耀眼"。但对这一切都能通用"看"字。我们不仅能说："看看什么在发光"，这仅有眼睛能看到；但也能说："去看看什么在响"，"看看什么在发出香味"，"看看这有什么滋味"，"看看这东西硬不硬"[1]。

奥古斯丁所说是事实。

看，创造意义。确实，欧洲启蒙运动标举理智之光，这与视觉联系在一起。"启蒙"（enlightment）一词的本义就是借助和运用光去照亮黑暗。

---

① 〔古罗马〕奥古斯丁：《忏悔录》，商务印书馆，1997，第 219 页。

在汉语中，"观世音"不叫"听世音"，本来"音"是用来"听"，而不是用来"观"的。佛学境界的观世音还蕴含这样的深意，即从外听转为内视，来聆听、体察身体内部的情况。"想象"，都是物象的、形象的、图像的，我们说"想象"，不说"想音"，即使表达"想音"的意思也会说："让我们想象声音是什么样子。"即使描写声音也用"歌声好像明媚的春光"（第二次世界大战时期苏联歌曲《喀秋莎》汉译）。当我们表达某种事物重要、应放在重要地位，就说"重视"或"看重"，从来不说"重听"，然而一旦说谁"重听"那是指他或她听觉迟钝。"重视"多用于褒义，"重听"却不是个褒义词。"风景"中的"风"包括听觉，这可能是听觉影响抽象概念为数不多的例证之一。而与"风景"相近的词如"景色""景观"就基本上是视觉的东西而与声音不相关了。《颜氏家训》在谈论读书时说："幼儿学者，如日出之光；老而学者，如秉烛夜行，犹贤乎瞑目而无见者也。""日出之光""秉烛夜行""瞑目""无见"都把读书与视觉连在一起。

在人类对各种感觉器官的需求中，视觉优先。美国的海伦·凯勒（Helen Adams Keller，1880–1968）既盲又聋又哑，但她为什么只写《假如给我三天光明》（Three days to see），而不写"给我三天声音"？她心里呼喊着："光明！光明！快给我光明！"

（一）视觉在感知和认识世界方面具有更大的优越性

1. 视觉在感知和认识世界方面具有更大的优越性，听觉不能相比

视觉是人类感性把握世界的一种方式。有研究者说，在人脑获得的全部信息中，有95％以上来自视觉系统。现在的科学界，在知识与所见之间存在一种等价关系，仿佛唯有当摄像机捕获最后一个分子时才能到达最终真理。用海德格尔的话来说，所谓真理就是"去蔽""解蔽"（Entbergen），就是使存在自身显现出来或被开启出来，也就是被看见①。甚至人脑中的思想活动也可以以视觉图像的方式显示出来，"为什么不呢？明年，通过放射成像显示思想及其困扰？人们懂得如何诊断出谎言、诡计或不真实性。因为，欺骗需要耗费一定的精力或一套程序以压抑、控制或较好地监督真相，以防其冲破屏障，确保不泄露天机。但是此类令中枢活动两极分化的心理脑力活动耗费大量的精力及细胞，因此可以被捕捉到。与断层

① 参见〔德〕海德格尔《艺术作品的本源》，《海德格尔选集》上卷，生活·读书·新知三联书店，1996，第259–299页。

扫描图能够显示工作中或睡眠中的人脑一样,很快我们就能够区分无意识的回答与经过思考及完善后得出的标准答案"①。

人们常说"耳听为虚,眼见为实"(Seeing is believing)。当年,瑞典人斯文·赫定正是由于从楼兰古城等地带回去了各种珍贵文物,人们看到这些文物之后才相信了他充满传奇的探险活动,才给予他各种荣誉,他在世界各地的演讲才有底气。还有一种说法,"百闻不如一见",充分表达了"眼见"的重要性。看是一种享受和权利,人们常说"先睹为快""一睹为快"。甚至有人说现在是"眼睛"全面压倒"耳朵"的时代。至于触觉、嗅觉、味觉那就更不能与视觉相提并论了。柏拉图说过:"我认为,视觉是给我们带来最大福气的通道。如果我们没有见过星星、太阳、天空,那么,我们前面关于宇宙的说法一个字也说不出来。"② 达·芬奇认为,在一切感觉经验中,"被称为灵魂之窗的眼睛,乃是心灵的要道,心灵依靠它才得以最广泛最宏伟地考察大自然的无穷作品"③。费尔巴哈在1843年曾自述:"为了进行思维,我需要感官,首先就是眼睛。"④ 梅洛-庞蒂曾说:"视觉是一种在心灵面前树立世界的图画或表象,树立一个内在性与理想性世界的思想活动。"视觉的这种优势在人类的梦中也体现出来。1896年有人发表的一项研究结果显示,在梦中,视觉体验占优势,听觉体验次之,触觉、嗅觉和味觉体验的出现频率相当低。

视觉优势和视觉主导极大地影响了艺术、审美和美学。视觉和听觉是认知器官,也是审美器官。但触觉、嗅觉和味觉只是认知器官而不能成为独立审美器官。触觉、嗅觉、味觉器官不能单独审美,只能辅助视觉和听觉器官审美。画家吴冠中在记述黄山的散文中曾写道,弥天大雾中从黄山下来的游客抱怨什么也看不到,只能欣赏眼前的松树根和石栏杆。笔者也曾听说,有一位游客游览黄山,由于当时雾太大而看不清著名的迎客松(见图2-1),只好用手摸了摸这棵松树下部的树干,每当提及这次黄山之行,她都觉得是一大遗憾。对于黄山迎客松来说,手摸基本没有美感,眼观看到才能产生美感。德国的费歇尔(F. T. Vischer)认为:"真正的审美

---

① 弗朗索瓦·达高涅:《一个认识论学家眼中的图像》,见〔法〕勒布雷东《人类身体史和现代性》,上海文艺出版社,2010,第261页。
② 〔古希腊〕柏拉图:《蒂迈欧篇》,上海人民出版社,2005,第32页。
③ 〔意〕列奥纳多·达·芬奇:《达·芬奇论绘画》,广西师范大学出版社,2003,第9页。
④ 〔德〕费尔巴哈:《基督教的本质·1843年第二版序言》,商务印书馆,1984,第13页。

图 2-1　黄山迎客松

资料来源：赵建国摄于 2016 年 4 月 7 日。

感官却是视觉和听觉。"① 黑格尔曾经说过："艺术的感性事物只涉及视听两个认识性的感觉。至于嗅觉、味觉和触觉则完全与艺术欣赏无关……艺术品应保持它的实际独立存在，不能与主体只发生单纯的感官关系……在艺术里，感性的东西是经过心灵化了，而心灵的东西借感性化而显现出来了。"② 他的这段话强调视听在艺术审美中的重要作用无可怀疑，但认为嗅觉、味觉和触觉"完全与艺术欣赏无关"则不符合艺术欣赏实际，因而有绝对化之嫌。中国学者季羡林指出：

> 必须认识到，西方美学仅限于眼耳，是不全面的。中国"美"字的语源意义只限于看，也是不全面的，都必须加以纠正和补充。把眼，耳，口，鼻，舌，身所感受的美都纳入美学框架，把生理和生理所感受的美都纳入冶于一炉，建构成一个新体系③。

美国学者理查德·舒斯特曼认为："在本质上将身体等同于感觉的低级官能，而刚好是这些官能的认识构成美学的真正对象。"④ 审美与艺术欣赏的

① 北京大学哲学系美学教研室编《西方美学家论美和美感》，商务印书馆，1980，第 238 页。
② 〔德〕黑格尔：《美学》，见北京大学哲学系美学教研室编《西方美学家论美和美感》，商务印书馆，1980，第 208 页。
③ 季羡林：《美学的根本转型》，《文学评论》1997 年第 5 期，第 9 页。
④ 〔美〕理查德·舒斯特曼：《实用主义美学》，商务印书馆，2002，第 352 页。

确不能仅仅局限于视听器官，整个身体都可以参与审美与艺术欣赏，但无疑视听是最重要的，其他器官都很难成为独立的审美感官，然而，我们不能因此而否认或排斥这些器官参与审美与艺术欣赏。

视听之所以能够成为审美的感官，是因为它们能和对象保持距离，距离是美产生的必要条件。瑞士审美心理学家布劳断言："美，最广义的审美价值，没有距离的间隔就不可能成立。"① 眼睛和耳朵都是距离性感官，但嗅觉也是距离性感官，却未能成为审美器官，看来距离并非美的唯一条件。达·芬奇说，"艺术就是教导人们学会看"。有学者说，我们不得不承认，"现代美学如此突出地变成了一种视觉美学"。

视觉的优势还表现在它比较容易记忆。实验证明，当被试者看过 1100 张照片后，在一天后能识别出其中的 96%。但实验也证明，人几乎无法得出完全符合事实的视觉回忆。

另外，视觉物象、图像获取迅速，因为在光学性质均匀的物质中，光以直线传播，也就是在给定的两点之间，光线按最短的距离传播，并且光的传播速度最快，远远超过音速等。

由于视觉主导和视觉优势，人们在复制和重建生活世界时，生活世界就图像化了。现在的"数字地球"，就其主要方面来说就是图像地球。

与视觉有关的"看"在汉语中有多种细腻的表达：视、睹、瞧、观、望、瞻、察、瞥、看、瞅、窥等。

在语言中，与认知和思维活动有关的语汇也多与视觉有关，如"观察""观测""审视""视察""发现""发明""揭示""明白"等。"视角""聚焦""焦点"全都强调眼睛的作用。当我们表达一个人的思想、意识时，用"观念""观点""见识""见解""意见""看法"等词，当我们表达一个人的整体思想、意识时，用"世界观""人生观""价值观"等术语。当我们描述一个人没有方向、不了解事物真相时，用"盲目"。当我们描述一个人只知局部、不知整体时，就说"瞎子摸象"。当我们描述见闻太窄，认不出地位高或本领大的人时，就说"有眼不识泰山"，描述看不见某人或某事物的伟大或重要，就说"有眼无珠"。某人具有独到眼光、高明的见解，就是"别具慧眼"。我们说一个人对前景判断准确时，

---

① 〔瑞士〕布劳（Edward Bullough）：《心理距离》，见北京大学哲学系美学教研室编《西方美学家论美和美感》，商务印书馆，1980，第 278 页。

就说他有"预见"能力，有"先见之明"。当感到某人或某事物前景好时就说"看好……"。"放眼世界""目光远大""眼界宽阔""视野开阔""见微知著""明察秋毫""很有眼力""洞见"等都是褒义词。"目光短浅""鼠目寸光""一叶障目""眼皮子浅""眼拙"等都是贬义词。看到珍奇或美好的事物叫"一饱眼福"；为祖国争取到了荣誉，叫"为国争光"，锦上添花又叫"增光添彩"；看见别人有名有利或有好的东西时非常羡慕而忌妒，甚至想据为己有或取而代之叫"眼红"或得了"红眼病"。与某人合不来叫"不对眼"，看某人舒服或满意叫"顺眼"，反之叫"不顺眼"。

想要达到的地点或境地、想要得到的结果叫"目的"，想要达到的境界或标准叫"目标"。当前、当下也可以用"目前""眼下""眼前"来表达。文章的名称叫"题目"，概要或细则叫"纲目"。

表示视觉动作的词有：闭目养神、视而不见、另眼相看、东张西望、虎视眈眈、众目睽睽、望眼欲穿、眼花缭乱、死不瞑目、迫在眉睫、目瞪口呆等。

描写人与视觉相关的词有：见证人、目击者、探子、间谍等。

形容人与视觉相关的词有：目光犀利、目光如炬、眼露凶光、含情脉脉、怒目而视、圆溜溜的大眼睛、炯炯有神的眼睛等。

英语中很多表示认知的词都与视觉有关，例如：vigilant（警觉的、警惕的）源于表示"看"的拉丁词 vigilare，它的法语形式 veille 是 surveillance（监视、看守）的词根；demonstrate（论证、证明）来自拉丁词 monstrare，表示"展示"；inspect（检查、审视）、prospect（勘探、勘察；预期、展望）、introspect（内省、自省、反省）、speculate（思考、思索）、aspect（方面；外表）以及 circumspect（谨慎小心的、慎重的）都源于拉丁词 specere，表示"看"或"观察"；scope（范围；眼界、见识）来自拉丁语 scopium，译自表示"看"或"检查"的希腊词；synopsis（大纲、提要）来自表示一般性看的希腊词。视觉理论专家马丁·杰伊在考察这些和视觉相关的英语词语后指出："虽然这些词都是潜在的或死去的视觉隐喻，但它们仍然表达了积淀在英语中的视觉的重要性。"①

---

① Martin Jay, *Downcast Eyes: The Denigration of Vision in Twentieth-Century French Thought*, Berkeley and Los Angeles: University of California Press, 1993, pp. 1 - 2. 参见高燕《视觉隐喻与空间转向——思想史视野中的当代视觉文化》，复旦大学出版社，2009，第77 - 78 页。

仅以"目"开头的成语就有大几十个，择其中常用的列举如下：目不暇接、目无全牛、目不转睛、目空一切、目瞪口呆、目中无人、目光如炬、目不识丁、目不斜视、目光炯炯、目无王法、目迷五色、目不忍视、目染耳濡、目不斜视、目若悬珠、目无尊长、颐指气使、目不忍睹、目无法纪、目酣神醉、目下十行、目眩头晕、目目相觑、目眩神摇、目断魂销、目不识书、目达耳通、目怔口呆、目兔顾犬、目乱睛迷、目注心凝、目见耳闻、目不苟视、目眩头昏、目瞪口呆、目食耳视、目击耳闻，等等。

眼睛固然对认知世界极其重要，但我们不要忘记，"世界的所知，眼睛是知者；眼睛的所知，心智是知者；心智的所知，心灵是知者"。只有与心智和灵魂和谐灵敏有机结合的眼睛，才是智慧之眼、心灵之眼。此外，我们也不要忘记，你知道得越多看到的就越多。知识对于开发眼睛的视野不能忽视。

2. 视觉思维

我们来看一位自闭症患者、美国发明家塔普尔·格朗丁的一段自述：

> 我以图像的形式思考问题。说话对我来说就像第二语言。我把语言和文字转换成情节丰富的电影，并且配上音效，它就像一个磁带录像机在我头脑中运转。当有人对我说话，我会立即把他的话转化成为影像。语言思想家常常觉得这种现象很难理解，但我作为畜牧业方面的设备设计师，视觉思维是一种巨大的优势。
>
> ……我重视我在视觉思维方面的能力，我再也不愿失去它。
>
> 对大多数自闭症患者而言，他们拥有很强的视觉空间技能，但在语言能力方面表现的很弱。当我还是一名儿童和十几岁的青年时，我以为每个人以画面的形式在思考，我也不知道我的思维过程是不同的。事实上，直到最近我才认识到这种差别。在会议和工作中，我问他们是怎样从记忆中获得信息的。从他们的答案中，我知道我的视觉思维能力远远超过了其他大多数人。
>
> 我相信我的视觉思维能力能在我的工作中帮助我更好地了解动物。在我的早期职业生涯中，我用了一个照相机拍下动物穿过斜道时的视觉特征，以便于之后的兽医治疗。有了这些照片，我能弄清楚是什么东西使它们感到恐惧，如阴影和阳光形成的亮点。那时我用的是

黑白胶卷，是因为20年前，科学家们相信，牛不识别色彩。今天，研究表明，牛可以看到色彩，不过照片通过一头牛来提供了看世界的独特的优势。他们帮我弄清楚了为什么动物不走斜坡而是会自动地选择另外一条道路。

当我在我的想象中做一个模拟设备或者是处理工程问题时，就好像是在我脑海中放映一盘录像带。我可以从任何角度来看，把自己放在高于或低于设备并且同时旋转它。我不需要花哨的图形程序来制作三维设计模型。我可以在我的脑海中做得更好。

我所创造的新想象是靠我头脑中储存的许多零散的图片拼凑起来的。我对我曾经工作过的每一个项目都记得很清楚，如铁门、围栏、门插销、混凝土墙等等。为了创造新的设计方案，我从我的记忆里提取出零散的有用的东西，并把他们合并为一个新的整体。随着我头脑中所具有的更多的可视图像，我的设计能力在不断地改善。我可以想象的大到各种器材的运作情况，比如挤压槽，装车斜道与各类牲畜的设备，我和这些操作设备接触得越多，我的可视化能力就越强。

作为一个自闭症患者，我接收信息的方式不和大多数人相同。相反，我在头脑中存储信息的方式就像一盘录像带。当我要回想起我所知道的，我只需在想象中重新播放这些录像就好。录像带在我的记忆里总是具体的……

许多自闭症患者在解决拼图问题的时候具备不寻常的能力，能够在一个城市中找到他们的方向，或者只要一瞥就能记住大量的信息，这些都能说明视觉思维是处理信息的主要方式①。

这里所说的视觉思维实际上就是心理学、艺术学所研究的形象思维，因为形象主要表现为视觉形象。形象思维（imaginal thinking）就是在思维和想象过程中始终伴随着直观形象。塔普尔·格朗丁说得很明确，"我以图像的形式思考问题"，"以画面的形式在思考"，会立即把"话转化成为影像"，"我在头脑中存储信息的方式就像一盘录像带"，当处理工程问题时，"就好像是在我脑海中放映一盘录像带"。

①　参见陶建文《视觉主义　基于图像和身体的现象学科学哲学》，中国社会科学出版社，2012，第151–157页。

塔普尔·格朗丁作为自闭症患者以视觉思维为主也许不具有普遍意义，但是，正常的人谁也不能否认我们思维的一部分属于视觉思维，我们离不开视觉思维。正常人与塔普尔·格朗丁不同的地方在于，他以视觉思维为主，而我们则视觉思维和逻辑思维兼而有之。艺术家和一部分有创造性的科学家通常视觉思维（形象思维）发达，因此，正常人也需要开发自己的视觉思维。

（二）视觉主导和视觉优势在文学作品中的表现

视觉主导和视觉优势还表现在文学作品中。我们来看中国人非常熟悉的毛泽东的词《沁园春·雪》。可能人们没有注意过，这首词通篇都是视觉统领。"北国风光，千里冰封，万里雪飘。"开篇没有说"看"，但都是视觉物象。尤其是接下来的"望长城内外，惟余莽莽；大河上下，顿失滔滔。山舞银蛇，原驰蜡象，欲与天公试比高。须晴日，看红装素裹，分外妖娆"。分明告诉我们，开头三句是"望"的结果。而且"长城内外""大河上下"，"山"和"原"都是"望"的结果。非但如此，上阕结尾又出现了一个"看"字，转换了场景。"望"的是"雪飘"的风光，"看"的是"晴日"的景象，形成一种阴晴对比。

下阕是畅想："江山如此多娇，引无数英雄竞折腰。惜秦皇汉武，略输文采；唐宗宋祖，稍逊风骚。一代天骄，成吉思汗，只识弯弓射大雕。俱往矣，数风流人物，还看今朝。"但这种畅想以视觉形象为主，江山多娇是视觉形象，英雄折腰是视觉形象，弯弓射大雕依然是视觉形象。结尾从视觉形象回忆中陡然一转，"俱往矣，数风流人物，还看今朝"。"数风流人物"是个鲜活的、极具动感的视觉形象。"还看今朝"，再次出现了"看"字，这个"看"字把读者从历史的畅想拉回现实。而且，这次"看"的对象与上阕"看"的对象不同，上阕"看"的重点是"北国风光"，这里"看"的对象是今朝的"风流人物"。

可以说，这首词由一"望"两"看"，插上一段视觉形象回忆畅想构成，浑然一体，大气无双。

顺便说几句题外话，之所以说毛泽东的词大气无双，我们可以拿"豪放派"词的代表作之一苏东坡的《念奴娇·赤壁怀古》来对比。这首词有对赤壁风物绝世无双的描写，更有对"三国周郎赤壁"的"怀古"畅想，这些都浩气磅礴，无人能及。然而，苏东坡在结尾处只能感叹："人生如梦，一樽还（huán）酹江月。"因为他作为臣子、文人的胸襟和被贬谪的处境只能发出这样的慨叹。毛泽东有换人间的胸襟，更有韬略在胸、雄兵在握，所以他自然就要"数风流人物，还看今朝"。这两首词对苏轼和毛泽东来说，都是自然天成，并无造作。在气魄胸襟上，苏轼自然要略输一筹。当然，我们这样分析，并不影响《念奴娇·赤壁怀古》千古绝唱的崇高地位。

四　关于"听觉转向""大耳为圣""音景""听觉叙事"等

（一）关于"听觉转向"

由于视觉主导和视觉优势，视觉极大地影响了思维，使思维视觉化。与逻辑思维相对的形象思维就是思维视觉化的表现，甚至有"视觉思维"的说法。阿恩海姆写道：

> 现在看来，有某些机制，不仅在理性思维水平上进行着，而且还在知觉水平上进行着。因此，类似概念、判断、逻辑、抽象、推理、计算等字眼，同样也应该适用于描绘感官的工作。

> 知觉活动在感觉水平上，也能取得理性思维领域中称为"理解"的东西。任何一个人的眼力，都能以一种朴素的方式展示出艺术家所具有的那种令人羡慕的能力，这就是那种通过组织的方式创造出能够有效地解释经验的图式能力。因此，眼力也就是悟解能力[1]。

将某种理论假设视觉化也可以成为一种科学实验证明手段。2015 年，大连理工大学生物医学工程系刘波团队及其合作者，发展了基于荧光蛋白的荧光共振能量转移（FRET）技术，发现了细胞在外加机械力作用下发生迁移的直接动力，实现了细胞膜上表面张力变化的可视化。这个发现将长期以来在国际上仅仅是理论上的假设变为现实。他们通过特殊的荧光显微镜观察细胞的荧光颜色与光强变化，在国际上率先实现了细胞膜上表面张力变化的可视化[2]。类似的研究还有不少。

人们试图将声音视觉化。比如，由中国科学院声学所研发的"声学照相机"利用传声器阵列成像测量声场分布，并用云图的方式展示出直观的图像，以不同的颜色和亮度代表声音的强弱，在工业设施的机器故障诊

---

① 〔美〕鲁道夫·阿恩海姆：《艺术与视知觉》，中国社会科学出版社，1984，第 55－56 页。
② 吴琳：《细胞膜表面张力变化实现可视化》，《光明日报》2015 年 10 月 20 日，第 6 版。

断、噪声源的确定等方面有非常广泛的用途。数学领域有一个著名问题：人可以从鼓声听出鼓面的形状吗？也是试图把听觉问题转化为视觉问题。视觉已经发展出一套成熟的几何学等，形成了视觉的逻辑，但听觉的逻辑不够发达，触觉更没有形成一门触觉学，即触觉的逻辑。对视觉以外的身体感官的知觉的探究一直处于晦暗不明之中，建立真正意义上的听觉、触觉、嗅觉和味觉学应是有意义的。

一个物体的各种感觉"属性"，共同构成了同一个物体的整体面貌和性质。对于人来说，石头，如果没有触觉那是极不完全的，因为没有触觉石头的坚硬就很难体验。花，如果没有视觉那更是不完整的，当然，没有嗅觉的香气，花就魅力大损，所以才有"桂馥兰香""馥郁芬芳"这样的成语。"零落成泥碾作尘，只有香如故"（陆游：《卜算子·咏梅》）、"东篱把酒黄昏后，有暗香盈袖"（李清照：《醉花阴·薄雾浓云愁永昼》），那才是令人沉醉的花。如果说五彩缤纷的鲜花只能等人来观赏，那么"十里飘香入夹城"（杜牧：《长安杂题长句六首》）的花香则具有诱人趋前的魅力。"花气袭人知骤暖，鹊声穿竹识新晴"（陆游：《村居书喜》），"花香袭人"，花香能引诱人，难怪贾政对宝玉为丫鬟取名"花袭人"一肚子的不满意。"一针见血"，固然视觉看到的是血，但如果没有被针扎的触感，对一针见血的理解就还不到位。

我们需要"瞻仰"，也需要"聆听"，也需要"闻香"，也需要"品味"，也需要"抚摸"；既需要"高山仰止"和"洋洋大观"，也需要"天籁之音"和"黄钟大吕"，也需要"芬芳四溢"和"暗香盈袖"，也需要"山珍海味"和"五味俱全"，也需要"如沐春风"甚至"如坐针毡"，这才是一个有丰富体验的人。"不堪入目""不堪入耳""不堪入口""难以下咽""臭不可闻""如芒在背""如履薄冰"都是难受的体验，很难说视觉和听觉的体验在程度上能够超过味觉、嗅觉和触觉的体验。当代多维立体电影越来越注重多感官、全方位的身体感受。

针对视觉文化的强势，有些学者试图倡导所谓"听觉转向"。韦尔施说："我们迄今为止的主要被视觉所主导的文化，正在转化为听觉文化；这是我们所期望的，也是势所必然的。""人类和我们星球的继续存在，只有当我们的文化将来以听觉为基本模式方有希望"。① 有中国学者分析说：

---

① 〔德〕韦尔施：《重构美学》，上海译文出版社，2002，第209页。

"从其本体属性来说，听觉文化和倾听美学具有一种动态的发生性，视觉文化则缺少这种动态的发生性而呈现为一种静态的结构。之所以会有这种差别，说到底又与它们分别和时空的关系有关。听觉文化和倾听美学体现更多的是人的存在的一种时间性，而视觉文化则体现的更多的是人的存在的一种空间性，这是二者最为深层的本体论差异。""听觉文化和倾听美学的这种深层的时间性维度及其所导致的对审美和存在意义的动态性把握，使得其一举超越了视觉文化的那种静止化思维结构，超越了视觉文化仅仅把美理解为一种僵化的静止的结构图像的片面做法，更加契合存在的真实面目和审美活动的实际，是哲学和美学史上的一大进步。"① 听觉的时间性和视觉的空间性的确更突出，但动态的视觉并不排除时间性，动态的视觉画面也处在不断变动中，听觉也必定存在于特定的空间中。只有凝固化的"视觉文化"才有可能导致"静止化思维结构"和"把美理解为一种僵化的静止的结构图像的片面做法"，而"听觉文化和倾听美学"一旦凝固化，同样可能导致"静止化思维结构"和"把美理解为一种僵化的静止的"结构声音（图像）的片面做法。因此，说听觉文化和倾听美学"一举超越了视觉文化的那种静止化思维结构"，"更加契合存在的真实面目和审美活动的实际"，是"一大进步"云云，就显得经不起推敲。

单纯推崇视觉文化或者视觉文化压倒一切固然有其片面性，但反过来走向另一个极端，要让听觉占压倒性优势，片面性也是明显的，而且不符合现代文化实际的、基本的走向。人类身体的构成和现代技术所创造的优越条件，至少使我们使用视听结合为主的文化模式成为一种较为理想的发展方向。事实上，人类生活基本上一直是视听结合为主的存在方式。没有哪个人愿意失去视觉成为瞎子，也没有人愿意失去听觉成为聋子。放弃触觉、嗅觉和味觉等也都是让人难以接受的。因此，除了视听结合为主，还需要触觉、嗅觉、味觉不可缺少的参与，而且在有些情况下触觉、嗅觉、味觉中的一种会上升为主导感觉。比如，吃饭时尽管视觉几乎不可或缺，但味觉往往上升为主导感觉。

其实，对人类文化作出重大贡献的语言文字既是视觉的，也是听觉的，既是物象的，又是声音的，有时还包括触觉、嗅觉、味觉等。视觉性的有形的文字符号同时也代表一种声音。每一个文字的含义都可能包含视

---

① 肖建华：《倾听：视觉文化之后》，《文艺研究》2014年第10期，第92－93页。

觉、听觉、触觉、嗅觉、味觉的因素。汉字"花",肯定包含着视觉形象,同时它也是可嗅（花香）、可触的,有的花还可吃、可饮（比如菊花）——主要涉及味觉。花也不会与听觉完全无关,花开花落都伴随着声音,只是人类的听觉往往听不到而已,有人曾写诗歌《听花开的声音》。著名记者唐湘岳曾与人合写新闻报道《听油菜花开的声音》,发表在2013年6月17日《光明日报》上。有学者把语言文字看作纯粹的视觉符号或纯粹的听觉符号,都是不全面的。

（二）甲骨文"圣"字的听觉含义

我们的祖先很重视听觉,甲骨文　（圣）就像长着大耳朵（　）的人（　）,表示善听是一种超凡能力,耳聪乃大慧、大圣者,即"大耳为圣"。有的甲骨文　（圣）加　（口）,表示耳聪口利、能够作出预言、善于训导众人的人,即为圣人。我们还可以观察到,佛祖像都是大耳垂肩,通俗来说,成佛者都是大耳朵。同时,汉民族也有"耳大为美"的人体审美习惯。

古人还特别重视声音的教化作用:"百年事,千秋笔,儿女泪,英雄血。数苍茫世代,断残碑碣。今古难磨真面目,江山不尽闲风月。有晨钟暮鼓送君边,听清切"（杨潮观:《吟风阁杂剧》卷首题词）。"晨钟暮鼓"时时送到人们耳边来警策、提示人们,"听清切",就强调了剧中唱词道白、腔调音韵等音响的社会教育效果。

（三）无处不在的声音

没有光明和没有声音的世界都是令人窒息、令人沉闷的,"有声有色"才是世界。中国古人早就记载了世间存在的各种声音。比如:"关关雎鸠,在河之洲"（《诗经·国风·周南·关雎》）;"呦呦鹿鸣,食野之苹。我有嘉宾,鼓瑟吹笙"（《诗经·小雅·鹿鸣》）;"坎坎伐檀兮,置之河之干兮"（《诗经·伐檀》）;"鸡犬之声相闻"（《老子》）;"唧唧复唧唧,木兰当户织"（《木兰辞》）;等等。

我们说人间充满生活气息,这个"气息"就包括声音,"人家在何处?云外一声鸡"（梅尧臣:《鲁山山行》）。鸡鸣处便有人家。

现代城市更是难以避开人声鼎沸、车马喧哗,包括噪声。现代城市的嘈杂声使不少人难以入眠。

我们说声音无处不在,那是指在地球范围内。在地球上声音以波的形式通过空气振动而传播。但是太空是真空,没有粒子来感知声音,所以在那儿声音就像不存在一样。即使太空飞船爆炸，那也会寂静无声。人体如果到太空中，声音传播将会失效。

（四）图景和音景

视觉对应于图景（landscape），景观、景象、景色、景致都是"看"的。听觉对应于音景（soundscape），三籁、金石之声、晨钟暮鼓、黄钟大吕都是用来"听"的。三籁是指天籁、地籁、人籁。黄钟是指中国古代音韵十二律中六种阳律的第一律，大吕是指六种阴律的第四律，黄钟大吕形容音乐或言辞庄严、正大、高妙、和谐。

在古代，音律甚至有神奇的作用。西汉文学家刘向在其《别录》中说："燕有黍谷，地美而寒，不生五谷，邹子居之，吹律而温气也。"意思是说古代燕地地温低，不收五谷，邹子在黍谷山上吹箫，使地温升高，从此人们种下的五谷有了收获。邹子为春秋战国时诸子之一，燕赵王的老师。

视觉对应于空间，听觉对应于时间，因而听觉具有顺序性。图景刹那间摄入，对声音的分辨却无法瞬间完成。

在文学作品中，图景最常见，音景也并不少见，通常图景和音景有机融合在一起。比如，李白《子夜吴歌》中的诗句，"长安一片月，万户捣衣声"，月色与捣衣声融为一体。

前面提到的毛泽东的词《沁园春·雪》以图景为主，他的《菩萨蛮·大柏地》"赤橙黄绿青蓝紫，谁持彩练当空舞"，同样是无以复加的视觉图景。当然，毛泽东也有图景与音景完美融合的作品。1935年2月他写的《忆秦娥·娄山关》，是先音景后图景：

> 西风烈，长空雁叫霜晨月。
> 霜晨月，马蹄声碎，喇叭声咽。
> 雄关漫道真如铁，而今迈步从头越。
> 从头越，苍山如海，残阳如血。

"雁叫"是声音自不必说，"西风烈"自然有风声。"马蹄声碎，喇叭声咽"与前边的自然声响形成对比，"马蹄声"和"喇叭声"，一个"碎"，一个"咽"，都处于被人为压抑状态。"雄关""苍山""残阳"都是"图景"。其实"长空雁叫霜晨月"就是"音景"与"图景"的完美融合。没有"长空"和"霜晨月"的"雁叫"就缺乏辽阔、静寂萧疏的背景，没有"雁叫"这种背景又缺乏动感。整首词就是"音景"与"图景"宏阔、完美的融合。

宋代诗人辛弃疾《西江月·夜行黄沙道中》这首词上下两阕严格按音景、图景划分，我们不妨来看它的上阕：

> 明月别枝惊鹊，
> 清风半夜鸣蝉。
> 稻花香里说丰年，
> 听取蛙声一片。

上阕中以"音景"为主，"鸣蝉""说丰年""听取蛙声一片"构成了一首明月交响曲，即使字面里没有出现声音的"明月别枝惊鹊"也分明传出了声音，既然是"别枝惊鹊"，鹊鸟受到了惊扰，换一树枝栖息，双翅拍动必然会发出声响，同时很可能伴随着鹊鸟的鸣叫。

（五）"听觉叙事"

在文学研究领域，有所谓"听觉转向"和"听觉叙事"（acoustic narrative）。文学最初是一种诉诸听觉的艺术。光未然的《五月花·后记》中说，"诗歌的语言，主要地不是诉之于视觉，而是诉之于听觉的"。

女作家铁凝的长篇小说《玫瑰门》中，姑爸的出场就成功地使用了听觉叙事：

> 有人敲门。
> 这是一种不紧不慢、极有节奏的敲，确切地说那不是敲那是一种抓挠，是用五个手指在不紧不慢地抓挠。从那抓挠里可以听出，那人每个手指上一定长着又长又硬的指甲。坚硬的指甲将玻璃抓挠出一种使人难忍的怪声，这声响是能使人的头发竖起来再生出一身鸡皮疙瘩。不知为什么没人理睬这难忍的节奏和声音，就像她们对这声音早已听惯，就像听见人的嗝儿和屁一样习惯[1]。

---

① 铁凝：《玫瑰门》，作家出版社，1992，第33页。

听觉确实可以叙事和推进故事情节发展，姑爸的出场就是从极其特殊的敲门声开始的，从而使这个人物的性格特征给人留下非同寻常的印象。

有时特殊的听觉声音会给叙事带来意想不到甚至啼笑皆非的效果，宋代洪迈《容斋随笔·卷三·陈季常》载，苏轼被贬至黄州，常与好友陈慥（字季常）一起谈论文学。陈季常常邀客人到家里，他的妻子河东郡柳氏经常敲墙赶客，苏轼作诗曰：

> 龙邱居士亦可怜，
> 谈空说有夜不眠。
> 忽闻河东狮子吼，
> 拄杖落手心茫然。

妻子柳氏的一声吼，竟然使谈笑中的陈季常手中的拐杖落地。"河东狮吼"的典故即出自此诗。

叙事青睐事件，事件多由一系列行动构成，而行动多会发出声响——"雁过留声"，有些事件以声响著称，有人称之为"声音事件"。"四面楚歌"就是一个声音事件。《史记·项羽本纪》载，楚汉相争时，汉王刘邦大军把项羽围在垓下，"夜闻汉军四面皆楚歌，项王乃大惊，曰：'汉皆已得楚乎？是何楚人之多也。'"项羽以为汉军已经攻占楚地，以为天要灭他，只好悲壮自刎身亡。至于现在众多的爆炸案件，那更是声音事件了。

声音不仅可以叙事，还可以烘托气氛、抒发情感。"杜鹃声里斜阳暮"（秦观：《踏莎行》）、"雁叫声声心欲碎"（电影《归心似箭》主题歌《雁南飞》）等都是如此。

听觉叙事，首先是由于作家感受到了声音在生活中的存在和作用。天津作家蒋子龙当年当车间主任时，"多年的工作养成一个习惯，车间有十吨锤，我离工厂还有十里地，就能感受到锤的声音，这让我心情舒畅。车间主任要值班，听到锤的声音我睡得特别香，这说明生产是正常的。一静下来，就醒"。蒋子龙说[1]。锤的声音，在当年就这样存在于蒋子龙的工作和生活中。

要运用好听觉叙事，需要敏锐的听觉和细致的感受。萧克将军说：

---

① 舒心：《硬骨头蒋子龙》，《光明日报》2015年1月1日，第5版。

"描写战争的作品是多的，但是千篇一律，没有变化。比如描写枪声总是用'拍拍'几个字来代替，炮声一定用'轰轰'的字眼，大家全成为习惯了。其实枪声在高处是一种声音，在低处又是一种声音，远近，有没有危险，一个有战斗经验的人全可以从各种不同的声音听出来。"① 描写枪炮声音是这样，叙写其他声音也需要实际的听觉体验和精细的特征辨析。

（六）听觉也可以引导和启发视觉

贡布里希有一段非常有名的话："绘画是一种活动，所以艺术家的倾向是看他要画的东西，而不是画他所看到的东西。"② 许多画家的确是这样来创作的。即使以纪实为基础的摄影创作，也在相当程度上与贡布里希的看法相吻合。摄影家袁毅平为拍摄出意境新颖的天安门日出，常常冥思苦想而不得其法，但这个"幽灵"总在他脑际转悠，驱而不散。

> 一天清晨，中央人民广播电台播放开始曲之前，反复响起了"东方红，太阳升"的清脆悦耳的乐曲声（其实那时候每天都播放这段乐曲，只是我平日没有引起特别注意）。音乐艺术打开了我的心扉，一种艺术通感给了我莫大的启示，我心中突然领悟，豁然开朗。

> 想象的翅膀一下展开了，在我的眼前仿佛呈现了一轮红日透过漫天的彩霞，在庄严肃穆的天安门的东方冉冉升起这样一幅壮丽的画面。这时候，"日出"和"天安门"这两个平素毫无关联的景象联系在一起了，它们已不再是原形态的客观物象，而是成为我心中的太阳和心中的天安门了，也就是说它们已经融合了我的心意，已经被"意象化"了，而且这两个原本是分散的、单一的意象，在我的头脑里已经构成了一个完整的、鲜明的艺术意象了，这是一个多么富有时代特征的意象！我简直激动得忘乎所以，心想灵感啊灵感，众里寻她千百度，你却蓦地显现在"东方红"的乐曲中③。

袁毅平拍摄的是他想看到的天安门日出，天安门的东方红，这是个意象化了的天安门东方红（见图2-2）。但是，他的拍摄灵感来自听觉启发，

---

① 马加：《萧克将军在马兰——平西散记》，见雷加主编《中国解放区文学书系·散文杂文编》，重庆出版社，1992，第32页。
② 〔英〕贡布里希：《艺术与错觉》，浙江摄影出版社，1987，第101页。
③ 袁毅平：《半世影缘东方红》，《光明日报》2014年6月15日，第11版。

即"东方红，太阳升"清脆悦耳的乐曲声，正是这首乐曲使他把天安门与东方红连在了一起，"音乐艺术打开了我的心扉"。

图 2 - 2　东方红

资料来源：袁毅平拍摄于 1961 年。

五　传播学不应忽视视觉、听觉之外的感觉器官

（一）触觉

其实，触觉是人唯一不可缺少的感觉器官。身体全部表面和全部器官都可以有触觉体验，可以说皮肤是人体面积最大的社交器官。如果失聪、失明、失语、失去嗅觉，人仍然可以生活下去，可是失去触觉生活将无法自理，人无法感触周边环境，就无法行动。一个人若无痛感，用不了多久便会被细菌、病毒所击垮，因为他无法感知自己的内部器官已被感染。

一种东西是否真实存在，我们往往用触觉去判断。当我们怀疑某种事物是否真的存在时，会自己掐掐自己，看是否自己还有感觉、还真的存在。看得准不准，还得看触摸的感知。看到了，准确地抓住了，说明我看准了。看到了一个静止物，但没有抓住，说明视觉对位置判断得不准。没有看到的东西撞到了，也说明视觉有问题。

触觉和味觉的肉体特征比视觉、听觉和嗅觉更加突出，因为触觉和味觉需要直接与肉体接触。触觉可分为分辨性触觉和情感性触觉。情感性触觉需要他人的抚摸来实现，自我抚摸往往没有效果或效果很差。所以，在性活动中，需要触摸和被触摸的身体，没有肌肤接触、没有触摸和被触摸就几乎不成其为性活动。没有性器官的激情交合——一种由激情相伴的互动的触觉，性爱就失去了最本真的意义。

在光线明亮的环境中，人们往往互相保持距离。在黑暗的环境中，大家只有牵手或肢体接触来增强安全感。

针灸刺激穴位后沿着经脉出现酸、胀、麻、热等针感的移动，至少包括触觉。中医按摩是一种以触觉感受、触觉交流为主的治疗方式。"卧薪尝胆"，是体肤在卧薪，是嘴巴、口腔、消化器官在尝胆。"耳鬓厮磨"，是耳朵与鬓发互相摩擦，当然是肌肤的"厮磨"，用来指亲密相处，尤其是男女亲密相处，到了肌肤密切接触的程度。"挨肩擦脸"，是靠近肩膀，接触脸面，多用来形容狎昵之状。比如，《脂砚斋重评石头记》六五回："贾珍便和三姐挨肩擦脸，百般轻薄起来。"上面三个成语都与触觉密切相关。另外一个成语叫作"炙手可热"，首先在于手摸上去感到热得烫人，有了这种触感才能准确地理解这个成语。还有一个习惯说法"拣软柿子捏"也一样，如果没有对柿子软硬程度的触感，也就很难理解这种说法。

触觉如此重要，但随着媒体传播的日益发达，视觉、听觉空前活跃，触觉越来越边缘化。

盲人很难有视觉体验，通常多用触觉去"看"，所以他们的触觉很灵敏。海伦·凯勒写道：

> 我不知道通过"心灵的窗口"——眼睛去看透一个朋友的内心是怎么一回事。我只能通过我的指尖"看"到一张面孔的轮廓。我能察觉欢笑、悲伤和其他许多明显的感情。我从感触我朋友的面部来了解他们，但我不能凭触摸真正地描绘出他们的性格。……那更深刻的了解我相信通过看到他们，通过观察他们对各种表达出来的思想和情况的反应、通过注意他们眼睛和相貌的直接和短暂的反应可以获得①。

通过触摸来"看"确实局限较多。

由于经常使用触觉，盲人的触觉发达程度超过一般人。海伦·凯勒说："我，作为一个看不见东西的人，仅仅通过触觉，都能发现许许多多令我感兴趣的东西。我感触到一片树叶的完美的对称性。我用手喜爱地抚

① 〔美〕海伦·凯勒：《假如给我三天光明》，中国书籍出版社，2008，第167页。

摸过一株白桦那光滑的树皮，或一棵松树的粗糙树皮。春天，我摸着树干的枝条满怀希望地搜索着嫩芽，那是严冬的沉睡后，大自然苏醒的第一个迹象。我抚摸过花朵那令人愉快的天鹅绒般的质地，感觉到它那奇妙的卷绕，一些大自然奇迹展现在我面前。有时，如果我很幸运，我把手轻轻地放在一棵小树上，还能感受到一只高声歌唱的小鸟的愉快颤抖。我十分快乐地让小溪涧的凉水穿过我张开的手指流淌过去。……对我来说四季的壮观而华丽的展示是一部令人激动的、无穷尽的戏剧。这部戏剧的表演，是通过我的手指尖端涌淌出来的。"①

当人失去视觉和听觉时，尝试用触摸和动作交流需要一个漫长、艰难的过程。海伦·凯勒写道：

> 渐渐地，我可以用手去摸索各种东西，分辨它们的用途。或者揣摩别人的动作、表情，来明了发生什么事，表达自己想说的、想做的，我渴望与人交流，于是开始做一些简单的动作，摇摇头表示"不"，点点头表示"是"，拉着别人往我这里，表示"来"，推表示"去"。当我想吃面包时，我就以切面包、涂奶油的动作表示。
>
> 想告诉别人冷时，我会缩着脖子，做发抖的样子。

《假如给我三天光明》的第四章记述了海伦·凯勒如何找到各种事物与其名称之间的对应关系：莎莉文老师把我的一只手放在喷水口下，一股清凉的水在我手上流过。她在我的另一只手上拼写"水"。……突然间，我恍然大悟，有股神奇的感觉在我脑中激荡，我一下子理解了语言文字的奥秘了，知道了"水"这个字就是正在我手上流过的这种清凉而奇妙的东西。

仅靠触觉和嗅觉感受环境变化有时会带来危险。海伦·凯勒写道："太阳所有的温暖都从空气中消失了，我意识到那是因为天黑了，因为热度对我来说意味着光，而这时空气中没有了热度。一种奇怪的气味从地上冒出来，我知道这是每次暴雨来临前的味道，……树叶拼命地抖了起来。整棵树突然开始摇晃，一阵强风差点把我从树上吹下来，幸亏当时我死死

---

① 〔美〕海伦·凯勒：《假如给我三天光明》，中国书籍出版社，2008，第164–165页。

地抓住树干。树在风中剧烈摇摆，小树枝都啪啪地折断砸到我身上。"①

后来，失明和失聪的海伦·凯勒学说话："我完全靠自己的手指读老师的唇语，我得使用触觉来捕捉喉咙的震动、嘴的运动和脸部的表情，而这种触觉常常会出错。"海伦·凯勒说：我只有触摸过的东西才能知道它是什么。

也许正因为海伦·凯勒需要克服如此巨大的困难生活下去，也是残疾人的张海迪曾把海伦·凯勒的照片贴在自己的博客上并题《宁静世界里的女神》。海伦·凯勒的伟大就在于她以超出一般人想象的耐心和毅力，在那黑暗中活了八十八年！

（二）嗅觉和味觉

我们的舌头约有 8000 个味蕾，而每个味蕾约有 100 个味觉受体细胞组成。说起味觉人们通常会说有酸、甜、苦、辣、咸，其实，人类的基础味觉包括酸、甜、咸、苦和鲜。广受追捧的辣味，从科学角度看，不是一种基本味道，它是五种已知基础味觉和辣感等感受混杂产生的一种感受。而美国普渡大学研究人员最近发现了人类的第六种基础味觉——脂肪味或"肥"。味觉产生和传导的过程是这样的：食物等的味道刺激味觉细胞，细胞感受刺激后会产生神经信号并将这种信号传导到大脑中，脑神经辨别出食物等的味道。

1. 气味与认知和表达

"气味"本为两个词，嗅之曰"气"，在口曰"味"。嗅觉主要是对气味信息的感觉，台湾的茶文化中有一个环节叫"闻香"，就是拿起一杯茶时先别喝，深吸一下，把茶香吸进身体里。"闻香"使用的就是嗅觉。味觉主要是对进入口腔的食物或其他物品味道的感觉，味觉来源于触觉。

香味扑鼻，花香袭人，其诱惑力也是蛮大的。"山珍海味"更为人们的口腹所追求，而"食不二味"则是指吃饭不用两道菜肴，生活简单或贫困。

嗅觉和味觉也对人们的认知和表达产生了重要影响。"神农尝百草"是一个重大味觉认知事件，中华先祖"尝百草之滋味"，对于寻找、认知、利用食物和草药至关重要。在这一认知过程中，视觉只起辅助作用，听觉

---

① 〔美〕海伦·凯勒：《假如给我三天光明》，中国书籍出版社，2008，第 27 - 28 页。

几乎不起作用。气味对听觉也有影响，科学实验表明，耳朵也"喜爱"芬芳的花香，如果人置身于香气馥郁的环境中听觉会更加灵敏。

有味道、有意思、值得重视的、美好的，用"意味深长""别有风味""耐人寻味""回味无穷""唇齿留香"来表达，阅读、谈论或接触这样的东西必然会"津津有味"。反之，则用"味同嚼蜡""索然无味""淡而无味"来表达。有品味、体味、玩味、寻味、咀味等说法。

特别值得提及，嗅觉和味觉记忆特别牢固。有一种解释说：我们的记忆里储存了大量的信息，增加任何新的内容都会对以前储存的东西产生干扰，而气味记忆受这种干扰的影响则小得多。因此，现在学会辨别一些新的气味对于之前学会辨别的气味几乎没有任何影响。一旦辨别了某种气味，其痕迹在记忆里就会保留很长时间，有的甚至可能保留一生。

气味也与人的品性、风度连在一起。"芳兰竟体"本指兰草的香气，香气满身，但多用来比喻举止娴雅、风采极佳的人。如果说"气味相投"是指思想作风很合得来，属中性词，那么"臭味相投"便是贬义词了。

文学作品中对气味的描写很多。比如，在《红楼梦》第五回中，宝玉来到秦可卿房间，刚至房门，便有一股细细的甜香袭人而来。宝玉觉得眼饧骨软，连说："好香！"

此外，《红楼梦》的其他章节还有黛玉窗前飘出一缕"幽香"，宝钗衣袖中散发的一缕"冷香"等描写。

2. 身体的气味

任何人都散发出一种气味，无论他采用何种洗漱方式，如何为自己增香，都从他的皮肤里散发出唯一的一种气味，并影响着他与他人的交流。如同他手上的纹路一样，他的气息同样专属于他。研究显示，女人更喜欢那些气味与自己相似的男性。一项在儿童中进行的研究显示了他们如何轻而易举地识别出自己母亲的气味。27–36个月的儿童，在面对两件相同颜色相同款式的毛衫进行选择时，选择自己母亲曾经穿过的毛衫的比例占70%。让托儿所里20–36个月的儿童来嗅自己母亲的毛衫时，也出现了类似的情况①。患病后，身体气味会发生变化。

---

① 〔法〕勒布雷东：《人类身体史和现代性》，上海文艺出版社，2010，第165–166页。

令人不悦的气味，绝不是自己身上的，而是他人身上的。只有他人才能嗅到你身上的气味。

用香水、牙膏、沐浴液、香皂去调配一种气味，是对自身体味的修饰和遮掩，也是一种自我彰显。适度的香气才受欢迎，过多的香气使人不悦。喷香水的男人，更会给别人带来不舒服的感觉。

国外专家研究发现，由于异性气味影响着人的内分泌、血压、心率、呼吸和神经活动，有助于使人处于最佳状态，只要微弱的异性气味扩散，就会引起较强烈的刺激，从而改变其情绪。宇宙航行中，50%的宇航员会出现头痛、恶心、浑身不适等，但只要有女飞行员参与，上述问题就会明显改观。

（三）关于"通感"或"统觉"

1. 何为通感

食物的颜色会增加或改变食用者对食物味道的感受；火车或飞机上的食物往往觉得不好吃，噪声影响人们的味觉是原因之一。这可以从某一角度为理论上的通感提供某种实际例证。

通感就是在描述客观事物时，将人的视觉、听觉、触觉、嗅觉、味觉等不同感觉互相沟通、交错，彼此挪移转换，"以感觉描述感觉"。颜色似乎会有温度，声音似乎会有形象，冷暖似乎会有重量。据周振甫说，通感是钱锺书提出来的①。钱锺书指出："在日常经验里，视觉、听觉、触觉、嗅觉、味觉往往可以彼此打通或交通，眼、耳、舌、鼻、身各个官能的领域，可以不分界线。"② 通感有其科学依据，相关专家研究表明，人类的视觉和触觉存在先天性的信息交流，视觉、触觉和运动系统的交互作用神经回路属于"先天固有"，一旦开始用眼即可短时间内将其激活。先天看不见的患者，视觉系统得到修复后，视觉康复和认知康复会很顺利。

艺术在相当程度上就是尽可能调动起人的各种感官，参与形象和意境的构建。通感就表现了艺术的这种特征。

艺术的奥秘在于善于把握对象的关系以及反映对象的各种感觉形式的关系，用种种手段启迪人们的通感，以引起人们丰富的审美想

---

① 见周振甫著《诗词例话》，中国青年出版社，1962，第249页。
② 钱锺书：《旧文四篇·通感》，上海古籍出版社，1979，第57页。

象。为此，艺术表现上要善于把无限寓于有限，把瞬间凝结为永恒，通过个别来反映全体。这样就要求艺术家在现实的描写对象上选择最理想的属性，即能引起多方面感触的特征和细节，把自己的美学理想寄托在"这一点"上，通过"这一点"达到整体形象的再现，从而给人以不尽的情趣与韵味①。

"启迪人们的通感"，选择"能引起多方面感触的特征和细节"，"抓住通感的触发点"，意在把人们的感官尽可能全部调动起来。宋人文天祥在《读杜诗》中写道，"耳想杜鹃心事苦，眼看胡马泪痕多"。不是心想，而是耳想；实是耳闻杜鹃声，心想世事苦。这也是一种通感。这种通感的触发点就是杜鹃。杜鹃有外在的形象，还有"杜鹃啼血"的叫声。由于有这种声音的存在，耳想也就可以接受了。杜鹃调动起了眼（包括"眼看胡马泪痕多"）、耳和思维器官的感性活动。

艺术在于找到事物能够引起人多方面感触的特征与细节，用各种手段启迪接收者的通感，从而使信息"统觉"化。叙事艺术需要尽可能调动全部感官参与。与统觉相关，还有"联觉"之说，联觉包括较多的不同组合，"味道－颜色""颜色－声音""害怕－颜色""声音－触觉"等，比如，有人看到蓝色时会听到一个音符，这就是"颜色－声音"组合。有研究者说，艺术家中有联觉者的比例高达 20% －25%，它提示人们联觉与创造性思维有关。

2. 声音与色彩和形状

美国音乐学家马利翁说过："声音是听得见的色彩，色彩是看得见的声音。"恰好，著名指挥家洛林·马泽尔谈到音乐家马勒时这样说："我年轻的时候觉得理解马勒作品很困难，他的作品很有视觉感，充满了情绪化的表达。"② 经验表明，人在欣赏音乐时常常产生视觉想象，特定音乐给人的心理感受往往与特定的颜色、形象给人的感受类似。这可以叫作"听觉想象力"。1876 年音乐学家波萨科特提出了一个公认的音响与色彩的对应比拟：弦乐、人声—黑色，铜管、鼓—红色，木管—蓝色。而指挥家高得弗来提出：长笛—蓝色，单簧管—玫瑰色，铜管—红色。作曲家德彪西的

---

①　殷国明：《创作要抓住通感的触发点》，《文艺研究》1983 年第 3 期，第 78 页。

②　见《从天才少年到一代宗师——马泽尔生平简介》，《文汇报》2014 年 7 月 15 日。

《大海》素有"交响素描"之称，交响乐队用管弦乐色彩描画出了从黎明、中午到夜晚的大海，长笛音点燃着云彩，圆号和英国管勾勒出远处的水平线。

美国麻省理工学院、微软和 Adobe 的研究人员已经发明了一种新技术，即借助于高速摄像机监视物体的振动，以还原声音。麻省理工学院研究生、这篇论文的第一作者阿贝·戴维斯（Abe Davis）表示："当声音击中物体时，能使物体产生振动。这种振动运动带来了非常微小、肉眼不可见的视觉信号。人们不会意识到存在这样的信息。"由此看来，声音确实与视觉形状（画面）有关。也确实有雕塑家把声音表现为具体形状（见图2-3）。

图 2-3　古老的声音（雕塑）

资料来源：赵建国 2014 年 7 月 25 日摄于石家庄市世纪公园。作者为意大利人马西姆·卡伯塔。

3. 一个通感范例——鲁提辖拳打镇关西

《水浒传》中鲁提辖拳打镇关西只打了三拳。先看第一拳和第二拳：

扑的只一拳，正打在鼻子上，打得鲜血迸流，鼻子歪在半边，却便似开了个油酱铺，咸的、酸的、辣的一发都滚出来。郑屠挣不起来，那把尖刀也丢在一边，口里只叫："打得好！"鲁达骂道："直娘贼！还敢应口！"提起拳头来就眼眶际眉梢只一拳，打得眼棱缝裂，乌珠迸出，也似开了个彩帛铺，红的、黑的、紫的都绽将出来。

再看第三拳：

> 又只一拳，太阳上正着，却似做了一个全堂水陆的道场，磬儿、钹儿、铙儿一齐响。鲁达看时，只见郑屠挺在地上，口里只有出的气，没了入的气，动掸不得。

第一拳，视觉嗅觉化、味觉化。对于观者来说，能够看到打在鼻子上，但对于郑屠来说，鼻子是嗅觉器官，打在鼻子上嗅觉、味觉发生了剧烈变化，所以"咸的、酸的、辣的一发都滚出来"。第二拳，视觉多彩化。对于观者来说，能够看到打在眼眶际眉梢，而对于郑屠来说，由于第二拳打在了眼眶周围，所以主要是视觉的剧烈变化，"似开了个彩帛铺，红的、黑的、紫的都绽将出来"。第三拳，视觉听觉化。对于观者来说，能够看到打在太阳穴周围，而对于郑屠来说，由于这第三拳靠近耳朵，所以主要是听觉反应，"磬儿、钹儿、铙儿一齐响"。作者对鲁提辖这三拳的描写是一种全知叙事，因为文中所描写的不仅是围观的人们能够看到的场面，而且还有郑屠自己被打时的感受——就像作者在挨打时的感受。

六　人的存在方式很大程度上由感知、传播方式决定

（一）人只能通过身体感知和认识这个世界

生存是通过身体实现的，身体实现了生存，身体是我存在的唯一确证。身体是我们拥有一个世界的唯一方式。

身体"是我的存在的永久结构和作为对世界的意识及作为向我的将来超越的谋划的我的意识的可能性的永久条件"[1]。我只能通过身体感知认识这个世界，身体决定了认知的视角和认知的限度，我只能通过身体与这个世界发生关系。

甚至看不见摸不着的时间也是通过身体来觉察的。朱自清的《匆匆》写道："洗手的时候，日子从水盆里过去；吃饭的时候，日子从饭碗里过去；默默时，便从凝然的双眼前过去。我觉察它去得匆匆了，伸出手遮挽时，它又从遮挽着的手边过去。天黑时，我躺在床上，它便伶伶俐俐地从我身上跨过，从我脚边飞去了。等我睁开眼和太阳再见，这算又溜走了一

---

[1] 〔法〕让-保尔·萨特：《存在与虚无》，生活·读书·新知三联书店，1987，第427页。

日。我掩着面叹息。但是新来的日子的影儿又开始在叹息里闪过了。"由身体感受到的时间匆匆溜走，挽留不住。

其实，岁月的痕迹还会日积月累堆积在身上，如满脸皱纹、满头白发都是岁月留在身上的作品。

即使美人也逃不过时间的磨损，大文豪莎士比亚在他的十四行诗第60首中就写道：

> 时间会刺破青春表面的彩饰，
>
> 会在美人的额上掘深沟浅槽；
>
> 会吃掉稀世之珍：天生丽质，
>
> 什么都逃不过他那横扫的镰刀。

岁月匆匆，青春易逝，使人心生感叹，呼唤你我抓住青春。不要"待得来时春尽也，梅着子，笋成竿"（辛弃疾：《江城子》）。勃发于男女身体青春期的爱情尤其如此。

（二）人的感知和传播方式决定了自身的存在状态和方式

身体的存在是人感知和传播信息的前提条件，而人的感知和传播方式又决定了自身的存在状态和方式。人之所以以现在的状态和方式存在于世界上，很大程度上是由他（她）感知、认知环境和传播信息的方式决定的。

以视觉、听觉为主的感知方式，使人类避免了直接接触客观事物，从而减少了许多生存危险，为避免某种情境给自己带来危害人可以"静观其变""远听其声"。视觉、听觉、嗅觉都是"距离性感觉器官"，而触觉和味觉却是"非距离性感觉器官"。然而，有时本来是避免直接接触客观事物的感觉器官，却可能"引诱"你去"触摸"危险。亚马孙森林里生长的"食人树"开花时芳香四溢。当人们闻香寻源，找到美丽芳香的花朵，情不自禁地伸手触摸时，等候已久的树枝和树叶会马上把你紧紧缠裹起来，使你无法逃离直至死亡。这时，如果身上有砍刀，立即挥刀砍掉树根可以进行自救。嗅觉可能导致你走入"食人树"的圈套。

既然自然选择赋予了人类以视听为主的感知和传播方式，直立行走的生存方式就成为必然，因为直立行走才能看得更多、更远和听得更多、更远。正因为直立行走，嗅觉变得不那么重要了，如果像狗一样行走，那就像狗一样具有灵敏的嗅觉。用四肢行走，使鼻子易于靠近地面和闻味儿。

人们常常把衣服和房屋作为遮蔽隐私、抵御视觉暴力的物质屏障，那是因为人类的视力穿不透衣服和房屋的遮挡，如果人类的视力能够看到被衣服和房屋遮挡的东西，这种遮蔽就失去了意义。对人最有效的硬性控制和限制，就是制造人的身体能力不能跨越的障碍，监狱的高墙超过了人的攀爬能力，所以可以把犯人关在里面。科技之所以被人所推崇，是因为它可以超越身体的极限，干人所干不了或干不好的事情。身体必须吃、喝、拉、撒、睡，时时提醒不愿意把自己等同于动物的人们，人永远不能摆脱自己是动物的一个群体这样的事实。

萨特说：

> 我不可能实现一个我不在其中并作为轻掠而过的凝视的纯粹对象的世界。而且相反，我应该投身于世界中以便使世界存在并且使我能超越它。于是，说我进入了世界，"来到世界"或者说有一个世界或我有一个身体，那都是同一回事。[①]

只有身体进入这个世界，才开始拥有这个世界。当年西方人发现和占有新大陆是以探险者的到达为标志的，今后对火星、月球等星体的认知和占有也是以人的到达为标志的。

第三节　社会传播的具身性

一　社会传播的具身性及研究具身性的意义

人类以具身性存在（embodied being），没有身体人类就无法存在。身体以具象方式存在，所以具身性与具象性几乎是一回事，具身的也是具象的。人类永远不能摆脱身体而存在，人类的所有活动都不能设想脱离身体，社会传播活动也不例外。

社会传播是一种活动和过程，这种活动和过程由人发起并以人为主要传播对象，而且传播效果发生在人身上或通过人作用于物。这里所说的

---

① 〔法〕让－保尔·萨特：《存在与虚无》，生活·读书·新知三联书店，1987，第415页。

人，与身体是同一个东西，离开了身体，人只是一个抽象的词。

社会传播本来是具身的、涉身的，是具身性、具身化的，但人们对传播的研究、考察却采取了身体缺席的态度。身体传播研究就是要还原传播的具身性、具身化，让身体回到传播的现场，将传播学具身化。

指出人类传播的具身性有何意义呢？它有助于改变许多研究者在传播研究尤其是在媒体研究中见物不见人、见媒体不见人的倾向。同时，对于媒体技术开发者来说，充分认识人类传播的具身性，就会使新开发的媒体产品更加人性化，从而更好地满足用户的需求、更具有市场竞争力。

二 所有传播类型都有具身性

通常传播分为人内传播、人际传播、群体传播、组织传播和大众传播、网络传播六大类。人内传播、人际传播、群体传播、组织传播其具身性几乎不用解释。人内传播就是身体内部进行的传播，人际传播就是不同人身体之间的信息流动，群体传播和组织传播就是众多身体之间的信息流动。

需要多加解释的是大众传播和网络传播，因为这两种传播方式都是通过技术化的媒体报纸、广播、电视、互联网实现的。报纸、广播、电视、互联网本身当然不是人体，为什么通过它们实现的传播也是具身性的呢？

报纸是给人读的，广播是给人听的，电视是给人看的，互联网是给人用的。给人读、给人听、给人看、给人用，都意味着需要人身体上的眼睛、耳朵、手（上网离不开手击打键盘和用手指点击鼠标），同时还需要大脑器官和神经系统的运动才能完成对这些媒体的读、听、看、用。所有这些媒体的信息内容，都是为人预设的，等待人去读、去听、去看、去用。

身体往往在传播媒体或传播介质中“隐身”。文字在传播交流过程中隐去了身体，但在字里行间读者分明感到了身体的在场。文字中大部分动词都与身体有关、都是身体的行为——尽管不一定直接提到身体。汉语中有两个很有表现力的惯用语——“踏石留印”“抓铁有痕”，虽然身体没有出现，但“踏”和“抓”分明是身体的行为。“弱不禁风”说的是身体娇弱，经受不起风吹；“风雨兼程”说的是身体不受刮风下雨的阻碍；“萍踪浪迹”说的是身体像浮萍、波浪一般无定，到处漂泊，没有固定住所；“沦落风尘”说的是身体陷入坏的境地，尤其是指女人不幸沦为娼妓；“居高临下"说的是身体占据高位置俯视下面。"摸爬滚打"自然是身体在摸爬滚打;"不到黄河不死心""不撞南墙不回头""不见棺材不掉泪""不见兔子不撒鹰",当然是身体不到黄河不死心、不撞南墙不回头,而不死心之心也是身体之心,不回头之头也是身体之头,同样,是身体之眼不见棺材不掉泪,身体之眼不见兔子不撒鹰。"颠沛流离""浪迹天涯""无依无靠"、四海为家、流离转徙、流离颠沛等等,说的都是身体。

中国古典诗词名句中,"竹杖芒鞋轻胜马"(苏轼:《定风波》)并无身体出现,"竹杖"分明用手拄,"芒鞋"自是脚来穿,再加上"轻胜马",脚穿芒鞋、手拄竹杖轻松前行的身体跃然纸上。"今宵酒醒何处?杨柳岸,晓风残月"(柳永:《雨霖铃》),没有身体,但身体在酒醒处,身体在杨柳岸上,身体在晓风中,身体在残月下。陆游有两句诗——"古人已死书独存,吾曹赖书见故人",意思是古人的身心或隐或现存在于他们写出的作品中。书籍和电影通常不被列入四大大众媒介(报纸、广播、电视、网络),但书籍和电影属于传播媒介则是没有疑问的。

影视和网络使身体"在场"出现了突破。"在人类先在的本性里,潜藏着一种身体在场交流的欲望,人类只有在与他人的身体在场交流中,才能获得日趋完善的自我意识和生存能力。当时间与空间距离破坏了身体在场交流活动时,人类就不得不制造出身体的幻象与他人交流。电影是一种与文字不同的、具有身体在场交流特性的幻象。因而,它越肖似现实,便越具有符合人类身体自然要求的可交流性。也许,正是对这样一种身体可交流性的渴求,驱使着电影朝向完整地模仿现实的方向发展。声音与色彩的出现来源于这样的一种渴求,紧随其后出现的宽银幕、立体电影、全息电影技术,似乎越来越充分地显露了人类的一种本能欲望:创造一种身体不在场却又能够满足身体在场交流需求的虚拟影像符号。"[1]电影和电视使身体的"影子"在场交流,非常接近现实生活中真实身体的在场交流。

网络虚拟空间不仅能够使身体"在场",更具有突破意义的是需要身体的参与并融入虚拟空间中。"在虚拟现实技术系统中,使用者戴上特殊的头盔、数据手套等传感设备或利用键盘、鼠标等输入设备,便可以进入

---

[1]　梁国伟、候薇:《虚拟现实:表征身体传播无限开放性的符号形式》,《现代传播》2008年第3期,第20-21页。

虚拟空间，成为虚拟环境的一员，进行实时交互，感知和操控虚拟世界中的各种对象并参与其中的各种事件。他们可以在这样一个人机界面上，获得与自然状态下几乎相同的、身临其境的身体感受并产生相应的肢体反应。这样的一个新型技术系统，在其与网络通讯技术逐步融合的过程中，已经开始生成出一种引人注目的传播形式，国内外有一些学者正试图将这样的一种传播形式称为沉浸性传播。"① 身体参与并融入虚拟空间中，有身临其境的身体感受并产生相应的肢体反应，比电影和电视使身体的"影子"在场交流更进了一步。

正如国外学者所指出的那样："如果说在数字化的单维信息空间中，人与计算机通过键盘、二维鼠标和显示屏等发生联系，人类以往的经验仅仅以数字化形式存储在数据库内，人只是单纯地从计算机系统的外部去观察计算处理的结果。那么，在适人化的多维信息空间中，人不是作为外在物而与虚拟现实系统相对立，相反，人作为该系统的一个环节而存在。在接收虚拟系统提供的各种感官信息的同时，人基于过去的经验、现时的体验以及虚拟系统的输出，经过判断和决策而对系统进行操纵和控制，由此改变着参与者仅仅作为单纯的接收者的被动状态。"

虚拟现实技术中人与虚拟环境的交互作用，在本质上意味着它不是预成的而是生成的，不是因循的而是创造的，"构想性"所要表达的正是该技术的这一禀性②。

由身体参与的虚拟空间的创造，有可能延伸到真实的现实世界中。由身体参与的虚拟空间的创造，实现的是人－机互动，还没有达到如同真实生活中现场的人－人互动。即使互联网上进行的人－人互动实验，也与真实生活中现场的人－人互动差别很大。2013 年 8 月 12 日，华盛顿大学的研究人员成功进行了史上首次非侵害的人与人大脑的沟通——科学家通过互联网发送大脑信号，并实现了对另一个大脑及其手部动作的有效控制。

① 梁国伟、候薇：《虚拟现实：表征身体传播无限开放性的符号形式》，《现代传播》2008 年第 3 期，第 17 页。
② 转引自陈月华、王妍《传播美学视野中的界面与身体》，中国电影出版社，2008，第 134 - 135 页。

参试的拉奥激动地说："看到我想象中的动作由另一个大脑指派真实完成，实在是又兴奋又可怕。这是从我的大脑到他的大脑简单的单向信息流。下一步就是建立起两个大脑间直接的双向对等的通讯了。"①

网络空间实现的是人的虚拟交往，即使曾被有些人认为"去身体化"的网络空间虚拟交往，也有研究者专门著文《网络交往中的身体嵌入》并明确指出："在网络交往中，身体自始至终地嵌入在整个交往过程中，正是这个嵌入的身体保证了网络交往者的属人的现实主体性。"② 所谓"身体嵌入"正是网络这种媒体传播具身性的一种表现。网络交流并非"去身体化"交流，而是虚拟了一种身体在场式的交流。日常网络交流中大量使用的"表情包"，提供了一种虚拟的、夸张的"身体表情"，它所表达的表情、心态、情绪等，是纯文字交流难以描述的，而且也只有通过身体体验、观察才能感知理解。

第四节　身体传播的特征

一　身体接触式传播

我们通过身体接触这个世界、理解这个世界、改造这个世界。

身体接触式传播是指身体与实体信息源的直接接触，而非与传播媒体的接触并在接触中获得符码信息。

显然，触觉信息来源于身体接触式传播过程中。没有身体接触式传播，触觉信息就无从谈起。

身体接触式传播的重要性不仅表现在触觉信息上，还表现在对信息理解的深度上，身体接触式传播是体验的内核，而体验是理解所有信息的基础。符码传播最大的缺憾是没有直接体验。

以身体是否直接接触实体信息源为标准，传播可以分为身体接触式传播和非身体接触式传播——笔者再次对传播进行分类，因为分类是对事物的一种重要把握方式，分类准确才能更深入、更清晰地认识事物。

---

① 胡轩逸：《"我的脑"控制"你的脑"》，《光明日报》2014年3月20日，第12版。
② 金萍华：《网络交往中的身体嵌入》，复旦大学新闻学院博士学位论文，2009，第98－99页。

身体接触式传播——实体传播

非身体接触式传播 ⟨ 实体传播
符码传播

只有实体传播具有身体接触式传播特征。然而并非所有实体传播都属于身体接触式传播，视觉和听觉、嗅觉可以使人不直接接触对象，因而均属于非身体接触式传播。

这里所说的接触，包括身体与身体的接触、身体与身外之物的接触。身体与身体的接触有多种方式，身体与身外之物的接触也有多种方式。因而，性爱和母婴关系是最深入的身体接触式交往、交流。最初，胎儿就生活在母亲的身体（子宫）中，出生后也与母亲有最亲密的肌肤触摸（见图2-4），而且直接用嘴从母亲身上的乳房中吸吮奶汁。性爱需要身体接触，而且身体要深入身体之中。这方面的相关内容请参阅本书"从身体交往、交流角度阐释性爱"一节。

图 2-4 母与子（雕塑）
资料来源：赵建国 2014 年 7 月 25 日摄于石家庄市世纪公园。雕塑作者：张德峰。

真正意义上的身体接触式传播只有通过触觉和味觉来实现。触觉是接触式传播所独有的，味觉也是在直接接触中产生的。在接触式传播中才能产生诸如刻骨铭心、沁人心脾、切肤之痛的感受。但是触觉也有自身的局限，触摸毕竟不是看。盲人和正常人也许能进行交谈，但不可能在颜色词中找到共同意义。一位盲人通过触觉能确切了解什么是树叶和树枝，什么是手臂和手指。在复明手术之后，他惊讶地发现树和人体之间有"巨大差异"。在失明18年后动手术复明的病人试图触摸太阳光，因为他已习惯于用触觉来感受这个世界。海伦·凯勒以手的触觉、鼻子的嗅觉、舌头的味觉替代了眼睛的视觉。盲人由于失明，习惯于触摸一切。但这种行为方式不利于交际，试想一个视力正常的人被人摸遍全身是一种什么感觉。

通常，视觉和听觉、嗅觉都可以看作一种体验，在这个意义上，接触式传播比体验式传播范围要小。

二　多义性

先看下面一个实例。

1990年，南非国父曼德拉服刑27年后出狱，美国《时代》周刊总裁史定高应邀前来为他写传记。那天，曼德拉叫上史定高一起乘坐一架小飞机外出考察，没过多久，他就拿起一份报纸阅读起来，看到精彩处，忍不住大声朗读起来。

突然，飞机开始剧烈抖动，而且越抖越厉害。史定高不明白怎么回事，惶恐地望着曼德拉。曼德拉显然也感觉到异常，他停下读报，指向窗外对史定高说："你看看，是不是螺旋桨的引擎坏了？"史定高探出头，然后看见一边的引擎果然不再转动，只有另一边的还在动。他惊恐不已，冲进驾驶舱朝着机师喊道："真是要命啦，螺旋桨的引擎都坏了！"

机师也察觉到引擎出了问题，正在紧急滑翔，试图快速降落。他听见史定高的喊叫，慌乱地与地面机场联系，通知救护车和消防车到场应变。史定高紧张地回到座位，吞吞吐吐地向曼德拉报告了情况。曼德拉平静地听完，微笑着说："你和机师都做得很好。"然后拿起报纸，继续若无其事地朗读起来。

飞机有惊无险地着陆后，史定高心有余悸地问："刚才在飞机上，难道你真的一点也不害怕吗？"

曼德拉摇了摇头，"恰恰相反，我刚重获自由，还有很多事要做，所以比你还怕。可那时身边有你和机师需要鼓励，你们的双眼一直在盯着我，我必须摆出冷静无惧的样子才行呀"。说完，曼德拉伸出手，摊在史定高手掌上，令史定高没想到的是，那手心里竟然沾满了湿漉漉的汗水①。

对身体传播应作综合评估，心理和生理反应毕竟都会通过身体显现出来。临危之际，曼德拉若无其事地继续朗读，向周围人传送出了沉着冷静、镇定自若，对稳定局面起到了极大作用。但作为正常人，面对死亡的威胁，其生理、心理反应同样剧烈，"手心里竟然沾满了湿漉漉的汗水"，他的担心和害怕并不比别人少。

拿起报纸继续若无其事地朗读，手心里沾满了湿漉漉的汗水，都是身体传播，但传达出的信息却非常不同，甚至截然相反，然而又很好地统一在曼德拉身上。

真实生理、心理过程与动作、神态不一致，并不少见。这表现出身体传播多义性的一面。

大致相同的动作所表达的意义，由于情境相异可能非常不同。两个熟人见面，互相给一拳算是打招呼了，如果互不相识，这可能导致身体冲突。

三 "告诉""表白"能力

一般实体只能以自己存在的状态和方式"显示"自身的信息。身体信息传播有一个特征，这就是作为实体的身体能够"告诉""表白"自己的愿望、思想、打算、病痛等内在信息。这就是医生需要病人述说自己的病痛感受，官方需要倾听抗议示威者的诉求的原因。治病就要向医生诉说病情，医生也需要了解病人的病情。

身体对自身状态、需求信息的感觉一般是准确的，只要态度真诚、表达准确，别人就能够准确地接收这些信息。但如果故意表白虚假信息或表达不准确，别人就不能得到准确信息，甚至被虚假信息所欺骗、误导。对于医生来说，病人的倾诉和身体实体信息（望闻问切、仪器检查等）相互参照才能够准确地把握患者的病情。

身体的这种"告诉""表白"能力，如果与自身的实体信息相互配合

① 张小平：《藏在手心里的汗水》，《生命时报》2014年1月14日，第11版。

往往能够达到很好的说服和传播效果。

1783 年 3 月 15 日，面对随时可能爆发的内乱，华盛顿召集了一次会议，试图说服那些军官们。

华盛顿准备好的演说快到头了，但是他的听众们似乎仍未真正为之动情。显然，他没有达到目的。他想起身上有一封议员写来的保证信，他想念念这封信。他从口袋里把信抽了出来，这时像是出了什么岔子，将军似乎有些惶然，无可奈何地瞪着那张纸瞧。军官们探身向前，紧张得心都缩紧了。华盛顿从口袋里拿出的是只有他最亲密的人才见他戴过的东西：一副眼镜。"先生们，"他说，"请允许我戴上眼镜。为了这个国家，我不光熬白了头发，还差点弄瞎了眼睛。"

亲切的举动，朴实的语言，收到了长篇大论所没有达到的效果。那些铮铮硬汉们都泪如雨下了。华盛顿把美国从暴政和内乱中拯救出来了①。

是什么让危机出现了转机？他拿出的眼镜，他头上的白发，再加上他发自肺腑的话语表白。然而，这些话语表白，如果没有华盛顿头上的白发与只有戴上眼镜才能看清信的眼睛相呼应，是不会打动人的。华盛顿头上的白发与戴上眼镜的眼睛都是实体信息。几乎所有的华盛顿传记都叙述过这一情节。

第五节　身体是最综合的传播媒体、
有机活媒体

本节和第六节仍然是谈身体传播的特征，这里用来说明"特征"的有两个关键词，一个是"综合"，一个是"活"。

一　身体是最综合的传播媒体

（一）身体是天然的、最高级的、最综合的传播媒体

人体天然就是传播媒体，同时又是最高级的传播媒体，人体也是"全

---

① 〔美〕詹姆斯·托马斯·弗莱克斯纳：《华盛顿传》，商务印书馆，1994，第 164 页。

媒体"（omni media）、多媒体。

我们已经论述过身体的交流系统，下面的相关内容是在此基础上展开的。身体是一个完整的信息传播系统。眼、耳、鼻、舌、身、脑等，所有的感觉和思维器官都是用来感知、接收和传播信息的。身体"兼发射体与接收体二职"①。所谓"发射"就包含了发出信息进行传播的意思。成语"发号施令""调兵遣将""指手画脚"都是在"发射"信息。所谓"接收"是指感应、接受、整理、分析信息。"眼观六路，耳听八方"是说一个人感应和接收信息的能力很强，视觉和听觉信息来源广泛。"虚怀若谷"说的是一个人胸怀像山谷一样深广，能容纳各种不同信息，包括别人的批评意见。"大肚能容，容天下难容之事"是指心胸宽广的人能容下多数世人不能忍受的事情，容下多数世人不能接纳的负面信息。眼睛主要负责视觉信息，耳朵和嘴、舌、声带等主要负责听觉信息，鼻子等主要负责嗅觉信息，舌头、口腔等主要负责味觉信息，身体（皮肤等）主要负责触觉信息。大脑则是所有感觉器官的信息感知、接收、储存、分析、传播的指挥中心。

所谓以互联网络为支撑的多媒体、全媒体以及还可能出现的其他新媒体，在相当意义上，可以说都是人体的仿生学结果。电脑功能在向人脑逼近。

人类的身体正好形成了一个从信息感应到信息反馈和使用的完整系统。感觉器官即眼、耳、鼻、舌、身感应、识别、获取、接收信息，神经系统运送、传递信息，思维器官即大脑分析、加工、判断信息并生成指令信息，效应器官包括双手和双臂、双脚和双腿等应对信息（使用和执行大脑根据信息发出的指令，包括反馈信息）。这是一个完整的感受、认识世界和改造世界的过程，可以看出，这个过程就是一个信息过程。

需要指出，效应器官对信息的反馈、应对即采取相应行动，在相当程度上又回到了感觉器官，也就是形成了一个回路，成为一种循环。这种行动对于实体环境的作用即所产生的效应信息，还会通过感应器官反馈给大脑。

现在，传播媒体上最常用的是语言文字，它们都是人的创造物。口头语言是人类社会的产物，它是最初始的、最重要的、最基本的传播工具。口头语言从身体中来又到身体中去，没有身体，口头语言就无从谈起。文

---

① 〔法〕勒布雷东：《人类身体史和现代性》，上海文艺出版社，2010，第4页。

字是口语基础上的进一步创造。其实，语言最初是在人体这个天然媒体上首先使用的，直到现在依然在使用，将来也要继续使用下去。语言在人体这个天然媒体上使用，是一切人造媒体使用口头语言和文字语言的基础，人造媒体延伸了人体使用口头语言和文字语言的能力。

说人体是最综合的传播媒体和最高级的传播媒体，是因为人体的各种信息接收、反馈和传播器官高度精密、协调，各司其职和互相配合，尤其是大脑在对信息的接收、分析、处理、传播中具有高度的灵活性、能动性、创造性。人能够以自己的身体作为主体使用媒介工具来传播，也可以把自己的身体当作传播媒体来传播，这就是通常的动作表情交流和语言交流；还可以把自己的身体当作一种特殊的传播工具来使用，如歌唱演员都是把自己的身体当作发声乐器来使用的——身体是最高级的乐器。到目前为止，任何人造的传播媒体都无法与身体匹敌，同时所有的人造传播媒体都是为人服务的。

（二）人全面具备"传播五要素"

拉斯维尔（Harold Lasswell）在《社会传播的结构和功能》（The Structure and Function of Communication in Society）一文中总结的传播五要素是：

> 谁，
> 说了什么，
> 通过什么渠道，
> 对谁说，
> 产生了什么效果。

"谁"是指传播者，"说了什么"是指传播内容，"通过什么渠道"是指传播媒体，"对谁说"是指受众，"产生了什么效果"是指传播效果。

人全面具备拉斯维尔所说的传播五要素：就传播者而言，人当然就是传播者，是信息传播的发起者和主导者，决定传播什么、对谁传播、通过什么渠道传播；就传播内容而言，人是传播的主要内容，是主要的信息源；就传播渠道或载体而言，人本身天生就是传播媒体，同时人还能够使用人造媒体进行传播和接收活动；就受众而言，每个人都是受众，对于社会传播来说，没有人就失去了传播的对象和意义；就传播效果而言，一切传播效果都与人有关，直接或间接影响人，而且多数情况下效果发生在人身上。传播理论有一致的看法，产生的传播效果有三个层面，一是认知层面，二是情感、态度层面，三是行为层面。显然，这三个层面都发生在人的身上，所谓认知，是指人通过传播知晓和认识了过去不知道的东西；所谓情感、态度，是指人受传播内容的影响，人的情感、态度包括价值观等发生了变化；所谓行为，是指人由于认知和情感、态度的变化而带来行动、行为的改变。所以，人是最综合的传播体。到目前为止，还没有任何人造媒体能够同时具有如此全面、综合的功能。

一切人造媒体都是人体的延伸，也都是应人的需要而造，根据人体的感官而设计。层出不穷的新媒体的出现，目的都是最大限度地调动人体的全部感官，使更多的感觉器官参与到信息接收和传播活动中。技术在模仿、复制人体的感知模式、认知模式和传播模式，技术发展的趋势是越来越像人，当然超越人也是技术发展所追求的一个目标。使交流、交往本身不断突破时空对于身体的限制，则是媒介技术发展所遵循的基本逻辑。

人创造了技术（包括媒体技术），技术又反过来塑造了人的身体。我们的身体已经是技术化的、被技术和传播媒体塑造的身体，技术内化于身体，人体从孕育到死亡都被技术化。

（三）传播学者普遍忽略了身体这个最天然、最高级和最重要的媒体

传播学者研究各种媒体，但普遍忽略了人体这个最天然、最高级和最重要的媒体。其实，身体是人类传播的真正原点，身体是人类传播的起点和归宿。

当我们把人作为传播媒体看待时，就会从一个角度更好地理解麦克卢汉"媒介是人体的延伸"这一著名论断。媒介确实延伸了人体，然而媒介的延伸是以人体为根据的。其实，所有的人造工具和机器都是人体的延伸。19世纪德国技术哲学家卡普认为工具是人类的"器官投影"，马克思认为工具是人类的"器官延长"，20世纪的德国哲学家盖伦认为工具是人类的"器官补偿"和"器官强化"。麦克卢汉所说的媒介是广义的，几乎与工具和机器等同。麦克卢汉从人出发，但关注点和落脚点是媒体机器。他说他的代表作《理解媒介：人的延伸》（*Understanding Media：The Extension of Man*）"有一个自始至终的主题：一切技术都是肉体和神经系统增加力量和速度的延伸"①。在这里，我们与麦克卢汉相反，要回到人体本身，

---

① 〔加拿大〕麦克卢汉：《理解媒介——人的延伸》，商务印书馆，2000，第127页。

回到人（体）本身的理论可以叫作"人本媒体理论"。现象学的精髓就是要回到事物本身，对于传播学来说，回到事物本身在极大程度上就是回到人的身体本身。正像"文学回到身体就是回到自己的来处、本源、创造者，就是回到自立的主体"①，文学的本性就是传播，文学是传播的一个重要分支，传播回到身体与文学回到身体有着同样的意义。

无论传媒技术如何发展，人类传播活动永远不能摆脱人的身体，传播学不应忽视对人的身体的研究。

当我们把人作为传播体看待时，就会发现人的交往、交流、传播本能，人是最善于交往、交流、传播的生物，人把传播推向了极致。而人在不断交往、交流、传播过程中也使自身的交往、交流、传播器官及其功能不断完善，也就是说，使人自身的交往、交流、传播能力不断提高。

二　人是有机活媒体

（一）人体是有生命的媒体

人体是有生命的有机生物体。把人看作传播媒体，当然是指活着的人，死人是不能接收和传播信息的。

活着的人才能移动或迁移。人的移动或迁移也伴随着文化和信息的移动或迁移，伴随人的移动或迁移而来的文化和信息，多是"活"文化、"活"信息，"动态"文化、"动态"信息，具有能动性的文化和信息。由传播媒体送去信息或带来的外来文化，凝固而缺乏弹性。在这个意义上，人是活媒体，人造媒体都是"死"媒体。

（二）身体携带着"能力信息密码"

仅仅看到身体是传播媒介还不够。人的身体作为媒体绝不仅仅像普通媒体那样是信息集散地或平台，而且还是信息加工、制造、创造的工厂和试验场。人不仅传播通常意义上的"死"信息，更可以传递"活"信息。这个"活"信息最重要、最有价值的部分就是"能力信息密码"。人体是一个最高级的、极其特殊的自然信息控制系统。"能力信息密码"正是这个最高级的、极其特殊的信息控制系统中弥足珍贵的部分。

能力是人最重要的素质。从信息角度解析能力，因为每个人的能力不

---

① 王晓华：《主体缺位的当代身体叙事》，《文艺争鸣》2008 年第 9 期，第 12 页。

同，并且不会轻易获得能力，有些特殊能力、"绝活"甚至只存在于个别人身上——汉语有一个成语"身怀绝技"说的就是这种人，尤其是创造能力更是以隐秘的、与众不同的信息组合方式存在于某些人身上，所以笔者用"信息密码"解释能力。于是就出现了"能力信息密码"这个术语。

"能力信息密码"是综合信息，但不是多种信息的简单相加，而是以创造性思维、创造技能和技巧等传达出的信息的升华和灵活运用。

"能力信息密码"是普通媒体几乎不能使用和传递的。比如，由人直接操作一部先进机器，或直接做一次前沿科学研究演讲，媒体机器是不能代替的。

（三）人作为传播媒体的能动性

能动性是人体作为传播媒体与其他传播媒体相比最显著的区别。人在传播自身天然信息和自身习得信息的同时，也在从传播对象身上搜索、吸收、记取信息，并根据不断变动的信息向身体发出指令信息，从而采取相应的行动。这是其他传播媒体都不具备的能力。人作为传播媒体的能动性还表现在，他（她）仍在不断进化，尽管这种进化非常缓慢，甚至几代人都感觉不到。

当人作为传播媒体时有两个重大特征：其一，人既是传播者也是接收者；其二，人可以使信息增量、增值，可以实现文化融汇和文化转型，可以实现文化创新和科技创新。考虑到这些特征，说人体像传播媒体一样能够传播还不够，它只能表达部分内涵。为了把它与媒体传播真正区别开来，也许用"身体传播"这个术语更准确、更有概括力。

实物传播可以由商品流通、物流等来实现，符码传播可以由大众传播媒体等来实现，而由人的移动或迁移实现的综合传播却是任何其他传播方式不能取代的。

（四）人是移动媒体

人是移动媒体，此乃人是活媒体的另外一个含义。传统军事活动中的"传令兵"恰为人是移动媒体的一种典型表现，"令"是信息，"传令"就是传播信息，而"兵"是人，传令兵靠自身移动完成传送信息的任务。

移动电话的发明大大方便了人们的通信、交流活动。然而，人本身就是一种可移动的高级媒体可能很多人没有意识到。如果人不移动，移动电话就失去了意义；正是人的可移动性，才使所谓的移动电话成为现实的移动电话。

人的可移动性使迁移成为可能。人移动或迁移到一个地方，就等于一个移动媒体到了那里，传播和接收活动随即展开。人的移动或迁移是不同文化活体的直接相遇。而人的移动或迁移所带来的传播和接收效果，是别的传播和接收方式所不能取代的，这就是留学等社会活动持续存在的内在原因。

三　身体是综合的文化载体和导体

身体是第一个文化物体，身体也承载着文化。正如甘地（Mohandas Karamchand Gandhi）所说："我的一生就是我要传达的信息"（My life is my message）。这里的"life"可以理解为生活、生命。一生中所干的事业，生命中的身体都是信息载体，都在传递信息和人文精神。比如，《光明日报》2015年1月14日第3版有一篇报道，题目是《陈若星：用行动诠释生命要义》（作者是该报记者杨永林、张哲浩和通讯员党晓绒），生命的意义主要靠行动来表达和传播。

人的身体还可以蕴含和传播文化信息，这里"蕴含"与"载体"相呼应，"传播"与"导体"相呼应。所谓导体，意味着身体可以传递、传导文化。即使身体的某一部位也可以载有丰富的文化内涵。有人让身体一丝不挂，有人把身体遮蔽得只剩下眼睛，有人试图把全部皮肤刺青，有人力图保持整个身体的纯自然状态。人们对待自己身体的态度如此不同，身体是各种文化展示的舞台。

身体是自然进化和文化传播凝结而成的有机体。文化就是"人化"和"化人"。"人化"是将自然改造使之适合人的需要，"化人"是按照人文精神培养和塑造人。无论"人化"还是"化人"都离不开传播。传播是文化存在、延续和发展的内在需求，传播乃文化之本性。

人体既是传播者，也是传播所造就的。生物进化和遗传赋予了我们自然人体，教育、交流、传播塑造了我们的社会人体。劳动的人体、交流和交往的人体、体育的人体、艺术表演的人体都是自然人体基础之上文化（传播）塑造的结晶。现代人的身体更多地被传播媒体所塑造。

身体还是文化的生产者。人的实践活动、人的行为动作生产出文化。身体并不只是受到社会关系的约束，或是被注入了社会关系，而且实实在在地构筑了这些关系，并具备了这些关系的生产能力。"我们的身体就是社会的肉身。"① 在这个意义上，人类社会和社会关系由无数个肉身构成。

第六节　身体的几种特殊传播方式

身体是人类的认识工具，人类也曾把世界类比为身体来认识。历史上，人类曾以身体为模型构想自然和人类社会。"人类首先是将世界和社会构想为一个巨大的身体。以此出发，他们由身体的结构组成推衍出了世界、社会以及动物的种属类别。"② "宇宙是一大身体"就是这一观念的一种表达。

人类以身体为尺度改造自然并以身体结构为模型创造工具、建造房屋等。同时，身体结构也对人的审美产生了深刻影响。

许多事物被身体化。马克思有一句非常形象的评价：资本从诞生的那一天起，每一个毛孔都滴着血和肮脏的东西。余光中在一首诗中表示，要将自己的名字"刻它在世纪的额上"，"额"就是额头。

一　人体可以成为建筑的原型

有建筑学家认为，人体也可以成为建筑合理性的典范。著名的西班牙建筑师圣地亚哥·卡拉特拉瓦（Santiago Calatrava）说过："我非常希望能够根据人体的某一部分结构来创作建筑造型。"他的不少重要设计灵感来自生物体，尤其来自人体的骨架、循环系统以及皮肤的活动与生长方式。他自己说："解剖学中，张开的手掌的形象、眼睛的形象、嘴和骨骼的形象都是灵感的源泉。通过研究我们的身体的结构，你可以发现一种对建筑非常有益的内在的逻辑性。"

卡拉特拉瓦所设计的建筑犹如人的身体一样，简单而独立的构件组成庞大而复杂的系统。他从身体的特技动作与舞蹈者克服重力的姿势中捕捉形变、得到启迪。比如，瑞典马尔默（Malmo）旋转大厦力图表现一个扭转的人体造型。"一旦你有了脊柱的概念，将其中的元素在周围移动就非

---

① 〔美〕约翰·奥尼尔：《身体形态：现代社会的五种身体》，春风文艺出版社，1999，第10页。

② 〔美〕约翰·奥尼尔：《身体形态：现代社会的五种身体》，春风文艺出版社，1999，第17页。

常方便，可以通过多种方式来改变脊柱的形状。……同样值得一提的是脊柱如何完成扭曲、绕着轴心旋转、弯腰和延伸。有些从前非常含混的运动方式逐渐变得清晰了。"从这段话中我们可以找到旋转大厦设计的注脚。

瑞士苏黎世斯塔德荷芬火车站像张开的手指、月台像手掌。设计者自己说："在斯塔德荷芬车站设计中，除了模仿头部的支撑外，还借鉴了张开的手的概念。这种模仿贯穿于整个项目里主要的扶壁柱、一个小顶棚、候车的棚架之中，使它成为车站大部分建筑外观的一大特征。剖面底部地下空间的柱子，是将手的形状倒置的形式。"[1] "我开始关注人的姿态，并从自己的手掌开始研究。张开的手掌，代表着真诚与开放，我从张开的手掌又想到了手掌的侧面，我选择拇指与食指之间的部分使之变为柱的形式，你可以在整个工程中看到这种形式被重复地频繁使用。"[2]

瓦伦西亚科技中心天文馆像"睁开的眼睛"，拱形罩因为两端的支点可以使"眼皮"与"眼球"从视觉上脱离开。"眼睛"的眼帘，材料玻璃和钢是可动的，目的在于对自然、对光的反应，它逼真再现了科学的眼睛——它是瓦伦西亚的眼睛，也是我们每个人自己的眼睛。

卡拉特拉瓦设计的桥梁的竖向承重的柱子看上去像是双手举过头顶的人的躯体。"至于竖向的支撑，最初的构思始于我联想到一些与人体比例相关的某些柱子的造型。事实上，从前面看去，这些柱子的确有些像将双手举过头顶的人的身体，它们支撑着桥面。而位于较低一些部位的构件，又使人想到在进行辅助支撑时的人的头顶。"[3]

在塞维利亚世界博览会上，卡拉特拉瓦设计了科威特展厅，白天阳光透过大理石照亮了室内。组成屋顶的每一个构件都装上了马达，屋顶可以慢慢地张开和变形。由于每个构件都是独立的，使用者可以自由控制屋顶的开启方式。在屋顶的开启过程中，人们会联想到手掌和手指弯曲的动作。"它们仿佛在保护着里面的空间，当手指张开时，又像在拥抱天空。"[4]

---

① 〔美〕麻省理工学院编《圣地亚哥·卡拉特拉瓦与学生的对话》，中国建筑工业出版社，2003，第36－38页。

② 〔美〕麻省理工学院编《圣地亚哥·卡拉特拉瓦与学生的对话》，中国建筑工业出版社，2003，第19页。

③ 〔美〕麻省理工学院编《圣地亚哥·卡拉特拉瓦与学生的对话》，中国建筑工业出版社，2003，第24页。

④ 〔美〕麻省理工学院编《圣地亚哥·卡拉特拉瓦与学生的对话》，中国建筑工业出版社，2003，第39页。

从人的身体获得建筑设计灵感，并且将身体或身体的某些部位转化为建筑样式，它给建筑带来哪些影响？人又从这些"人形"建筑中得到些什么？卡拉特拉瓦说："设想人们在如同人体般的建筑物里活动，或是在如同人体一样的建筑中进行鉴赏。不管怎样，事物的尺度总是与我们的身体有一定的关系。建筑也非常自然地与人的尺度相关，因为它本身就是为人而建造的。"① 卡拉特拉瓦以身体为信息源，将其固化为物态，从而传递出身体的某种信息。我们从这些建筑上看到了人体外形和结构的完美等信息。

不只是建筑，许多工具和技术器具都从身体获得了灵感，所谓仿生学也包括对生物人的仿生。卡普指出，人体的外形和功能是所有工具的源泉和本原，是创造技术的外形和功能的尺度，也即工具是从人的器官中衍生出来的。由此，我们又想起"工具是人体的延伸"那句老话。

二 神和鬼的形象是人的身体的变形

神和鬼的外在形体容貌不管如何光怪陆离，但万变不离其宗，其实都不过是人的身体的变形。"在官方确认的教会神学那里，基督教训谕承袭古代犹太教的观念，不可用人的样子来再现上帝，但是大众教民却强烈地趋向于将基督的形象再现为人的实在形象。"② 在东方中国，南海龙王龙头是人与"龙"的组合，少不了眼、耳、鼻、嘴，躯干和四肢都人化了（见图 2-5）。在这个意义上，神和鬼形象的传播在相当程度上也是人和人体的传播。

每年的 11 月 1 日和 2 日巴西亡灵节（All Souls Day）都要举行骷髅游行。有些地方还戴上骷髅或鬼魂面具，举行盛大游行。孩子们扮成各种妖魔鬼怪，吱吱地发出鬼叫，向路人们讨要糖果。在他们看来，死亡并不是生命的终点，亡魂会去另一个幸福的世界，享受新生命的开始。而在每年的 11 月 1 日和 2 日，亡魂会回到故乡，看望生前的亲人。这些亡灵与活人身体的不同之处在于变成了骷髅，面部也成了鬼魂的样子，其实亡灵的样子是在活人身体基础上的想象和变形。

---

① 〔美〕麻省理工学院编《圣地亚哥·卡拉特拉瓦与学生的对话》，中国建筑工业出版社，2003，第 36 页。
② 〔英〕布莱恩·特纳：《身体与社会》，春风文艺出版社，2000，第 11-12 页。

图 2-5 南海龙王

资料来源：赵建国 2014 年 1 月 29 日摄于三亚大小洞天南海龙王别院。

人的某种器官也可能被神化、宗教化。"史诗中记载，印度的母亲河恒河便是大神湿婆与伴侣的一次长达 100 年的性爱之后，喷出的精液而成。直到今天，印度教徒仍然在朝拜湿婆勃起的阴茎——林伽。标准的林伽像是一根立柱坐落在一个约尼上，约尼则是女性生殖器的象征。"① 这应当与生殖崇拜有密切关系。

四川画家李壮平以自己的女儿李勤为裸体模特儿创作了《东方神女山鬼系列》油画。画家以屈原笔下的"山鬼"和郭沫若的"巫山神女"为想象线索，发现女儿与自己想象中的女神形象相近，于是通过女儿的身体塑造出了巫山神女美丽、纯洁、善良的艺术形象。将人的身体神化、仙化也是身体传播的一种方式。

三 身体的幻化

《梁山伯与祝英台》是中国古代民间传说。梁山伯与祝英台爱情破灭，祝英台追随梁山伯而死，两人变成了一对美丽的蝴蝶。歌曲《化蝶》有这样的唱词："泪染双翅身化彩蝶，翩翩花丛来。"

戏剧《牡丹亭》中写杜丽娘因爱情，生可以死，死可以复生。"生而不可与死，死而不可复生者，皆非情之至也"（《牡丹亭题词》）。

小说《西游记》《聊斋志异》都力图超越人的身体。《西游记》中孙

---

① 方刚：《印度：在禁欲与纵欲之间》，《书摘》2014 年第 1 期。

悟空的形象令人向往，他一个跟头可以翻十万八千里，并有火眼金睛、七十二变，拔一根毫毛一吹就可以变出无数个小猴子，等等。孙悟空集神、猴、人三者为一体，因而超越了人的身体。《聊斋志异》写花妖狐仙变成人身，"出于幻域，顿入人间"（鲁迅语），可以成仙，也可以变成人身并与凡人恋爱结婚。

直到当代，身体幻化的情结依然存在。歌曲《再见吧，妈妈》唱道："当我在战场上光荣牺牲，你会看到盛开的茶花。"歌曲《血染的风采》也唱道："也许我长眠，再不能醒来，你是否相信我化作了山脉？"

身体的幻化带有浪漫色彩，希望能够超越肉身，得到爱情、与山河同在、与世长存。

四 对称意识、黄金分割律与身体结构

人类关于美的观念和意识很多都发源于身体。普列汉诺夫指出：

> 我还要指出"对称的规律"。它的意义是巨大的和不容置疑的。它的根源是什么呢？大概是人自己的身体的结构以及动物身体的结构：只有残疾者和畸形者的身体是不对称的，他们总是一定使体格正常的人产生一种不愉快的印象。因此，欣赏对称的能力也是自然赋予我们的。……
>
> 人所固有的对称的感觉正是由这些样式养成的，这从下面的情况可以看出来："野蛮人（而且不仅野蛮人）在自己的装饰中重视横的对称甚于直的对称。瞧一瞧您第一次遇到的人或动物的形状（当然不是畸形的），您就会看出，它所固有的对称正是前一种而非后一种[1]。

由于人的身体具有横的对称结构特征，所以我们更重视和习惯于横向的对称性。

为什么 2∶3 的长方形最令人喜爱？为什么人们一看到这种比例的形体，就下意识地本能地觉得它美呢？这与人体的比例有极密切的关系，人类身体的比例就是 2∶3。20 世纪 50 年代北京工业设计院为编写《建筑设

---

① 〔俄〕普列汉诺夫：《论艺术（没有地址的信）》，生活·读书·新知三联书店，1964，第 38 - 39 页。

计资料集》，曾对我国各地成年人的人体进行了广泛调查，把全国人体分成较高、较低、中等三种，肩宽和臀宽的平均数为362毫米，从肩峰到臀底的高度为586毫米，躯干的宽与高之比为1:1.618。如果把高、中、低三类人体平均计算，男性躯干的宽与高之比为1:1.61，女性躯干的宽与高之比也与此相差不远。世界各地各种族的体高差别较大，但躯干的宽与高之比却相差很小，都接近1:1.618。可见这个数值在全世界是具有普遍性的。据有关方面研究，在从猿到人的进化过程中，骨骼方面以头骨和腿骨的变化为最大，躯干部分的变化最小。因此，人类对以自己躯干为代表的宽与长之比为1:1.618的形体，看得最多，最为熟悉，这已经历了几十万年历史，所以也最为习惯。人是很爱自己的身体的，是很喜爱人体美的。由于这个缘故，乃由人及物，凡是与人体比例相同的物体都喜爱，都觉得美，短于这个长度的就觉得粗壮，过短就觉得笨拙，如果偏长就觉得略细，过长则瘦削。对物体的这种评价，是以人体比例作标准的。"黄金分割律"长方形的提出，也说明它与人体美有关系。为什么这个比例数由古希腊人首先提出，而不由别的民族先提出呢？这与古希腊人崇尚人体美的习俗有关。由于研究人体美，哲学家和数学家们便从人体美的比例中概括出一般事物形式美的规律①。

五　机器人的身体

机器人是对人的身体的直接模仿。人工智能机器人与工具式机器人有所不同。智能机器人应该具有自我认知、感知能力，目前的机器人距离灵肉结合之身体这样的目标还很遥远；而工具式机器人其"身体"只是一种机器的躯体。

特定的机器人也能完成相应的工作。"接待机器人"可识别人的面孔和声音。比如"客人"问机器人："钟表在哪儿？"机器人回答说："请跟我来。"然后，机器人把"客人"引到办公室放钟表的桌子前说："就是这儿。"

高科技扰乱了身体的自然属性，而电子人、机器人等则模糊了动物与人的有机物身体和技术机器的边界。其中的伦理问题引人关注，有待深入探讨。

---

① 关于身体美的比例参阅了陆一帆编著《新美学原理》，广西人民出版社，1983，第178－179页。

第三章　实体信息与实体传播
视野下的身体

本章讨论的是身体实体信息与身体实体传播。顺便说明，就本书的主体而言，所谓"身体传播"，大部分情形下讨论的都是身体实体信息与身体实体传播，但本章最为集中、最为明确。身体传播的本义是指身体这个生物实体的传播行为和活动。在相当程度上，身体传播是实体传播的一种特殊形式。

有必要指出，人体是实体信息与符码信息、实体传播与符码传播的神奇统一体。人体既有丰富的实体信息，也可以以人体为媒介传递符码信息。在许多情境下，实体信息和符码信息在人身上高度交叉融合，简直难以区分。因此，我们审视人体时，不能从单一的实体信息或符码信息、实体传播或符码传播的角度看问题，而应当从综合的角度看问题。

第一节　身体实体信息及其传播

一　身体的实体信息

身体是每个生物的实体，是生理学上的实体（a physiological entity），身体是物质的、物理的、生物的实体。实体信息和实体传播当然包括身体信息和身体传播。

人体本身是特殊的实体信息源，也是特殊的实体传播者，人体传递自身的自然信息。

一位妇产科医生说过，即使你是一位知识女性，对自己身体的了解程度也可能不到5%。人的性别、年龄、种族、肤色、眼睛的颜色、头发的颜色，高矮胖瘦，身体体型、结构，五官结构，音高、音低、音色，血型、体液等等，所显示和传递的都是实体的生物信息、生理信息、解剖信息。比如，亚洲的蒙古人种多为直发，欧洲的白色人种多为波形发，非洲的黑人多为卷发。遇到陌生人，人们往往首先注意到的是其身上的实体信息。例如，哥伦布当年见到的美洲一个岛上居民的外观信息是这样的："人人身上一丝不挂，如刚出娘胎一般，连女子也一样。吾只见到一个少女，余者皆为青年男子，无一人超过三十岁。彼等个个身躯魁伟，体态俊美、相貌端庄。象马尾一样粗硬的短发垂于眉端，少数长发披在肩上，这部分头发好象从不剪短似的。他们有的把身体涂成褐色，有的涂成白色、红色以及任何可以办得到的颜色，也有的只涂面或仅仅涂眼周及鼻子。彼等肤色不黑也不白，颇象加纳利人。"①

人体也是一个生物电磁场，人体电磁场也是一种实体信息。身体上的静电聚集多了，脱衣服时会听到"噼啪噼啪"的响声，梳头时头发会"飘"起来，拉门把手时手会"触电"，这些都是生物静电释放的信息。静电在身体里聚集多了会带来不少副作用，赤脚站在大树下面就可以让身体里面的静电释放出来。

人体生理信息属于实体信息，人体社会信息尽管与符码信息有关联，却与人造媒体所传播的符码信息有明显区别，因为它与人体这个特殊的实体密不可分。中国人喜欢中餐，美国人喜欢美式西餐，中国人习惯喝热水，美国人习惯喝冷水，这些都通过一个个个体表现出来，总体上表现为实体的行为动作，但符码信息和符码传播也伴随其中，如中国人对美国人说："我要热水"，就是有声语言符号表达。

人体所显示、传递的自身实体信息包括生理信息、心理信息。人体还能接收、储存、携带和传递人体之外的实体信息和符码信息。这就显示出身体实体的特殊性。

人类的身体在缓慢变化，每个人的身体更是在缓慢而又快速地变化。因而人类有自己的身体史，每个人也有自己的身体史。历史将自己的痕迹记录在身体上，历史在塑造身体。因而身体实体信息也在不断发生变化，我的身体的变化部分和不变部分不能明确地被确定。我们认真观察每一位老年人，他的驼背记录了他青少年和壮年时期的不正确姿势或某种疾病，一个腿部有些僵硬弯曲的老年妇女，可能与她年轻时腿部劳累过度有关，也可能与风湿病有关。青春期青年男女的身体信息会发生一系列明显变

---

① 郭家堃编《哥伦布航海日记》，上海外语教育出版社，1987，第 29 页。

化。张弦 1980 年发表的小说《被爱情遗忘的角落》，开始正面表现"她"身体的欲望：

> 但是，青春毕竟不可抗拒地来临了。她脸上黄巴巴的气色已经褪去，露出红润而透着柔和的光泽；眉毛长得浓密起来；枯涩的眼睛也变得黑白分明，水汪汪的了。她感到胸脯发胀，肩渐渐丰满，穿着姐姐那葵绿色的毛线衣，已经有点绷得难受了。她的心底经常升起一种新鲜的隐秘的喜悦。

青春期身体呈现出身体最美的一面，是身体最美的时期，也是生理欲望最旺盛的时期。

白发是年老或心理压力过大引起的身体外表变化之一。李白的《秋浦歌》写道：

> 白发三千丈，
> 缘愁似个长。
> 不知明镜里，
> 何处得秋霜？

"三千丈"的白发是因愁而生、因愁而长。写白发的诗还有"白头搔更短，浑欲不胜簪"（杜甫：《春望》），"白头宫女在，闲坐说玄宗"（元稹：《行宫》）等。

林肯说："一个人，40 岁以前的脸是父母决定的，但 40 岁以后，就应该是由自己决定了。一个人，要为自己 40 岁以后的长相负责。"人的性格会影响人的面貌，尤其是中年以后，长期的心理状态与动作行为会投射到身体尤其是脸上。"相貌是凝固了的表情，表情是瞬间的相貌。"内心定义了你的脸，笑对人生的人，脸上是灿烂、爽朗的，整天愁眉苦脸的人，也必然把苦恼刻在面庞的沟壑和双眼之中。同时，道德品质也会在身体上留下痕迹。苏霍姆林斯基说："不道德的行为可以使脸变得丑陋。撒谎、伪善、空谈都会使人逐渐形成一种呆滞的神色：他回避直视别人的眼睛，因为在他的眼睛中没有真实的思想，他把它隐藏起来了。阿谀奉承、奴颜婢膝不仅使眼睛、面容表现出卑躬屈节，而且给整个举止也留下了这种痕迹。"① 席慕蓉在《邂逅》这首诗中写道：

> 亲爱的朋友
> 请别错怪那韶光改人容颜
> 我们自己才是那个化妆师

韶光确实可以改人容颜，然而"我们自己才是那个化妆师"！研究显示，人的容貌60%－70%是从遗传基因得到的，而剩下的30%－40%是由后天的生活方式和习惯、所受教育、社会位置、经历所决定的。与其抱怨父母没有给一张好脸，不如把握自己能够把握的那30%－40%，因为前者是自己不能决定的，而后者是自己可以决定的。

成年之后，身体包括容貌开始走下坡路。随着年龄的不断增长身体逐渐衰老、走样，会出现"四体不勤，五谷不分"（《论语·微子篇》）状态。进入老年后，身体衰老加速，"五年一小坎，十年一大坎"。有人调侃说："60岁以后一年不如一年，70岁以后一天不如一天，80岁以后一会儿不如一会儿。"这虽然有些夸张，却也道出老年人身体向越来越不好的方向变化的事实。

二　解剖学与身体内部实体信息

解剖学为实现人体内部结构信息真实传播打开了真正的通道。用手术刀打开的身体内部让我们看到了身体皮层下面的秘密，使身体内部的信息得以传播，同时为更深入的发现开辟了道路。

获取人体解剖信息经历了艰难曲折的历程。由于宗教、思想观念等因素影响，早期的人体解剖被禁止，只能用动物解剖来代替。公元2世纪古罗马时期的医学家盖伦（Claudius Galenus of Pergamum）只能把从动物体上得到的解剖知识应用到人体，难免有许多错误。比如，他认为人的肝脏像狗的一样有五叶，肝是静脉的发源地，心脏的中膈上有许多看不见的小孔，血液可以自由通过，等等。盖伦的解剖著作，曾在很长时间内被奉为经典。直到中世纪，教会仍严禁解剖人的尸体，这些错误依然得不到纠正。

----

① 〔苏〕苏霍姆林斯基：《给儿子的信》，教育科学出版社，1981，第67－68页。

16 世纪的维萨里（Andreas Vesaliua）则突破禁区，直接观察解剖人体。他在巴黎求学时，曾偷过绞刑架上的犯人尸体，还曾把一个死人头骨藏在大衣内带进城，放到自己床底下，甚至盗过墓。由于这些"异端"行为，他被学校开除，不得不到意大利去继续学医。1543 年，年仅 28 岁的维萨里出版了专著《人体构造》。这本著作以大量丰富的解剖实践资料，精确记述了人体的结构，遵循解剖的顺序描述了人体的骨骼、肌肉、血管和神经的自然形态和分布等。《人体构造》的出版标志着近代人体解剖学的诞生，是生物学发展史上的一个里程碑，奠定了现代医学的基石，维萨里被称为"解剖学之父"。

不言而喻，对人体解剖需要克服巨大的心理压力。美国外科医生里查德·塞尔泽（Richard Seizer），提起一所著名医学院休息室中悬挂的维萨里画像时写道："维塞留斯（维萨里的另外一种汉译名——引者注）的脸上写满了负罪感、忧郁与恐惧。他了解自己犯下了罪恶与禁忌，却不能停止，因为他执迷于此……维塞留斯，我理解你。即使在今天，在解剖学涉足领域越来越深入的今天，每当我凝视身体内部的时候，我都同样感到触犯了禁忌，为将要因所犯下的罪行受到惩罚而感到莫名的惶恐。想想看吧，我们不可以看到自己的器官。我们当中又有多少人能够得到这样的机会，去看一眼自己的心与脾，并继续活下去呢？我们身体内部的秘密机构仿佛美杜莎之首，有谁胆敢妄自尊大直视她，就会被她变成瞎子"（里查德·塞尔泽《刀与肉，一个外科医生的忏悔》）[1]。经常做解剖的人，与常人对尸体的理解有很大不同。玛格丽特·尤瑟纳尔的《苦炼》一书中，与维塞留斯亲密无间的医生泽农和他同为医生的朋友一起慢慢向一位年轻人的尸体俯身下去，他看着自己的儿子时所说的那句话："在醋味飘溢的房间里，我们解剖这个死去的人。他既不再是儿子，也不再是朋友，而是一份漂亮的人类机体样本……"[2] 此时，身体与儿子已经分离。

对尸体进行解剖的课程，与尸体间保持的距离表现出微妙的社会等级。居伊·德肖利亚克（Guyde Chauliac）的一幅细密画敏锐而巧妙地再现了不同角色围绕身体极具象征意义的位置图。这一幕发生在蒙彼利埃大

① 〔法〕勒布雷东：《人类身体史和现代性》，上海文艺出版社，2010，第 63 页。
② 玛格丽特·尤瑟纳尔：《苦炼》，巴黎口袋书出版社，1968，第 118 页。转引自〔法〕勒布雷东《人类身体史和现代性》，上海文艺出版社，2010，引言第 6 页。

学，自 1315 年起，这里会在特殊情况下进行人体解剖。尸体被陈列在桌子上，稍远处是一名教师，一只手捧盖伦的作品，高声朗读有关章节，另一只手则远远地指向提到的器官。解剖的实施者分属两类剃须匠，对肌肉进行切割的不识字，将器官依照教师的介绍取出的则受过一定的教育。在这幅细密画中，许多教士也在场。教会对解剖行为具有授权与监督的权力。一位修女双手紧握作祈祷状，她与一位教士在场是为了保证这位暴露在公众好奇心下的妇女能获得永福。画面人物表情严肃，举止庄严①。

其实，人对自身内部结构充满了好奇心。在欧洲，早期的解剖仪式十分隆重："节奏迟缓的典礼绵延几天，解剖手术以教学为目的，受众由外科医生、剃须匠、医生及学生组成。到了十六世纪，解剖手术逐渐普及开来，不再局限于初衷，而是扩大为表演形式，以满足各类观众的好奇心。当时的游记当中都曾记载过此类解剖秀。韦永所引用的 1690 年的一段文字记载，在国王的花园中举行的公开解剖表演通常有四百至五百名观众。"②人体解剖已经与身体（结构）传播紧密相关了。

到 16 世纪及其后，在欧洲，私人开始在家中设置解剖室，陈列人体，有的人还藏有干尸；身体成为展览的对象。《新概念英语》（*New Concept English*）中有一篇课文 "A skeleton in the cupboard"，这篇课文讲了一个曾经学过医学的侦探小说作家家里大衣柜里悬挂着一个骷髅的故事。

美术和医学有着共同的基础，这就是人体解剖。集画家和科学家于一身的达·芬奇的人体解剖素描有四百多幅，都是对身体实体的描摹。画家的人体素描对人体结构信息的传播也起了一定作用。

三 人的身份最终通过身体实体信息来区分和确认

身体是自我表现的舞台，身体是我与他人和世界的界限，我们通过身体来区分人的身份，"身份证"只是一个符码标志而已。

（一）从面部辨别一个人的身份

在实际生活中，最能识别、分辨一个人身份的是面部，不同身份的个人多由脸部来区分。人类也进化出善于识别脸部特征的高度技能。"从出生后几个小时起，人类婴儿就选择地注视人的面孔，而不是其他

---

① 〔法〕勒布雷东：《人类身体史和现代性》，上海文艺出版社，2010，第 57－58 页。
② 〔法〕勒布雷东：《人类身体史和现代性》，上海文艺出版社，2010，第 57 页。

的感知方式。"① 与其他大型群居动物相比，人类个体脸部差异很明显，特征具有多样性。美国加州大学伯克利分校的研究者发现，人类演化出脸部个性化的特征避免了在复杂社会群体中的错误辨认事件。所以，身份证上需要免冠的正面头像，即所谓标准像。当然，个人与众不同的个性，还可以由头发、服装等来表达和显示。

正因为人们多从面部判断一个人的身份，人的照片重点是拍好面部，不拍脸部的极少。据《纽约时报》1945 年 4 月 29 日电（〔美〕米尔顿·布莱克尔）报道，墨索里尼"生前拍正式照片时，爱把下巴挺出去"，墨索里尼死后"有人用步枪枪托顶着他的下巴，把那张黄脸翻转过来，对着太阳，好让在场的仅有的两名盟军摄影师拍照片"，拍上了脸部才能让人们辨认出墨索里尼。人们已经习惯于拍摄照片时要让脸部面对镜头，致使许多照片都有"摆拍"痕迹。例如，《挤牦牛奶》这张照片就有这样的问题，正常挤奶时面部应对着正在挤的奶，而不是"面对观众"（见图 3-1）。

图 3-1 挤牦牛奶

资料来源：马列摄影，《光明日报》2014 年 5 月 25 日，第 10 版。

美国新泽西州议员佩尔特是在美国新泽西州腐败及洗钱窝案中被逮捕

---

① 〔美〕迈克尔·托马塞洛：《人类认知的文化起源》，中国社会科学出版社，2011，第 59 页。

的 40 多名官员之一。2009 年 7 月的一天，当他离开美国纽瓦克联邦法院时，为避开摄影摄像镜头，用衣领遮住自己的脸（见图 3 - 2）。他不怕被拍全身，就怕拍到脸部，所以才用衣领遮住自己的脸。遮住了脸，别人就很难辨认是谁了。戴上面具就遮住了自己的脸部，使人很难辨认是谁。"蒙面歹徒"行凶时，人们不知道是谁，要想抓捕得寻找别的线索。

图 3 - 2　无颜以对

资料来源：《光明日报》2009 年 7 月 30 日。

如果记不住一个人的面部特征，就很难记住这个人了。有一种病叫作"脸盲症"（又被称为"面孔遗忘症"），症状表现为患者看不清别人的脸或者对别人的脸型失去辨认能力。这会给社会交往带来很多麻烦。

否定一个人往往首先从否定他（她）的脸面开始。要使人丢丑，使人难堪就往他"脸上抹黑"。留个人情、照顾一下，就是"给个面子"。取得了成就，争得了荣誉，就是给自己"长（zhǎng）脸"了。即使打人，也要"打人别打脸"。人们讽刺有些人顾头不顾尾，像鸵鸟一样。鸵鸟在遭遇威胁时把头扎进沙堆的行为，也就是所谓的"鸵鸟战术"。

对人身心的最大伤害莫过于毁容，毁容就是毁坏容貌尤其是面部，如将硫酸泼到少女脸上。"毁容的明显可见性不可抗拒，更糟的是，当事人暴露在光天化日之下毫无遮挡无处躲藏，毁容将其社会资格的丧失大白于天下。它一目了然，引来路人好奇的目光，使第一次接触的谈话对象感到不自在。"[1] 毁容除了给人的肉体带来伤害之外，它给人带来的心理障碍包括交往障碍极难以克服。

---

① 〔法〕勒布雷东：《人类身体史和现代性》，上海文艺出版社，2010，第 284 页。

（二）最科学的方法是基因、虹膜、指纹等生物识别技术

其实，辨认一个人的身份最科学的方法是基因、虹膜、指纹等生物识别技术，因为基因、虹膜、指纹等具有唯一性。

生物识别技术主要是通过可测量的身体或行为等生物特征进行身份认证，而生物特征是指唯一的可测量或可自动识别和验证的生理特征或行为方式。生物特征分为身体特征和行为特征两类。身体特征包括指纹、手的静脉血管、掌型、视网膜、虹膜、人体气味、脸型、骨骼和 DNA 等，行为特征包括签名笔迹特征、语音特征、行走步态特征等。

虹膜是眼睛位于黑色瞳孔和白色巩膜之间的圆环状部分，每一个虹膜都包含一个独一无二的基于像冠、水晶体、细丝、斑点、结构、凹点、射线、皱纹和条纹等特征的结构，据称，没有任何两个虹膜是一样的。在所有生物识别技术中，虹膜识别是当前应用最为方便和精确的一种。

然而，角膜也可能被黑客窃取。澳大利亚验光师斯蒂芬·梅森最近成功发明通过扫描人类泪水作为密码的新技术。梅森将之称为"全球第一种一次性的生物密码"。梅森关注的是角膜，而不是被大多数光学扫描仪所扫描的虹膜，原因是黑客无法复制眼泪改变眼睛的独特方式。据梅森介绍，"眼泪密码"扫描仪可甄别不同的人，因为每个人的角膜都有独特的图像。但是，如果黑客试图窃取并使用某人上次登录的数据，机器会认为其无效，因为它"懂得"每次扫描结果都应该要有细微的变化[1]。

不过我们不要忘记，生物识别技术识别的是生物实体信息特征，只有从生物实体上提取的信息，才能保证身份识别的准确。

第二节　身体在场与不在场的传播意义

一　身体在场与不在场

（一）在场

在场（presence，anwesen）这个术语包括两个要素：其一，所谓"在"是主体的在，没有主体就谈不上在场不在场了；其二，所谓"场"是特定的空间，正是这个空间构成了主体所在的环境、事件的发生地，在

---

[1] 《澳科学家发明"眼泪密码"》，《广州日报》2014 年 9 月 30 日。

这个环境或事件中也包括其他人。对于主体来说，在时间上是直接的当时，在空间上是直接的当地，此时此地正在发生，主体能够看得见、叫得应，这个空间处于主体的感官感觉或影响之内，也就是主体在现场并面向事物本身。"在场"是主体在现场与"场"发生了关系。它是显现的存在、现实的存在，是直接呈现在"面前"和"眼前"的人和事。反之，则是不在场、缺场（absence）。

在场也是相对的。随着时间的流逝，未来的事物成为在场，由于速度提高而征服了距离，遥远的事物被带到在场，通过转动立方体或主体的移动，也可以使立方体的其他侧面成为在场。

（二）身体在场与不在场

所谓"在场"是指主体在场，也就是身体在场，身体本身在事情发生、进行的场所。对于身体而言在场是一种存在状态，也是身体与身体、身体与周围"场"的一种关系：身体在场就意味着能够对在场的事物发生影响，甚至能够直接操纵、操作、改变在场或周围的事物。身体在场就意味着能够对其他在场的身体发生作用，并能够对其他在场的身体的刺激作出应对，甚至能够控制、操纵其他在场的身体。在场是一种主体间交往互动的实在关系。身体不在场了，互动就停止，身体的影响力就减弱直至消失。

身体地位的改变也就是人自身地位的改变，你不坐在主席台上了，就意味着你已经没有领导者的身份地位了。但只要某领导人没有被撤职或死亡，他的身体不在场不等于这个领导不存在，身体不在场但影响还在。

有些重要场合，必到人物不在场就会使这项活动顿然失色，甚至无法进行、无法收场。新娘或新郎不在场的婚礼简直就无法举行，一把手缺席的重要会议简直就无法召开。即使婚礼勉强举行、会议勉强召开，也需要做许多"圆场"的工作，并使所有的人感到有重大"缺失"。

身体出现在现场，应该说是身体的绝对在场，然而如果"身在曹营心在汉"，如果不停地接打手机与场外的人谈天说地、谈情说爱，那只是身体的相对在场，是在场的缺场，是缺席在场（absent presence）、身体在场但心不在场。手机常常会随时打断人们在现实时空的在场。

二　身体在场的重要性

（一）直观对象的最佳方式

现象学强调"本质直观"。在场的重要性，在于它是直观对象的最佳方式。我们对一对象最直接的了解，就是使这一对象在场，通常我们可以对在场的现象进行感知和把握。这就是我们通常所说的深入实际、走向现场。对于主体而言，在场的意义既是自身存在的显现，也是对现场事物的关注、理解和影响。对那些既不能打开又不能从外部直接观察内部状态的客观对象而言，即使观察者（主体）在场，也未必能够实现"直观"，科学研究中的"黑箱"指的就是这种状况。它是指观察者不能直接进入客体内部，只能成为外部在场者，而不能成为内部的在场者。

对于统治者来说，最有效、最可靠的统治是直接在场。"对于任何征服者来说，最好的和最快捷的办法之一或许是御驾亲临，驻守在那里。这将使他的占领地更稳固、更持久，就像土耳其国王在希腊所做的那样。假如土耳其国王当初没有亲临其地驻守在希腊，那么即便他为了保有这个国家而建立其他一切秩序，也不可能保有它，因为如果你在那里，那么骚乱刚一冒头就会被发现，这样你就能够迅速地处理它们；但如果你不在那里，那么只有当乱子闹大了之后你才会有所察觉，你也就失去了处理它们的机会。"① 现场的反应最迅捷、最有针对性。

在场也是一种"权利"。你是某一重要会议的少数成员之一，你就是这一会议的权威解释者。你是某一事件的在场者，如"目击者"，你就具有提供"第一手资料"的资格。你是某一案件的在场者，你就有做证人、提供证据的权利和义务。美国宇航员阿姆斯特朗第一个登上了月球，他就是月球见闻最权威的讲述者。

（二）身体不在场就不能实现身体传播

身体传播，身体必须在场；身体不在场，就不能实现身体的传播。有的领导人总是习惯于用开会的方式把手下人召集到场，以实现面对面的身体传播。

身体在场或不在场，对传播效果的影响很大。为弥补身体不在场的遗憾，人们想出了各种办法，包括寻找"代理人"甚至"替身"，配置、使用监控器，进行事后检查等。人们慨叹"我分身无术"，幻想能够有分身术，使自己在不同空间、场合同时在场。孙悟空拔根毫毛就可以复制无数个自己，但是所有的人都不能"分身"，绝大多数人没有办法找"替身"。

文字语言、符号传播都使身体离场，身体与身体的直接联系被割断。

---

① 〔意〕马基雅维里（Machiavelli. N.）：《君主论》，陕西人民出版社，2001，第13页。

文字语言、符号传播既是对身体的解放，也是对身体的放逐。符号化降低了传播的社会成本，但增加了个体成本——获得理解和使用符号的能力需要个体的时间和财力投入。

（三）身体在场——"场景理论"不可或缺的要素

近年来，"场景理论"引起人们的关注。场景理论（the theory of scenes）是关于"场景"的理论。但不同领域，对"场景"也有不同的界定。

在社会学领域，场景理论的代表人物是美国芝加哥大学教授特里·克拉克，他认为对于城市来说，场景包括邻里、社区，物质结构、城市基础设施，多样性人群。通常情况下，城市场景就是这三种元素以及活动的组合。城市的自然环境或设施，如公园、湖泊、山川等，以及建筑等基础设施，如图书馆、书店、博物馆、咖啡厅、酒吧等，在给人们带来愉悦和满足的同时，也能够为城市的经济增长作出贡献。城市"场景"对不同人群的吸引力不同，而不同的都市设施对不同类型的人口增长影响不同。

传播学者约书亚·梅罗维茨在《消失的地域：电子媒介对社会行为的影响》中将"媒介理论"与"场景理论"整合，形成了"媒介场景理论"。新媒介信息网络产生了新的社会场景。新媒介信息网络对私人领域的展示，使私密空间成了公共场所。

在影视领域，场地、道具、对白、音乐等的组合，就形成在时空中的场景，它为人物行为提供背景。

上述场景理论中的"场景"，与"在场"中的"场"含义基本一致。场景即场面，它包括物质环境、社会氛围、人的活动、社会事实，场景就是一种社会空间、一种社会景观，它是设施、组织、机构、活动等的总成。

场景是后工业社会发展模式创新研究的核心范畴。社会场景构成了人们生活和行动的环境，在不同的社会场景中有不同的规则和角色。克拉克发现，对场景及生活方式的向往和诉求，正在越来越多地影响着当今城市人口的居住选择和城市的发展。"公众的行为是场景构成中的一个重要元素，而反过来，场景又对公众的行为有着极大的导引功能。"[①] 显然，场景的核心要素一个是环境，一个是人在其中的活动。而"在场"中的"场"

---

① 吴迪：《基于场景理论的我国城市择居行为及房价空间差异问题研究》，经济管理出版社，2013，第69页。

就是现场环境，"在"则是主体（人）正处在这种现场环境中（活动）。因此，不难理解，身体在场是"场景理论"不可或缺的要素，身体不在场，场景理论就失去意义。"场景"的意义在于把人吸引到城市"场"中，使人在场，从而促进城市的发展。场景理论与身体在场和不在场问题关联起来研究很有必要。

（四）身体到场是最重视的表现

对某项活动重视不重视，往往表现在你到场不到场。到场了，说明你重视，没有到场，重视程度就打折扣了。

歌唱家王昆曾任东方歌舞团团长，成方圆、郑绪岚、程琳等只要有新作发布，王昆都会到现场为这些学生站台。程琳回忆说：

> 2009 年，我在家乡洛阳开演唱会，她 80 多岁的人了，腿又不好，坐着轮椅千里迢迢飞过来。我写过一首歌《比金更重》，在歌曲 MV 里，有个镜头，就是那次她坐着轮椅上台来拥抱我。"你付出的一切，比金子更重。"歌词也表达了我对她的敬意①。

80 多岁的人坐着轮椅乘飞机到现场，还有什么能比这种举动表现出更重视呢？所以程琳铭记在心。

（五）身体不在场才引发乡愁和思念

身体在场的重要性还从反面表现出来。正是由于身体的不在场才引发乡愁和情感思念，如果整天在场，就不会出现乡愁和情感思念。余光中的诗《乡愁》之所以出现，是由于不能经常与母亲和妻子团聚，由于与母亲阴阳分离，还由于长时间不能实现身体对祖国大陆的在场：

> 小时候，
> 乡愁是一枚小小的邮票，
> 我在这头，
> 母亲在那头。
>
> 长大后，

---

① 程琳：《"王昆是音乐界的一棵大树"》，《环球人物》2014 年第 32 期。

乡愁是一张窄窄的船票，
我在这头，
新娘在那头。

后来啊，
乡愁是一方矮矮的坟墓，
我在外头，
母亲在里头。

而现在，
乡愁是一湾浅浅的海峡，
我在这头，
大陆在那头。

此诗真实表达了与母亲、妻子和祖国大陆的分离之苦、思念之情，所以广为流传。在这几种乡愁中，唯有去世的母亲永远不可能实现与自己同时在场了，而与妻子和祖国大陆同时在场还是可以或可能实现的。

三　身体的"在场效应"

（一）社会心理学中的"他人在场效应"

美国印第安纳大学教授罗曼·特里普雷特曾经设计过一个实验来验证"他人在场效应"。他要求参加实验的孩子们单独或两人一组来缠绕钓鱼线。结果50%的孩子在其他参赛者在场时，绕得比单独一人时快得多；25%的孩子则因为他人在场而兴奋过度，表现失常。还有25%的孩子只受轻微影响。"他人在场效应"告诉我们，对于大多数人来说，竞争对手的在场，能够将参与竞争者的潜能最大限度地发掘出来。

该实验考察的是存在竞争的情况，那么一般情况下又如何呢？当有人在场时，一般会提高简单任务、熟练活动的完成效率，如慢跑时会不自觉地跑得更快；不过，有人在场可能会妨碍完成复杂任务、不熟练活动，如有人在场时学习效率可能会下降。然而，有的非常简单的任务也会被他人在场妨碍。比如，撒尿和吃饭，这些生活中最简单的事情，如果觉得有人盯着你，就会觉得很难堪，尿不出来，或吃饭不自在。由此看来，他人身体的"在场效应"有积极的一面，也有消极的一面。当身边有其他人时，人们会不自觉地表现出自己的优点，由于他人在场，提高了个体的行为能力或水平，就是"他人在场效应"中的社会促进效应（social facilitation）。相反，由于他人在场干扰活动的完成、抑制和降低活动效率，就是社会抑制效应（social inhibition）。

三次入狱，坐牢长达19年，给作曲家王洛宾的精神和心理带来了负面影响。"他喜欢一个人待着，不愿意别人陪着他，甚至有点不近情理。王洛宾的儿子王海成写道，父亲觉得有人陪好像是在监视他。在监狱里，他时时觉得小门上有双眼睛在日日夜夜地盯着自己……所以直到生命的尽头，王洛宾也没有请一个保姆照顾他的生活，全都自理。"[1] 总觉得有人盯着自己，这也是一种"他人在场效应"，那是监狱监视给王洛宾留下的"后遗症"。

被他人监视的确是一种"他人在场效应"，只要感觉到有人在监视你，不管是在近处还是远处，你都会感觉到他人的在场，因而你的动作行为就会受到某种限制。当年拿破仑遭遇滑铁卢战败后，就是与被派来监视他的六国代表一起搭乘英国巡洋舰"诺森伯兰号"，在1815年10月到达圣赫勒拿岛。图3-3是英国画家奥恰特森的画作：拿破仑背着手站在战舰甲板上，远望着正在消失的法兰西祖国海岸。站在他背后不远处的六国代表正在监视着他。尽管拿破仑仍然保持着某种气度，但他的行动已经受到很大限制。

图3-3 奥恰特森的拿破仑画作
资料来源：《光明日报》2014年12月24日，第15版。

———————

[1] 黄薇：《传歌者王洛宾：监狱里用窝窝头换民歌》，《国家人文历史》2013年第24期。

异性身体在场效应是一种特殊的"他人在场效应"。在社会活动中，异性在场会影响个体行为的方式和效果，"男女搭配，干活不累"，说的正是这种现象。在接受社会评价时，异性在场对个体情绪也起某种作用。

"他人在场效应"，有性别差异。女士的择偶复制现象并不少见。好多女士常问："为什么好男人手上都牵着一位女士？""为什么好男人都被选走了？"或许正是因为他们手上牵着一位女士，才让你觉得他是好男人。若有其他女士对那位男士有兴趣，并愿意把自己托付给他，这或许代表着那位男士有可取之处，值得被选做伴侣。

（二）身体传播中的"名人在场效应"

与"他人在场效应"相对应，笔者提出"名人在场效应"。所谓"名人在场效应"是指，公众人物、明星、政治领袖等著名人物出现在现场时所产生的实际社会反应、影响和效果。名人出现在现场会引人关注，氛围和情绪迅速强化和放大，对某一活动或事件的影响力可能会有效扩大。可以看出，"名人在场效应"与"他人在场效应"有关联，但含义明显不同。"名人效应"为大家所熟悉，它也包含"名人在场效应"，但没有聚焦于此。提出"名人在场效应"就是要强调"在场效应"。

名人出现在现场马上会引人关注，历来如此。《战国策·燕二》有这样一段话：

> 人有卖骏马者，比三旦立市，人莫之知。往见伯乐，曰："臣有骏马欲卖之，比三旦立于市，人莫与言。愿子还而视之，去而顾之，臣请献一朝之贾。"
>
> 伯乐乃还而视之，去而顾之。一旦而马价十倍。

这段话翻译成白话文就是：有个卖马的人，连续卖了三天都无人过问，他就去见（相马有名的专家）伯乐，说："我有一匹骏马要卖，可连续三天都无人过问。请您无论如何帮助我一下。您只要围着我的马看几圈，走开后回头再看一看，我就奉送您一天的花费。"伯乐同意了，真的去市场上围着马看了几圈，临走时又回头看了看。伯乐刚一离开，马价立刻涨了十倍。

正是相马名人伯乐在现场的举动才引来众人的关注，马的价格才迅速攀升。

名人出现在现场，人们的情绪一下子被调动起来，现场气氛热烈，有时甚至还可能会使事态扩大或使现场混乱。

1789 年 4 月，美国第一任总统华盛顿坐着自家的马车从自己的农庄奔赴临时首都纽约上任时，沿途受到了人们的热烈欢迎。"源源不断的骑马赶来的人簇拥在他的马车周围，马蹄扬起的尘埃遮蔽了远处的原野。每到一村，他都得发表演说；每到一城，他都不得不走在欢迎行列的前头，并且在豪华的宴会上受到人们的举杯致敬。不管什么时候，也不管到什么地方，人们都争先恐后地接近他的身边，与他握手言欢，经久不息的欢呼，震得他耳朵都疼。"①

美国第 32 任总统罗斯福的夫人埃莉诺·罗斯福 1933 年开始旅行，她到过美国国内无数地方，而且最后还到了国外许多地区。

> 《纽约人周刊》有一幅漫画，画着一个矿工从深井下朝上看，惊异地对他的伙伴说："嗨，上面是罗斯福夫人！"这幅画很好地抓住了群众对第一夫人到处走动而产生的惊奇和高兴的反应②。

安杰丽卡·里韦拉曾是墨西哥知名影视明星，2010 年嫁给培尼亚。培尼亚决定竞选总统后，里韦拉坚定地支持丈夫。竞选期间，里韦拉时常陪在丈夫身边，她很少说话，也不与记者交流，但却像磁铁一样，所到之处吸引了大批年轻电视剧迷。里韦拉的"粉丝"们高喊着她在电视剧中的名字，要求与她合影、索取签名甚至献吻，而这一群体在以往的调查中通常被认为对政治不感兴趣，不会参加选举投票。当培尼亚与选民"亲密接触"时，里韦拉则将竞选过程的一点一滴以自己的视角记录下来，并上传到视频网站。选民们通过里韦拉的镜头，更加了解培尼亚，有些视频的点击量甚至超过了 50 万次③。

2007 年 7 月 7 日，上万群众自发前来参加在北京八宝山举行的著名相声演员侯耀文遗体告别仪式。文艺界名人姜昆、李金斗、冯巩、唐杰忠、李国盛、梅葆玖、殷秀梅等均到场，现场曾因这些名人的到来而一度混

---

① 〔美〕詹姆斯·托马斯·弗莱克斯纳：《华盛顿传》，商务印书馆，1994，第 199 页。
② 〔美〕詹姆斯·麦格雷戈·伯恩斯：《罗斯福传——狮子与狐狸》，商务印书馆，1987，第 236 页。
③ 袁野：《墨总统夫人，她的美丽是国家财富》，《环球人物》2014 年第 31 期，第 47 页。

乱。2015 年 7 月 11 日，海峡两岸华语电影盛典在北戴河举行，颁奖嘉宾成龙的现身让现场一度陷入沸腾，主办方不得不出动多名保安维持现场秩序。

（三）想象性在场

本来不在场，但想象中他（她）在场，从而产生某种在场效应，就是想象性在场。

比如，歌曲《我为伟大祖国站岗》中唱道："站在边防线，如同站在天安门广场，光辉的太阳照边疆，毛主席就在我身旁。"由于这种想象性存在，在边疆站岗就有了神圣感，就感到"无限幸福无上荣光"，就会力量倍增。

想象性在场，在宗教中最普遍。"上帝与我同在"是基督教教民中最常说的一句话。上帝是万能的，上帝是无所不在的。所以，祈祷是向上帝的祈祷，忏悔是向上帝忏悔，如果你不相信上帝就在你面前，你还会祈祷和忏悔吗？

有一点需要指出，想象性在场以真实的实体在场体验为基础，如果从来没有体验过实体在场，那么想象性在场就无法想象，也不能产生在场效应。

（四）身体的轮流在场

唐代诗人崔颢登黄鹤楼留下了被称为千古绝唱的《黄鹤楼》：

昔人已乘黄鹤去，此地空余黄鹤楼。
黄鹤一去不复返，白云千载空悠悠。
晴川历历汉阳树，芳草萋萋鹦鹉洲。
日暮乡关何处是，烟波江上使人愁。

《唐才子传》载：崔颢

游武昌，登黄鹤楼，感慨赋诗。及李白来，曰："眼前有景道不得，崔颢题诗在上头"，无作而去，为哲匠敛手云①。

---

① 辛文房：《唐才子传》卷一，中华书局，1991，第 13 页。

在黄鹤楼这个特定的地方，崔颢和李白不在同一时间游览，这就是一种轮流在场。崔颢来时，李白没来，后者缺场。李白来时，崔颢又不在场。轮流在场必须有信息的承续与交流，如果没有这种承续与交流的呼应，轮流在场就失去了意义。如果没有崔颢的《黄鹤楼》题诗，李白就不会有"眼前有景道不得，崔颢题诗在上头"的回应，他们的轮流在场就失去了意义联结。轮流在场是一种异时交往、交流，这种交往、交流有长时间的间隔、延宕，首先在场的人，要等到真正知音的后来者并非易事。先在场的人留下的信息具有"召唤结构"时，才更容易唤起后在场的人的回应。文本的"召唤结构"召唤什么呢？召唤有人来读，更召唤知音。

其实，崔颢的《黄鹤楼》全诗也写出了"不在场—在场—不在场"的转换。崔颢正是追念"昔人"的不在场，"昔人已乘黄鹤去，此地空余黄鹤楼"，才有他的感叹："黄鹤一去不复返，白云千载空悠悠。"崔颢来到了黄鹤楼，对于当时的黄鹤楼来说，他是在场了，他在黄鹤楼的现场看到了什么呢？"晴川历历汉阳树，芳草萋萋鹦鹉洲。"在这样的地方，在"日暮"需要找栖息地的时候，需要回家的时候，他突然发现自己的故乡不在场，才有了"烟波江上使人愁"的乡愁。如果他意识不到故乡的不在场——"日暮乡关何处是"，何来乡愁呢？首先不在场的是昔人，之后在场的是崔颢，最后不在场的是故乡——对于故乡来说是崔颢不在场，因为他正在黄鹤楼上流连，正在"烟波江上"漂泊。

以上笔者对读者非常熟悉的古诗《黄鹤楼》从在场和不在场的角度给出了独特的阐释，包括诗词在内的许多文学作品都可以从在场和不在场的视角得到合理解释。

李白之后的唐代诗人白居易和元稹，就多次留下了身体"轮流在场"的憾事和佳话。白居易被贬官南下途中，在驿馆偶见友人元稹的题壁诗后，写下了《蓝桥驿站见元九诗》：

> 蓝桥春雪君归日，秦岭秋风我去时。
> 每到驿亭先下马，寻墙绕柱觅君诗。

此诗可见白居易对元稹的深切思念。

后来，白居易又在另一个地方看见了元稹所作的《山石榴花》诗句，想到朋友虽然前后脚走过相同的地方，却不能相遇，山花凋谢而诗句犹存，感慨万千挥笔写下：

> 往来同路不同时，前后相思两不知。
> 行过关门三四门，榴花不见见君诗。

对于当时的这两位朋友诗人来说，"往来同路不同时"是遗憾，但对后世的人们来说，这两位诗人由此留下的佳作和真情却是"佳话"。

（五）优秀作品多善用"在场效应"获得最佳传播效果

有功力的作家多善用"在场效应"。

1. 无处不在场

作家柯岩的诗《周总理，你在哪里》有四个"对着……喊"：

> 我们对着高山喊，
> 我们对着大地喊，
> 我们对着森林喊，
> 我们对着大海喊：
> 周总理，你在哪里？
> 回答都是：
> 他刚离去，他刚离去，
> 最后，
> 我们在天安门前深情地呼唤：
> 周—总—理—
> 广场回答：
> 他正在中南海接见外宾，
> 他正在政治局出席会议……
> 总理呵，我们的好总理！
> 你永远和我们在一起。

"他刚离去"强调的是在场感，刚刚还在场，因为"你不见那沉甸甸的谷穗上，还闪着他辛勤的汗滴"？"你不见海防战士身上，他亲手给披的大衣"？"他正在……"这样的语句结构，强调的也是在场感。正因为周恩来总理的到处在场，才有"你永远和我们在一起"的结论。

2. 身体在场的"无声胜有声"

"执手相看泪眼，竟无语凝噎"（柳永：《雨霖铃》）。情人无奈的离别，情到深处，难以用语言表达，只有互相紧执双手泪眼相向，一句话也说不出来。情深义重的情侣遇到悲情分离的时候，大约都会经历此种场景。柳永之所以是写情高手，就在于他抓住了这一经典情感瞬间细节。这一经典情感瞬间细节还被后人凝固为雕像（见图 3-4）。"此时无声胜有声"，是因为双方身体都在场，而且手握手、面对面，如果身体不在场就成为真正的寂寞无声，从而成为无意义了。歌曲中的休止符也是这样，"歌曲中的休止符，并不能当作休息和空当去看待。应当研究它在全曲中的地位，很好地发掘它所包含的生活内容。"① 休止的空间让听者在歌曲所提供的场域中去填充和想象。

图 3-4 "执手相看泪眼，竟无语凝噎"雕塑
资料来源：赵建国 2015 年 4 月 20 日摄于武夷山柳永纪念馆。

许多作品都可以还原写作时的原型。余光中每次朗诵《乡愁》，只要妻子范我存在现场，读到"我在这头，新娘在那头"一句，他总会伸手指向观众席上的妻子。范我存也会露出新娘般美丽羞涩的笑颜。

我们经常看到这样的描写："急得说不出话来，脸涨得通红。"那是我们看到了面部的表情和动作，看到了身体在表达。总之，此时此刻身体在场。

3. 新闻报道的现场感

文学作品重视"现场效应"，新闻报道更重视现场感，许多新闻冠以

———

① 管林：《论声乐训练》，人民音乐出版社，1980，第 86-87 页。

"现场直播""现场新闻""现场报道"就是试图把受众带到现场，产生身临其境的感受。这就要求新闻记者最好新闻发生时就在现场，至少新闻发生后能够亲临现场。

与新闻不同，历史叙事的历史学家通常都"不在场"，而是事后追述，历史叙事很少用全知叙事。采用全知叙事最多的是文学作品，文学全知叙事意味着作者身体的时时处处"在场"，而记者是不能采用全知叙事的。

四 领导身体出席与缺席的意义

(一) 领导亲自出席 (身体在场) 意味着重视

领导亲自出席，就是领导在场。领导在场就意味着领导直接用身体发挥在场效应、传播效应。亲自出席意味着重视，重大活动相关重要领导都要出席。

1972 年 1 月 10 日下午，毛泽东主席突然临时决定参加陈毅的追悼会。这是一个很重要的信号，是解放在"文化大革命"中受到错误批判的老干部的转机。

2012 年 9 月 25 日，中国第一艘航空母舰"辽宁舰"在大连造船厂正式交付海军。时任中共中央总书记、国家主席、中央军委主席胡锦涛出席交接入列仪式并登舰视察。

2013 年 9 月 23 日至 25 日，中共中央总书记、国家主席、中央军委主席习近平全程参加并指导河北省委班子专题民主生活会。2014 年 5 月 9 日，他又来到河南省兰考县参加县委常委专题民主生活会，示范推动教育实践活动深入开展。《关于做好第二批教育实践活动查摆问题、开展批评工作的通知》中明确，中央政治局常委同志将全程参加第二批教育实践活动联系点的县 (旗) 委常委专题民主生活会。

国家行政学院公共行政教研室主任竹立家教授在接受人民网记者采访时表示，"较 2013 年省一级领导班子的民主生活会而言，此次兰考县委班子的民主生活会将批评与自我批评的范围扩展到了县市一级干部之中，这更加体现了中央对于基层党的群众路线教育实践工作的高度重视"①。

---

① 人民网记者盛卉、实习生刘早：《习近平两度参加民主生活会的示范效应》，人民网，2014 年 5 月 12 日，http://politics.people.com.cn/n/2014/0512/c1001-25007254.html.

领导亲自参加，包括了直接督促。2013 年 8 月上旬，习近平专门对开好民主生活会向河北省委提出要求："我参加河北省委常委班子的民主生活会，可不是听你们讲莺歌燕舞的，要有真正的批评和自我批评。"而总书记的在场，人们（包括省部级干部）的心态与平时有很大区别。

(二) 关于领导"亲临""亲自出席""坐镇"的新闻用语

我们常见这样的新闻用语：某领导"亲临现场""亲临视察""亲临指导""亲自出席""亲自指挥""现场指挥""坐镇指挥"等。应当说，参加这些活动是领导人的职责，理当如此。过多的、千篇一律的"亲临……""亲自……"等，容易使受众产生"领导特殊"的想法。领导在场叫"亲临"，百姓在场就不叫"亲临"？有人讽刺说，为什么不写"领导亲自去厕所"？

过多的"亲临……""亲自……"，也使人们马上联想到一些领导人缺席的活动，是"领导不重视"。然而，领导也不能事事亲临。

五 "裸体传播"的是是非非

用裸体来传播，也是一种极端的传播方式。目前裸体还是一种罕见的行为方式状况下，吸引人的眼球，"强迫"世人关注，是裸体传播十分明显的效果。

一个名为 FEMEN 的女权组织是这样发现半裸体传播的特殊效果的。

最初 FEMEN 还是一个只会使用平淡无奇手段的小团体，尽全力在抗议现场露脸，举着标语尖叫，和警察推推搡搡，可很快就淹没在人群中。

局面在 2009 年的一次抗议中发生了逆转。8 月，姑娘们跳进基辅市中心一个喷泉时，安娜的吊带衫滑了下来。很快，FEMEN 首脑之一的半边胸部出现在了几乎所有在场媒体上。她们终于知道怎样才能让媒体看过来了。首次裸胸袭击很快在基辅商业大道上登场了，抗议网络色情。萨莎（女权组织领袖）穿着一条浅蓝色低腰牛仔短裤，脱掉了上衣。快门咔嚓嚓响着。她觉得害羞，低垂着眼睛，双臂交叠在胸前，遮住了乳房。迟疑转瞬即逝。第一次裸袭后萨莎理解了女性身体的含义，她对《人物》记者说，"我们不用身体卖啤酒和汽车，我们用它来维权，这一次，什么时候用，怎样用，我们说了算"[①]。这个组织的创办人认为，唯一能让她们的诉求被听见的方法，就是"脱掉衣服"。

当地时间 2013 年 10 月 15 日，意大利罗马 Avaaz 组织成员在参议院前裸体抗议，要求参议院在诸如解除贝卢斯科尼参议员资格等重大问题上进行公开投票（见图 3 - 5）。

图 3 - 5　Avaaz 组织成员在参议院前裸体抗议

资料来源：《意示威者裸体抗议　要求解除老贝议员资格（组图）》，人民网，2013 年 10 月 17 日，http://world.people.com.cn/n/2013/1017/c157278 - 23237824 - 4.html。

德国的某个剧院，为了吸引观众居然让裸男唱莎士比亚的歌剧。

但裸体传播的负面影响也是显而易见的。"喧宾夺主"几乎是所有裸体传播的共同问题，把人们的目光吸引到身体尤其是隐私部位，同时，在某些国家和地区还会被指责"有伤风化"。

在公共场所，裸体或半裸体是有争议的行为，但有其社会多义性和复杂性。美国有个女性组织叫作"乳房不是炸弹"，她们争取的是女人要跟男人一样可以在大庭广众脱光上身这样一种"平等"权利。至少从平等角度看，这本身有其合理性，但这种要求没有得到批准。被激怒的女人们开始在不同的场合公开祖胸露乳，从不穿上衣到干脆什么都不穿，其中有的

① 陈瑜：《"裸袭"组织 FEMEN　我们不扔石块　只撩起衣服》，《人物》2014 年第 2 期。

人当然还受到了法律的制裁。

六 影像是身体的虚拟在场

在印刷术、照相术、电影，特别是电视发明之前，人类的视觉文化基本上停留在"现在"，即只能看到正在发生的事件①。

然而，在所有能够再现已经和正在发生的事情的手段中，图像是一种最具在场效果的符码信息，人的照片、影像是身体的虚拟在场，是身体的一种间接在场。如果说"见其文如见其人"，那么影像比文字要准确、形象得多。"栩栩如生的一次交谈一旦被记录下来，就淡而无味。在记录下来的东西中，少了说话者的在场，少了进行中的事件，连续的即席发言中人物的动作、面部表情和情绪"等。图像叙事则完全不同：图像是一种"不言自明的语言，绘画以它的方式说话"，这种方式就是它依靠"自然和直接手段的知觉器官"进行表意；就效果而言，图像符号试图"和物体一样令人信服……向我们的感官呈现不容置疑的景象②。影像是最接近实体性在场的信息载体和传播方式。

在信息时代，虚拟化在场似乎比实在性在场更重要。名人的影响力主要靠虚拟化在场营造。在媒介社会中，公众人物精心策划的实在性在场，是为了在传播媒体上复制出无数个虚拟化在场。现在，几乎所有的重要领导人直接参加的政治活动，都具有上述特征。

影像时代身体频繁出场，演员、运动员的身体吸引力极大，他们占据了传媒的大部分空间。文艺体育明星的实在性在场的价格即"出场价"，是由媒体上虚拟化在场的档次和频率决定的；他们在媒体上虚拟化在场的档次和频率越高，实在性在场的价格就越高。如果这些明星的"颜值"颇高，那么他们的出场价还会成倍翻升，刘翔、章子怡等都是如此。

七 关于身体在交流中"隐形"

勒布雷东指出："身体应当在交流中隐形，即使形势需要它露面，也

---

① 闵惠泉：《我们都在见证历史——〈媒介事件〉中译本序》，《现代传播》2000 年第 1 期。
② 〔法〕梅洛 - 庞蒂：《符号》，商务印书馆，2003，第 50 - 68 页。

必须隐形。身体应当消融在现行习俗之中，每个人都应当在自己镜子般的交谈对象身上，看到自己的身体姿势，发现不让自己感到吃惊的一种形象。"这里并不是说身体妨碍交流，而是说"身体应当消融在现行习俗之中"，它不应当让自己和对方"感到吃惊"，从而转移注意力，影响正常交流。下面这段话讲得更清楚了：

　　　　身体应当被隐去，消融在习俗惯例里互相交流的常见特点与符号当中。但是交际的这种流畅运转，被残疾人或"疯子"无意中扰乱，使其必然性大跌分量①。

因为疯子高声讲述着本该闭口不谈的隐私，不加掩饰地手淫，大喊大叫、袭击别人、自残、做鬼脸、无缘无故地笑、挑衅、吐痰或打嗝等等。勒布雷东是说身体不要突兀，让人只关注身体了。其实，身体在面对面交流中无论如何是不能隐形的。

一对带着先天愚型孩子的夫妻每次出门都要面对人们的目光。这种眼睛"暴力"对人的伤害是难以言表的。

"多少次，我看到人们在回头看我的时候在人行道上失足或者撞上路灯杆……我已经记不清由我引发多少次事故了。"贝尔特朗·贝斯-塞格（B. Besse. Saige）在《静止的战士》中这样写道②。他只是有同样经历的许多人中的一个。缺陷在"正常"人眼中越明显越惊人，它在社会上所激起的包含着恐惧与吃惊的注意就越多越直接，在社会关系中所保持的距离也就越明显③。在这个意义上，身体缺陷给正常交往、交流带来了障碍。在这种状况下，力争让身体在交流、交往中隐形是有必要的。

第三节　以身体为依托的传播行为和传播活动

所谓以身体为依托，就是身体必须出场，身体必须在场，而且被传

---

① 〔法〕勒布雷东：《人类身体史和现代性》，上海文艺出版社，2010，第193–194页。
② 〔法〕勒布雷东：《人类身体史和现代性》，上海文艺出版社，2010，第199页。
③ 〔法〕勒布雷东：《人类身体史和现代性》，上海文艺出版社，2010，第199页。

播对象与身体结合在一起，舍弃了身体这个被传播对象就失去了依托，就失去意义。"负荆请罪"就是古人以身体为依托的赔罪、请求原谅的方式。"负荆请罪"就是用身体赔罪、道歉，用身体传播。司马迁《史记·廉颇蔺相如列传》记载："廉颇闻之，肉袒负荆，因宾客至蔺相如门谢罪。"没有身体"负荆"，荆就失去了依托，就失去了意义。"文化大革命"时，有人将主席像章直接别在皮肤上以示忠心和追随，则比"负荆"更进一步。

游街示众，当然身体必须在场。"在日内瓦，犯人光着脚依次跪在城市的各个十字路口，脖子上套着绳索，手中握着燃烧的火把，通过这种自我悔恨的表现方式在获得拯救之前得到其同类的尊重。"① 这种光着脚跪在十字路口，脖子上套着绳索，手中握着燃烧的火把的悔罪方式，与"负荆请罪"是一样的，绳索、燃烧的火把都依托于身体，只是"罪"的性质和程度不同。

一 文身或刺青

与身体永久结合在一起的是文身或刺青。

文身（纹身），俗称刺青，就是用有墨的针刺入皮肤底层而在皮肤上制造一些伴随终生的图案或文字。如果想将这些图案或文字清除掉的话，目前唯一的办法是做整形手术。刺青是最不易消灭或伪造的"符号"，与和尚的"戒疤"差不多，这种永久的印记与实体的肉体紧紧联结在一起。

刺青曾与刑罚联系在一起，中国先秦以来的"黥刑"就是在犯人脸上刺字。"刺配"成为一种刑罚，就是在面部刺刻标记，发配到边疆服役或充军。欧洲也是如此，"在皮肤上烙上印记的用意就是要使它成为恶人的一面镜子。它是罪恶的体现，是犯罪身份的不可否认的标志。因此必须要在罪犯的身上刻上一种永远不可抹去的记忆；而且这种耻辱的标志如同简单的鞭刑——尤其在日内瓦——那样，是按照某种能将行刑的场面再现出来的戏剧性方式当众烙下的。在法国，在犯人的肩上除了刻上百合花烙印之外，在窃贼的皮肤上还要打上字母 V 的烙印，如若重犯，就要再加上一个 V（VV）。字母 G 是给苦役犯打上的印记，可以说他是随身带着自己的

---

① 〔法〕阿兰·科尔班主编《身体的历史卷 2 从法国大革命到第一次世界大战》，华东师范大学出版社，2013，第 195 页。

犯罪记录"①。读了上述文字之后，中国读者可能会想到小说《水浒传》在犯人脸上烙下"囚"字的描写，武松、林冲、宋江等都遭此刑罚。

作为刑罚的刺青会给当事人带来深重的精神痛苦。据入朝志愿军战俘张泽石回忆，有些战俘被强迫在去台湾的申请书上签名盖血手印，最毒辣的是将反共标语和图案强迫刻刺在战俘们身上，说："看你们还敢不敢回内地！"对于一个笃信共产党信仰的人来说，身上刻着反共标语和图案，对其心灵的伤害是别人难以体验到的。

在某些群体中，刺青是一种勇气的表现。在黑社会帮派中，有时刺青也是入会考验之一，在现代香港帮派成员中有"左青龙，右白虎"之说，即在左臂上文一条青龙，右臂上文一只白虎。刺青之后几乎不能清除，所以它也是约束刺青者不能脱离帮派组织的一种方法，当然它也是帮派组织传播自身的一种方法。

文身是一种复杂的社会文化现象。将文字或图案刻在自己的身上，这是一种疼痛的"美丽"。贝克汉姆将爱妻维多利亚（Victoria）的名字用四个印度文字文在了左手前臂上，表达的可能是天长地久的爱。

与文身不同，人体彩绘只让色彩线条在身体上短暂停留。身体是叙事材料，在人体彩绘中，人体就是凹凸起伏有致、多面立体的"画布"。

二 服装、首饰、化妆品等

1. 服装、首饰、化妆品等以身体为依托

依赖身体得以显现和传播的有服装、首饰、化妆品等。没有身体，时装模特儿无法展示和传播时装。"云想衣裳花想容"，可以改为"人想衣裳花想容"。固然，"佛是金装，人是衣装"，人靠衣裳马靠鞍，美人配华服，好马配好鞍，其实衣裳也只有穿在人身上，服装美才能真正显现出来，才能真正实现其价值。日本设计师三宅一生的服装造型设计理念是："人活动的时候是表现个体的最佳时机，出色的时装能够将穿着者的肉体释放出来。"服装应当显示和衬托人体美，弥补和掩饰形体的不足。

衣服本用来保护和掩蔽身体，不过它也用来突出身体线条和彰显体型轮廓，用来展示和传播身体美。服装显示和衬托身体，而不是相反。托尔

---

① 〔法〕阿兰·科尔班主编《身体的历史卷 2 从法国大革命到第一次世界大战》，华东师范大学出版社，2013，第 195－196 页。

斯泰的长篇小说《安娜·卡列尼娜》有如下描写。吉提和安娜同参加一次舞会。吉提在淡红色的衬裙外面罩上网纱，头发梳得高高的，头上有朵带着两片叶子的玫瑰花，脚上穿一双淡红的空心高跟鞋，金色的假髻密密层层地覆在她的头上，黑天鹅绒带缠着她的颈项。这样讲究的装束受到了舞会上男女客人的赞美，她心里暗暗得意。但安娜穿一身黑色的天鹅绒长袍，长袍上镶了威尼斯花边，在乌黑的头发上束了一个小小的三色紫罗兰花环出现在舞会大厅门口时，所有在场的人惊叹不已，人们的视线都被吸引到她的身上。吉提立即强烈地感受到安娜比自己美："她的魅力就在于她的人总是盖过服装，她的衣服在她身上是并不醒目的，这不过是一个框架罢了，为人注目的是她本人——单纯、自然、优美，同时又有生气。"

现在智能手表、谷歌眼镜、智能手套、智能腕带等可穿戴设备正在兴起。"穿戴式智能设备"就是应用穿戴式技术对日常穿戴进行智能化设计、开发出可以穿戴的设备的总称，如眼镜、手套、手表、服饰及鞋等。这些可穿戴设备都依托身体并为身体服务，而且不少是为人的交流和传播服务，有的是为了促进健康。

2. 服装、首饰、化妆品等的交往性

同时，穿戴服装、首饰，还有化妆打扮，最重要的意图之一就是交往。"女为悦己者容"，梳妆打扮的潜台词就是交往交流，尤其是与异性的交往交流。"最是分携时候，归来懒傍妆台"（朱淑真:《清平乐·夏日游湖》)，分别了，别人看不见了，于是才有"归来懒傍妆台"。

如果戒指不戴在手上，它的人际关系意义就无从显示。戒指戴在食指上，表示未婚，想结婚；戴在中指上，表示已在恋爱之中；戴在无名指上，表示已订婚或结婚了；戴在小指上，表示自己是独身的。

服装还标示着一个人的身份、地位和职业，一个服装品牌的广告说，"穿什么你就是什么"。人们往往从所穿服装来判断一个人的身份、地位、职业、兴趣和爱好。谢式丘在《在人民中生根——记作家柳青》的报道文章中写道:"柳青完全农民化了。矮瘦的身材，黧黑的脸膛，和关中农民一样，剃了光头，冬天戴毡帽，夏天戴草帽。他穿的是对襟袄、中式裤、纳底布鞋。站在关中庄稼人堆里，谁能分辨出他竟是个作家呢?"[1] 然而，

---

① 白烨:《"身入""心入""情入"——柳青留给我们的启示》,《光明日报》2015 年 10 月 23 日,第 13 版。

我们不要忘记，高级时髦的服装并不能遮掩某些人素质的低俗，内在的素养和气质并不会由于素朴甚至粗简的服装而损减多少，正如苏轼诗所说："粗缯大布裹生涯，腹有诗书气自华"（《和董传留别》），即使粗丝绑发、粗布披身，如果饱读诗书、满腹经纶，气质自然高华、远迈。

对于政治家来说，服装在许多情况下有着特殊的内涵。美国第一任总统华盛顿热情地鼓励本国纺织工业的发展，为此，他打算在他的就职仪式上穿一套罕见的服装——一套用美国织的布做的衣服。孙中山就任临时大总统后南京临时政府包括大总统在内，"无论官阶大小，都着同样制服，这种制服以后称为中山服"[1]，显示出人人平等的新风气。以"铁娘子"著称的前英国首相撒切尔夫人，在装扮行头上也透露出一股子坚毅："头盔式的发型能抵御任何大风大浪，大宽肩的雅格狮丹套裙折射出令人生畏的形象，没有装饰的黑色大手提包里永远塞满政府文件。"[2]

在谈到法国服饰演变过程时，有学者指出：男性服装"颜色的选择具有强烈的政治含义，贵族以炫目色彩强调自己的特权地位，而作为新的统治阶级的资产阶级更倾向于用暗沉的绿、蓝、灰，尤其是黑色来加深自身与前者的区别。法国文化史家佩罗认为，色彩的消失意味着由新的伦理道德所决定的新的审美趣味的出现，这种伦理道德表彰退隐、节俭以及贡献。同时，男性选择鲜艳度较低的色彩是为了将自身更明确地与女性相区别，通过服装上的差异，树立自身性别的肃穆与庄严。直至今日，出席重要场合的男性，无一例外会选择深色外套"。同时，"资产阶级要表明自己与无所事事的贵族等级截然不同，因而抛弃累赘繁复的服饰，转而寻求服饰上的方便简洁"[3]。

对于身体来说，服装本是"身外之物"，然而由于服装是如此与人的身体形影不离，以至于我们对每一个人的身体印象总是穿着某种衣服的身体，很少想象其裸体的身体。其实，裸体的身体才是真实的身体，穿上了衣服和装饰过的身体与真实的身体有所不同。然而，通常在公共场合人们只接受穿上服装的身体而排斥裸体。在这个意义上，人们很难接受赤裸的

①　李书城：《辛亥前后黄克强先生的革命活动》，中国人民政治协商会议全国委员会文史资料研究委员会编《辛亥革命回忆录》第一集，文史资料出版社，1961，第199页。
②　邵乐韵：《铁娘子的九段传奇》，《新民周刊》2013年第14期，第46页。
③　汤晓燕：《服饰与19世纪初法国女性性别角色观念》，《光明日报》2015年10月24日，第11版。

真实。有这样一段寓言式的发人深省的文字：谎言和真实在河边洗澡。谎言先洗好，穿了真实的衣服离开，真实却不愿穿谎言的衣服。后来，在人们眼里，只有穿着真实衣服的谎言，却很难接受赤裸的真实。确实，除非在浴池或私人空间，人们都要穿衣服。绝大多数人裸体上街，是非常不自在的，也会受到众人的谴责。正式场合、接待客人或摄影录像多数人都要"衣冠楚楚"，否则会被视为不雅。

著名学者王世襄能做拿手的好菜，到田家青家录像。他准备了5种家常菜，其中有炸酱面、丸子粉丝熬白菜和他最著名的绝活——"焖葱"，其实就是海米烧大葱。田家青回忆说：

> 正是7月份，近晌午越来越热，他非要脱背心光膀子。我说这儿正录像呢，让他还是穿上。穿了不到几分钟，实在是热得受不住了，只能由他光着膀子给录了下来。又过了两个月，天气凉快下来。王先生又想起这档子事儿，说光膀子拍的那个确实不够文雅，还是再录一次吧。这回他穿着中式褂子，买来的葱品种也很合适，又肥嫩又粗。我们认真地又录了一次，尤其是对"焖葱"这道菜，在录制中他还做了特别详细的讲解。他说，不管怎么着，总算是能承传下来了①。

王世襄自己也认为"光膀子"示人不够文雅。

更有趣的是，北京鲁迅博物馆的叶淑穗第一次去八道湾见周作人的情景：

> 她们到后院北屋第一间敲门，说找周作人先生，门开了，出来一位穿背心的老先生，告诉说："他住后边。"结果到了后院的人说住前头，我们又回来敲门，开门的就是原先穿背心的老先生，但这回穿戴整齐："你们找周作人，请进。"②

这种见面法确实让人惊讶，周作人身上明显带有老派文人讲究礼数的特征，穿背心接待来客都觉得有失文雅，必须穿戴整齐。

---

① 曾焱：《王世襄与他的朋友们》，《三联生活周刊》2014年第21期。
② 陈国华：《隐匿在鲁迅故居的流光碎影》，《北京青年报》2014年8月6日，第C02版。

3. 时装之"时"

"时装"这个词会使我们产生许多联想。

> 时装使得永恒美的观念已然失效，美（或理念）历史相对化了。时装之"时"是生存的重点，它与身体之在的有限之时同构，规定了适合身体之此时在世的服装（文化符号）的全新样式，拒绝任何带有永恒性质的理念及其对个体人身的规约，重要的只是现在或今在①。

而最真实的"现在"便是此在的身体，身体与时装都不是永恒的，而是短暂的。身体意味着短暂、衰老与死亡，作为身体附属物的时装更难求永远流行。

4. 宽松、遮掩是中国古代服装的两大特征

"衣"在甲骨文中的字形是 ❤，也就是 ∧（领口）+ ❤（两袖两襟）就成为衣服。"衣"字的本义为两袖宽松、两襟相掩的古代服装。可见宽松、遮掩是中国古代服装的两大特征。宽松的装饰效果突出，《晋书·五行志》曰："晋末皆冠小而衣裳博大，风流相放，舆台成俗。"②《宋书·周郎传》记载："凡一袖之在，足断为两，一裙之长，可分为二。"博衣宽带在当时的男子着装中成为风气。南朝梁诗人吴均《小垂手》诗曰，"且复小垂手，广袖拂红尘"，诗句描绘出妇女的动人身姿和长袖服饰效果。

三　行为艺术及其他

（一）行为艺术

行为艺术是在特定时间和地点，由个人或群体身体行为构成的一门艺术。行为艺术者的身体及其与观众的交流是不可缺少的两个要素，也就是说，行为艺术者的身体与观众的身体都需要在场。活体雕塑是行为艺术的一个分支，它更是以身体在场并作出固定动作为前提。

行为艺术如果没有现场观众，如果不能通过影像得到传播，就失去自身存在的意义。

（二）戴在嘴上的禁止吸烟宣传口罩

2014 年 1 月 6 日，河北省邯郸市渚河路小学的学生在展示自己制作的

---

① 刘小枫：《现代性社会理论绪论》，上海三联书店，1998，第 333 页。
② 房玄龄等：《晋书》第三册，中华书局，1974，第 826 页。

禁止吸烟宣传口罩。当日，该小学开展"争当禁烟小卫士"主题活动，学生们通过制作禁止吸烟宣传口罩、贴禁止吸烟标志等，劝诫身边的人们远离烟草，劝阻和制止他人违规在公共场所吸烟（见图3-6）。显然，禁烟口罩依托身体，它戴在嘴上才有最佳的宣传效果。如果这些禁烟口罩单独出现，其宣传效果就会大打折扣。

图3-6 别在我面前抽烟

资料来源：《别在我面前抽烟》，《光明日报》2014年1月7日，第3版。郝群英摄。

身体出场要比单纯的一幅标语、一则启事效果要好得多。

（三）镶在胃前的水仙花

埃蔻是艾拉女神的一名侍女，由于她告诉了艾拉女神其丈夫宙斯的外遇，被惩罚只能重复最后一个词并被遣回人间，直到最后变成了石头。埃蔻一直深爱一名叫水仙花的男青年，但由于不能说话表达爱意，她只好在自己的胸前镶上一朵水仙花来表达这种精神恋爱（见图3-7）。如果水仙花不附着在埃蔻身上，就不能表达她的内在爱情。

第四节 以身体为唯一和最后手段的抗争和传播方式

使用身体进行传播和身体使用工具进行传播是两种非常不同的选择。身体使用工具进行传播是常规的、常见的方式，如通过新闻媒体这个工具

图 3 - 7　埃蒄雕塑

資料来源：赵建国 2014 年 7 月 25 日摄于石家庄市世纪公园。该雕塑作者为巴西人西塞罗·德·阿维拉。

进行传播。用身体进行抗议和传播有两种方式：一种是常见的静坐、游行示威等；另一种则以损伤或毁灭身体的极端方式进行抗议和传播，正因为极端，往往会收到非同寻常的效果。例如，2014 年 7 月，江苏省泗洪县 7 名上访者在中国青年报社门口集体喝农药，引起广泛关注。访民反映的江苏省泗洪县有关部门在 2013 年旧城改造项目中确有违规问题。此事件被曝光后，涉事地泗洪县县委书记、泗洪县常务副县长等 14 名相关责任人被处以党纪政纪处分。

　　以损伤或毁灭身体的极端方式与世抗争，尽管多数情况下属于最后选择、最后手段，也是无奈的选择，但往往可能是最有效的抗议和传播方式。

一　沉江、蹈海、自焚等

自焚、沉江、蹈海、上吊、卧轨、服毒等极端行为，以身体的一次性毁灭，造成"事件"，引起世人关注。它们的共同特征就是以身体为唯一和最后手段来抗争和传播。

（一）投江、蹈海

我们分别叙述、分析屈原投江和陈天华蹈海这两个有代表性的事例。

《史记·屈原贾生列传》记载：三闾大夫屈原被放逐后来到江边，披头散发，脸色憔悴，一面行走一面吟唱。渔父问其故，他说自己被放逐的原因是"举世混浊而我独清，众人皆醉而我独醒，是以见放"。渔父说："举世混浊，何不随其流而扬其波？众人皆醉，何不哺其糟而啜其醨？"意思是，既然整个社会浑浊，为什么不顺应潮流去推波助澜呢？众人都昏醉了，为什么不一起吃点酒糟、饮点薄酒呢？"屈原回答说："吾闻之'新沐者必弹冠，新浴者必振衣。'人又谁能以身之察察，受物之汶汶者乎？宁赴常流而葬乎江鱼腹中耳，又安能以皓皓之白，而蒙世之温蠖乎？"大意是："我听说，刚洗完头发的人一定要弹去帽子上的灰尘，刚洗过澡的人一定要抖振掉衣服上的尘土。人有谁愿意让自己的洁白之身受脏物的污染呢？宁可跳进常流的江水，葬身在鱼腹之中，岂能让高洁的品德蒙受浊世的污垢呢？""温蠖"是混污的意思，"汶汶"是玷辱的意思。"乃作怀沙之赋。于是怀石遂自沉汨罗以死。"他抱着石头自沉于汨罗江死了。

屈原投江以决绝的身死，显示和表达了自己对国殇的忧愤和不与浊世同流合污的高洁精神，唤起了世人的警醒与怀念，以至在中国形成了一个民间节日"端午节"。由此可见屈原投江这一身体行为和"身体事件"巨大的感召力与传播力。

1905年，日本文部省颁布《取缔清国留日学生规则》。12月7日，日本最大的报纸《朝日新闻》发表侮辱中国留学生"放纵卑劣"的文章，陈天华见报，痛不欲生，当日挥笔写下《绝命书》。在《绝命书》中他力倡"坚忍奉公，力学爱国"，但"恐同胞之不见听而或忘之，故以身投东海，为诸君之纪念"。12月8日晨，年仅30岁的陈天华在日本东京大森海湾投海自杀，以死抗议日本，唤醒同胞。陈天华死后，留日学生举行公祭，黄兴宣读他的《绝命书》，"听者数千百人，皆泣下不能抑"。1906年5月23

日，陈天华归葬于故乡湖南长沙岳麓山。送葬队伍万余人，绵延十里。1917 年，周恩来赴日留学前夕写下了下面这首诗：

> 大江歌罢掉头东，
> 邃密群科济世穷。
> 面壁十年图壁破，
> 难酬蹈海亦英雄。

"难酬蹈海亦英雄"所指正是陈天华投海殉国之事，可见此事影响之深远。

（二）自焚

自焚是痛苦最强烈、死状最惨烈的一种自杀方式，自焚者通常使用汽油或煤油烧死自己。自焚的抗议、表达、传播意愿非常强烈，所以多选择在公共场所公开进行。

2014 年 6 月 29 日，日本一名男子在东京市中心新宿车站南口一座人行天桥上，通过携带的一个扩音器发表约一小时的演说，抗议首相安倍晋三政府解禁集体自卫权，指责政府正准备把日本推入战争，表示自己准备以自杀的方式抗议政府。随后，该男子当众自焚。此事件通过日本社交网络迅速传出，引发广泛关注和强烈反响。

第五节　身体告别人世的方式是向世界的最后宣示

一　即将告别人世的人对自己身体的最后"关照"和处置

如果来得及，通常人们很早就为自己告别人间做好准备，其中就包括葬礼上所穿的衣服，有的还涉及器官捐献。彭德怀的警卫参谋景希珍，2010 年 7 月 7 日在北京因肺癌辞世。伴随他离开的是一套穿了 30 多年的军装，景希珍生前曾说，他还想在天堂继续陪伴他的"彭老总"。在中国的文艺作品中，人们经常看到，正面人物上刑场前对身体的整理，以美好的形象告别世人。这是有现实依据的，著名的"江姐"江竹筠在被敌人带走处决时，"她把《新民主主义论》塞给同牢的黄玉清，脱下囚衣，换上被捕时穿的蓝旗袍，梳梳头发，和难友们挥手告别"①。

在欧洲有些国家，"到了最后的片刻，观众就很紧张地仔细观看犯人的身体。处死犯人时气氛非常寂静。那是要在人们发表了最后一番漂亮的言辞之后才行刑。这时观众在琢磨着犯人的脚步是否坚定，观察他的身子是否发抖，细心地察看他的面色。这是因为犯人的身体可能会使他道德上悔恨的内在表现隐约地显露出来。"② 人们同样对死刑犯的身体表现出格外关注。

有时人们能够选择自己身死的方式，有的还颇具深意。请看雨果的《巴黎圣母院》结尾处的这段著名文字：

> 人们在那些可怕的骸骨中发现了两具尸骨，一具把另一具抱得紧紧的。一具是女人尸骨，上面还残留着先前是白色衣料的衣裙破片，还可看见颈骨上有一条阿德雷扎拉珠链，坠着一个嵌有绿玻璃片的丝绸荷包，荷包已经打开，是空的。这些东西不值几文，刽子手想必是不屑一顾。紧抱着这具尸骨的另一具尸骨是男人的。人们发现他的脊椎骨是歪斜的，头盖骨在肩胛骨中间，一条腿比另一条腿短些。但他的颈骨上没有任何断痕，可见他并不是被绞死的。因此，这尸骨所属的男人是自己来这里的，而且就死在这里了。当人们想把他同他抱着的那具尸骨分开时，它便散落成灰了③。

男的遗骨是卡西莫多，女的遗骨是拉·爱斯梅拉达，这是卡西莫多陪同被处死的拉·爱斯梅拉达一起死了。卡西莫多以把已经死亡的拉·爱斯梅拉达"抱得紧紧的"方式死去，给人以震撼、给人以无限遐想。《巴黎圣母院》是小说，而一百多年前，考古学家马里耶特在一次对埃及的考古中发现了一对紧紧相拥的男女遗骨，却是真事。正是这对紧紧相拥的男女遗骨，启发他写下了一个悲伤的爱情故事，女主角名叫阿依达，男主角叫拉达梅斯。这一爱情故事正是著名歌剧《阿依达》的底本。

在中国民间，为表达兄弟义气，有"不求同年同月同日生，但求同年

---

① 崔乐：《傲雪红梅——江姐的真实人生》，《北京日报》2015 年 7 月 28 日，第 17 版。

② 〔法〕阿兰·科尔班主编《身体的历史卷 2 从法国大革命到第一次世界大战》，华东师范大学出版社，2013，第 200 页。

③ 〔法〕雨果：《巴黎圣母院》，北京十月文艺出版社，2004，第 285 页。

同月同日死"的说法。何时何地出生自己不能选择，但让身体死在一起却可以选择。

由于火山灰过于滚烫，灾难将历史定格，将庞贝人临终前的所有细节都记录了下来。这些人死时大多和他们的财产在一起，有些死难者则手里握有神像，这说明他们在危难时没有忘记向神灵求救。婴儿在摇篮中抽搐的身躯遗骸则让人动容。

西蒙娜·德·波伏娃提到过在发掘火山熔岩和灰烬所掩埋的庞贝城时发现的一个事实。"……被烧焦了的男尸都处于反抗状态，仿佛他们是在与天抗争或者试图逃避，而妇女却蜷缩着，匍匐在地。"[1] 面对灭顶之灾，男人与女人在生命最后一刻的身体动作方式是如此不同。

二　活人对死人身体的处置

人死了，对自己死去的身体如何处置已经无能为力。活着的人对死去的人的身体的处理讲究很多。1865 年 4 月 14 日晚 10 时 15 分，再次当选为美国总统的亚伯拉罕·林肯在华盛顿福特剧院遇刺，第二天去世。由于林肯的卓越功绩，他的遗体在 14 个城市供群众凭吊了两个多星期。美国卡耐基在《林肯传》中曾记述：史丹顿的爱女露西去世，史丹顿伤心欲绝，在露西下葬 13 个月之后，还把她的尸体掘出来，摆在他的卧室里一年多。史丹顿太太去世后，他夜夜将亡妻的睡衣和睡帽摆在身边的床上，相对垂泪。

1965 年 7 月 14 日，英雄王杰为救军训的民兵扑向将要爆炸的地雷而牺牲，当地群众和干部强烈请求：把王杰埋在牺牲的地方邳县张楼。经商定，王杰被安葬在这里，许多群众自发为他送行，队伍排了 1 里多地。

文艺作品中有许多活人对死人身体处置的描写。鲁迅在《孤独者》中对魏连殳死后的着装有一段描写："一个店伙背了衣服来了。三个亲人便检出里衣，走进帏后去。不多久，孝帏揭起了，里衣已经换好，接着是加外衣。""这很出我意外。一条土黄的军裤穿上了，嵌着很宽的红条，其次穿上去的是军衣，金闪闪的肩章，也不知道是什么品级，哪里来的品级。到入棺，是连殳很不妥帖地躺着，脚边放一双黄皮鞋，腰边放一柄纸糊的指挥刀，骨瘦如柴的灰黑的脸旁，是一顶金边的军帽。"死者的着装与生

---

[1] 〔保加利亚〕瓦西列夫：《情爱论》，生活·读书·新知三联书店，1984，第 79 页。

前的经历有关。

乔万尼奥里的《斯巴达克思》中，埃诺玛依死后角斗士们对其遗体也作了认真处理："在英勇的日耳曼巨人的躯体上，有二十七处创伤。角斗士们先把他的尸体洗净了，然后搽上了香油和香料。那些香料是由附近的努尔西亚城中恐慌万状的居民们在斯巴达克思的要求下派人送来的。接着，尸体用极薄的裹尸布包扎起来放到柴堆上面，而且在上面撒满了鲜花。斯巴达克思走到埃诺玛依的尸体旁边，对战友吻了好几次。角斗士首领的脸是苍白的，他怀着极其悲痛的心情，发表了常常被痛哭打断的演说。他颂扬了埃诺玛依的不屈不挠的刚毅、正直和勇敢的精神，然后拿起一个火把，首先点燃了柴堆。紧跟在他后面的几百个指挥官和战士，同时用火把点燃了那个柴堆。柴堆顿时迸发出几千道鲜红的火舌，穿透芳香的浓烟，熊熊地燃烧起来。""埃诺玛依的尸灰用入火不燃的石棉织成的布包起来，放到努尔西亚居民送来的青铜骨灰瓮中去。斯巴达克思把它留在自己营帐里，作为最珍贵的纪念品保存起来。"①

几乎所有的丧葬习俗都包括对死者身体的清洗、整理，即使在极其艰难、仓促的情境下，生者对死者的身体也要做一简单整理，以示告别。图3-8表现的就是唐山大地震中幸存者在为遇难的女儿梳头。其实不管是土

图 3-8　唐山大地震中幸存者在为遇难的女儿梳头（雕塑）
资料来源：赵建国 2016 年 9 月 23 日摄于唐山地震遗址公园。

---

① 〔意〕拉·乔万尼奥里：《斯巴达克思》，上海译文出版社，1991，第449页。

葬还是海葬，身体一下葬，污染、腐烂马上就开始，火葬马上使身体化为灰烬。这种清洗、整理，给人们留下最后的身体形象会好一些。

中国的电视连续剧《打狗棍》第 65 集和 66 集，财神、裁缝、巴瑞德拒绝出卖戴天理，被日军用铡刀铡掉了脑袋。日军走后，格格用针线为财神、裁缝、巴瑞德缝上了脑袋，并用双手挖土试图安葬他们，百姓们偷偷来为几个老人收尸。

第六节　死去身体的传播及其文化意义

勒布雷东指出："没有任何人类社会将人死后的身体看作没有任何意义的尸体。无论在任何地方，尸体都不是为满足人们的好奇心或想象力而任人宰割摆布的物品。葬礼仪式保护着尸体，与人群告别，渐渐步入另一个世界。遗体始终受到最妥善的保管。"① 成吉思汗守陵人守着他们的祖先成吉思汗的灵位，保证"圣灯"永不熄灭，已经将"圣灯"守护了800 年。

一　身体死亡或毁灭的不同价值判断

人们对身体死亡或毁灭有非常不同的价值判断。毛泽东在《为人民服务》一文中说过一段很有名的话：

> 人总是要死的，但死的意义有不同。中国古时候有个文学家叫做司马迁的说过："人固有一死，或重于泰山，或轻于鸿毛。"为人民利益而死，就比泰山还重；替法西斯卖力，替剥削人民和压迫人民的人去死，就比鸿毛还轻。张思德同志是为人民利益而死的，他的死是比泰山还要重的。

"敌人腐烂变泥土，勇士辉煌化金星"，电影《英雄儿女》的这句唱词，表达了对身体毁灭的不同价值判断。同样都是身体毁灭了，但一个是"腐烂"并变为泥土，一个是"辉煌"而化为金星。

---

① 〔法〕勒布雷东：《人类身体史和现代性》，上海文艺出版社，2010，第 281 页。

二 遗体保存——身体实体传播的特殊方式

尸体是生命的遗迹，呈现着生命的过去，诉说着生命历程中的故事。

尸体是速朽的，实体的身体传播也只能在有生之年进行，这是身体不可克服的缺陷。为了"永垂不朽""流芳百世""永世长存"，"像松柏一样常青"，人们采用了保存遗体、保存遗骨、树立墓碑等办法。

古今对遗体的处理方式大致可分为两类：一类是不保存遗体，包括土葬、火葬、水葬、悬棺等；另一类是保存遗体，如古埃及有木乃伊，中国有新疆楼兰女尸和湖南马王堆汉墓女尸。在现代，医学界广泛采用福尔马林来保存尸体和标本。此外，还有用液态氮在摄氏 – 270 度来保存遗体的。

由于代价高昂并且还需要很高的技术水平，只有极少数人的遗体被保存下来。而永久保存能够供人瞻仰的遗体，是一个巨大的科学难题，至今还没有成熟的方法。

世界历史上首例长期完整保存遗体并可供瞻仰的是苏联的创始人列宁。1924 年列宁去世，遗体就保存在莫斯科红场的水晶棺内，棺内保持摄氏 16 度恒温。每隔 18 个月，要把列宁的遗体放到一个池子里，用专门的药液浸泡两个星期。然后，再给列宁换衣服和化妆，把遗体安放呈"安睡"状态，再运回瞻仰厅。

越南前领导人胡志明于 1969 年去世，苏联把遗体保存技术传授给越南，使胡志明的遗体得以保存。

朝鲜前领导人金日成于 1994 年去世，他的遗体也被保存下来，但尚未开放瞻仰。

需要指出，保留列宁和毛泽东的遗体并非出于他们自己的愿望。列宁遗孀克鲁普斯卡娅曾声明说："我对你们有一个恳求，不要把对他的哀悼变成对他个人形式上的尊敬，不要修建他的纪念碑和以他命名的宫殿，不要为他举行隆重的纪念仪式……他在世时对这些都不屑一顾，并把它们看作难以承受的负担。"

对重要政治人物遗体的处理从来都有着重要的社会、政治、文化含义。项羽挥剑自刎后，遗体被汉军骑士夺得，他们因此都被封为列侯。公元前 210 年，秦始皇第五次出巡，七月病死在沙丘（今河北省邢台市广宗县境内）。丞相李斯怕秦始皇的死讯会引起政局动荡，便与赵高一起策划了密不报丧。他们把秦始皇的遗体装在辒辌车内，为了掩饰腐臭的气味还在车内装上了鲍鱼。车队经过井陉关曾在狭窄的驿道旁停歇，直到现在还留有"歇灵台"（见图3-9）。从井陉抵九原，直到咸阳，发丧。《史记·李斯列传》是这样记载的："李斯以为上在外崩，无真太子，故秘之。置始皇居辒辌车中，百官奏事上食如故。"张作霖被炸身亡后，担心消息一旦透露出去会引起恐慌，导致局势不稳，更担心日方乘乱武力干涉，最后商议决定封锁消息，密不报丧。

图3-9　井陉古驿道歇灵台
资料来源：赵建国摄于2015年5月15日。

只要遗体、尸体依然存在，这个人就依然在"传播"。瞻仰遗体、遗容本身，如对列宁遗体的瞻仰、对毛泽东遗体的瞻仰，就是一种传播方式。所以，对遗体的处置从来都具有社会、政治、文化意义，有时候还很敏感。下面是几个曾被保存遗体后来又被火化或作其他处理的例子。

死于1953年的斯大林，也保存了遗体。但1961年苏共二十二大通过决议："鉴于斯大林严重违背了列宁的遗嘱，滥用权力，对忠诚正直的苏联公民进行广泛镇压，再将斯大林的遗体保留在列宁墓里是不合适的。斯大林在个人崇拜时期大规模违反法制和其他许多行为使得他的棺木再保存在列宁陵墓中成为不可能。"斯大林的遗体从列宁墓的水晶棺中移出，衣服上的金纽扣换成黄铜的，埋在克里姆林宫红墙下12个苏共中央领导人的墓群之中。不难看出，这种迁葬是为了表明斯大林不能享受像列宁那样的最高领袖待遇，而是把他等同于苏共中央其他领导人。

三 悬尸街头与枭首示众

为什么要把有些人的尸体悬挂在街头？这是一种展示性传播，它显示的是悬挂者对死者的愤怒、侮辱，同时对世人也是一种警告、警示。

《纽约时报》1945年4月29日电（米尔顿·布莱克尔报道）："刚过上午十时，人们就用电线把墨索里尼、贝塔西等六具尸体的脚捆结实，拉到几码以外一个废弃不用的加油站，把他们倒吊在一根钢梁上。后来，人们把电线割断，把这六具尸体拖到陈尸所。于是，那里顿时又聚起许多人，男人、妇女和儿童纷纷爬到栏杆上看最后一眼。"它表达和发泄了人们对法西斯的愤怒。

枭首示众就是把人头砍下来并高挂起来，使众人都看到。为什么要把死者的头颅挂起来让众人来看？悬挂头颅示众的展示和传播意图再明显不过了，以悬挂头颅这种血腥的方式给人以震慑和警示。

抗联军长汪亚臣牺牲后，日军将他的头颅割下，悬挂在五常县最繁华的十字街"示众"3天。

1948年，游击队成员彭咏梧、刘景太、李正青牺牲后，国民党将他们的头颅砍下，挑到奉节竹园镇游街示众，再挂到竹园坪小学操场边的杨槐树上。

四 死去身体的埋葬地点和方式所传递的文化信息

（一）骨灰处置与抛洒

骨灰的处理是身体传播的最后途径。将骨灰撒向大海是常见的一种处理方式。

1894年11月14日，恩格斯给遗嘱执行人的信中希望将他的遗体火化，将骨灰沉入海洋。1895年8月10日，恩格斯的简朴葬礼在伦敦威斯敏斯特桥的滑铁卢车站大厅举行。遵照恩格斯的遗嘱，他的骨灰罐在他曾喜爱休息的伊斯特勃恩海滨被投入海洋。

1956年4月，刘少奇郑重嘱托夫人王光美："自己去世后遗体火化，不保留骨灰。把骨灰撒在大海里，像恩格斯一样。"

刘少奇在"文化大革命"中被打成中国最大的走资本主义道路的当权派和"叛徒、内奸、工贼"，于1969年11月12日病逝于开封。被平反昭雪之后，依照他生前的遗愿，1980 年 5 月 19 日上午 11 点，101 舰准时在青岛海军码头起航，4 艘护卫舰跟上 101 舰，呈梅花型编队护航前行。4 架银色战斗机飞到 101 舰的上空盘旋几周表示哀悼，然后护航前进。大约 12 点，101 舰到达预定的我国领海线 12 海里以外的公海上。王光美泣不成声，手捧掺着花瓣的骨灰撒向大海，子女们也你一把我一把悲痛地把亲人的骨灰撒向大海（见图 3－10）。

图 3－10　1980 年刘少奇骨灰撒向大海

资料来源：上海《东方早报》2009 年 10 月 1 日。

根据周恩来总理的遗愿，他的骨灰撒在了祖国的江河大地。在北京上空撒下了周恩来的第一把骨灰，第二把骨灰撒在密云水库上空，第三把骨灰撒在了天津海河入海口，最后一把骨灰撒在了山东滨州的黄河入海口。地点的选择都颇含深意。之后，1992 年 7 月 18 日，邓颖超的骨灰也撒在了海河以与周恩来相随。

学者陈寅恪去世 34 年后，2003 年骨灰归葬庐山植物园。按照端木蕻良的遗嘱，他的一半骨灰，由夫人钟耀群带到了香港，埋葬在圣士提反女校的树丛中，默默地陪伴着萧红。夫人萧珊去世后，巴金写道："我宁愿让骨灰盒放在我的寝室里，我感到她仍然和我在一起。""等到我永远闭上眼睛，就让我的骨灰同她的掺和在一起。"①

（二）遗体埋葬地点和方向

"死无葬身之地"被认为是对死者的一种惩罚。因经济犯罪被执行死刑的河北省国税局原局长李真的灵位牌没有名字，其家人说：不敢写，也不想写，怕惹麻烦。不要说写，一说是他，有的公墓连骨灰都不让放。

遗体埋葬的地点往往是死者生前重点斟酌、考虑的问题，因而也颇能显示其中的文化信息。上述海葬实际上也包含着遗体处理的地点内容。一位叫露寒草的作者在《请葬我于海》中写道："如果我死了，请葬我于海中，让我溶入魂牵梦绕了这么多年的那一片深蓝。"

1962年1月12日，国民党元老、书法名家于右任病重，当时身处台湾的他在日记中写道："我百年后，愿葬玉山或阿里山树木多的高处，可以时时望大陆（旁注：山要高者，树要大者）。我之故乡，是中国大陆。"1月24日，他辗转反侧，写下了诗作《望大陆》，并在日记本上注明"天明作此歌"：

> 葬我于高山之上兮，
> 望我故乡；
> 故乡不可见兮，
> 永不能忘。
> 葬我于高山之上兮，
> 望我大陆；
> 大陆不可见兮，
> 只有痛哭。
> 天苍苍，野茫茫；
> 山之上，国有殇！

于右任去世之后，治丧委员会并没有按照他的遗愿将他葬在台湾的最高峰，他的遗体被埋葬在台北的大屯山上。但台湾的爱国民众还是发起了"每人一元"捐款活动，用这笔募集的资金为于右任塑了一尊高3米的半身铜像，并面向大陆竖立于台湾最高峰海拔3997米的玉山之巅。于右任终

---

① 巴金：《怀念萧珊》，《随想录》，作家出版社，2005，第24、26页。

于了却了登高远眺故土的心愿。

死在兰考县委书记任上的焦裕禄临终前说:"我死后只有一个要求,要求党组织把我运回兰考,埋在沙丘上。活着我没有治好沙丘,死了也要看着你们把沙丘治好!"埋在兰考的沙丘上,表达了他对兰考和兰考百姓的深情。像焦裕禄一样,河南省林州市人谷文昌把一生大部分时间献给了福建东山,他为官一任,造福一方,带领东山县人民苦干14年,终于把一个荒岛变成了宝岛。根据谷文昌的生前遗愿和东山百姓的要求,1987年7月,东山县委县政府把他的骨灰安放在山口村赤山林场的一个山丘上,这是当年他带领东山百姓植树造林锁住风口的地方。

山清水秀或被认为"风水"好的地方被许多人选择做墓地。辞去临时大总统后,孙中山在卫队长郭汉章等人陪同下到南京东郊紫金山打猎。在南坡的半山寺附近休息时,孙中山眺望山景,见满山青松翠柏被秦淮河环绕,宛如仙境。他自言自语地说:"这里太好了。"又对陪同人员说:"你们看,这里有山有水,气象雄伟,前有照,后有靠,真是一方大好的墓地。我死后葬在这里,那就好极了。"[1] 孙中山逝世之后,这里就成了中山陵。

对于很多具有传统观念的中国人来说,"叶落归根"——死在故乡、埋在故乡的心理是非常普遍的。蔡其矫的诗《乡土》,描写的正是抗日战争时期一位衰弱的老人,从日寇的魔爪下逃出来,他说:

> 我不愿死在他乡,我想念生我的乡土,
> 我逃跑了,现在正走回乡的路!

然而路上他得病发烧了,即使如此也挡不住他回乡的意志,他竟用手爬行,爬到了村边。

> 第二天,人们发现他死在当路,两只冰冷的手还握着两把泥土[2]。

即使死在了外地,许多人都愿意葬在故乡。苏轼的妻子死后,次年四

---

① 李凡:《孙中山传》,浙江大学出版社,2011,第264页。
② 见魏巍编《晋察冀诗抄》,中国青年出版社,1984,第529-532页。

月老父也病逝，苏轼、苏辙兄弟二人立即辞去官职，经过迢迢的旱路水路，把父亲和东坡妻子的灵柩运回了四川眉州故里，埋葬在祖茔。北宋后期，梁焘在流放中丧命，其政敌、权臣章惇竟下令不许把梁焘的尸体运回原籍，这被后人认为是最残忍的一类行为。

让牺牲在异国他乡的烈士遗骨"回家"，也是对烈士表达尊重的一种方式。比如，2014 年，在中韩两国共同努力下，在韩中国人民志愿军烈士遗骸约 437 具归还中国。

佛教徒对埋葬地点也是有选择的。向往回归山林的玄奘死前吩咐道："经云：此身可恶，犹如死狗。奘既死已，勿近宫寺，山静处埋之。"他不希望把自己埋葬在宫寺附近。

关于埋葬地点的选择所表达的人文内涵，当然也会反映在文学艺术作品中。中国当代歌剧《洪湖赤卫队》中韩英在临死之前对母亲唱道：

> 娘啊，儿死后，
> 你要把儿埋在那洪湖旁，
> 将儿的坟墓向东方，
> 让儿常听那洪湖的浪，
> 常见家乡红太阳。
> 娘啊，儿死后，
> 你要把儿埋在那大路旁，
> 将儿的坟墓向东方，
> 让儿看红军凯旋归，
> 听那乡亲在歌唱。
> 娘啊，儿死后，
> 你要把儿埋在那高坡上，
> 将儿的坟墓向东方，
> 儿要看白匪消灭光，
> 儿要看，天下的劳苦人民都解放！

"把儿埋在那洪湖旁""把儿埋在那大路旁""把儿埋在那高坡上"，这就是说埋葬地点要同时满足三个条件。这三个条件选择分别表达了韩英对家乡的热爱、盼望红军凯旋、盼望天下劳苦人民都解放的愿望。

埋葬地点多蕴含着方向，韩英"将儿的坟墓向东方"就是对方向的要求。当死而不能葬在故乡时，坟墓指向故乡成为一种较为多见的选择。当年拓跋鲜卑人向南迁移时，死在路上的人都以头朝祖先故地（嘎仙洞）的方式埋葬。在呼伦湖沿圈河台地，长达两公里的墓葬群却排列有序，头总是朝向祖先的故地。

合葬更表达了死者的愿望和生者对于死者的寄托。通常，夫妻要合葬。死后要葬在祖坟中，也有追随祖先、与亲人相聚的意思。

汉代乐府诗《孔雀东南飞》讲述了一对被封建礼教拆散的恩爱夫妻焦仲卿和刘兰芝死后合葬的故事。诗曰：

> 两家求合葬，
> 合葬华山傍。
> 东西植松柏，
> 左右种梧桐。
> 枝枝相覆盖，
> 叶叶相交通。
> 中有双飞鸟，
> 自名为鸳鸯，
> 仰头相向鸣，
> 夜夜达五更。

"两家求合葬"其实只是一种寄托和愿望，并不能改变焦仲卿和刘兰芝生前爱情婚姻悲剧的本质。

五　"阴亲"陋俗

中国民间习俗中有一陋俗——"阴亲"，又名"冥婚"。订婚后的男女双亡，或者订婚前就夭折的儿女，父母要为他们完婚，就是冥婚。有两种"阴亲"，即死人与死人的"阴亲"，死人和活人的"阴亲"。过去有一种观念认为，祖坟中有一座孤坟不吉利，会影响后代的昌盛，所以要替死者举办冥婚。"阴亲"传播的是愚昧、迷信观念。

汉建安十三年（208年），曹操的儿子曹冲13岁早死，曹操便下聘已死的甄氏小姐作为曹冲的妻子，把他们合葬在一起。《三国志·魏书·武文世王公传》（卷二十）载：曹冲"年十三，建安十三年疾病，太祖亲为请命。及亡，哀甚。文帝宽喻太祖，太祖曰：'此我之不幸，而汝曹之幸也。'言则流涕，为聘甄氏亡女与合葬，赠骑都尉印绶，命宛侯据子琮奉冲后。"

宋代，"阴亲"最为盛行。南宋康叔闻《昨梦录》记载："年当嫁娶未婚而死者，两家令媒互求之，谓之鬼媒人。通家状细贴，各以父母命祷而卜之。得卜，即制服冥衣，男带女裙帔等毕备，媒者就墓备酒果，祭以合婚。"

近年来中国北方冥婚现象死灰复燃，由于男多女少，导致多起盗窃女尸案和杀女卖尸案发生。在山西许多农村都有配阴亲的风俗，甚至有"活人好找，死亲难结"的说法。2004年10月为了2万块钱，山西汤素梅扼杀了一个15岁少女的生命，杀人卖尸。2011年冬，延安一团伙盗窃女性尸体并对其进行清洗处理后，伪造尸体医学档案，高价出售给陕北和山西等地为男性死者配阴婚。

六　挖祖坟

挖祖坟是对死者身体的侮辱、报复，其实，这时死者的身体只不过是一堆骨头，甚至连骨头都不全了。在中国文化传统中，挖祖坟是一个非常严重的问题，如果谁家的祖坟被挖，就意味着对这个家族的彻底否定，同时，挖掘他人祖坟是"极不道德"的事。直到现在，有些地方"平坟头"，如周口平坟头事件，仍被指责为"挖祖坟"。长达60集的电视连续剧《老农民》，描写了"文化大革命"期间扫"四旧"和割"资本主义的尾巴"要砍掉祖坟上的树，还有改革开放后因修路需要牛大胆迁移祖坟等，都遇到了以牛大胆为代表的当地农民的强烈抵制。

春秋末期楚平王枉杀了伍子胥的父亲伍奢、兄长伍尚。伍子胥为父兄报仇公开挖掘楚王尸体并鞭尸三百。《史记·伍子胥列传》记载："及吴兵入郢，伍子胥求昭王。既不得，乃掘楚平王墓，出其尸，鞭之三百，然后已。"大意是：等到吴国大军进入郢，伍子胥四处搜寻昭王却没有找到，他就掘开楚平王的墓，拖出尸骨，抽打了三百鞭，才算了事。

即使在当时，伍子胥的这种行为也受到了谴责。《史记·伍子胥列传》紧接着记载说：申包胥亡于山中，使人谓子胥曰："子之报仇，其以甚乎！吾闻之，人众者胜天，天定亦能破人。今子故平王之臣，亲北面而事之，今至于僇死人，此岂其无天道之极乎！"伍子胥曰："为我谢申包胥曰，吾日暮途远，吾故倒行而逆施之。"大意是：申包胥这时也逃出郢都，躲在山中，派人对伍子胥说："你这样报仇，未免也太过分了吧！我听说，虽然人多势众，一时或许能胜过天理，但天理最终还是要胜过人的。你原是平王的臣子，曾经面朝北亲自侍奉过他，现在竟然鞭打死去的人，这难道不是不讲天理到极点了吗！"伍子胥对来人说："替我向申包胥致歉吧，就说我因为年龄大而报仇心切，就好比眼看要日落西山，却仍路途遥远，所以才做出这种倒行逆施的事情。"

崇祯皇帝曾希冀用伐掘李自成祖坟来断其"龙脉"，泄其"王气"，派人挖李自成在陕西米脂的祖坟。

康熙二年，董二酉因曾参与庄廷鑨《明史》私修工作，即使已去世二年，尸体也被从棺材中拖出，肢解三十六块。

1678年，吴三桂病死，死后葬于成都，清军追剿到成都后，掘吴三桂墓将其尸体剁为肉泥。

抗日战争时期晋察冀边区动员百姓积极参加抗战的口号之一就是"保卫祖宗坟墓"[①]！

第七节　从身体交往、交流角度阐释性爱

一　性需求是身体的最基本需求

在人的所有自然需求中，除了饮食之外，最强烈的就是性的需求，"饮食男女，人之大欲存焉"。它是"生命意志"的最高表现。这种需求深藏在每一个发育正常的人身上，满足成年人的这种正常需求，也是保证其身体和精神健康的重要条件。

性是身体活力的显现，但过度的性欲放纵则抽空身体，使身体早衰、失去活力，对男性尤其如此。在生理保护机制上，男性有"不应期"，以避免短期过度的透支。麻雀等可以连续交尾，但有发情期，不在发情期内不交尾。

作为身体生理信息一部分的身体性征引起异性兴趣和关注，第一性征

---

① 李公朴：《华北敌后——晋察冀》，生活·读书·新知三联书店，1979，第23页。

是与性机能直接有关的生殖腺（睾丸、卵巢）和外生殖器官的性别差异。第二性征是由于性激素的差异所引起的男女各自特有的生理变化，进入青春期后，男性会身材高大，肌肉结实，喉结突出，声音变得低沉粗犷，长出胡须，出现遗精；女性皮肤细嫩，嗓音尖细，乳房隆起，肌肉柔韧，月经来潮。有科学家认为还有第三性征——脑性征，即中枢神经系统的男女差异。女性主义的鼻祖西蒙娜·德·波伏娃曾说：女人不是天生的，而是被建构的。笔者要说，女人首先是天生的，然后才是被建构的。性征就是天生的，而不是被建构的。难道女性的月经是"被建构"的吗？

性感，就是身体性征明显。无疑，身体性器官是引起性兴奋最重要的对象。然而，性器官信息的遮掩——穿衣服，有助于性节奏、性兴奋。

二　性活动就是性身体的交往互动

（一）性活动也是交往和传播

性与身体交往互动密切相关，爱的最高境界是身体的和谐互动。

在所有的性活动中，性交是最终和最高形式。性交是身体传播和实体传播的特殊形式，实现了生殖目的的性交不仅传递了情感和欲望，更传播了自身的遗传基因，使自身的基因得以流传。"龙生龙凤生凤，老鼠的儿子会打洞。"有一首诗写道：

> 祖先常在一个亲戚的血管里往外弹烟灰，
> 祖先的妻妾们，也曾向人间的下游发送出过期的信号，
> 她们偶尔也会在我所爱的女人的身体里盘桓，
> 在她们的皮肤里搔首弄姿，往外折腾，想要出来①。

为什么说性活动也是交流、交往和传播呢？因为它是情欲、性欲、爱情的交流、互动。动物的性交本是后体位——雌性背对雄性，而作为高级动物的人，则进化为可以面对面，这是直立行走带来的变化，它更有利于爱意、情感、情欲的交流、互动。爱情本身就包含性欲，把性欲从爱情里驱离，爱情就会褪色。铁凝的长篇小说《玫瑰门》有一段对年轻女性心理变化的描写："那时候我不知道，不知道，什么也不知道。我甚至以为异

---

① 李亚伟：《河西走廊抒情（组诗）》，《大家》2012年第1期。

性的那一部分是多余，那东西只有流氓才有，爱情不需要它，生命不需要它，它原本是特意为流氓而造就成那样的。"① 没有性欲的爱情只能算作友情。情欲、性欲包括爱情都是有对象的，完整的爱一定要传达并有回馈。马克思指出："如果你的爱没有引起对方的反应，也就是说，如果你的爱作为爱没有引起对方对你的爱，如果你作为爱者用自己的生命表现没有使自己成为被爱者，那么你的爱就是无力的，而这种爱就是不幸。"② 完整的爱一定要有爱和被爱，爱和被爱是一体的。

即使强调女性爱情具有自立意志的舒婷，也在《致橡树》中写道："我如果爱你"，

> 我必须是你近旁的一株木棉，
>
> 做为树的形象和你站在一起。
>
> 根，紧握在地下，
>
> 叶，相触在云里。
>
> 每一阵风过，
>
> 我们都互相致意……

爱情是共同的意义空间最大的交流，一个轻微的点头，一丝难以察觉的微笑，都能得到最及时、准确的理解和回馈。

爱情固然需要用语言来表达，但用行为和动作表达出来的爱更可靠。柏拉图式的爱情追求一种异性间的精神恋爱，追求心灵沟通，但排斥肉欲，排斥掉身体的爱情并不是完整的爱情。雨果说，"爱就是行动"。性爱、情爱从头到脚、从头到尾都是男女人际交流、交往，性交也可以叫作性交往，而且是最深度的身体交流、交往。只不过这种交流、交往更多地表现为感情表达、身体接触、动作互动，表现为视觉刺激、触摸刺激、嗅觉刺激等。性关系是肉体的行为，肉体的交际。"拥抱"就是两人身体的动作行为，性关系就是身体发生了关系、肉体发生了交融。性爱活动意味着双方对彼此身体的共享。"情欲对别的身体而言能够被说成是一个对身

---

① 铁凝：《玫瑰门》，作家出版社，1992，第264页。铁凝的这段文字除了最后的句号，全无标点。为便于读者阅读和本书文字符号的统一，笔者为这段文字加上了标点。

② 马克思：《1844年经济学和哲学手稿》，人民出版社，1979，第109页。

体的情欲。……在情欲中，我变成面对他人的肉体以便把他人的肉体化归己有。"①

　　通过每一下爱抚，我感觉到我自己的肉体并且通过我自己的肉体感觉到别人的肉体。我意识到，我感觉到并且通过我的肉体划归己有的这个肉体是"被别人感觉到的肉体"。……肉体的互相对抚和互相使用的快乐是情欲的真正目的②。

　　完美的情感和性爱一定是互相呼应、交相互动的。正像歌曲《踏着夕阳归去》所唱："我仿佛是一叶疲惫的归帆，摇摇晃晃划向你高张的臂弯。"一方是奔向、"划向"，另一方是"高张的臂弯"在迎接，缺少任何一方，都是乏味、不完美的。性爱过程如果没有相互的回应，就很难激发真正的激情。"挺尸型""僵尸型"性交会使男性兴味索然。如果"有情风万里卷潮来，无情送潮归"（苏轼：《八声甘州·寄参寥子》），那是令人失望并顿时心灰意冷的。

（二）用身体传递性爱

　　性活动的强度与频率与男女两性性征信息直接相关。女人的性欲与男人的体形、精力、激情及其能力有关，男人的性欲更与女人的容貌、情调、激情有关。

　　爱的最原始冲动就是对爱人身体的向往。离开了身体，何来性和性感？优美女性的身体对男性具有天然的吸引力。男人用身体征服世界，女人用身体征服男人。正因为如此，蒙田才说："其实我绝非藐视精神品质，不过，假如非要在精神美和形体美两者之间作出抉择不可，那么在这个前提下，老实说，我宁愿舍弃精神美，因为它只是其他更美好的事物所必不可少的，而对于爱情、对于同视觉和触觉关系最密切的爱情来说，即使没有精神美也总会有所得，但没有形体美则会一无所获。"③ 的确，性爱同视觉和触觉关系最密切，缺乏视觉美和触觉美就缺乏最内在的冲动。"因为，进行思考、生活，产生感情的，并不是大脑，而是人。在柔情蜜意中，我

---

① 〔法〕让-保尔·萨特：《存在与虚无》，生活·读书·新知三联书店，1987，第502页。
② 〔法〕让-保尔·萨特：《存在与虚无》，生活·读书·新知三联书店，1987，第511页。
③ 〔法〕蒙田：《经验论》，见瓦西列夫《情爱论》，生活·读书·新知三联书店，1984，第362页。

们所爱抚的并非对方的大脑，而是他的身体、肉体，让我们为之动容的是他的眼睛、他面孔的神秘。除了从实验室里跑出来的怪物，身体是人的唯一存在及表现场所，而不仅仅是他的大脑而已。对于许多当代人而言，在深爱的人被爱抚的身体与这个身体是一种器官容器及生物功能组合这种思想之间，存在着不可调和的矛盾。"[①]

肌肤接触传递情感最有效，爱的最高境界是用身体传递的。正如徐志摩所说："爱的出发点不一定是身体，但爱到了身体就到了顶点。厌恶的出发点，也不一定是身体，但厌恶到了身体也就到了顶点。"[②] 用身体来爱，也格外刻骨铭心，正如歌曲《月亮代表我的心》所唱："轻轻的一个吻，已经打动我的心；深深的一段情，让我思念到如今。" 即使被爱的人不在场，爱的冲动也不可能没有身体。"被恋女子的信本身使她的情人发生肉体的冲动，对此不可能有别的解释：被恋女子的整个身体是在这字里行间和纸上作为不在场者而在场的。"[③] 如果没有身体的真正在场或想象中的在场，性欲就不会萌动。即使《牡丹亭》中杜丽娘在梦里和柳梦梅相见，也必须有柳梦梅身体的"在场"，否则就不会出现两个身体之间的"真个是千般爱惜，万种温存"。作为对象的身体离去了，性爱也就成为空洞，所以才有柳永的"直恐好时光，尽随伊去"（《昼夜乐》）的感叹。当发问"清夜悠悠谁共"（秦观《桃源忆故人》）、"锦瑟年华谁与度"（贺铸《青玉案》）时，留下的只有回忆、遗憾与期盼，因为"此去经年，应是良辰好景虚设。便纵有千种风情，更与何人说"（柳永《雨霖铃》）。对于有情人来说，离去的身体带走了美好时光，要留得住美好时光必须把身体留住。

逆境中，恩爱夫妻的相互在场无疑是一种极大的心理抚慰。"文化大革命"中，挨整的巴金就对妻子萧珊十分依赖，他后来写道："我进了门看到她的面容，满脑子的乌云都消散了。我有什么委屈、牢骚，都可以向她尽情倾吐。"[④]

中国当代有一首流行歌曲《笑脸》唱道："书上说有情人千里能共婵娟，可是我现在只想把你手儿牵。"虽然显得过于"急功近利"，但也道出

---

① 〔法〕勒布雷东：《人类身体史和现代性》，上海文艺出版社，2010，第 273–274 页。
② 张弘主编《徐志摩情书全集》，时代文艺出版社，2003，第 239 页。
③ 〔法〕让－保尔·萨特：《存在与虚无》，生活·读书·新知三联书店，1987，第 444 页。
④ 巴金：《怀念萧珊》，《随想录》，作家出版社，2005，第 16 页。

了有情人朝朝暮暮厮守的愿望。经典歌曲《化蝶》中表达的是所有有情人的愿望——"天长地久不分开"。尽管秦观在《鹊桥仙》中达观地写出"两情若是久长时，又岂在朝朝暮暮"的千古名句，但他深知牛郎织女"金风玉露一相逢，便胜却人间无数"的宝贵，所以必有"忍顾鹊桥归路"——短暂相会、长期分离的无奈与伤感，必有"飞星传恨"——长久分离的遗憾与抱恨。

然而，现代社会中有些人的性心理发生了异化。日本一位两性和婚姻关系顾问青山爱的工作就是治疗被日本媒体称为"独身综合征"的怪病。她说："不少客户无法忍受以任何一种形式与异性身体相互接触，如果我和助手不小心碰到了他们，他们就会退缩畏惧。而这种症状一般发生在男性身上。"① "异性相吸"本是天性，"无法忍受以任何一种形式与异性身体相互接触"，已经远离了人类的自然身体本性，令人痛心。

性活动就是用身体体验身体，用身体探询身体，也就是他用他的身体体验她的身体，同时她也用自己的身体体验了他的身体。在这种身体互动体验中，身体也体验了身体自身。有人甚至把性欲和性活动当作"人类体验的中心"，但无论如何，这是一种浸透着情感和体力的深度体验，欲仙欲死的高峰体验。

只有在男女身体交媾后，异性之间才算刚刚开始了真正的认识与理解。波德莱尔在征服了萨巴蒂埃夫人不久后给她写信说："几天前你还是一个神，而现在你已经是一个女人了。"② 有性关系和没有性关系的人们之间的交往会表现出极大的不同。莫洛阿指出："不论一件婚姻是为双方如何愿望，爱情如何浓厚，夫妇都如何聪明，他俩至少在最初数天将遇到一个使他们十分惊异的人物。"③ 没有对性爱身体的深度体验，对人性的认识是不全面的。生活在一起的身体和仅有恋爱关系的身体也有极大差别。

（三）性爱的礼赞

对性爱身体正面大胆、热烈礼赞的，莫过于美国诗人惠特曼的《我歌唱带电的肉体》（*I sing the body electric*）：

---

① 张慧：《"独身综合症"重袭日本》，《扬子晚报》2013 年 11 月 17 日。
② 见〔法〕阿兰·科尔班主编《身体的历史卷 2 从法国大革命到第一次世界大战》，华东师范大学出版社，2013，第 153 页。
③ 〔法〕莫洛阿：《论婚姻》，《傅雷译文集》第 13 卷，安徽人民出版社，1983，第 263 页。

疯狂的筋肉，发出不可控制的电流，

回应同样不可控制，

头发，胸脯，臀部，大腿的弯曲，随意下垂的手都松开了，我的
也松开了，

爱的低潮被高潮刺激着，爱的高潮被低潮刺激着，爱的肉体膨胀
着，微妙地痛楚着，

无限的澄澈的爱的岩浆，颤抖的爱胶，白色狂热的汁液喷射，

爱的新婚之夜，坚定，温柔，进入疲惫的黎明，

波澜起伏，进入乐于顺从的白天，

消失于依偎相拥、肉体甘美的白天①。

这是性爱的礼赞，大胆、炽热、澎湃，令人销魂，但并不猥亵。

柳永的"酒力渐浓春思荡，鸳鸯绣被翻红浪"（《凤栖梧》）同样荡漾
着男欢女爱的激情。

性爱激情中同样渗透着文化，正如叶嘉莹所言："只是男女的感情，
也有感情的品格，也有感情的境界。正是如果你把男女的感情的境界提高
了，你做人的品格的境界才能够提高。"②

对于爱侣来说，性爱经历会珍藏在记忆的深处。1981 年，一家英国的
日报报道了一家专门为夫妻提供家庭录像带服务的公司。他们可以设计情
节并拍摄夫妻间性爱的过程。在夫妻们清闲时可以重新观看这些录像，而
且在年老之后可通过观看他们曾经的样子来回忆过去。

三　多种表情、动作都可以表达爱情

爱并非只有通过性活动才能表达，爱当然也可以通过其他身体表情、
动作表现出来。几十年后（1977 年），孙犁在《保定旧事》中饱含深情地
记述了一段爱情往事，如历历在目："我的讲室，在面对操场的那座二层
楼上。每次课间休息，我们都到走廊上，看操场上的学生们玩球。平校的
小小院落，看得很清楚。随着下课铃响，我看见王淑站在她的课堂门前的

---

① 参阅〔美〕惠特曼《我歌唱带电的肉体》，《草叶集选》，人民文学出版社，1955，第 114 -
115 页。引者对译文略有改动。

② 叶嘉莹：《嘉陵文集》第 9 卷，河北教育出版社，1997，第 77 页。

台阶上，用忧郁的、大胆的、厚意深情的目光，投向我们的大楼之上。如果是下午，阳光直射在她的身上。她不顾同学们从她身边跑进跑出，直到上课的铃声响完，她才最后一个转身进入教室。"王淑以长久站立和深情的目光注视来表达她对孙犁的爱情。

包川的短篇小说《办婚事的年轻人》描写了一对年轻恋人吃馒头：

> 姑娘也深情地望着小伙子……
>
> 片刻，姑娘右手掰下一小块馒头，看看两旁没人注意，便迅速塞进小伙子嘴里，同时，左手举起馒头，自己咬一小口，然后，用温柔的目光，注视着小伙子。
>
> 小伙子深情的眼睛一眨不眨，仍然望着姑娘，慢慢地嚼着馒头，象是在细细地咀嚼幸福。
>
> 姑娘又掰下一小块馒头，忘记看两旁有没有人注意，便又塞进小伙子嘴里，同时，左手举起馒头，自己又咬一小口，那温柔的目光一直没有离开小伙子。
>
> 小伙子深情的眼睛一眨不眨，望着姑娘，慢慢地嚼着馒头，象是在细细咀嚼着幸福……就这样，他们重复着这个吃馒头的最佳方式，享受着青春、幸福，……①。

吃馒头竟然能够把爱的情意表达得如此细腻、真切、自然。

男女爱情许多时候以曲折暗示的方式表达出来，需要费尽心思琢磨。远千里抗战时期的 1945 年春写出的诗《眸语》，就描写了一位姑娘对刚在群英会上受到表彰的一位小伙子的爱情。"姑娘存了多时的话，什么时候告诉他呀？"但她的表达却是极其含蓄的："她嘴里是一套话，眼里可是另外一套话"：

> 她嘴里说：向你学习，
> 她眼里却是：我爱你，
> 她嘴里说：请多帮助，

---

① 《人民文学》编辑部编《一九七九年全国优秀短篇小说评选获奖作品集》，上海文艺出版社，1980，第 474 页。

她眼里却是：你爱我吗？

就连作者也有点儿为小伙子着急，生怕他不明白姑娘的心思，"你没有听懂她眼里的话吗"[1]？

爱几乎可以渗透到人类所有的活动和动作中，并且通过这些活动和动作表达出来。在 19 世纪欧洲的有些乡村，"男女彼此互相接近的笨拙行为：投掷石子、彼此掐捏、互相推搡、掰腕子，乡下的小伙子甚至用拳头向他们所觊觎的姑娘表示自己的爱情"[2]。中国当代的歌词"我愿逆流而上，依偎在他身旁"（《在水一方》），"林中的小路有多长，只有我们漫步度量"，"愿这林中的小路，默默伸向远方"（《林中的小路》）等都很好地表达了爱情。甚至在闲聊闲坐中也能表达内心情意，古诗词"镇相随，莫抛躲，针线闲拈伴伊坐"（柳永《定风波》）。看似"针线闲拈"，有些随意，但相随相伴的深意正在其中。

四 对一个身体交往、交流鲜活案例的综合分析

黄宗英从知道赵丹到见到赵丹其人，从合作演出到成为恋人和妻子，这种交往、交流的历程，很好地诠释了身体交往、交流由浅入深的整个过程。

起初，黄宗英并不认识赵丹，"只不过看过他的影片《马路天使》、《十字街头》，很欣赏"。黄宗英是从电影故事片中看到赵丹其人和其身体的，大多数人通常都是从媒体上认识和了解公众人物的。当然，影片中的身体与真实生活中的身体并不能画等号。

后来，上海中央电影二厂来京邀黄宗英演《幸福狂想曲》一片中的女主角。

他们是从李伯龙家我的照片上看到我，说："这就是我们要找的眼睛。"

---

① 远千里：《远千里诗文集》，花山文艺出版社，1982，第 57 页。

② 〔法〕阿兰·科尔班主编《身体的历史卷 2 从法国大革命到第一次世界大战》，华东师范大学出版社，2013，第 160 页。

有趣的是，黄宗英能演《幸福狂想曲》是由于导演看到了照片中的她，主要是看上了她的眼睛。这里，至少有两点值得注意。第一，呈现在影视片（包括照片）中的影视演员的身体形象，比真实生活中的身体形象更重要，也就是通常所说的这个演员"上不上镜头"：有的人形象好，但在镜头中表现一般；有的人形象一般，但在镜头中表现出色。这可能是因为，三维空间的物体进入二维平面之后信息变化（丢失）所带来的感知偏差。但如果不是影视演出，而是在真实生活中，尤其是在恋爱过程中，真实身体形象要比照片或影视画面中的形象更重要。人们可以观察到，谈恋爱的青年男女只看到照片中的身体形象是远不能放心的，一定要看到这个人的实体形象，才能最终下决心取舍。第二，眼睛在传神中的关键作用。这一点在后文要专门论述，此处暂略。黄宗英能演《幸福狂想曲》的女主角，导演看上的正是她那双与片中女主角契合的眼睛。

恰好，在《幸福狂想曲》中赵丹任男主角。黄宗英第一次见到赵丹本人，"我在剧组里见到赵丹，觉得他比想象中的要朴实得多。他不修边幅，上衣常扣错扣子，脚上的袜子一只一个颜色，后跟破了，还露出脚后跟来，像个没人管的大孩子。我们合作得很愉快"。真实的赵丹确实与影片中的赵丹有很大不同，总起来说"他比想象中的要朴实得多"，甚至太不讲究外在形象了，有些邋遢。

在《幸福狂想曲》中，黄宗英饰演一个被恶霸霸住的被侮辱与被损害的女人。赵丹和顾而已饰演为生活所逼，奇思异想卖减肥药片的摊贩。

> 我们演得很投入，很舒展。只有男女主角 kiss 时，我们很矜持，过后也自自然然了。当影片拍完最后一个镜头我卸妆时，在镜中我发现阿丹愣愣地端详我，表情有些异样。我对他说："我们还要合作呢。"

这是他们作为"恋人"真正的身体直接接触。但接吻并不自然而是"很矜持"，但毕竟有了这个开始。

一次特殊的机会，使他们的身体接触或者说身体交往超出了一般关系。1948 年，上海戏剧学院校庆纪念大会邀请赵丹和黄宗英参加演出。赵丹朗诵《屈原》剧中的"雷电颂"，黄宗英则准备化妆彩排安徒生的童话《卖火柴的小女孩》，并请赵丹为导演。这次成功圆满的演出结束后，

　　当卸妆后我们走出剧院时，虹口的出租车已经很少了，好不容易有一辆出租车，挤了赵丹和我等好几个人，我只好坐在赵丹的腿上。每当经过警察厅时，我就得紧紧弯下身子，以避免被警察发现（按规定只能坐四人），赵丹紧紧地抱住我，我全身都酥软了。到了我的住处，我俩都下车来，他紧紧握住我的手说："我们不应该分开了，你应该是我的妻子。"我搂了他一下，说："等我回北京离了婚再说。"①

　　这次偶然的机会使他们的身体不得不亲密接触，正是这次亲密接触使他们的感情急剧升温。如果说"只好坐在赵丹的腿上"那是不得已，而"赵丹紧紧地抱住我"，则是不得已之中感情的有意、有力表达。"我全身都酥软了"，则是这种身体亲密接触的情感和生理的综合的、激烈的反应。下车后"他紧紧握住我的手"，则是这种身体亲密接触的继续，而赵丹说出的话"我们不应该分开了，你应该是我的妻子"，则是这种身体亲密接触基础上感情的进一步明确化。"我搂了他一下"是黄宗英对赵丹的身体动作回应，也是之前所有身体亲密接触的自然持续，"等我回北京离了婚再说"则是她的明确语言回应。

　　以上所述，大致能够显示多数青年男女恋人从最初相识，再到"第一次（身体）亲密接触"的真实过程，它既是"自然的"又是"艰难的"，既是"羞涩的"又是"大胆的"，既是"蠢蠢欲动的"，又是"难以突破防线"最终又需要突破防线的。只有第一次身体亲密接触这道防线突破了，恋爱才能再上一个台阶。

　　由恋爱走向婚姻，身体接触或身体交往的最后一道防线乃身体私密部位的共享、交融，这是婚恋中身体交往的最高和最后阶段。如果说拥抱和接吻这种身体交往行为，在现代社会中可以在公共空间中适度进行的话，那么身体私密部位的共享、交融，通常则应当在私密空间中进行。

五　手淫：性交往对象的缺失

　　真正意义的性活动是以有吸引力的异性身体为对象的，但手淫却以自己的身体为对象。"1818 年，A. P. 布尚强调指出，最主要的危险便是

---

　　①　以上相关内容参阅黄宗英《命运断想——黄宗英回忆录》，《报告文学》2014 年第 1 期。

来自对象的缺失。那种被强烈激发出的想象不得不作出努力以把人引向某种欺骗性的快感，而社会又不可能强行对此进行禁止。在这种情况下，快感便是来自于某个虚幻的、梦幻中的女子。她属于骗人的戏法中的人物。"性活动是交往的，没有对象的性活动难免落入虚幻和自欺欺人。因此，

那些沉湎于独身者恶癖的人并不了解性伴侣所具有的那种快乐、兴奋和体力恢复时的狂热。总之，伴随手淫很快而来的就是"极度的后悔"①。

完美、充分的"性福"必须从异性身上获得。

六　同性恋者：错置了自然身体

同性恋者在爱不该爱的身体，错置了自然身体，因而他（她）的身体是异化的身体。

有学者为男同性恋找原因："同性恋情欲的产生有时归因于社会以及由妇女的极端行为所引起的反感，有时则是由完全失去了与女性的交往而造成的。"② 这是从人与人的交往角度寻找原因。

皮埃尔·拉鲁斯编写的《19 世纪百科大词典》这样描述男同性恋的外貌、做派信息："头发鬈曲，面色犹如涂上了脂粉似的，腰身束得很紧已将身形凸现出来，手指、耳朵和胸前戴着珠宝首饰，整个人散发出种种最刺鼻的香味，手里握有一条手帕、几枝花或某种针线活儿。"③ 这一切都勾画出了一种"怪异而又令人厌恶的形貌"。一个女性化的男人，或者说一个看上去不像男人的男人，不做"男人"做的事的男人，在现实生活中要面对许多困境。

---

① 以上两段引文出自〔法〕阿兰·科尔班主编《身体的历史卷2　从法国大革命到第一次世界大战》，华东师范大学出版社，2013，第 137－138 页。

② 〔法〕阿兰·科尔班主编《身体的历史卷2　从法国大革命到第一次世界大战》，华东师范大学出版社，2013，第 155 页。

③ 见〔法〕阿兰·科尔班主编《身体的历史卷2　从法国大革命到第一次世界大战》，华东师范大学出版社，2013，第 154－155 页。

第八节　身体美的传播

一　身体美只能通过身体来展示和传播

（一）身体美只能通过活生生的身体来展示和传播

从根本上来说，身体美只能通过身体来展示和传播。身体美的传播，只能回到身体并从身体出发。人体美的传播离不开身体，没有身体的呈现，就没有人体美的传播。英国学者特里·伊格尔顿在 1990 年出版的《审美意识形态》一书开篇便说："美学是作为有关肉体的话语而诞生的。"①尽管此论对于整个美学来说有失偏颇，但对于人体的美学来说却是一语中的。

"一顾倾人城，再顾倾人国"，说的是美女第一次回头使全城人为之倾倒，她再次回头就使全国人为之倾倒。活的人体才能够"一顾"和"再顾"，才能够倾城、倾国。审美体验就是瞬间性审美直觉，对身体的审美就是在这种"一顾"和"再顾"中进行的。身体美成为被凝视的对象，美女的身体被凝视最多。身体美传播的效果之一是给人以美的享受，现在不少人说美女"养眼"，就有这方面的意思。

当然，年轻姑娘也会把专注的目光扩展到正在发育的身体上，借助镜子更多地观看自己的身体。香港基督教女青年会和一个人护理品牌委托独立研究公司进行调查，访问了 502 位女士，了解本港女士的照镜习惯及心态，发现她们每天平均照镜 5.8 次，每天共 35.9 分钟，次数和时间均较世界同类调查结果 6.1 次共 50 分钟为少。本港女士最常在电梯（65%）、商店橱窗（49%）等场所照镜，主要是梳头发或给头发造型（73%）、检查整体外表（64%）及检查脸部皮肤状况（62%）②。即使每天平均照镜 5.8 次，每天共 35.9 分钟，低于世界平均水平，次数尤其是时间都已够多了。女性尤其是年轻女性对自身身体形象的关注程度之高由此可见一斑。

---

① 〔英〕特里·伊格尔顿：《审美意识形态》，广西师范大学出版社，1997，第 1 页。
② 文森：《九成港女　照镜怕伤心》，香港《文汇报》2014 年 5 月 26 日。

（二）人体美的荷尔蒙根源

1. 青春美与荷尔蒙

荷尔蒙是激素（hormone）的音译，它是高度分化的内分泌细胞合成并直接分泌入血液的化学信息物质，这种高效生物活性物质在体内作为信使传递信息，通过调节各种组织细胞的代谢活动来影响人体的生理活动，对肌体的代谢、生长、发育和繁殖等起重要的调节作用，是生命中的重要物质。性激素（sexhormone）是荷尔蒙的重要组成部分，由动物体的性腺、胎盘、肾上腺皮质网状带等组织合成，具有促进性器官成熟、副性征发育和维持性功能等作用。

恋爱状态的女人体内的荷尔蒙浓度会升高，由于荷尔蒙的作用，大量的水分子停留在皮肤基底胶原蛋白中，于是皮肤就显得特别光滑、细腻，充满弹性。

温克尔曼写道："不过，美还是宁愿和青春年少结为一体：最崇高的艺术便是由此产生的，这就是将美好年华时的体型描绘出来。"[1] 青春期之所以最美，是因为这一时期体内荷尔蒙浓度最高。

2. 身体美与性有密切关系

人体美在异性眼里更强烈、更有吸引力，这就是人体美的荷尔蒙根源。也就是说，身体美与性有密切关系。同性相斥、异性相吸，对同性的身体美，远没有对异性身体美那么敏感、那么有"触电的感觉"。这是身体美区别于自然美、艺术美的地方。有研究者指出：

> 在最为男性化的体育运动——足球的比赛场地和电视转播中，女性球迷的数量正在增长，她们大多对足球的战略战术甚至比赛规则一窍不通——就像男人有时候喜欢一部电影只是为了看某个女人一样，她们看球赛的目的往往就是为了看某个男人。目前，她们看得最多的就是举世闻名的英国球星、有"万人迷"之称的帅哥大卫·贝克汉姆。而在2006年德国足球世界杯赛上，意大利队由于帅哥云集而备受女性球迷/观众的追捧[2]。

---

[1] 见〔法〕阿兰·科尔班主编《身体的历史卷2 从法国大革命到第一次世界大战》，华东师范大学出版社，2013，第69页。

[2] 朱晓军：《电视媒介文化与后现代主义思潮》，中国广播电视出版社，2009，第230页。

由于男性一直在审美领域处于支配地位，所以面对女性身体，摄像机通常追随着男性的目光，它提炼和延伸了男性的眼睛；当然，操持摄像机的通常也是男性。与此同时，女性的眼睛有意无意地被迫接受男性的视觉立场。

（三）身体美的交往性

身体具有交往的本能，身体美也是在交往中形成的，身体美很大程度上因交往而存在。"女为悦己者容"正表明了梳妆打扮的交往、传播动力，为他人（悦己者）而梳妆打扮。《诗经·伯兮》曰：

> 自伯之东，
> 首如飞蓬。
> 岂无膏沐，
> 谁适为容？

意思是，自从夫君你去了东方，我的头发就像枯草飞蓬一样。难道是没有洗发之物吗？只是我把容貌打扮好给谁看呢！没有欣赏者，也就不梳妆打扮了。

同时，如果自我感觉有一个美的身体形象，就会在日常交往中充满自信，反之，则会有心虚之感。美就是对人的身体的肯定，丑就是对人的身体的"否定"，有人说，此乃尼采美学最基本的原理。

二 身体审美的"标准"

（一）身体审美的演变

古希腊罗马的标准成为文艺复兴时期美学的基础。

这些标准所要求的人体，首先是严格完成、完全现成的人体。其次，它是单独的、单个的、与其他人体分开的、封闭的。因此，人体的一切非现成性、生长和增生的特征都被排除：人体所有的鼓起部分和突出部分都被清除，所有的凸起面（具有发育和繁殖意义的）都被抹平，所有的孔洞都被堵死。人体永恒的非现成性仿佛被隐藏、掩盖起来：受胎、怀孕、分娩、弥留通常是不被表现的。年龄要尽量远离母腹和坟墓，即尽量远离个体生命的"门槛"。强调的是这个人体完成的、独立自在的个体性。表现人体在外部世界中只限于人体同世界界限分明的那样一些动作；不揭示人体内部的动作和吞食排泄过程。对个体的人体的表现与生育的人民大众的身体无关，这就是近代标准的基本主导倾向①。

它表现的是身体的最美时间段、最美特征。整体的身体、以眼睛为中心的面部成为表现身体美的聚焦之处。过去，老人批评自己的儿子找对象只重外貌时会说，"脸蛋上能长出大米"？这表明面部是身体美最重要的部位。

"与近代的标准不同，怪诞的人体不与外在世界分离，不是封闭的、完成的、现成的，它超越自身，超出自身的界限。被强调的部位，或者是人体向外部世界开放，即世界进入人体或从人体排出的地方，或者是人体本身排入世界的地方，即是凹处、凸处、分支处和突出部：张开的嘴巴、阴户、乳房、阳具、大肚子、鼻子。人体只能通过交媾、怀孕、分娩、弥留、吃喝拉撒这一类动作来揭示自己的本质，即不断生长和不断超越自身界限的因素。这是永远非现成的、永远被创造和创造着的人体，这是人类发展链条上的一个环节，确切些说，这是相互衔接和相互深入的两个环节。这一点在古风阶段的怪诞风格中尤为引人注目。"

"怪诞人体形象的基本倾向之一就在于，要在一个人身上表现两个身体：一个是生育和菱死的身体，另一个是受孕、成胎、待生的身体。这总是怀孕和生育的人体，或至少是准备受孕和怀胎的人体，特别突出阳具或阴户。在一个人体上总是以这种或那种形式和程度突出另一个新的人体。"②

过去不作为审美对象的某些身体部位和时段，如阴户、乳房、阳具、屁股、大肚子，以及交媾、怀孕、分娩等逐渐进入人们的审美视野。比如，巴西、智利等国已经有一定规模的美臀比赛。但这些部位或与这些部位有关的活动过程并没有成为人体审美的主导潮流。

① 〔苏〕巴赫金：《弗朗索瓦·拉伯雷的创作与中世纪和文艺复兴时期的民间文化》，《巴赫金全集》第6卷，河北教育出版社，1998，第34－35页。
② 〔苏〕巴赫金：《弗朗索瓦·拉伯雷的创作与中世纪和文艺复兴时期的民间文化》，《巴赫金全集》第6卷，河北教育出版社，1998，第31页。

（二）现代身体审美的具体标准

身体审美标准随着时代、地域的不同会有变化。唯一没有变化过的大概只有一条，那就是"细腰为美"。所谓"细腰为美"并非越细越美，而是指腰围与臀围的比例大约为 0.7，女性的比例在 0.67 – 0.80；男性的比例在 0.85 – 0.95。"水蛇腰""蜂腰"说的都是美腰。中国民间有"肩宽腰细，必定有力"的说法，与美有关，但说的主要是男人的力量。

身体美总的来说有内外两个标准，外表的身体美应健康、自然、和谐，内在的身体美包括善良、智慧。实际上内外是一体的，不可能截然分开。

身体美的具体标准包括肌肤美，体型结构（包括身高）的静态美和动态美，面部的五官美。

肌肤美要求肌肤健康、光泽细腻、富有弹性，对于中国人来说肤色要白里透红、红里透粉。

身高、体型结构主要包括三项指标：第一，身高在整个族群中属于中等个；第二，身体结构符合"黄金分割律"；第三，"三围"符合标准。

身体"黄金分割律"简单地说就是，肚脐之上与肚脐之下的长度之比为 2 : 3。但现代人有"喜长厌短"的倾向，即下身长一点为美。上下身之比是人体最重要的"黄金分割律"，人体其他部位还存在不少"黄金分割律"，此处不赘述。

"三围"是身体结构、体型的重要指标，它是指人体的胸围（bust）、腰围（waist）、臀围（hip）。"三围"是构成人体曲线美的核心因素，而曲线美是衡量女性形体美的重要指标。中国古代对女性身材曲线美就有独到的见解与标准，武夷山下梅村清代茶商邹茂章建造的邹氏家祠中的"婆婆门"（见图 3 – 11）就是为娶身材姣好的媳妇而特制。这道设计独特的石雕门内空高 2 米，内空宽约 0.6 米，右边大曲线约 1.7 米，正好与身材高挑的窈窕女子形体曲线相吻合。婆婆门左边中间的圆弧，则是女子"胸部"的标准——只有具备如此丰满的胸部，才能有足够的乳汁去哺育邹家后代。此门是邹家婆婆挑选未来儿媳的标准，女子身高体形曲线都要与婆婆门相吻合，想进邹家，必须得通过这扇门的考核。

中国女性标准三围可以这样计算：

$$胸围 = 身高（cm）\times 0.535$$

$$腰围 = 身高（cm）\times 0.365$$
$$臀围 = 身高（cm）\times 0.565$$

图 3－11　武夷山下梅村邹氏家祠中的"婆婆门"
资料来源：赵建国 2015 年 4 月 21 日摄于武夷山下梅村。

面部五官美包括"三庭五眼""四高三低"等指标。

"三庭五眼"指的是面部五官的结构布局、五官的相互关系，关系结构和谐才会美。它是面部审美非常重要的指标。

"三庭"是指从发际线到眉间连线，眉间到鼻翼下缘，鼻翼下缘到下巴尖，恰好各占三分之一。

"五眼"是指眼角外侧到同侧发际边缘，等于一个眼睛的长度，两眼之间也是一个眼睛的长度，这样两侧发际边缘之间的总长度相当于五只眼睛的长度。

如果说"三庭五眼"着眼于五官之间的平面距离关系，那么"四高三低"则着眼于五官之间的立体高低关系。

"四高"第一个高点是额部，第二个高点是鼻尖，第三个高点是唇珠，第四个高点是下巴尖。

"三低"是指面部三个凹陷处：两个眼睛之间，鼻额交界处是凹陷的；唇珠上方的人中沟是凹陷的；下唇的下方有一凹陷。

从上面的叙述中不难发现，从"黄金分割律"到"三围"，从"三庭五眼"到"四高三低"，实际上表达的是身体各部位的位置关系和比例关系，因为真正的身体美在于比例的和谐。正如古希腊著名医学家噶伦所言："身体美确实在于各部分之间的比例对称"[①]，也如笛卡尔所说："就像在一个十全十美的女人身上照耀着美的光辉那样，这种美不在某一特殊部分的闪烁，而在所有部分总起来看，彼此之间有一种恰到好处的协调和适中，没有一部分突出到压倒其它部分，以至失去其余部分的比例，损害全体结构的完美。"[②] 身体美首先是一种整体的、比例和谐的美，当然完美的人体，局部看是美的，整体看也是美的。

以上主要是从静态的身体美来考察的，本书还有专门谈论动态的身体美的部分，请互相参阅。

（三）现代身体审美标准的两个偏向

正常的审美标准应当是人类身体及其结构的平均值，但现代人审美出现了两种偏向：一是以瘦为美，宁瘦勿胖；二是以高为美，尚高厌低、宁高勿低。

（四）动态身体美

英国哲学家培根指出："在美方面，相貌的美高于色泽的美，而秀雅合式的动作的美又高于相貌的美。这是美的精华，……美的精华在于文雅的动作。"[③] 也就是说，动态的身体美高于静态的身体美。

1. 简单的动态身体美

简单的动态身体美是指以静态身体美为基础，在自然动作中展示出的身体美，它并不需要严格系统的训练。中国古诗词留下了许多对动态身体美的描写。《沈园二首》是南宋诗人陆游 75 岁时重游沈园（在今浙江绍兴）写下的悼亡诗，其一：

---

① 北京大学哲学系美学教研室编《西方美学家论美和美感》，商务印书馆，1980，第 14 页。
② 北京大学哲学系美学教研室编《西方美学家论美和美感》，商务印书馆，1980，第 80 页。
③ 北京大学哲学系美学教研室编《西方美学家论美和美感》，商务印书馆，1980，第 77 - 78 页。

城上斜阳画角哀，
沈园非复旧池台。
伤心桥下春波绿，
曾是惊鸿照影来。

这桥下的春波绿水，曾经照见像曹植《洛神赋》中"翩若惊鸿"的凌波仙子的倩影。"惊鸿照影"是一种动作姿态美，轻盈如雁之身姿翩然而至。

美国诗人惠特曼曾热情赞美人的身体美，当体态健美的男子从你身边走过，

看着他走过如同读一首最美的诗歌，也许比诗歌传达出更多的情意，你依恋地看着他的背影，他的眉背和脖项的背影①。

2. 训练有素的动态身体美——身体美的最高形式

早在古希腊时期，人们就已经把运动中的身体美作为理想的人体美。"在他们眼中，理想的人物不是善于思索的头脑或者感觉敏锐的心灵，而是血统好，发育好，比例匀称，身手矫捷，擅长各种运动的裸体。"② 以速度、力量、技巧展示出的运动中的身体美、动态的身体美，是身体美的最高形式。体操、跳水（见图 3 - 12）、花样滑冰、花样游泳等，自然身体与训练身体结合而成的身体结构和身体能力，是自然美与社会美的高度融合。它比单纯的美的五官、美的身材要高一个层级。

图 3 - 12 这尊跳水雕塑，已经把跳水运动员的身体和动作作为审美对象。

2015 年 5 月 9 日下午，伴着苏联经典歌曲《喀秋莎》的旋律，中国三军仪仗队迈着矫健、雄壮、整齐的步伐走过莫斯科红场（见图 3 - 13），引来红场周边观看阅兵群众的欢呼。在现场的一位俄罗斯姑娘说，中国军人帅极了，"以往都认为亚洲人身材没有欧洲人好，现在完全颠覆了"。俄罗斯媒体则评价说：中国军人已经超越了所有的仪仗队，他们出色的一致

---

① 〔美〕惠特曼：《我歌唱带电的肉体》，《草叶集选》，人民文学出版社，1955，第 112 页。
② 〔法〕丹纳：《艺术哲学》，人民文学出版社，1963，第 43 页。

性，分毫不差步调一致①。

图 3 - 12　跳水雕塑
资料来源：赵建国 2014 年 1 月 20 日摄于湛江观海长廊。

**图 3 - 13　2015 年 5 月 9 日，中国人民解放军三军仪仗队方阵
行进在俄罗斯首都莫斯科红场阅兵式上**
资料来源：新华社记者贾宇辰摄。

---

① 崔木杨、谷岳飞：《俄罗斯姑娘红场赞中国军人：帅极了》，《新京报》2015 年 5 月 10 日。

花样跳伞者们空中的身姿与队列，似乎让我们看到了雁排长空；飞行表演驾驶员与飞机融为一体划破蓝天，似乎让我们看到了鹰击长空；马拉松运动员的耐力与节奏，似乎让我们看到了驼走大漠；水中蛙人的悠然自在，似乎让我们看到了鱼翔浅底；歌唱家喉咙的高亢与浑厚，似乎让我们听到和看到黄鹂鸣枝、虎啸深山。这些都是身体美的极致。

车尔尼雪夫斯基曾论述过动作与身体端正匀称之间的关系："人的动作的轻快、从容也是令人神往的，因为只有在身体结构良好，端正匀称的情形下这才有可能；一个身体结构生得不好的人，他既不会有优美的步伐，也不会有优雅的动作。因为动作轻快优雅，这是一个人正常平衡发展的标志，这是到处都使我们喜欢的。"[1] 端正匀称的身材是做出各种优美动作的基础。

静态的身体美传播了和谐与匀称，动态的身体美除了和谐与匀称外，还传播了健康与韵律。

3. 关于健美运动

"国际健美运动的创始人"和"世界上第一位健美运动员"是德国人尤金·山道。19 世纪晚期，他首创了通过各种动作、姿态来展示人体美。

健美运动以展示人体美为特征。男子的健美标准是：身材高大而强壮，肌肉发达而均衡，肩宽臂圆，体力充沛，体质健康等。女子的健美标准是：体型匀称，姿态优雅，胸部丰满，肩圆腰细，肤色光洁润泽等。

从审美角度讲，现在的健美运动也有与自然审美背离的一面。无论男女健美运动员，在展示肌肉发达时，都给人留下了"疙瘩肉"的印象，尽管这是长期训练的收获，然而"疙瘩肉"，尤其是女性的"疙瘩肉"并不美。

图 3-14 中的女性本意是向社会习俗挑战的裸体宣言，但从姿势看，显然是受到了健美运动比赛姿势的影响，过于男性化而失去女性的自然美。

三　美育与身体美

美育会给身体美带来积极影响。

清代戏曲家李渔的《闲情偶寄·歌舞》道破了学歌学舞给女子音容笑

---

① 〔俄〕车尔尼雪夫斯基：《现代美学概念批判》，《车尔尼雪夫斯基论文学》中卷，上海译文出版社，1979，第31页。

图 3 - 14　一位女性的裸体宣言

资料来源：见王海龙《视觉人类学》，上海文艺出版社，2007，第 102 页。

貌、步法身段带来的积极影响："昔人教女子以歌舞，非教歌舞，习声容也。欲其声音婉转，则必使之学歌；学歌即成，则随口发声，皆有燕语莺啼之致……欲其体态轻盈，则必使之学舞；学舞既熟，则回身举步悉带柳翻花笑之容……。"李渔的上述见解是有道理的。这里所说的歌舞属于美育的重要内容，学习歌舞自然带来好声音、美体态。

被誉为"现代舞之母"的美国著名舞蹈家伊莎多拉·邓肯（Isadora Duncan，1877 - 1927）说："只有把舞蹈包括在内的教育才是合理的教育……要把艺术给予人民，要使劳动者获得艺术的观念，最简单最直接的办法莫过于把他们的孩子变成活的艺术品。"这里所说的"活的艺术品"，指的就是"舞蹈"在对人体训练过程中对人体美的塑造效果，使人体成为活的艺术品。确实，身体越来越成为一种被精心打造、修饰的艺术品。体育、美育对于打造身体这个艺术品具有不可替代的重要作用，比任何化妆、美容都更符合人的天性，更有长久效果。

有必要指出，当我们追求身体美时，应当懂得，美丽的身体不等于美丽的人生、幸福的人生。美丽的人生、幸福的人生还需要身体美之外的其他条件来支撑。

第四章　身体传播的三种主要方式：
语言、动作、表情传播

身体传播有三大方式：语言（有声语言和文字语言）传播、动作传播、表情传播，可以用下面的简图来表示（见图 4 –1）。

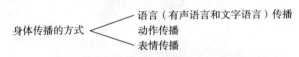

图 4 –1　身体传播的主要方式

本章将分别阐述以上三种身体传播方式，并对这三种方式进行综合考察。

第一节　身体的语言传播

一　从身体动作角度观察语言

这里所说的"身体的语言"，不是指通常所说的"体语""手语"，而是指身体语音器官说出的有声语言，更广义的，还包括身体的手、脚等写出的书面文字语言。言语本身其实也是一种动作行为，在英语中表达为 speech-act。

身体是会说话和能听懂有声语言、看懂书面语言的生物实体。语言是身体上的嘴巴和舌头等器官协同动作"说"出来的，说话也是一种身体动作，而且是双重的动作。一方面，说话本身身体的口型变化、声带振动是一种动作方式；另一方面，身体其他部位尤其是面部、手脚也会配合语言的意义做出各种辅助动作。比如"长吁短叹""一步一叹""声嘶力竭""声泪俱下""仰天长啸""对天发誓"等，本身既有声音也有动作。在这个意义上讲，语言也是一种身体动作的产物，也可以从身体动作的角度加以观察、研究。全国总工会、共青团中央、中国语言学会、中华全国美学会等曾倡议，要使用和推广礼貌语言，推崇"和气、文雅、谦逊"。"和气、文雅、谦逊"不仅表现在语言内容上，同时也表现在说话时的表情、态度、手势和其他动作上，还表现在说话节奏、语气语调上。

语言可以分为有声语言和无声（书面）语言。所谓有声语言传播是指由身体直接发出声音的传播。当然，身体还可以发出非语言的声音，如放屁、打嗝、肠鸣，通常只有生理意义。然而，在特定场合也可以具有表达意味，对某种观点或提议、命令表示不满意或不同意，以放屁的声音说"不"，可能比直接说"不"更有味道，对方还抓不住把柄；在某种特定情境下，如严肃、紧张的气氛中，有人不断打嗝就可能冲淡或破坏这种气氛，形成一种滑稽的场面。还有，谈话或演讲中过多出现不具有实际内容的语气词"哼""哈""这个""那个"等，尽管它也属于有个性的"身体表达"，但冲淡了真正要表达的信息，分散了接收者的注意力，令听者不快，属于"毛病"。认真听听于丹的谈话或演讲，干净流利，几乎没有任何多余的"语气词"干扰听者，这是她有声语言表达的一大优势。

人类的语言可以分为口头语言、书面语言和肢体语言（身体姿势）。研究者推断，人类的语言或许是继承了600万年前人类与黑猩猩、倭黑猩猩的共同祖先的姿势语言，然后在此基础上不断进化。

二　身体在场的语言

身体在场的声音和身体不在场的声音大不相同。人类所有的有声语言都是身体发出的。有声语言发出时伴随着身体动作和表情，这些动作和表情对于理解语言内容绝不是可有可无的。同时，由于每一个人的发声器官都有差异，每一个人身体发出的声音都有个性特征。语言内容固然重要，但声音、神情、动作也不应忽视，有时语言内容之外的因素可能会起到意想不到的作用。著名散文作家、学者周国平曾记述过郭沫若之子郭士英的一次发言。那是20世纪60年代初，周国平刚上北京大学哲学系，各班分组讨论系副主任的入学报告。郭士英也发言了，"在发言时，他的脸上始终凝结着深思的神情，他的语调诚恳而富于感染力。发言结束后，寝室里出现了长时间的沉默。我心中有一种深深的感动。打动我的与其说是他发言的内容，不如说是由声音、神情、说话方式造成的整个氛围。当时我并不真正理解他的话，我相信别人更是如此……"① 在周国平看来，郭士英是影响了他一生的人，郭士英第一次与他相遇却是以这样的方式打动了他。甚至著名评论家南帆认为某些教授在电视演讲中获得意外的成功，成为学术明星，"形象是充当明星的真正资本。讲坛上的表情、音调以及种种肢体语言远比渊博的知识重要"②。

音量大小、音域宽窄、音质优劣等都是衡量声音特征的要素。同样内容的话播音员或演员讲比一般人讲的效果要好得多，可见播音员和演员的声音更有表现力、感染力。成年男人和女人的声音区别明显，男声低沉浑厚，女声高而细。单从声音本身的特征就可以区分出赵忠祥和宋世雄。声音训练是一门科学也是一门艺术，如播音和歌唱的声音训练。美国的库克指出："那种不容许表现真正个性的嗓音训练，曾经是许多有抱负的学生的丧钟。诺狄卡……特别是我们美国歌唱家中最伟大的大卫·比斯法姆，都曾表现出一种和他们的容貌同样难以忘怀的有个性的嗓音。"③ 有个性特征的声音也是一种有价值的信息，能帮助我们区别不同的人。甚至器乐也能演奏出极具个人色彩的声音，上海民族乐团二胡首席段皑皑说："她的演奏太有特点了，小时候听磁带，一听就知道这一定是闵慧芬的琴。"

对歌唱最佳的欣赏方式是歌唱家身体在场的演唱。这绝不仅仅是能够亲眼看到他们的真容，更重要的是，发声方法、咬字吐字、表情动作等许多细节都可以进入欣赏品位高的观众的视线，与歌唱家身体结合在一起的声音更真实、更有感染力。所以，人们对有些歌唱家现场的"假唱"格外反感。

同样，这里所说的文字语言是指身体在现场书写出的书面语言——"挥毫泼墨""奋笔疾书""大笔一挥""飞龙走蛇""一笔一画"等都是书写状态，而不是已经脱离身体的通常我们在书刊上见到的大部分书面语言——当然，所有的文字语言都是人的身体写出来的，不管是用笔写还是敲击键盘输入。

学界已经对语言传播做过许多研究，但较少考虑身体在语言传播中的地位和作用。本书是在身体传播三大方式的框架下讨论语言传播的，关注

---

① 周国平：《岁月与性情——我的心灵自传》，人民文学出版社，2009，第70-71页。

② 南帆：《出镜》，《上海文学》2015年第12期。

③ 〔美〕詹姆斯·弗兰契斯·库克：《人声的金矿是怎样发展起来的》，见《名歌唱家论歌唱艺术》，上海文艺出版社，1979，第2-3页。

的是与身体相关的语言传播。因此，与身体同在的话语和脱离开身体的话语就成为一种分类。

在这里，我们当然更关心与身体同在的话语，而对脱离开身体的话语主要探讨潜藏在这些话语中的身体。

我们来看一个例子，这段话语已经脱离开身体，但身体又潜藏在这些话语中。淳熙十三年（1186），南宋诗人陆游在家赋闲五年后又被起用为严州知府。赴任前，先到临安去觐见皇帝，住在杭州西湖边上的客栈里听候召见，在百无聊赖中，他写下了《临安春雨初霁》：

> 世味年来薄似纱，谁令骑马客京华？
> 小楼一夜听春雨，深巷明朝卖杏花。
> 矮纸斜行闲作草，晴窗细乳戏分茶。
> 素衣莫起风尘叹，犹及清明可到家。

在这首诗中，虽然没有提及"身体"二字，但作者陆游的身体却贯穿始终。是身体在"骑马客京华"；是耳朵在"听春雨"和"深巷明朝卖杏花"的叫卖声，当然也可以进而开窗看看卖花人和其所带的杏花；是作者的手在挥毫"闲作草"；是眼睛看到了"晴窗细乳"（细乳是指沏茶时水面呈白色的小泡沫），而品茶自是通过眼睛和口腔来进行；"叹"自是嘴巴发出的，"到家"自然是整个身体回到了家中。尽管我们看到的仅是纸上的文字诗，作者的身体已经远离读者而去，但是作者的身体又分明在字里行间闪烁。

类似的诗词文章还很多，我们再举一例，杜甫的《闻官军收河南河北》：

> 剑外忽传收蓟北，初闻涕泪满衣裳。
> 却看妻子愁何在，漫卷诗书喜欲狂。
> 白日放歌须纵酒，青春作伴好还乡。
> 即从巴峡穿巫峡，便下襄阳向洛阳。

这首被称为杜甫"生平第一首快诗"的名作，作者的身体同样贯穿始终。"剑外忽传"是说他身在四川剑南听到了收复河南河北的消息，"闻"

当然是耳朵听到，"涕泪"是鼻子流涕、眼睛流泪，"满衣裳"是身体上穿的衣裳落满了涕泪。"看"是杜甫的眼睛看到妻子一扫愁容，全家的身体都投入到"漫卷诗书"的狂喜之中。"放歌""纵酒"当然也是身体在唱歌喝酒，"还乡"也是整个身体在春天的青绿中要回故乡。于是，想象中，身体已经乘船乘车"从巴峡穿巫峡""下襄阳向洛阳"，飞快地回到了家乡。

动作语言、表情语言早就引起了人们的关注，已经有许多研究动作语言、表情语言的图书和论文。与已有研究不同的是，本书将把动作、表情从实体信息和实体传播的角度作审视和分析。

动作和表情是身体传播的最重要方式，因此也是本书重点关注的对象。人们有这样一些说法："聪明灵巧的手指""多情的眼睛""协调的肢体"等，这都表明与大脑相连的许多身体部位，不仅是交流工具，同时也是认知工具。认知和交流传播是一种整体性和系统性的身体行为。实际上，动作和表情传播都属于身体传播，也就是说，身体传播是一种特殊的实体传播。动作传播是身体传播最常见和最有效的方式。

第二节 动作传播

英国著名社会学家吉登斯（Anthony Giddens）说过："身体（body）似乎是个简单概念，但实际上它不仅仅是我们拥有的物理实体，也是一个行动系统，一种实践模式。并且在日常互动中，身体的实际嵌入，是维持连贯的自我认同感的基本途径。"[①] 实践主要由行动构成，日常互动中身体的实际嵌入也是由动作、行为实现的。身体是社会行动的出发点和归宿，所谓行动、动作、行为、活动，都是由身体完成的。因此，研究身体传播是不能不考察动作和动作传播的。

一　动作、行为、行动、活动的联系与区别

动作（action）：是指人全身或者身体一部分的活动，其特点是必须通

---

① 〔英〕安东尼·吉登斯：《现代性与自我认同　现代晚期的自我与社会》，生活·读书·新知三联书店，1998，第111页。

过随意肌来实现。随意肌是指脊椎动物受躯体神经系统直接控制可随意运动的肌肉。动作包括在人的整体活动之中，是整体活动的组成部分。

动作可以分为有目的动作和无目的动作，无目的动作包括打哈欠，在睡眠中翻身、打鼾等。动作还可分为外部动作和内部动作，身体内部的动作更加难以控制，如歌唱的呼吸控制和运用，发声、共鸣都需要运用好气息。气功要求气运丹田，身体内部"气"的控制和运动，必须经过专门训练才能有所感觉和把握。

行为（behavior）：受思想支配而表现出来的外表活动叫作行为，它是一个整体的行动过程，是比动作更高层级的概念。

人的行为既是人的有机体对于环境刺激的反应，又是人通过一系列动作实现其预定目的的过程。人的身体运动、动作姿势、语言表情、注意力与思考态度等都是行为反应。从文化角度看，人和人的一切行为方式的表达就是文化；行为传播的是文化。

行动（take action）：为实现某种意图、为达到某种目的而进行的活动，强调社会性。行动当然包含动作，包含一系列动作。

动作、行为、行动都涉及一个词"活动"。活动（activity）是一系列动作的总和（这从 action 和 activity 两个英文词就可以看出来），这些动作为实现某种目标联合起来行动，也可以说，活动是有一定目的的行动。完整的活动由目的、动机和动作构成。动作与单一目的相联系，活动与整体目的相联系。

动作、行为、行动、活动其共同特征是"动"，行为、行动、活动往往由系列或多种动作组成，动作是行为、行动、活动的基本单位。

二　动作的交往本性和交往功能

（一）动作的传递更有力

动作比有声语言的传递更有力、更实际，书面语言多已脱离开身体，在这方面比有声语言更差。打在你身上的拳头向你传递了仇恨、愤怒与力量，打在你身上的子弹也有同样的作用——人们经常说射出"仇恨的子弹""挥动愤怒的拳头"。挥手一拳，仅仅是一个动作吗？它传递的信息是多方面的，包括力量大小、打向什么方向、落到什么位置、是主动出击还是被动防卫等。"大刀向鬼子们的头上砍去"（歌曲《大刀进行曲》）传递的不是复仇和抗日的情感和意志吗？

（二）动作的交往本性和交往功能

在语言产生之前，早期人类需要靠动作来交往、交流，人的动作的本能之一是交往，只不过语言产生之后，由于动作交往不如语言方便、灵活、准确，动作的交往功能就不那么突出了。动作完全可以交流、交往，这从哑剧就可以看出来，如王景愚表演的哑剧小品《吃鸡》。这个小品从头到尾没有说一句话，仅靠动作来完成，观众不仅能看懂而且还捧腹大笑。对于中国这个国度来说，古代文化元典有压抑言语而鼓励行动的一面，《论语·里仁》中有言："君子欲讷于言而敏于行。"俗话说，"病从口入，祸从口出"。古代文人因言、因文惹来祸害的不在少数，所以才有文人们"临别赠言朋友事，有殷勤、六字君记取。节饮食，慎言语"（蒋捷：《贺新郎》）。

动作的交往本性可以从动作的对象性和交往性上看出。"执子之手，与子偕老"（《诗经·邶风·击鼓》）中"执"的对象是"子"，"与"和"偕"都有对象所指。"携来百侣曾游"（毛泽东《沁园春·长沙》中"携"有对象，那就是"百侣"，而"百侣"表示对象众多。有一首儿歌《找朋友》唱道：

> 找啊找啊找朋友
> 找到一个好朋友
> 敬个礼啊，握握手
> 你是我的好朋友

向对方"敬个礼"，与对方"握握手"，用两个表示友好的动作，就是交朋友了。

人们经常说，"手把手教""面对面""手拉手""拉一把""肩并肩""背靠背""勾肩搭背""踏着前人的脚步"，这些动作都有对象，都与他人发生关系，都是一种交往方式。即使"暗送秋波"也有"暗送"的对象，"对视"更有特定对象。

交往的重要功能是达到沟通和理解。动作能够沟通和理解，但动作如何实现沟通和理解呢？梅洛－庞蒂说："动作的沟通或理解是通过我的意向和他人的动作、我的动作和在他人行为中显现的意向的相互关系实现的。所发生的一切像是他人的意向寓于我的身体中，或我的意向寓于他人的身体中。……当我的身体的能力与这个物体相符和适用于它时，这个物体就成了现实的物体，就能完全被理解。动作如同一个问题呈现在我的前面，它向我指出世界的某些感性点，它要求我把世界和这些感性点连接起来。当我的行为在这条道路上发现了自己的道路时，沟通就实现了。有通过我的关于他人的证实，有通过他人的关于我的证实。"① 我的含有意向的动作被别人有效地反馈给我，就表明别人理解了我的动作，沟通实现了。我向某人招手，他理解了我的意思，来到我面前，沟通就实现了。

人们在动作中理解和赋予动作意义。梅洛－庞蒂指出：

当哲学家在定义性行为的这种理智意义之前，人们已一代一代地在"理解"和完成性行为，比如说，爱抚行为。我通过我的身体理解他人，就像我通过我的身体感知"物体"。以这种方式"理解的"动作的意义不是在动作的后面，它与动作描述的和我接受的世界结构融合在一起。意义在动作本身中展开，正如在知觉体验中，壁炉的意义不在感性景象之外，不在我的目光和我的运动在世界中发现的壁炉本身之外②。

性行为的意义不是在性行为之前理解的，而是在性行为中逐渐理解的。意义在动作中被赋予、在动作中被理解，人们在身体交往的交互动作中相互理解，人们也是在对物质世界的动作中来理解物质世界的。人生的意义更是在人的一生的活动中逐渐展现和理解的。

（三）动作的含义：人的精神状态和心理情绪的自然表达

身体能够交往首先在于它能够表达，交往的身体首先是表达的身体。动作的意义是人的精神状态和心理情绪的自然表达，正是由于绝大多数人都自发地以同样的动作表达某种情绪或意图，才被普遍理解和接受。仰头傲慢，低头沉思，谄媚时点头哈腰，得势时指手画脚。肩头一耸表示遗憾，大腿一拍表达叹为观止，捶胸顿足显示悲痛欲绝。得意忘形时就挺胸凸肚，精神饱满时就会昂首挺胸。点头同意，摇头不满，人们经常说"摇头不算点头算"。排成一字挡点球的球员通常都要用双手护住下身要害之

① 〔法〕莫里斯·梅洛－庞蒂：《知觉现象学》，商务印书馆，2001，第241页。
② 〔法〕莫里斯·梅洛－庞蒂：《知觉现象学》，商务印书馆，2001，第242页。

处，那是曾经有人挡点球被击中要害部位，自然要采取保护动作。因此，举手投足，可见其内心机蕴，深谙世事的人会从一举一动中找到有价值的信息。

一些特殊场合，当人们的内在情绪无以表达时，表情和动作却依然在表达。我们来看中国第一颗原子弹爆炸的瞬间人们的反应。"在这一刹那，远远近近的人们的心脏跳动暂停，成千上万的工作人员分布在不同距离，差不多同时听到了轰鸣声，同时看到了上升的蘑菇状烟云。一时间所有在场的人都毫无反应，他们许多人张着嘴，先后从愣神中醒过来，多数人是到烟云形成蘑菇状大火球的时候才突然欢呼雀跃。远处观测的人们举起双手，斜着身子顺势倒在沙坡上，用两脚乱蹬着沙石。这种时刻，一切常规的鼓掌和踊跃都无法泄出胸中兴奋的激情，只有在满地石头的戈壁滩上打滚，才能稍微获得一些心理上的平衡。"① 值得注意的是，激烈情绪的表达一定是全身性的，即使以某一部位为主，全身各部位的配合也是不可避免的，"打滚"就是全身动作的同时配以表情和呼喊，手脚并用、声情并茂。

三 在交流沟通中身体实体动作、表情的重要地位

由于动作和表情有连带关系，在本节讨论"动作传播"时也把与表情有关的内容作为一个整体来论述，并请读者注意与下节专门讨论"表情传播"的内容联系起来。

（一）动作、表情在传情达意中的重要性

人的内心活动（包括感情）看不见、摸不着，通常只能通过表情、动作、语言显现出来。就人的感情显现来说，首先是生理变化，其次是表情变化，再次是用语言表达，最后是用动作行为表达和发泄。当然表情、动作和语言可能同时出现，也可能次序上有先后变化。情感、意志如果通过身体动作和表情直接显示出来，本质上也是一种实体信息和实体传播。用动作、表情表达内心情感非常普遍。比如，阿尔贝尔蒂引用了乔托约1300年完成的《小船》，将其作为富有表现力的画作的典范，"可令人从他脸上和整个身体上看见他灵魂骚动的标志，以致各种情感的不同运动出现在了

---

① 许鹿希、邓志典、邓志平、邓昱友：《邓稼先：许身国威壮河山》，《神剑》2014 年第 5 期，第 12 页。

每一个地方"①。戏剧表演艺术也是通过外形来传达内心精神世界的，用行话说就是"立戏先立人，立人要立形，以形传神"。丰富的内心世界需要外在形体、动作、表情等才能表现出来。

在特定背景下，动作和表情可能是传递内心情感或意图的最佳或唯一方式。当年获得连任的美国总统罗斯福提交了一份司法改革法案，以向最高法院注入新鲜血液。当罗斯福在议会朗读他的计划时，有"仙人掌杰克"绰号的副总统加纳仰望天花板，以大拇指朝下的手势表达了自己的不满和抵制。抗日战争时期，面对日本侵略者，中国老百姓只能用神态或手势传递某些信息。"大龙华之役所俘获的日寇的文件中敌酋桑木师团长就这样地讲：晋察冀的组织是神秘微妙，不可理解的组织。老百姓可以随便用眼色或手势传达抗日军所要知道的消息，速度则比电话还要快！"②

"文化大革命"这一特殊时期，不少被管制的人也往往通过眼色和手势来传递内心情感和思绪。

> "文革"期间，许多人躲在家中，避人唯恐不及，而著名编辑黎丁却不断到"倒霉者"家中串门。"一天走到北京赵堂子胡同，去敲西头那扇斑驳的小木门，好一会儿才有了动静，打开的一条门缝中闪出老诗人臧克家憔悴的脸。臧老看清是他，大惊失色，连连作摆手使眼色状，示意快走。黎丁笑眯眯地拱拱手，心满意足而去。"③

臧克家与黎丁两人之间的交流没有一句话，千言万语都在动作和表情中。

根据美国心理学家艾伯特·梅拉比安（Albert Mehrabian）的研究，在面对面的人际交流中，一个人对交流对象的全部印象中言语的印象占0.07，声音的印象占0.38，面部及其他形体表达的印象占0.55。美国口语传播学者雷蒙德·罗斯（R. Rose）的研究表明，在人际传播活动中，人们所得到的信息总量中，只有35%是语言符号传播的，而其余的65%的信息是非语言符号传达的，其中仅面部表情就可传递65%中的55%的信息④。

---

① 转引自〔法〕乔治·维加埃罗主编《身体的历史卷1　从文艺复兴到启蒙运动》，华东师范大学出版社，2013，第319页。
② 李公朴：《华北敌后——晋察冀》，生活·读书·新知三联书店，1979，第71页。
③ 韩小蕙：《他是编辑标杆——送别黎丁同志》，《光明日报》2014年8月22日，第16版。
④ 转引自沐阳著《世界如此险恶，你不要太单纯》，中国妇女出版社，2012，第121页。

巴恩罗德（Barnlund）也指出："人类交往中的许多甚至绝大多数关键的意义是由触摸、眼神、声音的细微差别、手势、说话或无语时的面部表情传达出来的。从认出对方的那一刻起到相互告别，人们利用所有的感官观察对方：倾听话语的停顿、语调的变化，留意着装、仪表，观察眼神、面部表情，乃至注意其遣词造句、话语背景。"① 以上三位学者的研究都指出了表情、动作在传情达意中占重要地位。

动作和表情是传情达意的重要方式，尤其是在语言不通的情况下，动作和表情传播就更加重要。

表情有其不可替代性。通常情况下，我们为什么总是感到打电话不如面谈呢？因为打电话听到的只是声音符号，而面谈除了听到声音之外，还可以看到表情和动作。谈话时的表情和动作对于理解谈话内容有重要辅助作用，有时候离开了表情和动作就不能准确理解谈话者所要表达的真正意思。可视电话受到欢迎，原因就在于它在相当程度上接近真正的面谈。

某些特定情境中，动作能传达最微妙的情感，有独特的效果，其他方式无法代替。我们看"西部歌王"王洛宾受到了什么触发创作出了传世歌曲《在那遥远的地方》。

1939 年 7 月，王洛宾接受著名导演郑君里的邀请，准备拍摄一部反映少数民族生活和抗战的电影纪录片《民族万岁》。王洛宾和摄制组一行人来到青海湖畔的金银滩大草原后，就驻扎在当地千户长——同曲乎的家里。千户长有个小女儿叫萨耶卓玛，那时金银滩上有个说法："草原上最美的花儿是格桑花，青海湖畔最美的姑娘是萨耶卓玛。"

当时电影中需要一位藏族牧羊女，漂亮的卓玛当然是首选，而王洛宾就穿上藏袍客串了卓玛的帮工。

一天摄制组需要拍摄一个羊群跑满草原的场景。这就苦了扮演牧羊女的卓玛，她毕竟是一个千金小姐，一时乱了手脚，王洛宾便自告奋勇上去帮忙。结果他一不小心一鞭子抽到了卓玛骑的马身上，卓玛"回头看了看好像是很生气，又好像是很高兴"。"当时因为听不懂话，也不知道她什么意思，就继续赶羊。后来没有多大时间，她走到我的后边，我也没留神，她很用力地在我脊背上抽了一鞭子。"

---

① 见〔美〕拉里·A. 萨默瓦、理查德·E. 波特《跨文化传播》第 4 版，中国人民大学出版社，2004，第 200 页。

王洛宾木然地留在原地，痴痴地望着消失在草原深处的卓玛，回味着这一鞭的滋味……美丽、奔放的卓玛在歌王的心上留下了永生难忘的一鞭。受她的那一皮鞭激发，王洛宾写出了《在那遥远的地方》这首传世之作[①]。关于卓玛用鞭子抽王洛宾有不同的版本，另一个记载说：卓玛"悄悄溜到王洛宾身后，甩起鞭子在他背上轻轻地抽了一鞭子，留下一串银铃般的笑声"[②]。

不管卓玛是"很用力地"抽，还是"轻轻地"抽，反正这一鞭子抽到了王洛宾的心灵深处。抽了一鞭子是动作，正是这包含难以言传的情意的动作让王洛宾永生难忘，激发他写出了《在那遥远的地方》。

这一鞭，抽出了不朽之作。

这一鞭，也留在了这首不朽之作中："我愿她拿着细细的皮鞭，不断轻轻打在我身上"——这首不朽之作就以这样的歌词结尾。

这一鞭，真是回味无穷！

（二）人们更相信动作和表情、更相信声音

1. 动作和表情更真实

事实上，当一个人在说话时，他（她）的整个身体都在随着说话的内容在表达；通常人们观察到的是手势和表情，身体其他部位的表达往往不被注意。表现内心活动时也是如此，人的整个身体也随着内心活动有意无意、或隐或显地表达。正因为如此，著名演员焦晃说："我总觉得，人的情感只有通过动作才能产生，而演员的台词则是动作的语言表现。所以，声音和表演是一个整体呈现，如果把它们割裂开来，就会不协调、不舒服。"[③] 为使声音和表演整体呈现，他不赞成对自己在《北平无战事》中的表演"被配音"。

人们可以有意识地控制自己说什么或不说什么，却难以控制那些发自本能的动作和表情。不经意间，人们就会把内心的秘密泄露在一个眼神中或者一个看似没有意味的手势及其他动作里。艾克曼指出："情绪的流露是不由自主的；即便我们不想，它们也会表现出来。我们能够抑制自己情绪的外露，但不一定能够完全隐藏它们。假如我们能够彻底消除情绪的表

---

① 《王洛宾——在那遥远的地方》，《杭州日报》2011 年 2 月 14 日。
② 黄薇：《传歌者王洛宾：监狱里用窝窝头换民歌》，《国家人文历史》2013 年第 24 期。
③ 焦晃口述、刘璐采写《不能稀里糊涂混饭吃》，《解放日报》2014 年 12 月 5 日。

露——从表情、声音、肢体都看不出任何蛛丝马迹——那么，这样的情绪就像我们说出的谎话一样不可靠了。"① 真实的情绪一定会通过身体的某些部位显示出来，即使我们发现不了，即使在一些场合某人忍住不说话，他/她也无法阻止身体的表达。

能更加准确地表现一个人的真实心理、情绪的是非语言的动作、表情等，因为"许多非语言行为很难有意识地加以控制"②。正如大名鼎鼎的奥地利精神分析学家弗洛伊德（Sigmund Freud）所说："我们可能口出谎言，但我们身上的每一个毛孔都渗出背叛的信号。"③ 也就是说，"身体不会说谎"。达尔文认为，情绪也是自然选择的产物，情感比理智更加古老。他的这个观点有助于帮助我们理解直接表达情感的动作和表情比语言难以控制。

若是把动作和表情再作比较的话，捕捉内心的想法最可靠的是动作。身体动作往往是自发的、难以控制的，它所透露的才是一个人最真实的内心想法。即使有人想隐藏自己内心的真实想法，也只能在某一个时间段里刻意设计自己的身体动作。但平时无意的一举一动，仍然显露出真实的内心世界。身体可以泄密。第二次世界大战期间，被德国盖世太保逮捕的许多美国情报人员，大多数是因为他们用右手拿叉子吃东西，没有严格训练成欧洲人用左手拿叉子吃东西的习惯，因而露出了马脚。

英国心理学家米谢尔·阿孟依尔等人在1970年做的一个实验发现：当语言符号和非语言表达不一致时，人们相信的是非语言表达所代表的意义，而且非语言交流对交际的影响是语言的许多倍。

人们的动作和表情，更多的是一种对外界刺激的直接反应，很难掩饰和压抑。一个悲苦的人想努力表现出幸福的笑容，的确是一件很困难的事。许多事实表明，动作、表情等传达出的信息比语言更加真实。当人们说违心的话时，动作、表情等却能把真实的想法流露出来。研究者曾经观察过说谎人的动作，发现说谎时人们手部的动作减少了。因为在下意识

① 〔美〕保罗·艾克曼：《情绪的解析》，南海出版公司，2008，第90页。
② 〔美〕拉里·A.萨默瓦、理查德·E.波特：《跨文化传播》第4版，中国人民大学出版社，2004，第201页。
③ 见〔美〕拉里·A.萨默瓦、理查德·E.波特《跨文化传播》第4版，中国人民大学出版社，2004，第204页。

里，人们觉得挥动双手会把自己的秘密泄露出去，于是在说谎时就不自觉地把手藏起来，放进口袋里或者互相紧握着。

动作信息的可靠，还在于动作一旦定型就极难改变。每一个人都有自己固定的动作模式，单从走路的姿势、抽烟的动作甚至说话时的口型特征（如河南大学王立群教授演讲时嘴有点歪）等就能把一个人与其他人区别开来。蒋介石有个习惯，每逢不悦或厌倦的时候，就下意识地用手摸脸。动作定型、动作行为模式等形成动作特征，毛泽东特有的挥手动作，周恩来半端半扬起的手臂，列宁演讲时手臂向前上方挥动伸出等都极富个性动作特征。

当然，无疑动作和表情也可以"说谎"。"装腔作势""故作姿态""逢场作戏""假意逢迎""道貌岸然"等成语，都告诉我们外在动作、形貌与内心的不一致。足球比赛中难免有身体碰撞，有的球员长时间躺在赛场不动，面部表情也显示出疼痛难忍，可一旦投入比赛却不受伤痛的牵制，让人感到是假受伤。表情在许多情形下会成为心灵的"窗帘"、成为面具，将内心真实遮掩起来。

> 从某种意义上说，我们大家都是演员，都戴着各种各样的面具。援引诗人 T. S. 艾略特的话来说，我们"装扮出一副面孔去跟我们相遇的嘴脸照面"。……如果你愿意的话，每个人都需要一副面孔——一副面具。面孔是我们人体的一部分；我们走到哪，它也跟到哪。然而，在我们心情不爽的时候，它却能露出一副笑颜；当我们并不忧伤的时候，它却现出一副凄戚的神情①。

2. 与动作和表情相比声音更准确

声音也可以看作一种动作，因为发出声音肯定要有动作（包括身体内部发声器官的运动），只不过这种动作的结果是发出声音。

在讨论了人们更相信动作和表情之后，还有一点需要指出，"声音通常不会传递假的信息，只有不说话时声音才不传达任何信息。和声音相比，表情往往更容易传达虚假的情绪信号，因为我们不能彻底关闭表情系

---

① 〔美〕萨姆瓦等：《跨文化传通》，生活·读书·新知三联书店，1988，第 223 页。

统"①。这里所说的声音是指音高音低、语速快慢、音量大小，是慢声细语还是粗声粗气等，而不是指有声语言的具体内容。"人的喜怒哀乐，一切骚扰不宁，起伏不定的情绪，连最微妙的波动，最隐蔽的心情，都能由声音直接表达出来，而表达的有力，细致，正确，都无与伦比。"② 所以，人们常说"说话听声，锣鼓听音"。说话的声音本身（而不是词语）会告诉我们真实的情绪和意图等。

语速慢，音调低，音域起伏较小，声音沉重而呆板，这是悲哀时的声音特征。声音高且尖，语速快，音域起伏较大，带有颤音，这是激动时的声音特征。所以，要想准确判断一个人说话的情绪和意图，不仅要听他说什么，还要听他怎样说。所谓"怎样说"，就是从他说话声音的高低、强弱、快慢、节奏、起伏、转折、腔调以及是否有口误等诸多细节，来领会其"言外之意"。声调更有助于判断说话者感情和意向的精微之处，而这并非谈话内容所能完全表达。

研究表明，情绪的声音表现和表情表现一样，是人类共通的。但对声音的研究成果比面部表情的研究成果要少得多，有待进一步加强。

四　动作、行为传播

（一）人类表情、动作的集体无意识

"皱着眉、噘着嘴、张大鼻孔"——一看就是生气的样子。澳大利亚的一项新研究显示，人类在漫长的进化过程中形成了一张世界通用的"愤怒脸"。研究指出，人做出愤怒表情时，要收缩面部大量肌肉。与面部肌肉组织舒展的表情相比，愤怒的表情使人看上去更加"强壮"，这就似乎在告诉对方"我要反击了"，以威慑对手③。其他研究也显示，人类出于本能的动作、表情十分相近。人类表达内心强烈的情感冲突时，在空中挥舞拳头；无论哪个民族或国家的成人，愤怒的时候都可能会跺脚甚至砸碎东西；表示友好或顺从的动作往往是握手、鞠躬、下跪等。这些身体动作相似是与人的动物本源分不开的。这正与瑞士心理学家荣格所说的"集体无意识"相符，集体无意识是指由遗传保留的无数同类型经验在心理最深层

---

① 〔美〕保罗·艾克曼：《情绪的解析》，南海出版公司，2008，第62页。
② 〔法〕丹纳：《艺术哲学》，人民文学出版社，1963，第30页。
③ 《生气面部表情为何"世界通用"》，《新华每日电讯》2014年9月9日，第6版。

积淀的人类普遍行为现象。正是这种集体无意识，成为人类动作、表情相互沟通、传播的基础。

（二）面部表情和身体姿态具有相仿性

相仿性是指模仿、随附对方的面部表情和身体姿态。瑞典一位心理学家曾用电子仪器对人相互模仿表情和动作的行为做过测试，他发现当人看到一张生气、发怒的脸时，自己的面部肌肉也会下意识地模仿发怒，只是肌肉运动程度不易用肉眼察觉而已。正如《镜子，镜子——我看到了什么》（*Mirror, Mirror-What do I See?*）所说："一个充满爱意的人生活在一个充满爱意的世界中，一个充满敌意的人生活在一个充满敌意的世界中。你遇到的每一个人都是你的一面镜子"（A loving person lives in a loving world. A hostile person lives in a hostile world. Everyone you meet is your mirror）。笑容和愁颜、敌意和友好、温情和暴怒是可以"传染"的。在相当程度上，朋友固然是你自己"交"（交朋友）的，敌人、仇人也是你自己"制造"的。

甚至长期生活在一起，共同享有相似的情感经历，常常会无意中模仿对方的表情，还会使人的长相越来越相似。美国密歇根大学心理学家罗伯特教授把几对夫妻刚结婚时与共同生活了25年以后的两组照片加以对照后发现，许多夫妻进入老年后，两人的相貌竟然变得相像起来。虽然这种相像没有戏剧般的明显痕迹，其变化往往表现在皱纹等微妙之处，但与刚结婚时相比，两人长相的接近却是显而易见的。另有研究称，由于共同生活，夫妻间原本不同的肠道细菌生态环境变得越来越相似，由此影响性格、行为习惯等，从而出现"夫妻相"。

一些学者的研究也证实，两个彼此要好的朋友，如果对所讨论的问题持相同的态度，他们的身体姿势也会很相像。

（三）动作、行为的传播特征——模仿

个体自觉或不自觉地重复其他个体的动作、行为的过程就是模仿，模仿是社会学习的重要形式之一。

1. 动物动作行为模仿

美国《科学》杂志刊载的两篇论文用科学证据表明，猴子和座头鲸靠观察和模仿学会动物文化，从而否定了"动物没有文化"的说法。

通常认为文化应该是群体中新行为的社会化传播——靠观察和模仿学会，不靠遗传。动物有很多行为精妙得让人惊叹，包括造出精致的安乐窝、跳着舞向异性献殷勤，等等。但这些能力大多不是文化的表现，而是固化在基因里的本能，不需要观察和学习。因此研究动物文化时，要剔除动物行为中的遗传及环境因素。

英国圣安德鲁斯大学的安德鲁·怀滕领导的研究小组报告发现，他们在南非对野生绿猴进行试验，给每群猴子两盘玉米粒，一盘染成粉红色，另一盘染成蓝色；每群猴子得到的玉米都有一盘用苦味的芦荟汁浸泡过，其中一群的粉红色玉米是苦的，另一群的蓝色玉米是苦的，猴子们很快都学会了回避苦味的那一盘。

等到有 27 只小猴出生并且长大到能吃固体食物时，研究人员作了改变：仍然是不同颜色的两盘玉米，但味道都正常。接下来 2 个月里，成年猴子和小猴都对本群体原来爱吃的那种颜色表现出强烈偏好，虽然两盘玉米吃起来已经都一样。实际上，有 26 只小猴只吃自己母亲所吃的那一种，完全无视另一盘玉米。

另外，试验期间有 10 只成年雄猴从一个群体迁移到另一个群体，它们纷纷放弃旧习惯，其中有 7 只第一次进食就接受了新群体的"传统"，显然是受到其他猴子的影响。当比自己地位高的猴子在场时，新移民迅速融入当地文化的趋向尤其明显。唯一没有这么做的，是一只刚进入新群体就成为猴王的猴子，它根本不在乎其他猴子喜欢吃什么。

另一项新研究也由圣安德鲁斯大学的科研小组完成。该小组研究了座头鲸的一种捕食方式：在水里向鱼群吹出一串串气泡，使受惊吓的鱼聚集到一起，然后游过去吃掉它们。1980 年，一条座头鲸发明了一个新技巧：吹泡泡之前先用大尾巴拍打水面。

在美国马萨诸塞州海湾保护区内，人们长期观察座头鲸的行为，获得 7 万多条观察记录。科研小组在分析这些数据后发现，在 27 年里，用尾鳍拍打水面的技巧扩散到了当地 37% 的鲸当中。采用新技巧的座头鲸绝大多数看起来是从其他鲸那里学到的。

一些科学家认为，对绿猴和座头鲸的新研究具有里程碑意义，表明动物会注意同类的行为并受其影响。其中关于绿猴的发现尤其令人吃惊，因为它们进入新群体时放弃了原来的偏好，接受了另一种喜好。这种转变与食物的营养和口味无关，并且这些绿猴没有经过自身尝试，就直接采纳了其他猴子的经验，这正是"社会化传播"的体现。

不过，这两项研究都没有发现动物具备人类那样复杂的模仿能力，没有这样的能力就无法将文化发展到高水平。也许我们与动物的区别不在于有没有文化，而在于文化层次的高低[①]？其他实验也证明，把狗和猫从小养在一起，狗可以通过模仿猫的动作学会用爪子洗脸和捉老鼠。由上面的介绍可以推论，人类的动作行为模仿能力早在进化成为人之前就已经具备了。人类的模仿能力是先天的，是其生物特征的一部分。

2. 人类动作行为的相互模仿

人类动作行为传播的一个重要特征就是模仿，模仿是学习的基础，模仿本身就是一种学习和传播。动作和行为只能通过模仿来学习和传递，通过模仿动作来学习动作是一种普遍现象。模仿也是最基本的社会关系。模仿的传播效果非常明显，法国著名心理学家、社会学家加布里埃尔·塔尔德（Gabriel Tarde）在《模仿律》中提出模仿的"几何级数率"，即在没有干扰的情况下，模仿一旦开始，便以几何级数的速度增长，迅速蔓延。比如，时尚的传播像滚雪球一样快。

美是模仿的重要动力。梅兰芳创造出绝代风华的"兰花指"，仅旦角手指姿势就演变出 53 种之多，具有醉人的美和吸引力。唐德刚在《梅兰芳传稿》里描述了梅兰芳到美国演出所引起的巨大效应：

> 兰芳的艳名，这次是从极东传到极西的。这时他又成了纽约女孩子们爱慕的对象。她们入迷最深的则是梅君的手指，他的什么"摊手"、"敲手"、"剑诀手"、"翻指"、"横指"……都成了她们模仿的对象。你可看到在地道车上、课堂上、工厂内、舞场上……所有女孩子们的手，这时都是梅兰芳的手。

之所以如此，在于"兰芳的手是当时美国雕刻家一致公认的世界最美丽的女人的手"[②]。

由于男性在身体力量、速度等方面具有某些优势，男人的某些动作可能成为某些女人模仿的对象。一个女人要"像男人一样走路"，这不是一种自然行为，然而不论是在虚拟世界还是在现实生活中，某些女人都很可能需要或者渴望模仿男人的步法。足球、篮球、排球、乒乓球的某些男性

---

① 参阅王艳红《动物也有"文化"只是水平不高》，《光明日报》2013 年 5 月 28 日。
② 唐德刚：《五十年代的尘埃》，中国工人出版社，2008，第 39、43 页。

打法不断被女性模仿吸收，所谓"女性打法男性化"就是例证。然而，女性的某些优势，如高低杠动作由于生理特征所限男性是很难模仿的。

"邯郸学步"当然是动作模仿，但它是一种拙笨的模仿。"杀鸡给猴看"是一句俗语。有人调侃说，"杀鸡给猴看，猴子也学会了杀鸡"。"杀鸡给猴看"本来是为了威慑猴子，但由于杀鸡的过程是一系列动作，动作可以模仿，所以事与愿违，猴子在看的过程中也学会了杀鸡。

动作模仿之所以如此普遍，有一个重要原因：这种模仿是下意识的、不知不觉的。英国伦敦大学学院一项涉及"石头－剪刀－布"游戏的研究表明，游戏者们会不自觉地模仿对方的手部动作，使得平局增多。当参赛者能够看见对手时，平局的概率会增大，当戴眼罩看不到对方时，平局的概率就会减少，因为参赛者似乎无意识地模仿其对手的细微手势。以前科学家无法分辨人类模仿动作是有意识的还是无意识的；"石头－剪刀－布"的实验表明，他们肯定是无意识的，因为参赛者想赢，而非平局。

儿童的语言、动作、技能和行为习惯、品性等的形成和发展都离不开模仿。范成大的《四时田园杂兴》诗写道："童孙未解供耕织，也傍桑阴学种瓜。"儿童模仿成人的各种动作行为，我们可以随时观察到。之所以要有"儿童不宜"的限制，是因为影视中的暴力、色情动作行为会成为儿童模仿的对象，给儿童的身心带来严重的负面影响。

"法比埃纳·卡斯达－罗萨断言，在19世纪最后几十年里男女之间所发生的调情便慢慢地传布开了；这种调情无论是从效法于旺代沼泽地区的风情而形成的相互间的手淫方式中受到启发，或者是受到那些年轻的美洲女人，亦即那些穿越大西洋邮船上的喜欢胡闹一会儿的女游客的任意妄为的影响，还是由经常光顾水城次数的增加以及伴随度假期间的无所事事而进行的种种娱乐活动所引起的，或者是由女性的体育活动，尤其是骑自行车、骑马和打网球以及由这类运动而导致的轻便着装所促成的。"① 这段文字告诉我们，男女调情行为的传播是模仿的结果。

在一个不熟悉的环境中，当拿不准某些行为是否被允许，周围人的动作、行为很容易成为模仿的对象。这种情形屡见不鲜，因为模仿具有社会适应作用。

---

① 〔法〕阿兰·科尔班主编《身体的历史卷2 从法国大革命到第一次世界大战》，华东师范大学出版社，2013，第157页。

　　动作、行为的模仿也能够传播不良习俗。抽烟作为一种社会行为其流传与模仿有关。据有关文献记载，西班牙人跟美洲土著人学会了吸烟，并把它普及到世界各地，流毒全球至今。西班牙人将烟草移植到菲律宾并在1575年后成为赚钱的作物，1600年左右，福建的水手和商人把烟草从菲律宾带入中国，吸烟也迅速在中国传开。

　　3. 人们还可以以影像中的动作行为为模仿对象

　　人们不仅可以以真人的动作行为为模仿对象，还可以以影像中的动作行为为模仿对象。当地时间1945年8月14日（北京时间8月15日）日本宣布无条件投降，纽约民众纷纷走上街头庆祝胜利。一位水兵在时代广场的欢庆活动中亲吻了身边一名素不相识的女护士。后来人们知道了这位护士叫伊迪丝·库伦·沙恩。这一瞬间被《生活》杂志的摄影师阿尔弗雷德·艾森施泰特抓拍下来，成为传世的经典历史画面（见图4-2）。这幅照片被叫作"胜利日之吻"，也称"世纪之吻"。

图4-2　"胜利日之吻"

资料来源：阿尔弗雷德·艾森施泰特摄。见搜狐网2017年7月5日。

  2005 年 8 月 11 日，伊迪丝为"胜利之吻"彩色雕塑揭幕，她首次见到这座雕塑时表示："我想它传达了爱、浪漫、和平与未来的真谛。"

  照片和雕塑"胜利之吻"依然有着异乎寻常的感染力，在圣地亚哥的"胜利之吻"雕像前一对青年男女在重演这一动作（见图 4-3）。无独有偶，2015 年 8 月 18 日，笔者也在昆明世界园艺博览会旧址碰上并抓拍到类似一幕，一位姑娘在约翰·施特劳斯的雕像前模仿他拉小提琴的动作并拍照（见图 4-4）。

图 4-3　在圣地亚哥的"胜利之吻"雕像前
资料来源：闫汇芳摄，《光明日报》2013 年 12 月 22 日，第 10 版。

（四）人类大多数动作行为都是习得的

  与一般动物相比，人类的大多数动作行为并非出于本能，而是习得的。也就是说，人类的大多数动作行为都是文化积累而成。一个人素质越高、全面发展程度越高、专业程度越高，其动作行为的后天习得成分比重

图 4-4　一位姑娘在约翰·施特劳斯雕像前模仿他拉小提琴的动作
资料来源：赵建国 2015 年 8 月 18 日摄于昆明世界园艺博览会旧址。

就越大。优秀体操运动员的体操动作全部通过学习获得，钢琴家的手指弹奏动作也是如此。人类文化对人产生重大影响。比如，在影响一个人能否健康长寿的因素中，生活方式和习惯占 60%，遗传占 15%，医疗占 8%。美国研究人员在一项试验中设计了两组被试者。其中 10 名被要求饮食结构以植物类为主，并且坚持做适度运动来排解压力。另一个 25 人组成的小组，仍按自己的习惯生活。在试验开始时研究人员对所有人的端粒长度进行了检测，5 年后再次对所有人的端粒长度进行检测。结果发现，那 10 名选择植物类饮食结构的，其染色体端粒长度增长了 10% 左右；而对照组的端粒长度则缩短了 3%。这说明健康的生活方式会逆转衰老细胞。这种端粒存在于染色体的尾端，每次细胞分裂时，该端粒就会变短，端粒变短可能会造成人的过早死亡。遗传基因并不能决定一切。如果说人在决定自己的容貌方面可选择的空间（前面已经说过，为 30%－40%）较小的话，那么在决定自己能否健康和长寿方面可选择的空间就大多了。

生活方式和习惯主要是后天习得，是文化使然，而生活方式和习惯由一系列动作行为构成。抽烟、酗酒这种生活习惯就是由抽烟和喝酒的一系列动作构成的。

五 动作传播和传播动作

本节上面讨论的都是动作传播，还可以从动作传播到传播动作进行考察。动作传播说的是用动作表现和传达思想、感情，而传播动作说的则是传播活动中所使用的动作。传播是一种活动，活动包括动作，也就是说，传播活动中会使用或伴随各种动作，因此，身体的"传播动作"也是我们考察传播活动的一个视角。显然，动作传播和传播动作很难截然分开。

这部分内容冠以"动作传播和传播动作"，是想强调传播动作是相对于动作传播而言的，但只考察"传播动作"，因为"动作传播"已经专门讨论过，后文还会有不少内容涉及。

典型的传播动作如登高一呼、挥手致意、挥手告别、拱手作揖、拥抱、吻别等。

传播动作多与手势、头部姿势和面部表情相关。"手势必须为情感伴奏，而不该为台词伴奏；手势应该是情感的产物。"① 斯坦尼斯拉夫斯基说的是舞台演出，包括演讲在内的所有传播动作都应以此为准绳。

传播动作更多地与职业传播者相联系，演员、节目主持人、演讲家、播音员、教师等应当研究传播动作，并应用于自己的传播活动中。传播动作是职业传播家传播风格的重要组成部分。

传播动作的基本原则是为传播内容服务。动作可以有独立的传播功能，但动作多在传播中起辅助作用。

第三节 表情传播

在《回忆罗斯福》（*Roosevelt in Retrospect*）一书里，约翰·冈特（John Gunther）曾经这样描写富兰克林·罗斯福总统脸上的表情变化："在 20 分钟的时间里，罗斯福先生的脸上表现出诧异、好奇、假装震惊、真诚的兴趣、焦急不安、胜似妙语的悬疑、同情、决断、嬉戏、庄重和超凡的魅

---

① 《斯坦尼斯拉夫斯基论文讲演谈话书信集》，中国电影出版社，1981，第 478 页。

力。但在整个过程中，他几乎没有说一句话。"① 毫无疑问，罗斯福有效地传递了自身的信息。然而，在这个例子里，当时的语境、描写的对象、描写的内容等非语言要素，显然是全部意义的重要组成部分。

人的表情主要有三种：面部表情、语言声调（声音高低强弱、语速快慢等）表情和身体姿态表情。身体姿态也可以有表情，如乐团指挥大师洛林·马泽尔以"富于表情的背影"而著称。面部表情像语言一样可以传情达意，而它传情达意之复杂微妙，甚至语言都无法描述。我们已经介绍过，在人的感情表达和人际沟通上表情占有相当大的比重。

面部是最有效的表情显示部位，本书所说的表情主要是指面部表情。表情携带着情绪信息。表情，顾名思义，就是动物尤其是人的内在情感直接表现在面部，或者说，面部表露出人的内在情感。情感表现在面部就是表情，表情是内在情感能量的释放和出口，"此情无计可消除，才下眉头，却上心头"（李清照：《一剪梅》）。内在情感必须要表达，必须要释放。人的面部表情主要表现为眼、眉、嘴、鼻以及面部肌肉的变化，脸部的颜色、光泽、肌肉的收缩与展开，脸面的纹路与脸部的细微动作构成面部表情。有一个成语叫作"颐指气使"，"颐指" 就是动下巴示意来指挥别人；"气使" 就是用神情气色支使人。两者合起来，就是不说话而用面部表情示意，这是有权势的人指挥别人的傲慢态度。

其实，表情是肌肉运动，表情也是一种动作，只不过是一种微小的动作罢了，有时仅仅是眼睑或者上唇的细微动作变化。表情这种微小的动作，多发生在面部。在这个意义上，我们可以把表情看作一种特殊动作。人的情感变化通常会在面部表现出来，表情在传达情感方面非常重要。独自一人可以真情流露，面对他人时就需要控制情绪的表露。

表情也会说谎。比如，下级或雇员对上级或雇主的愤怒表情被扭曲了的奉迎笑脸所取代。

一　眼睛：最传神、最会说话

（一）最传神、最会说话的眼睛

人们早就注意到眼睛最能传达感情，"眉目传情""暗送秋波""眉来

---

① 〔美〕施拉姆（W. Schramm）、波特（W. E. Porter）：《传播学概论》，中国人民大学出版社，2010，第 71 页。

眼去""脉脉含情"等就是对这种现象的点睛性描述。人的喜、怒、哀、乐、悲、惊、恐、盼等各种情感都可以从眼睛表现出来。

眼睛是怎么传神、说话的呢？我们来看欧阳中石的一段回忆：

> 一次，我和同学们在操场上模仿老师们讲课的样子。我模仿的是金岳霖先生，这也是我自认为最拿手的一位。模仿完后，周围守着看的好多同学却都面无表情，不像平时笑声四起、纷纷表态。我心想，怎么回事，难道我学得不像吗？就又再来一遍。这一次，他们眼睛都直了，简直是呆若木鸡。我一看，准有故事。看看他们的眼睛都盯着我后边，于是就回头一看，好嘛，金先生就在后边看着我呢！金先生看我一眼，回头走了①。

"眼睛都直了"告诉欧阳中石非同寻常，也就是"准有故事"；"眼睛都盯着我后边"传达出"故事"的方向，循着同学们眼睛盯着的方向回头一看，真相大白——金岳霖就在后边看着呢！在那种关系（金岳霖当时是北京大学哲学系主任）和环境中，同学们只能用眼睛说话，而不能用嘴直接告诉欧阳中石他背后的"故事"。

黑格尔说："如果我们看一个人，首先就看他的眼睛，就可以找出了解他的全部表现的根据，因为全部表现都可以用最简单的方式从目光这个统一点上体会出来。目光是最能充分流露灵魂的器官，是内心生活和情感的主体性的集中点。"②

鲁迅也说："要极省俭的画出一个人的特点，最好是画他的眼睛。"鲁迅的小说《祝福》中有好几次写到祥林嫂的眼睛，不同的眼神恰到好处地表现了她不同境遇中的内心波澜。在听了柳妈关于"阎罗大王只好把你锯开来"一段话后，她"第二天早上起来的时候，两眼上便都围着大黑圈"。"大黑圈"和那恐怖的神情，表明她可怕的心理活动：她所嫁的两个男人都死了，他们正在阴间等着，将来她死后到地府去，两个男人便争夺她，阎罗大王要把她锯成两半分给他们。一年后，她突然"神气很舒畅，眼光也分外有神"。因为她已经在土地庙捐了门槛，她已有了替身，不必死后

---

① 欧阳中石（口述）：《春风雨露忆恩师》，《纵横》2014 年第 4 期。
② 〔德〕黑格尔：《美学》第 3 卷（上册），商务印书馆，1979，第 145 – 146 页。

被锯成两半分给两个丈夫了。可是，不久她不但眼睛"窈陷下去，连精神也更不济事了"。原来到冬至祭祖时，鲁四老爷还是不准她沾手祭祖的事，她感到捐门槛也无济于事，到阴间还得吃苦，无路可走了。鲁迅在小说中多次写到"眼光"，在其他文体中也多次使用这个词，文学研究家杨义指出：

> 鲁迅有33篇小说，有16篇写到"眼光"。《奔月》写羿"身子是岩石一般挺立着，眼光直射，闪闪如岩下电，须发开张飘动，像黑色火"，把眼光看作人物精神的要紧处。《拿来主义》"要运用脑髓，放出眼光，自己来拿"。《绛洞花主·小引》谓对于《红楼梦》，"单是命意，就因读者的眼光而有种种：经学家看见《易》，道学家看见淫，才子看见缠绵，革命家看见排满，流言家看见宫闱秘事……。"可见眼光是认知世界关键①。

描写眼睛的名句很多。比如，"她那活泼动人的眼睛，好像晚上明媚的月亮"（王洛宾：《在那遥远的地方》），"你的眼睛比太阳更明亮，照耀在我们的心上"（加拿大民歌《红河谷》）。

（二）瞳孔是内心世界高度灵敏的显示屏

在眼睛中，瞳孔是内心世界高度灵敏的显示屏，且无法用意志控制，高兴、惊恐放大，消极、愤怒缩小，瞳孔不发生变化，表示他（她）对所看到的事物漠不关心。"眼睛是心灵的窗户"，而这扇窗户的中心又是瞳孔。眼睛通常是情感的第一个自发表达者。美国诗人爱默生说："眼睛的语言有这样的优点：他不需要字典，世界各地的人都能读懂。"因为它是人的内心情感最直接、最自然的流露和表达。正眼看人，显示出坦诚；躲避对方的视线，暴露出心虚或心怀鬼胎；乜斜着眼，表示讥笑对方或对对方不满意。

（三）人们在交流时总爱看着对方的眼睛

人们在交流时总爱看着对方的眼睛，注视眼睛是人的天性。通常，一个好的交谈者，在整个交谈过程中目光与对方的接触率应该累计达到50% - 70% 。正因为如此，当你用目光探询别人时，也把自己的目光和意图暴露给对方。不看对方的交谈往往不正常。讲话时眼睛所看的方向、所看的对象都对所讲内容有直接影响。欧阳中石有一段回忆：

---

① 杨义：《重读鲁迅》，《光明日报》2015 年 3 月 26 日，第 11 版。

　　我记得在讲课实习中谈到一个问题时，是眼睛看着窗外讲的。后来到了评议会上，有人说你那天好像精神不够集中啊，认为这是我讲课中的一个缺点。可是，金（岳霖）先生却说："不，我倒认为这是他的一个优点，他为什么冲着窗外讲？是要把这个思考的路子放得很远，引导我们的思维看向窗外去，看向远处，所以我认为很好。"①

作为哲学家的金岳霖，对欧阳中石讲课时眼睛看着窗外作出了独特解释——将听讲者的思路和思维引向远方。

　　有时，极度难受或非常难堪时也会避开对方的眼睛。周立波在《晋察冀边区印象记》中记述过一位四川籍受重伤的战士，这位战士说，

　　"我们是，既到这里来了，就是准备牺牲的，不把日寇赶出去，我们永远不回家！"他的眼睛，不知在什么时候，充满泪珠了。而我们也不会比他更冷静，我们互相避开着眼睛。②

互相回避着对方的眼睛，是因为都想压抑自己过于激动的情感。

　　通常，目光与目光相视本是真诚和坦率的表现，但有研究者指出，日本人往往把眼神的直接接触看作对对方的不尊重，所以日本人很少看别人的脸，即使看目光也是很快移开。

（四）眼睛最能打动人

　　伽师县教育局副局长兼当地第二中学和双语小学校长蔡秀梅，谈起当初的选择时这样说："我第一次来新疆喀什地区伽师县，是和丈夫来考察的。看到孩子们的眼神，我心动了，才有了今天在这里扎根、实现我的理念之路。"③ 这位曾在山西运城当过中小学校长、幼儿园园长的蔡秀梅被孩子们的眼神打动了，选择了扎根新疆。

　　学者雷达也写道：他小时候，渭河流域乡村农家院织布机上的年轻的小媳妇，"见来客人了，她们会走下织机，腼腆地默立一侧，她们清澈、

---

① 欧阳中石（口述）：《春风雨露忆恩师》，《纵横》2014年第4期。

② 周立波：《战场三记》，湖南人民出版社，1962，第105页。

③ 王瑟：《扎根新疆只因孩子们的眼神——记新疆喀什地区伽师县教育局副局长蔡秀梅》，《光明日报》2014年7月29日，第3版。

忧郁的眸子是我终生难忘的"①。

　　东晋著名画家顾恺之擅长画人物，他画人像，有时画几年都不点眼睛。别人问他为什么，他指着眼睛回答道："四体妍蚩，本无关于妙处，传神写照，正在阿堵中！"意思是说，四肢的美丑，是无关紧要的，画像要能传神，关键就在这个里头（指眼睛）。表演艺术家程砚秋说"上台全凭眼"，他说的是表演，但表演也来自生活。

　　美术画作和艺术表演是这样，摄影包括新闻摄影和艺术摄影同样如此。我们来看两幅摄影名作。

　　美国摄影记者史蒂夫·麦凯瑞拍摄的照片《绿眼睛姑娘》（又称《阿富汗少女》），于1985年首次刊登在美国《国家地理》杂志的封面上（见图4-5）。1984年12月，史蒂夫·麦凯瑞来到位于巴基斯坦白沙瓦郊外的

图4-5　绿眼睛姑娘

资料来源：史蒂夫·麦凯瑞摄。360百科阿富汗少女。

---

①　雷达：《新阳镇》，《作家》2014年第4期。

难民营，很幸运，不到五分钟他就抓拍下了这张日后获得诸多奖项的照片。照片中的这位少女原来居住在阿富汗东部贾拉拉巴德城东郊一个叫阿卡玛的小村庄里，由于战争连续不断，1979 年她和家人只能远离家乡躲避战火，来到难民营。照片中的小姑娘有一双清澈的大眼睛，可是目光中暗藏着恐惧和忧伤，让人们联想到少女的生活发生了重大变故，使她对世界充满了怀疑和惊恐，这就是当时苏联军队入侵后给阿富汗人民带来的苦难和悲伤。这位少女眼睛里流露出的忧惧、痛苦神态深深刺痛了世界上很多人，她已经成为世界受苦难的社会底层妇女和儿童的标志，并由此而成立了《国家地理》阿富汗妇女基金。有人说，这是一对"勾住世界的绿眸"！

　　1991 年，解海龙带着拍摄农村失学儿童照片的设想，来到安徽省金寨县桃岭乡张湾村小学，他是北京一家文化馆的干事。他看见了正在那儿低头写字的苏明娟，这时，正巧苏明娟一抬头，把解海龙的心牢牢地抓住了：这孩子的眼睛特别大，有一种直抵人心的感染力。解海龙迅速换上了变焦镜头，稳稳地端住相机。当女孩握着铅笔再次抬头时，解海龙果断地摁下了快门。这就是后来人们所熟知的"大眼睛"照片（见图 4 - 6）。解海龙说，这张照片，无须任何言语，就能从"大眼睛"里读出那种强烈的"渴望"。这张照片被中国青少年发展基金会选为希望工程宣传标识后，苏明娟也成了希望工程的形象大使，"大眼睛"照片改变了百万贫困儿童的命运。

图 4 - 6　我要读书

资料来源：解海龙摄。

两幅照片的共同点就是把最传神的大眼睛瞬间定格，一双有个性特征的大眼睛比任何语言都更有感染力、更有解释力。

（五）　与眼睛相关的眼眉

与眼睛相关的是眼眉。愤怒时，剑眉倒竖；悲伤时，眉头紧皱。达尔文曾指出："一切种族的人在思想上发生任何疑难的时候，就会皱眉；这是我根据那些回答我寄给他们的询问信的人的话来断定的。"[1] 中国有句成语"眉头一皱，计上心来"，正与达尔文这句话相呼应。与眼眉有关的中国成语还有喜上眉梢、眉开眼笑、眉飞色舞、扬眉吐气、愁眉苦脸、横眉冷对、挤眉弄眼等。

王慧敏回忆恩师范敬宜的文章，就记述了范敬宜的"眉头"。第一次见面，范敬宜问王慧敏"看过梁厚甫的哪些书"，接下来，问了几个民国时期知名报人的作品情况，王慧敏回答得都不好，"范敬宜皱起了眉头"。不过，接下来问了古典诗词的掌握情况，王慧敏回答得还算差强人意，"他的眉头渐渐舒展开来"[2]。这里，老师的评价和情感变化都在眉头里显示出来。

二　面部：人体表情最集中、最丰富的区域

眼睛是面部的一部分，包括眼睛在内的整个面部，是表现人的情感最集中、最丰富、最敏感的部位。美国心理学家艾克曼通过对脸部运动编码系统的研究，发现人类脸部表情多达 1 万种以上[3]。

面部对人的生活和交往影响极大，"面貌""面容""面庞"等都是指面部，"面对""面向""面前""前面""后面"等，都以脸面为指向、为标向。"有头有脸""有面子""没面子""要脸""不要脸""脸皮厚""脸皮薄""脸上挂不住""翻脸不认人""无颜见江东父老""喜怒哀乐都写在脸上"等，都是着眼于脸、从脸入手。人们把两人相见叫作"会面""见面""面见""面对面"，把最有效的谈话叫作"面谈""当面谈"。与面部有关的成语或惯用语有"满面春风""面若冰霜""面若桃花""面不

---

① 〔英〕达尔文：《人类和动物的表情》，北京大学出版社，2009，第 146 页。
② 王慧敏：《教诲将伴笔耕老——我与老师范敬宜的点滴往事》，《光明日报》2014 年 2 月 21 日。
③ 〔美〕保罗·艾克曼：《情绪的解析》，南海出版公司，2008，第 21 页。

改色""面红耳赤""面色铁青""笑脸相迎""满脸堆笑""板着脸""哭丧着脸""嬉皮笑脸""皮笑肉不笑"等。这些成语或惯用语都是用来表达人的感情和心理的。

当人们生气时，会气得"满脸通红""脸色发白"；难堪时，也会"满脸通红"，因惊惧或无可奈何而互相望着说不出话就是"面面相觑"。面部表情也有多义性的一面，准确判断还要看当时的具体情境。

在面部器官中，嘴的表情表达和表现力仅次于眼睛。黑格尔说："口仅次于眼，是面孔中最美的部分，……口的表情变化多方，丰富仅次于眼睛。口通过极轻微的运动和活动可以生动地表达出毫厘之差的讥讽，鄙夷和妒忌以及各种不同程度的悲喜；就连在静止状态中口也可以表现出爱情的温柔，严肃，淫荡，拘谨和牺牲精神等等。"① 闭口不言、开口大笑、龇牙咧嘴、咧着嘴、张着嘴、嘟噜着嘴，张着嘴冒哈气、张着嘴打哈欠等都表达特定的心理和精神状态。

1999 年，三水政府大换届，曾经和李经纬有交情的老官员全数退下，健力宝的日子过得更加艰难。李经纬曾提出 4.5 亿元买下政府所持的健力宝股份，但遭拒绝。2001 年 7 月，三水政府同意卖掉健力宝股份。踌躇满志的李经纬先后击退新加坡，劝退宗庆后。他始终认为健力宝是自己的孩子。没想到半路杀出了一个同样出价 4.5 亿元并最终成为赢家名叫张海的人。签约仪式上，李经纬默默地坐在会场一角。面对自己一手打造的品牌被交到别人手中，他仰天含泪，无法自抑（见图 4-7）。一位记者抓拍到的这一瞬间，十多年来一直出现在 EMBA 案例分析课堂上。此时，李经纬千言万语和无法用言语表达的内心，都写在仰天含泪的面部。

总之，眼睛和面部是表情达意最重要的部位。戏剧表演艺术家们对这一点理解得很到位，正如戏谚所说："一身的戏在一块脸，一脸的戏在一双眼。"

还有一点需要提示，通常女人比男人更善于由面部表情判断别人的内心情感状态，这可能与女人观察更细腻有关系。

三 微笑：交际中的通用货币

微笑是一种面部表情，也可以看作一种面部动作。

---

① 黑格尔：《美学》第 3 卷（上册），商务印书馆，1979，第 149-150 页。

图 4 - 7　李经纬仰天含泪、无法自抑

资料来源：刘可：《经纬人生　一声叹息》，《中华工商时报》2013 年 4 月 26 日。

微笑，是疲倦者的休息，拘束者的轻松，悲哀者的阳光，快乐者的自述。微笑，是交际中的通用货币。有一首英语歌曲唱道："微笑意味着对每一个人的友谊。"（Smile means friendship to everyone.）

20 世纪 90 年代初，基辛格博士参加在上海锦江饭店举行的一个国际会议，中午休息时，他自己就近到南京路转了一圈。回来对赵启正说："街上的人脸上都洋溢着佛一样的微笑。这是一个善良、纯朴、和平的民族。"① 微笑是传播一个国家、一个民族、一个人的精神面貌的最好方式。

罗伯特·布诺温发现，人在群居生活时欢笑的次数是独处时的 30 倍。实验证明，实验参与者处于孤单的环境中时，更多的人会选择自言自语，而不是哈哈大笑。看来，与朋友愉快地交往有利于创造更多的欢笑，这就是孤独不利于健康的一个原因。

1951 年爱因斯坦 72 岁生日时，人们为他庆祝生日，在场拍照的记者们希望爱因斯坦"对着镜头微笑"，他却做了一个"吐舌头"的鬼脸，他是在用舌头微笑而没有像普通人翘起嘴角来笑（见图 4 - 8）。这种微笑确实是百分之百爱因斯坦式的，科学巨匠微笑也不循规蹈矩。我们这才发现舌头也能用来微笑。

---

① 赵启正：《在同一世界——如何面对外国人》，《文汇报》2007 年 8 月 25 日。

图 4 – 8　爱因斯坦式的微笑

资料来源：《光明日报》2016 年 3 月 25 日，第 11 版。

　　微笑也不是在任何场合都适宜，人们注意到美国前总统吉米·卡特只要出现在电视里，脸上总是带着微笑。可是谈到正在发生的伊朗人质危机时，他的脸上依然挂着微笑，这让许多人感到很不舒服，这在一定程度上降低了他的可信度。

四　哭：通常表达的是悲伤情绪

　　与笑对应的是哭，哭也可以看作一种动作和表情。由于痛苦或激动而流泪出声就是哭。

　　婴儿伴随着哭声来到这个世界，所以有一个说法叫"呱呱坠地"，"呱呱"就是婴儿的哭声。婴儿的哭声是向世界的告示："我降生了！"是向妈妈的求助："我需要妈妈照顾！"可见哭声充盈着交往、交流气息。

　　哭，通常表达的是悲伤情绪，"痛哭"和"痛苦"把"哭"和"苦"连在一起，疼痛、悲伤是一种"苦"。

　　哭，有"声"和"泪"两个要素，所以有个成语叫作"声泪俱下"。流眼泪有三种情况，因感情而流下泪水；每次眨眼睛时出现的泪水有浸润眼球的生理功能；反射性的泪水，如眼睛不小心被戳或受洋葱等刺激性气体影响而流出的泪。哭，伴随着声响，哭泣、哭哭啼啼、哀哭、号哭、啼哭、哭天抹泪、号啕大哭、鬼哭狼嚎等都有声音伴随，有的声音还很大。哭，当然伴随着动作和表情，"呼天抢地"，就是人极度悲伤时，大声叫天，用头撞地。与"号啕大哭"意思相近，不过后者没有"抢地"的内涵。

哭，伴随着诉求、宣泄，哭闹、哭诉、哭喊、哭叫等都是通过哭来倾诉和发泄。

哭，不仅能表达悲伤情感，激动、感激等情感都可以通过哭来表达，如"激动得流下了泪"，"感激涕零"，"热泪盈眶"，"忽报人间曾伏虎，泪飞顿作倾盆雨"（毛泽东：《蝶恋花·答李淑一》）等。有时眼泪表达的情愫很复杂、微妙，难以用语言准确表达，如苏轼的词《江城子·乙卯正月二十日夜记梦》写道："夜来幽梦忽还乡，小轩窗，正梳妆。相顾无言，惟有泪千行。""惟有泪千行"所表达的感情，不是一个词两个词、一句话两句话所能表达得了的。一位逃离叙利亚战争的父亲抵达希腊科斯岛后，抱着孩子喜极而泣（见图4-9），他们乘坐的偷渡船在途中差点沉没。仔细看这张照片，是喜，是悲，是大难不死后的庆幸，是历尽磨难之后难以言说的情愫，很难用语言准确描述。

图4-9　一位逃离叙利亚战争的父亲抵达希腊科斯岛后，抱着孩子喜极而泣

资料来源：《新京报》2015年8月30日。

土家族姑娘从十二三岁开始学习哭嫁。出嫁前夕，同村未婚女子也来陪哭，要连哭三至七天。土家族姑娘的出嫁是在哭嫁声中完成的。哭嫁哭的是父母的养育之恩、兄弟姊妹之间的相互扶持、街坊邻居的互帮互助，抒发的是离父母、别亲人的依恋之情（见图 4 - 10）。

图 4 - 10 土家族哭嫁

资料来源：李化摄影。《光明日报》2014 年 4 月 12 日，第 9 版。

第四节 动作、表情和语言有机结合
才可能达到最佳传播效果

身体传播并不是单一的方式，既然自然进化赋予了人类语言、动作和表情等能力，没有谁会拒绝使用这些能力。前文分别单独考察了语言、动作和表情传播，但在实际生活中这三者往往是综合使用，同时或交替出现。这三者的有机结合才可能达到最佳的交流沟通、传播效果，才可能更有效地感染、说服对方。

我们来分析一个案例。现代京剧《智取威虎山》"发动群众"一场戏中，小分队来到夹皮沟李勇奇家为李母治病，引发了受惯了兵匪侵扰的李勇奇的疑问和思索：

> 这些兵急人难，治病救命，
> 又嘘寒，又问暖，和气可亲。
> 自古来，兵匪一家，欺压百姓，
> 今日事却叫人，难消疑云……

首先是"治病救命"的动作行为开始打动李勇奇，并引发了他的疑问。在"今日事"中既包括"治病救命"的动作行为，也包括"嘘寒""问暖"的语言问候、交流，还有"和气可亲"的表情神态。最后解开李勇奇心头"疑云"的是参谋长少剑波的一番话："我们是工农子弟兵，来到深山要消灭反动派，改地换天。""人民的军队与人民共患难，到这里为的是扫平威虎山。"这时李勇奇疑云顿消：

> 早也盼晚也盼望穿双眼，
> 怎知道今日里，打土匪、进深山，
> 救穷人、脱苦难，
> 自己的队伍来到面前！
> ……
> 从此我跟定共产党把虎狼斩，
> 不管是水里走、火里钻，
> 粉身碎骨也心甘！
> 纵有千难与万险，
> 扫平那威虎山我一马当先！

没有"今日事"在先，参谋长的一席话不会起多大作用，但没有这席话，李勇奇不会明白得这么快、这么透彻。可见，动作行为、表情神态和语言三者恰到好处的结合才是传播与说服的最佳选择，"发动群众"这场戏很好地诠释和运用了这一点。

需要指出，小分队并不是有意使所谓的动作行为、表情神态和语言三者恰到好处地结合，而是人民军队在那种情况下自然会这么做、必然会这么做。最重要的是，人民军队用实际行动表现出来的对老百姓的真情，打动了夹皮沟的男女老少，因为只有真情才最能感染、感动、感化人，如果只强调所谓说服"技巧"那就南辕北辙了。

第五章　身体传播的主要形态

在我们对动作、表情传播进行了具体分析之后，还应当对人的身体本身进行综合的传播学研究，身体传播的主要形态就是一种综合。

第一节　综论

一　身体传播的主要形态：内涵及相互关系

（一）身体形态和身体传播的形态

人的身体是多维度、多侧面的生物实体，我们可以从动物的身体、医学的身体、交往的身体、美学的身体、劳动的身体、消费的身体等不同视角来审视和研究人类的身体，此外，还可以从与上亿个微生物共生的"生态身体"角度来研究人体。奥尼尔在他的著作《身体形态：现代社会的五种身体》中，把现代社会中人的身体形态划分为五种，即世界身体、社会身体、政治身体、消费身体、医学身体。本书正是在奥尼尔的意义上使用"身体形态"，并在此基础上使用"身体传播的形态"。笔者在奥尼尔五种身体形态的基础上，扩充改造为九种身体形态，即交往身体、劳动身体、消费身体、政治身体、道德身体、宗教身体、体育身体、艺术身体、健康身体和病态身体。

每个人都天生拥有自然身体（natural body），自然身体包括身体性别、身体力比多（libido）和身体进化等。每个人同时都可能拥有几种身体形态，使身体成为"混合的"身体（"mixed"body）。而且社会发展现代化程度越高，人的全面发展程度越高，人的身体形态就越多。"全面发展""身兼数职""一专多能""多面手""样样通"的人往往具有多重身体形态。俄罗斯总统普京因多种才能而形成的多种身体形态令世界瞩目。他首先是一个欲使俄罗斯这个昔日强国再展雄风的铁腕总统，他还曾是一个令对手胆怯又神秘莫测的职业特工，他酷爱飞行、精通柔道、爱好音乐等。比如，2010 年他在圣彼得堡一场慈善音乐会上弹钢琴，演奏《祖国从哪里开始》一曲，并同爵士乐手们合唱了一首英文歌曲。

然而宗教身体、商品身体、病态身体并不意味着人的全面发展。通常，每个人都具有交往的身体、消费的身体、性的身体、政治的身体。然而，即使全面发展程度再高也不可能穷尽所有身体形态，即使充分发展的体育身体也不可能穷尽所有的体育项目，全能项目也只是七项全能（100 米跨栏跑、跳高、铅球、200 米跑、跳远、标枪、800 米跑）、十项全能（100 米跑、跳远、铅球、跳高、400 米跑、110 米跨栏、铁饼、撑竿跳高、标枪、1500 米跑）等。同时，经常性的职业活动动作会给身体形态带来影响，打乒乓球的运动员握球拍的手臂通常会比另一只手臂粗壮有力，歌唱演员会形成"歌唱肌"，练芭蕾舞的人容易走路呈"外八字"形，等等。

在本章中主要论述交往的身体、劳动身体的传播、消费身体和商品身体的传播、政治身体的传播、道德身体的传播、宗教身体的传播、体育身体的传播、艺术身体的传播、健康身体和病态身体的传播。身体形态丰富多彩，这些内容并没有穷尽所有的身体形态及其传播；同时，即使对上述主要身体形态的论述，也只能择其要，甚至欲得其要而不得其要。

需要指出，身体始终处于传播状态，人内（身内）传播伴随终生。交往和传播的身体渗透、贯穿于医学的身体、消费的身体、美学的身体、性的身体、政治的身体、战争的身体、体育的身体中。艺术身体就是为表现、表达、传播而存在；宗教身体总是处于与上帝、真主、佛祖的祈祷、忏悔、倾诉的交往之中，信徒之间、信徒与信众之间也处于交往状态；性爱身体本身就处在交往状态，无对象、无交往不成性爱；交往和传播贯穿在政治身体、劳动身体、消费身体、体育身体之中。

劳动身体是多姿多彩的，消费身体是五花八门的。体育身体的强健，艺术身体的和谐和富有情调，性爱身体的共同指向——指向异性对方的身体，特别是性器官，传播身体的表现力、召唤力等，都具有鲜明的特征。与性爱身体一样，交往（传播）身体也是指向他人的，从这种相同性中不难看出性爱身体的交流、交往本能和本性——只不过它是一种特殊的交流、交往。

相比较而言，在政治家身上，政治身体及其传播体现得最为充分，在优秀艺术家身上，艺术身体及其传播体现得最为充分，在体育健将身上，体育身体及其传播体现得最为充分，其他身体形态及其传播，可以以此类推。

（二）身体传播的多种形态与身体传播的三种方式之间的联系与区别

我们已经把身体传播分为三种方式，即语言传播、动作传播、表情传播。方式是指方法和形式，而形态是在形态学（morphology）意义上使用的，它包括生物体的形状和表现，自然也包括生物体表现的方法和形式，但更强调这种方法和形式以整体的、综合的面貌显示出来，更强调方法和形式的整体联系。身体传播的三种方式就像字词，身体传播形态就像语句和文章，各种身体形态运用三种方式字词来造句成章。

显然，身体传播的多种形态与身体传播的三种方式是互相交融、重叠的。人体动作大体可以分为：生产劳动活动动作，这是直接创造财富的动作，包括机床操作、手术技法、车辆驾驶等；社会活动动作，如处理人际关系的特有握手、挥手致意等动作；文体活动动作，包括体育、舞蹈、杂技、健美、游乐等活动的动作。正是生产劳动中的一系列身体动作构成了劳动身体的形态，正是文体活动中身体的一系列动作构成了艺术身体的形态和体育身体的形态，等等。

当然，我们也可以从运动与静止的角度把身体形态分为静态身体和动态身体，相应地就有静态身体的传播和动态身体的传播。

二 身体形象的传播

（一）人的形象就是身体形象，而身体形象以感性为基础

身体的主要形态综合起来就构成了身体形象及其传播，身体形象（body image）就是身体各种形态留给人们的综合的、整体的印象。所以，我们首先探讨这一综合的身体形态。

人的形象就是身体形象。身体形象是身体外形、动作、行为、言谈举止给人们留下的整体印象。身体形象当然包括人的精神境界、性格特征、气质做派，但这些东西很难从身体上剥离出来，身体作为整体把精神、性格、气质承载和显现出来。身体形象绝不仅仅是外在容貌，一定包括内在精神气质。最理想的身体形象，当然是既有漂亮的外形，又有优雅的内在气质。有一次，在外交部大使学习班上，法语高级翻译杨桂荣回忆起第一次给周总理当翻译的情景，对这位伟人的风度作出如下精细的描述："我头一次见到总理时，一下子就产生出三点直观印象：一是，他的目光深邃而明亮，充满着智慧与信心；二是，他端坐在那里，让人产生一种威严而沉稳的感觉；三是，他行走时脚下生风，使人感到他的精明与活力。"①

当年曹操晋封魏王后，有一次接见匈奴使者，他"自以形陋不足雄远国"，于是叫崔季珪假扮他，自己则提刀侍立其旁。礼成之后，打发人去探使者的口气，问使者感到魏王怎样，那位使者说："魏王雅望非常，然床头捉刀人此乃真英雄也。"② 应该说那位使者是很有眼光的，可是实际生活中像那位使者那样有眼光的人并非到处都有。"社会从来不是非体现的景观（a disembodied spectacle），因此我们对社会的最初认识便是建立在感官和审美的印象之上的。我们对一个人的了解首先是通过关于他或她的外貌的第一印象（prima facie）。"③ 第一印象往往是初始的身体形象，在后续的交往、交流中不断修正、扩充。

在与他人交往、交流时，身体是他人关注的首要目标。身体是快乐和悲伤的载体，是表现自我的载体。身体形象以感性为基础，许多情形下，在世俗的眼光里外在的身体形象远比内在品质和素养重要得多。女性更重视外在形象美，人们对女性形象美不美也多根据身体外表来判断。美国心理学家 T. F. Cash 制定的"多维身体自我关联量表"（Multidimensional Body-Self Relations Questionnaire），将身体形象划分为外表、健康、身体素质、超重忧虑等多个维度。尽管是"多个维度"，但主要集中于外在状态方面。内在品质和素养在一定程度上可以通过身体形象以感性的方式表现出来，人们也会用道德、伦理等认识矫正某一人的身体形象，然而这些都改变不了身体形象的感性特征。比如，美国的本杰明·富兰克林留给托马斯·潘恩印象深刻的形象是"一个矮胖、结实、满脸皱纹、微笑中蕴藏着智慧的人"④。再比如，有人这样描述中国贪官刘铁男的形象：

> 在发改委大院里，刘铁男给人的是"倒背手，踱方步，穿布鞋，晃脑袋"的形象⑤。

---

① 见李景贤《周恩来言行中彰显的人性光芒与人格魅力》，《党史博览》2010 年第 12 期。

② 参阅刘义庆《世说新语·容止》。

③ 〔美〕约翰·奥尼尔：《身体形态：现代社会的五种身体》，春风文艺出版社，1999，第 10 页。

④ 〔美〕利奥·顾尔科：《潘恩：自由的使者》，商务印书馆，1984，第 12 页。

⑤ 桂田田：《刘铁男一审被判无期　其子刘德成 21 岁开始贪腐》，《北京青年报》2014 年 12 月 11 日。

刘铁男的这个形象几乎完全是感性的。

戈焰的诗《豆选女县长》写的是抗日战争时期通过往碗里放豆（相当于投票）进行的民主选举：

> 要问县长选哪个，
> 模样装进心窝窝，
> 带兵打仗，问饥问寒，
> 手上茧儿还数她多！

这里的"模样"就是形象，其中"带兵打仗，问饥问寒，手上茧儿还数她多"是对这一"模样"的具体化，"手上茧儿"就是感性形象的一部分。

感性形象往往给人留下难以忘怀的记忆，正如歌曲《望乡》所唱："忘不掉是你身影"。

我们通过韦庄的小令《思帝乡》来看身体形象的感性特征及其吸引力：

> 春日游，杏花吹满头。陌上谁家年少？足风流。妾拟将身嫁与，一生休。纵被无情弃，不应羞！

显然，这是一见钟情。这位少女看到了陌上少年的什么就"妾拟将身嫁与"呢？当然只是身体形象——尽管作品只用"年少"和"足风流"来概括，并没有具体描写这位少年的身体形象，因为她连少年是"谁家"的都不知道。从这里可以看到身体形象的感性特征，这位少女是凭"第一感觉""第一印象"而在心里为自己定下终身的。

类似的例子还有很多，我们再来看歌曲《在那遥远的地方》所显示出的身体形象的感性特征及其所具有的魅力：

> 在那遥远的地方
> 有位好姑娘
> 人们走过她的帐房
> 都要回头留恋地张望

　　她那粉红的笑脸

　　好像红太阳

　　她那美丽动人的眼睛

　　好像晚上明媚的月亮

　　我愿抛弃了财产

　　跟她去放羊

　　每天看着那粉红的笑脸

　　和那美丽金边的衣裳

　　我愿做一只小羊

　　跟在她身旁

　　我愿她拿着细细的皮鞭

　　不断轻轻打在我身上

　　显然，歌中所出现的"好姑娘"主要是身体形象，"她那粉红的笑脸"和"她那美丽动人的眼睛"是具体描写，如果还有别的，就只有与身体形象相配的"美丽金边的衣裳"了。顺便说一句，由于正常情况下人都是穿着衣裳的，所以身体形象多与服装装饰连在一起。正是这非常感性的身体形象，有着像红太阳、似明媚月亮般巨大的吸引力，因为"人们走过她的帐房，都要回头留恋地张望"，而歌者自己更"愿抛弃了财产，跟她去放羊"，并且与她厮守在一起，"跟在她身旁，我愿她拿着细细的皮鞭，不断轻轻打在我身上"。

　　青春和爱情与身体形象密切相关，当失去青春的身体形象时，爱情往往急剧降温。一部美国喜剧有这样一句话："我可以接受衰老，但是我无法接受看上去老气。"当人丧失掉活力，只剩一具躯体的架子，或是变成老年痴呆时，就是另一种"不在场"的方式。在公墓里，人们总是很惊讶地发现，墓碑上的照片与去世年龄之间有多么大的差距。照片通常可以追溯到成年期。人们多不喜欢衰老的身体形象，选择老年照片的较少。

　　蒙托利维（Mountolive）与已婚的蕾拉曾有过一段热烈的爱情。受环境所迫，他们长期两地分居。蕾拉在她的丈夫死后来到伦敦与蒙托利维相聚，却患上影响其容貌的疾病。她因此推迟了她的旅行。时光流逝，他们一别二十多年，终于再次相见。蕾拉隐藏在马车里，前往约会的地点。蒙托利维已经认不出她的声音也认不出她的双手了。一个人的特点中最为亲密的提示要素已失去其作用。"他几乎认不出她。他眼前的是一位年龄不明、肥胖的埃及妇女，脸上满是天花留下的疤痕，双眼被蓝色眼线滑稽地放大……她那暗沉的皮肤因天花浮肿而布满沟壑，犹如大象皮般粗糙。他完全认不出她来。"他惊愕地发现了蕾拉的衰老，震惊之余，他不得不痛苦地反思自己变成了什么样子。"我也变了这么多吗？和她一样？……他现在已经加入了那些乐意接受向生活妥协的人中间。他效率低下，缺乏男子气概，这些肯定都能从他脸上松弛的、十分滑稽的亲切和蔼的线条中读出来吧？他忧郁地凝视着她，发自内心地、可怜地思考着，她是否已经认出了他。"见面的已经不再是同样的人，而是他们的鬼魂。面对这张青春与爱情皆已不再的脸，只剩下怜悯①。在汉语中年老夫妻叫作"老伴儿"，意思是两人相伴，青春已经远去，爱情不再炽热。

科学家无论在现实世界中还是在传播媒介中都较少抛头露面，他们常因个人身体形象的缺席而不能赢得明星似的崇拜。演员、运动员都是身体表演者，明星在演员、运动员中诞生，青少年的"偶像崇拜"对象多是这些人，身体的在场和身体的魅力是前提。"偶像崇拜"中的"偶像"不正表明了这种可感性、形象性吗？

国外一位研究者引用了科恩（Kern）的一段话：

> 我们的时代是一个痴迷于青春、健康和肉体之美的时代。电视、电影、占主导地位的可视媒体坚持不懈地昭告人们要铭记在心，优雅自然的身体和美丽四射的面庞上露出的带酒窝的微笑是开启幸福，甚至是开启幸福实质的钥匙。

这位学者引用了科恩上面的话后指出："在消费文化中，人们宣称身体是快乐的载体：它悦人心意而又充满欲望，真真切切的身体越是接近年轻、健康、美丽、结实的理想化形象，它就越具有交换价值。消费文化容许毫

---

① 〔英〕劳伦斯·达雷尔（L. Durrell）：《蒙托利维》，见〔法〕勒布雷东《人类身体史和现代性》，上海文艺出版社，2010，第 219－220 页。

无羞耻感的表现身体。"[1]

发型、胡须也是身体形象的一部分。甲骨文"夫"的字形是 ![夫甲骨文]，也就是在 ![大甲骨文]（大，成人）的头部加一指事符号—，代表发簪。它的本义是成年男子束发，并用发簪固定。头发、发型成为成年男子的标志，可见在古人心目中头发、发型对成年男子的重要性。

20世纪50年代末，毛泽东主席鬓角的轮廓线被修得更圆顺，不再有早期曾出现的切割感。"主席发型"影响了不少领导干部，彭真、陈毅曾先后留了这种发型。"文化大革命"期间，曾担任黑龙江省省长的李范五，被揪斗的罪状之一是公然模仿领袖毛主席的发型。

在媒体不发达的古代，发型主要是由实体的人来传播的。"凉州女儿满高楼，梳头已学京都样"（陆游：《五月十一日夜且半梦从大驾亲征尽复汉唐故地》）。在媒体发达的现代，媒体成为发型传播的主要渠道之一。日本电影《追捕》上映后，杜丘的鸭舌帽在中国大街上随处可见，同款风衣在一个服装厂生产十万件，半个月就卖完了。香港电视连续剧《霍元甲》热播时，"秀芝头"成为许多女孩子们模仿的对象。

发型和胡须有时与政治和民族气节联系在一起。中国曾经历过"留头不留发，留发不留头"的一段历史。直到中华民国成立后，孙中山以大总统名义，令内务部发出"剪辫令"，指出：清政府"强行编发之制"，当初"高士仁人或不屈被执，从容就义，或遁入缁流，以终余年。痛矣，先民惨罹荼毒"，"嗣是而后，习焉安之，腾笑五洲，恬不为怪"。"今者满廷已覆，民国成功，凡我同胞允宜涤旧染之污，作新国之民。""凡未去辫者，于令到之日，限二十日，一律剪除净尽，有不遵者，以违法论。"革命军士兵在街头为百姓剪辫，应之不及，许多热情少年持剪相助，见人束辫，就从后咔嚓一声给他剪掉。留辫怪俗，已数百年，猛然被剪掉，反觉丑陋，有的号啕大哭，有的破口大骂，但不以违抗论处，只是引得众人阵阵哄笑[2]。

现代青年更是用发型来彰显自己的青春美和身体形象个性，歌曲《踏着夕阳归去》唱道：

---

① 见汪民安、陈永国编《后身体 文化、权力和生命政治学》，吉林人民出版社，2011，第284页。

② 李凡：《孙中山传》，浙江大学出版社，2011，第249页。

> 远远地见你在夕阳那端
>
> 打着一朵细花洋伞
>
> 晚风将你的长发飘散
>
> 半掩去酡红的脸庞

长发飘逸，半掩脸庞是一些青年女性的形象特征。

中国有句成语叫作"自惭形秽"，它的原意是因自己容貌举止不如别人而感到羞愧。很多人会因为身体形象不佳或欠佳而自惭形秽、自轻自贱，这是一种源自心灵深处、极难克服的自卑感。这就是那些做整容整形手术的人们最重要的心理根源。

身体形象引诱着人们，使人们在处理人际关系时，与其说是看人与人如何相处，不如说是关注这两个人在一起别人看起来是否般配。如果一个人和与一般人眼里相貌略逊于自己的人一起约会逛街，就会引来各种猜测：他们在一起是因为难看的那个当陪衬？此人的眼光是不是有问题？

（二）身体形象在实际的交往、交流中形成

对于他人的所见、所听和所感便构成了我们与他人交往的最初的基础。身体形象在实际的生活和工作交往、交流中形成。随着不断交往，他人的身体形象在我们的头脑中也有一个变化的过程。于光远说："其实，我对陈伯达也早有自己的看法，那是一个由闻名而钦佩，由见面生好感继而好印象一扫而光构成的过程。"[①] 这是因为陈伯达有虚伪的一面，而对虚伪的认识需要一个过程。西蒙·威廉姆斯和吉廉·伯德洛在《身体的"控制"——身体技术、相互肉身性和社会行为的呈现》中指出：

> 在常规的社会交往中，身体不停地"发送"和接收信息——同时包含了"审视者"和"被审视者"的过程——而且这对人们如何打交道以及交往能否顺利将产生关键的影响[②]。

在审视和被审视的过程中交往双方的身体形象在对方的脑海中逐渐形

---

① 王凡：《中共"秀才"的那些事儿》，《名人传记》2015 年第 1 期。

② 见汪民安、陈永国编《后身体 文化、权力和生命政治学》，吉林人民出版社，2011，第352 页。

成，身体形象对交往产生重要影响。日本心理学家诧摩武俊曾对东京大街上拿着装钱的纸箱为社会福利基金募捐的男女大学生进行观察，往英俊漂亮的男女大学生纸箱里投钱的人次和钱数，总是比其他同学多。

外表固然重要，但戈夫曼指出："在交往秩序中，参与者的专注和介入——哪怕仅仅是注意——永远是至为关键的……情感、情绪、认知、身体姿势，还有肌肉的运动，实际上也包括在内。它们引入了一种不可避免的心理—生物学因素。放松与紧张、非自我意识与谨慎是主要的……不仅我们的外貌和举止能为我们的地位和关系提供证据，而且我们的视觉关注方向，我们介入的程度，我们最初行为的方式也使别人能观察到我们即时的意图和目的；不管我们是不是正在与他们交谈，这一切都在发生着。"[①]身体的情感神态、行为举止、投入程度等都会成为身体形象的一部分，并影响交往。

（三）现代传媒对身体形象塑造和传播的重要作用

1. 明星及其他公众人物的身体形象主要靠大众媒介塑造和传播

固然，生活和工作中身体的全方位展现是身体形象的根源，然而，影视、照片等对身体形象的塑造和传播有不容忽视的重要作用。演艺和体育明星的身体形象主要是靠大众媒介塑造和传播的，现代政治家也不例外。

正因为如此，各国政治家都很在意自己在媒体上的形象。水均益曾谈到一个非常有趣的细节：

> 我觉得普京越来越在乎自己的仪表。第一次采访普京总统，他没有化妆，我那次正好带了一个化妆师，还问俄罗斯总统府的人，普京总统要不要化个妆？他们说，"我们总统不需要。"2004年、2005年时，我再去采访，他们的总统府工作人员会过来问我，是否需要化妆，因为普京总统现在有专业化妆师了。再到最近这两次采访，我就发现普京好像有点微整形了，后来看到前不久西方媒体爆料，说普京做了一下眼袋什么的。所以普京总统，我感觉现在他很注重个人形象。我相信他身边有一个强大的形象设计班子[②]。

---

① 见汪民安、陈永国编《后身体 文化、权力和生命政治学》，吉林人民出版社，2011，第352页。

② 曹玲娟：《水均益做客＜可凡倾听＞普京曾主动拥抱水均益》，人民网－上海频道，2014年8月22日。

形象的重要使得个体对外表、身体展示和"样子"更加敏感。电影业自消费文化诞生之时就已是形象的制造者和承办者。在此，看一看贝拉·巴拉兹的观点将是十分有趣的。贝拉·巴拉兹在 20 世纪 20 年代早期曾推测并认为，电影是在通过让人们远离文字走向动作和手势从而改变 20 世纪人们的情感生活。一个由文字主宰的文化一般说来是隐讳而抽象的，而且把人的身体降低为一个基本的生物有机体，而对视觉形象的依赖将焦点集中到了身体、服装举止和手势上来[①]。视觉形象远比语言文字形象更直观、可感。

有必要提醒大众媒体的追随者，明星们影视、图片中的身体形象与他们真实生活中的身体形象是有差别或有很大差别的。媒体中的身体形象往往展现的是光鲜的一面，"追星族"心目中的明星身体形象有虚幻的一面。

2. 当代女性的身体焦虑

面对传媒中明星的鲜亮身体形象，当代女性对自身身体形象普遍产生了焦虑。

《时尚的面孔》一书的作者詹尼弗·克雷在进行调查分析时发现，在认同超级模特儿的身材、以她们的体形为理想的调查对象中，声称对自己的大腿不满的有 71%、对臀部不满的有 58%、对胸部不满的有 22%、对髋部不满的有 40%、对小腿不满的有 32%，对上臂不满的有 17%。另外，英国有项调查研究表明，有近九成的英国少女表示不喜欢自己的外表，14 岁女孩中超过 25% 考虑过接受整容手术或服用减肥药[②]。

张惠红等在中国东南大学一年级大学生中随机抽取来自文科、理工科、医科三个不同专业方向的男女学生 210 名（年龄范围：17－20 岁），进行测试，结果显示："女生对她们外表的自我评价较低，对体重的焦虑较高。体脂比例、自我表征和社会文化压力可能是女生较低自我身体形象评价的主要原因。"[③]

香港基督教女青年会和一个人护理品牌委托独立研究公司调查了 502

---

① 〔英〕迈克·费瑟斯通：《消费文化中的身体》，见汪民安、陈永国编《后身体 文化、权力和生命政治学》，吉林人民出版社，2011，第 286 页。

② 转引自梅琼林、陈旭红《视觉文化转向与身体表达的困境》，《文艺研究》2007 年第 5 期。

③ 张惠红、赖勤、李晓智、赵衡：《对不同性别和专业的大学生身体形象与身体成分的研究》，《北京体育大学学报》2011 年第 3 期。

位女士，了解本港女士的照镜习惯及心态，结果显示，87%的受访女士表示，照镜时曾有负面感受，主因包括不喜欢脸部皮肤状况（32%）、看起来较胖（28%）、看上去状态不佳（27%）等。19%的女士照镜时只看自己外表不喜欢的地方。60%的受访者表示，曾避免照镜；26%的受访者照镜时几乎从不微笑。她们多抱怨"镜中我"老胖累[1]。

身体形象焦虑的普遍存在，正是商家所需要的，因为这使他们的化妆品、美容、整形等产品有了强劲的市场需求。传媒和商家合谋形成了围绕身体形象需求的市场氛围。有些人进入了对自身外在形象刻意包装的误区。

第二节 交往的身体

我们每个人都有一个身体，而且每天都与别人的身体相遇。身体是人进行社会交往的生物物质基础，没有身体就无法进行社会交往。全部社会交往，都是通过身体实现的。"客"字的甲骨文就是一幅交往图：穹窿似的屋宇（宀，房屋、居住）下，背着行囊的旅人在左边，拱手相迎的主人在右方。背着行囊的旅人来求暂住，主人出来相迎。交往、交流的身体是现实的、实践的。

身体有表达能力，作为表达的身体是交往身体的一部分，交往除了需要表达，还需要接受和反馈，因此接受和反馈也是交往身体的一部分。我们可以审视每个人自己在每天交往活动中的表现，外表、手势和一举一动都是对自我的表达和对交往对象的反应、应对。

交往的身体通过动作、表情、有声语言来展现，表情已经在前面有论述，有声语言不是本书关注的主要对象，因而本节主要探讨交往身体中的动作，请读者注意本节与上一章中"动作传播"的内在关联。

交往的身体总要形成一种动态位置，人体的动态位置形成"关系空间"，它表达的往往是人与人之间的关系以及心理和文化。"促膝谈心"就是膝碰膝，坐得很近，亲密地谈心里话。"耳提面命"就是对着耳朵说，当面告诉，热心恳切。正因为身体如此贴近，才谈心里话，才热心恳切。本节下面的主要论述不再特意提及交往身体的"关系空间"，此处特别提

---

① 文森：《九成港女 照镜怕伤心》，香港《文汇报》2014年5月26日。

示一下。

交往的身体在社会交往实践中形成和发展。在教育和发展孩子的身体以符合文明化身体交往规范的过程中，首要的把关者就是父母（尤其是母亲）。比如说，父母要负责训练自己的孩子如厕，教他们不要拿手擦鼻涕，教他们怎么系鞋带，还有公共场合不要大声喧哗、乱冲乱撞等。每当家里来了客人，孩子的行为有失体统时，大人总是悄悄地扯扯孩子的袖子来提醒。

狄德罗用一句名言对男孩和女孩的训育法作了概括：

> 男孩的教育：要像个男人那样撒尿！
> 女孩的教育：小姐，别人看见您的脚了①！

尤其是对女孩的规训更有其重要性和特殊性。过去对女性曾有"笑不露齿""行不动裙"的要求，现在看来有其过于死板、束缚人的一面。

历史上的某些阶段和某些地方，对女孩的监管很严格。有个描述在"麻纺作坊"守夜的有名段落，对女性实行持续不断的监控："有些人整天想的就是如何暗送秋波、如何微露酥胸、织布时如何把手伸到对方的腋窝底下、如何偷偷地吻来吻去、如何从背后拍拍肩膀，但这些行为会有许多老人看着，他们目光敏锐，洞察秋毫，一家之主也会睡在床边，床则围得密不透风，如此看管，任何人都会无处遁形。"②

中国有着良好的家教传统，李东东在谈到自己的母亲对女儿的教育时说："很小的时候，我们姊妹就被教育：女孩子坐要怎么坐，站要怎么站，笑要怎么笑；吃饭时不能出声，包括吃面条不能吸溜；与人谈话时要诚恳专注地看着对方的眼睛，不能打断对方讲话；无论打电话还是接电话，通话结束时都要后放下电话，等等。"③ 这里边有不少方面值得赞许和仿效。

---

① 转引自〔法〕乔治·维加埃罗主编《身体的历史卷1　从文艺复兴到启蒙运动》，华东师范大学出版社，2013，第102页。

② 〔法〕乔治·维加埃罗主编：《身体的历史卷1　从文艺复兴到启蒙运动》，华东师范大学出版社，2013，第119页。

③ 李东东：《尽忠尽孝　家国情怀——我的家风小故事》，《光明日报》2014年5月23日，第5版。

一　手和手臂动作最具表现力

嘴、眼、手是人体最有表现力的三个部位，单就动作表现力而言，手居第一位。"手是人的第二张脸。"汉语中手的动作词非常精细、丰富，如摸、抠、掐、捏、抓、扯、扭、拧、拉、拔、抽、拂、扒、挡、挑、捞、投、扔、接、搓、搔、摁、按、揭、提、搬等等。

人类很早就认识到双手在表达上的重要性，公元 1 世纪罗马的一位演说家克文基里昂就说过：

全身的动作都能帮助演说家，而双手就能讲话（我们几乎不相信这一点）。难道我们不是借助双手来表示我们的要求、恳请、威胁、祈祷，表示我们的反感和恐惧、疑问和否定吗？不正是它们传达出我们的欢乐、悲伤、疑问、负疚和悔恨，描绘出大小、数量、质量和时间吗？不正是它们指出某个方向或某个人，表示着赞许、请求、抑制欲望、斥责、兴奋和要求同情吗？不正是它们使我们摆脱使用副词和代词的必要性吗[①]？

华盛顿的就职演说恰好可以为上面这段话做个注脚。据当时在场的人描述：

他的表情"严肃到近乎悲伤"的程度。他一边讲，一边把讲稿从左手换到右手，左手的几个手指伸进裤袋。然后，他用力地举起右手，做了一个"难看的手势"[②]。

看来，华盛顿非常重视这次演讲（这与他连任总统时的就职演说形成了明显对比），以致显得凝重，因为这是一个历史性时刻。总的说来，这次演讲获得了很好的效果。

交往的身体动作中手和手臂动作使用最频繁，也最具表现力、表达力

---

① 〔苏〕叶·潘诺夫（Е. Н. Панов）：《信号·符号·语言》，生活·读书·新知三联书店，1991，第 142 页。

② 〔美〕詹姆斯·托马斯·弗莱克斯纳：《华盛顿传》，商务印书馆，1994，第 201 页。

和传播力。请看贺敬之的诗《回延安》：

> 手抓黄土我不放，
> 紧紧贴在心窝上。
> 几回回梦里回延安，
> 双手搂定宝塔山。

"抓""贴""搂"都是手的动作，手的一"抓"、二"贴"、三"搂"，老战士对革命圣地延安的梦牵魂绕、一往情深跃然纸上。

招手，表示呼唤或告别；摇手，表示反对或放弃；举手，表示赞成或反对，有时表示请求发言；搓手，表示为难或思考；摊手，表示坦诚或无奈；拱手（两手在胸前相抱），表示尊敬。把右手放在心脏部位，表示忠诚和致敬，如一部分西方人在唱国歌时就用这个动作。伸出大拇指，表示"你是最棒的"；伸出小指，表示"最小""最末等"。"摩拳擦掌"用来形容人在进行某项活动前的兴奋、期待。"手足无措"就是手脚不知放到哪儿好，举动慌张，难以应对局面。

通常，摊开的手掌表示真切、诚恳、忠贞和顺从。当表示真诚时，人们会暴露部分或整只手掌。有心理学家断言："判断一个人是否坦率与真诚，最有效的、最直观的方法就是观察其手掌姿势是否双手摊开。"

手势往往与语言配合，人们在讲话时手和头部动作最多。凤凰卫视记者注意到一个细节，李克强新任总理后与记者的见面会上回答问题的时候，双手打手势有30多次。

手的动作往往是全身动作的一部分，只不过是最突出的那部分，手的动作自然会引出全身的配合。"落日楼头，断鸿声里，江南游子。把吴钩看了，栏杆拍遍，无人会，登临意"（辛弃疾：《水龙吟·登建康赏心亭》）。离乡的"游子"用手和臂膊把"栏杆拍遍"，既然是"拍遍"，那一定是在踱步，走来走去，诗人激愤但无人理解的心情"拍"出来了。

"手术"——拯救生命的这一医术，以"手"来命名。所有器乐几乎都是手指的艺术，弦乐最突出，管乐次之。管乐尽管需要嘴，但手指也必不可少。乐器之王钢琴更是手指的艺术。包括乐器在内的许多技艺，如果能够达到"百炼钢成绕指柔"的地步，就几乎可以说炉火纯青了。

二　握手、举手、挥手等

（一）握手

握手，现代人最常见的交往动作，没有交往对象握不了手，伸出去的手对方不用手接应乃尴尬至极。

现代人见面、告别通常要握手，双方交谈中出现了令人满意的共同点，或双方原先的矛盾出现了良好的转机甚至完全和解时习惯上也以握手示意，成语"握手言和"描述的就是这种境况。最普通也最稳妥的握手方式是两手的手掌都处于垂直状态。

如果一方伸出了手，而对方不伸手相迎握手是一种极不礼貌的行为。然而当手上有水或不干净时，可谢绝握手，并解释和致谦。而戴着手套握手也是失礼行为。女士与男人握手时不要把手软绵绵地递过去，显得懒得握的样子。著名的美国盲人作家海伦·凯勒曾经这样写道："我接触过的那些手虽然无声，但却告诉我很多东西。有些人的手很粗鲁；有些人一点也不快乐，当我握着他们冷冰冰的指尖时，就像和东北风在握手呢；另外有些人双手如阳光一样，因此和他们握手使我内心温暖。那些可能只是小孩子的手牵着你的手，但对我来说，里面的阳光和别人爱的一瞥所带来的温暖同样多。"[①] 这是女性的感受，男性也会有类似感受。

握手不仅是双方手的相握，眼睛注视对方也很重要。有幸接触周恩来总理的李景贤回忆说："据我在多种场合观察，周总理与外宾握手时，总是目光炯炯，直视着对方，手握得非常有力。我每每在想，单从总理一注目一握手中，就可以感悟到他的人格魅力。"[②] 有力得体的握手和关注的目光，的确会给对方留下良好印象。相反，有的领导握着李四的手却与张三说话，时间一长，李四们自然会产生不满情绪。

在政治生活中握手被赋予特殊意义。邓小平曾召开过两次著名的"不握手"会议，目的是让大家更多地想想自己的不足，"等你们的工作搞上去再握手吧"。

握手能显示一个人的爱憎和性格。据警卫员回忆，1958 年，毛泽东在上海看《白蛇传》看得入迷，他看到法海阻挠白娘子、许仙成婚时，在剧

---

① 〔美〕海伦·凯勒：《假如给我三天光明》，中国书籍出版社，2008，第 151 页。

② 李景贤：《周恩来言行中彰显的人性光芒与人格魅力》，《党史博览》2010 年第 12 期。

场当场站起来指责。演出结束同演员握手时，毛泽东用两只手同"青蛇"握手，用一只手同"许仙"和"白蛇"握手，却没有理睬"法海"。

握手是交往，这种交往也包括某些特殊交往。中国曾经有一本小说的名字就叫《第二次握手》，作品中的握手与爱情有关。

在交往中，中国人习惯于握手，欧美国家习惯于拥抱、亲吻，而韩国、朝鲜、日本则习惯鞠躬。

（二）举手

学生上课想发言要举手示意。比如，2014 年 2 月 17 日，开学第一天，广西壮族自治区柳州市融安县大坡乡中心小学的一名小学生在课堂上举手回答老师提问（见图 5-1）。

图 5-1　一名小学生在课堂上举手回答老师提问

资料来源：谭凯兴摄。《光明日报》2014 年 2 月 19 日，第 3 版。

新闻发布会或与记者见面会上，记者要求提问题，通常也需要举手示意。

选举会、表决会等可能采取举手的方式表示同意或否决。有时候有人为了表达对某项提议非常赞成，会说"我举双手赞成"。

（三）挥手、招手、敬礼及其他

与人分别时，会说"再见"，同时向对方挥手告别。

与一群人见面、接见一群人，不能一一握手，会采用挥手的方式致意。

指挥许多人，会采用挥手的方式示意向前。这里的挥手与告别和打招呼的挥手在动作上有区别，力度更大、速度更快。歌曲《延安颂》唱道："毛主席挥手风雷动，亿万军民齐向前。"战场上，指挥员振臂一呼："冲啊！"这是在影视故事片中常见的情景。

招手与挥手差别不大，有时不易区别。见面时打招呼，可以招手。陕北民歌《赶牲灵》描写骡帮马队过来时，少妇、闺女想知道这里面有没有自己要等的人，于是就唱道：

你若是我的哥哥（哟），招一招（的那个）手，

（哎哟）你不是我那哥哥（哟）走你（的那个）路……

这里的招手有泥土味，也淳朴。但进入市井风尘，就脂粉气味十足了，唐末诗人韦庄的《菩萨蛮》写道："当时年少春衫薄。骑马倚斜桥，满楼红袖招"，满眼是挥手而招的云袖。

敬礼有特定对象，如向上级、老师、长辈敬礼，向国旗敬礼最郑重。

军礼动作标准、规范，向英勇牺牲的战友行军礼最悲壮。

少先队员的敬礼是右手五指并紧，高举过头。少先队员向老师、长辈行队礼鲜活、可爱，向国旗、烈士墓行队礼也庄严、齐整。

长揖是一种古礼，拱手高举，自上而下行礼，也就是双手抱拳举过头顶，鞠躬。左思《咏史》诗曰："功成不受爵，长揖归田庐。"

行礼手势有时被看作具有明显的政治意蕴。2017年，两名中国游客在德国柏林市中心的国会大厦前行纳粹礼并相互拍照，被德国警方逮捕。

手的动作及其表达的意义多样而复杂，很难一一描述。

小孩子喜欢钩手指发誓："拉钩上吊，一百年不许变！"郑重其事地表示信守诺言，说话算数。

手的动作所表达的意思，需要在具体情境下理解，才能准确。一次，范敬宜在他所领导的人民日报社吃晚饭。几个聚在一楼聊天的食堂职工冒犯了范敬宜，他并没有生气。来到二楼，他对王慧敏说："食堂的师傅真凶哟！"听完原委，王慧敏很气愤："要不要打电话告诉他们领导？"范敬宜"摆摆手一笑，便埋头津津有味地吃了起来"①。"摆摆手一笑"就等于说"不用"。

上古时的人用手直接抓起东西来吃，人们习惯用食指试探汤水、食物的冷热和味道，然后放到嘴里吮一下。这就是"食指"的来历。直到现在许多人仍然保留着这种习惯。相对于其他手指，食指较为灵活，最适于用来品尝食物。

三　拥抱和接吻

拥抱、接吻、亲吻当然是需要对象的，即使飞吻也是有对象的，这就表明它们是交往动作。

嘴对嘴的亲吻俗称亲嘴，它是一种示爱方式，通常发生在恋人与夫妻之间。这种亲吻通常发生在拥抱过程中，热恋的男女之间的亲吻最动情、最长久。深度的吻同时动用唇、舌、牙等，可见深度亲吻是要深入身体内部的。亲吻最能体会爱情的甜蜜"滋味"，除了接吻之外别的情爱活动都不带"滋味"。现代心理学研究显示，93%的女子都盼望情人吻她。老舍在《二马》中描写人物的拥抱和接吻："他把她的手握住了，他的浑身全颤动着。他的背上流着一股热气。他把她的手，一块儿棉花似的，放在他的唇边。她的手背轻轻往上迎了一迎。他还拉着她的手，那一只手绕过她的背后，把嘴唇送到她的嘴上。她脸上背上的热气把他包围起来，他什么也不知道了，只听得见自己心房的跳动。他把全身上的力量全加到他的唇上，她也紧紧搂着他，好象两个人已经化成一体。他的嘴唇，热，有力，往下按着；她的唇，香软，柔腻，往上凑合。他的手脚全凉了，无意识的往前躬了躬身，把嘴唇更严密的，滚热的，往下扣。她的眼睛闭着，头儿仰着，把身子紧紧靠着他的。"全身心的投入，感情炽热，交互应和。

下面是肖洛霍夫笔下夫妻之间的拥吻和母子之间的亲吻：

---

① 王慧敏：《教诲将伴笔耕老——我与老师范敬宜的点滴往事》，《光明日报》2014年2月21日。

他们的爬犁从家里的浅蓝色百叶窗前头闪过去。彼得罗没戴帽子，军衬衣也没有系腰带，就跑出来开开了大门。杜妮亚希珈的白头巾和笑容满面的、黑眼睛闪闪发光的脸从台阶上飞下来了。

伊莉妮奇娜手里抱着两个孩子；娜塔莉亚却跑到她的前头去了。……她紧紧地靠在葛利高里身上，迅速地用嘴唇把他的脸蛋子、胡子乱亲了好几次，她又从伊莉妮奇娜的手里把儿子抱过来，递给葛利高里。

母亲把葛利高里的脑袋扳过来，亲他的额角，用一只粗糙的手迅速地摸了摸他的脸，因为激动和快活哭起来了①。

夫妻间的亲吻与热恋的情人相比，热度有所下降。母亲"亲他的额角"，这与恋人、夫妻之间的亲吻部位不同。

恋人之吻尽管深深投入、热烈激越，但包含情欲。有一种吻叫"湿吻"，就是用舌头舔上下唇，互相吮吸舌头、轻咬舌头，使舌头叠加缠绕在一起，刺激上颚、牙龈、舌底。湿吻能刺激男女双方舌头的神经末梢，尤其能激起女性的情欲，所以有"接吻接上床"的说法。

社交性的拥抱、接吻通常是象征性、礼节性的，这种接吻通常吻的是脸颊或手背（kissing hands），并且一闪而过，多数少有情感投入。

有时亲吻的对象会超出人的范围。比如，我们经常看到重大体育比赛中获胜者用亲吻奖杯和奖牌来表达喜悦和激情。2014年3月22日，在第27届亚洲杯乒乓球赛男单决赛中，马龙以4比3战胜队友樊振东，获得冠军。马龙亲吻了自己的球拍（见图5-2）。

四　吃饭、品茗、饮酒会友

吃饭、喝茶、饮酒都可以作为独自个人的生活内容而存在，同时也可以用来交往。这里考察的是其交往功能。连用"吃""品""饮"三个动词，意在强调其中的身体动作。社会学家西美尔在《饮食的社会学》一文中指出，人之所以定时吃饭，是为了要和他人共同进餐，如果不限定每日三餐的时间，我们就很难与别人一起吃饭了。可见，就连进餐的时间限定都跟人与人之间的交往相关。正如人们经常说的"推杯换盏""敬酒"

---

① 〔苏联〕肖洛霍夫：《静静的顿河》，人民文学出版社，1957，第819-820页。

图 5 - 2 马龙亲吻球拍

资料来源：新华社记者肖艺九摄。

"罚酒"都表明了与他人发生关系。喝酒喝到尽兴处，就有"推杯换盏"之说，意思是互相敬酒，也用来形容关系好。通过吃饭喝酒交朋友，好听的说法是"以酒会友"，不好听的说法是"酒肉朋友"。有时说起认识不认识某人，往往会说，"一起吃过饭""酒场上见过一面""一起喝过酒""一起喝过茶"。

1. 吃饭

如果说普通人的一日三餐与日常交往、交流相关，那么政治家、外交家之间的吃饭则与政治和外交紧密联系在一起。

"餐桌上，看得到政治的精髓。"这是法国美食家布里耶·沙瓦朗说过的一句话。这可不是"大"话，因为国宴是重要的外交场合，更是展示国家形象和文化的重要场所，好的菜品和用酒能起到为国家形象加分的作用①。

---

① 丹若：《从美国大学开设"美食外交"课说起》，《北京青年报》2014 年 4 月 10 日。

美国华盛顿大学开设了一门新课：美食外交，教师是美国国际冲突问题专家福尔曼（Johanna Mendelson Forman）。他认为，"美食应当作为一种工具，来促进国家间文化的理解和认同"①。

1971 年 7 月 9 日至 11 日，美国总统尼克松的特使、国务卿基辛格，在访问巴基斯坦期间暗赴北京，与周恩来总理密晤，协商尼克松访华事宜。会谈之时，双方互不摸底，谈话都非常谨慎，会谈气氛也较紧张，直到中午也没取得什么进展。这时，周恩来适时地说："我们不如先吃饭吧，烤鸭要凉了。"

午饭共有 12 道菜，主角是北京烤鸭。周恩来向基辛格介绍了烤鸭的吃法，并亲自为他夹上片好的鸭肉，放在荷叶饼上（见图 5-3）。这让基辛格倍感主人的好客，食后更是赞不绝口。临近午饭结束时，周恩来又提议大家举杯畅饮茅台，预祝双方下午会谈取得成功。

图 5-3　周恩来为基辛格夹菜

资料来源：丹若：《从美国大学开设"美食外交"课说起》，《北京青年报》2014 年 4 月 10 日。

美酒佳肴，宾主尽欢，融合了双方的鸿沟，会谈也峰回路转，当天下午和第二天的会谈都取得了积极进展。后来，尼克松总统接受邀请，并于 1972 年 2 月按计划如期访华，中美关系从此揭开了新的一页，全球的政治格局也得以改变。

……

基辛格大概是第一个品尝烤鸭的美国政客，"只要给我来一份北京烤

① 丹若：《从美国大学开设"美食外交"课说起》，《北京青年报》2014 年 4 月 10 日。

鸭，我愿意签署任何文件"。从这句话中，不难看出基辛格对烤鸭的热爱。也许这只是一句玩笑话，但吃饭给国事外交带来的微妙影响的确是不容忽视的。

2012 年 7 月 24 日，法国总统奥朗德在爱丽舍宫与来自全球顶级的厨师会面时说："政府首脑会面，谈判进展顺利与否，这与厨师给嘉宾做菜的好坏分不开。如果饭菜可口，谈判顺利，厨师陪伴、参与了成功的谈判。如果厨师的菜做砸了，身兼重任的领导人吃了不可口的饭菜就很难完成他肩负的使命。"此前，德国总理默克尔也与这些顶级厨师会面，她认为，这是庆祝法德战后和解 50 周年最好的方式①。

2. 品茗

相比较而言，喝茶是较为高雅的一种交往方式，至少喝茶是不会像喝酒那样喝醉，一旦进入酒醉状态，丑态百出难免让人见笑。另外，清茶一杯也与酒肉的腥荤形成对比，正如"君子之交淡如水"。

品茶时一手端茶碗、一手拿茶碗盖，嘴在徐徐品呷茶香。中国人以茶敬客，以茶会友，以茶赠友，以茶联谊，品茶结缘。有"佳茗宜对饮""六壶七盏八方友"之说。茶馆、茶社、茶肆是会友、聊天的场所。"垒起七星灶，铜壶煮三江，摆开八仙桌，招待十六方"，茶馆是三教九流聚集之地。成都的茶馆闻名全国，茶馆是成都人最重要的社会交往场所。历史上还有"斗茗"，即比拼茶叶品味高下的活动。既然是比赛，那就要与很多人发生交往关系了。历史上，中国人更是通过"丝绸之路"以丝绸、茶和瓷器与世界上许多地区和国家建立了经济贸易往来和文化交往关系。

南宋诗人杜耒的《寒夜》为茶诗名篇，因为它道出了以茶敬客、以茶会友的中国文化传统：

> 寒夜客来茶当酒，
> 竹炉汤沸火初红。
> 寻常一样窗前月，
> 才有梅花便不同。

"寒夜客来茶当酒"，可见茶和酒往往用来会友，而且有了友人的来访

---

① 丹若：《从美国大学开设"美食外交"课说起》，《北京青年报》2014 年 4 月 10 日。

并伴随着茶香，"寻常一样窗前月，才有梅花便不同"，寻常的夜晚便有不同寻常的韵味和意趣。

　　雕塑《李纲醉月》（见图5-4）复现的是宋朝宰相李纲在楞严寺与住持释琼法师对月品茗、陶醉湖光山色而挥毫写下"湖光岩"三字的场景和动作。李纲醉的是月，是月光下的湖光岩，是杯中的茶香，是与释琼法师品茗交谈的意趣。

图5-4　李纲醉月
资料来源：赵建国2014年1月21日摄于湛江湖光岩。

　　品茗可以会友，茶叶还是赠人联络情感的佳品。唐代诗人白居易就多次收到过朋友赠送的茶叶，《谢李六郎中寄新蜀茶》中写道：

> 故情周匝向交亲，
> 新茗分张及病身。
> 红帋一封书后信，
> 绿芽十片火前春。
> 汤添勺水煎鱼眼，
> 末下刀圭搅曲尘。
> 不寄他人先寄我，
> 应缘我是别茶人。

　　此诗的大意是：李六郎中寄给作者一包"火前春"，是由于他们之间交情很深；"不寄他人先寄我"，因为"我"是能鉴别茶叶品质优劣的人。

3. 饮酒

酒，可以自斟自饮，"一杯独饮愁何有，孤榻无人膝自摇"（梅尧臣：《依韵和原甫月夜独酌》）。但对多数人来说，自斟自饮缺乏饮酒的兴味和意趣。

东汉的孔融写有堂联"座上客常满，杯中酒不空"，可见会客常与喝酒联系在一起。邀请朋友来或与朋友相会多要饮酒助兴，"酒逢知己千杯少"。孟浩然的《过故人庄》有诗句："故人具鸡黍，邀我至田家。""开轩面场圃，把酒话桑麻。"受老友之邀来到田家，他们边喝酒边聊农事。杜甫的《客至》也有诗句："花径不曾缘客扫，蓬门今始为君开。""肯与邻翁相对饮，隔篱呼取尽余杯。"与邻翁对饮，其乐融融。陆游的《游山西村》有诗曰："莫笑农家腊酒浑，丰年留客足鸡豚。""从今若许闲乘月，拄杖无时夜叩门。"从今后，如果允许大家在晚上闲逛，那么我将拄着拐杖，不定时地会在夜晚敲响农家朋友的柴门，腊酒相伴，别有风味和意趣。

酒，简直是中国人最佳的交往媒介，河北有一家酒厂的广告语是："喝白洋淀酒，交天下朋友"。举杯祝酒、敬酒更是酒场上典型的交往方式。许多国家都把酒作为交往媒介。有人说："想成为一个真正的英国人，你一定要去酒吧。酒吧是英国最重要的社交场所，英国人除了家以外，花费最多时间的地方就是在酒吧。"[1]

喝酒如果没有他人陪伴，那就是"喝闷酒"了。实在没有人一起喝，那就只好"举杯邀明月，对影成三人"（李白：《月下独酌》），那就只好"一杯还酹江月"（苏轼：《念奴娇·赤壁怀古》）。

一起饮酒也是一种庆祝、祝贺方式，有时还具有明显的政治色彩。《祝酒歌》就是粉碎"四人帮"后流行的歌曲：

> 美酒飘香歌声飞，
> 朋友啊请你干一杯，请你干一杯。
> 胜利的时刻永难忘，
> 杯中洒满幸福泪。

---

[1] 晓涵：《真正的英国人什么样》，《世界博览》2014 年第 13 期。

在胜利的时刻，就要"美酒飘香歌声飞"，就要"朋友啊请你干一杯"。这个胜利就是1976年10月粉碎"四人帮"：

> 十月里，响春雷，
> 亿万人民举金杯，
> 舒心的酒啊浓又美，
> 千杯万杯也不醉。

这个胜利来之不易，历经十年浩劫才得来，才引得"亿万人民举金杯"。因为这是"舒心的酒"，所以"千杯万杯也不醉"。歌中重复"来来来来，来来来来，来来来来来来来来"，是祝酒、邀酒、请酒。

阴霾驱散后，人们对未来充满期待和憧憬：

> 今天（啊）畅饮胜利酒，
> 明天（啊）上阵劲百倍。
> 为了实现四个现代化，
> 愿洒热血和汗水。

这既是庆祝胜利的酒，也是向新征程整装进发誓师的酒，这个新征程就是"实现四个现代化"。"待到理想化宏图，咱重摆美酒再相会"，充满对未来畅想的豪情壮志，鼓舞人们前行。这种对未来畅想的豪情壮志同样出现在另一首歌《年轻的朋友来相会》中："再过二十年我们重相会"，"举杯赞英雄光荣属于谁"，"光荣属于我们八十年代新一辈"。因为当时的目标是在二十年之内基本实现"四个现代化"。

交杯酒乃中国婚礼程序中的一个传统环节，新郎和新娘各端一斟满酒的酒杯，将手臂相互交错，同时饮尽杯中酒，取"我中有你，你中有我"之意。它既是新郎新娘的情感交流、表达，也是向众人的宣誓、宣示和告白。交杯酒也有特殊的、创造性运用。2013年10月16日，冯小刚、葛优借《私人定制》发布会之际庆祝相识20年喝"交杯酒"（见图5-5）。

交杯酒本是中国人结婚仪式上新郎新娘双方的一种行为模式，冯小刚和葛优创造性地使用在他们双方的交往中。这种情感表达和对世人的传递，耐人寻味。

图 5 - 5   冯小刚、葛优喝"交杯酒"

资料来源：河北新闻网，2013 年 10 月 17 日。

五   交谊舞

　　交谊舞也叫社交舞或交际舞，是一种适合于社交场合的舞蹈，人们用舞蹈的方式进行交际活动。社交舞、交谊舞，提供了身体接触尤其是与异性身体接触的机会。交谊舞中身体是主角，通过身体尤其是身体接触中的运动达到交谊的目的。在一般场合，男女双方身体直接接触的机会很少，而在舞场男女身体的接触则是自然的、必需的。没有身体部位的直接接触就不是交谊舞。交谊舞的这一特征，就使它具有其他交际方式不可取代的作用，它可以打破男女之间的拘谨，较快推动男女之间的交往深入发展。有人说过："在我成长时期，感情和欲望都令我羞涩。而通过舞蹈，我终于可以应付自如，而不再觉得羞涩。"有些恋爱和婚姻就是从交谊舞开始的。

当然，身体的接触自有其度，距离过大显得别扭，搂得太紧也不合时宜。有文章指出："男士切记不能把女士拉得太近，左手也不能握得太紧。"

邀请舞伴是交往的开始，邀请舞伴要讲究方式方法。可直接或间接邀请舞伴：直接邀请，就是自己主动上前邀请舞伴，先向被邀请者的同伴含笑致意，然后再彬彬有礼地询问被邀请者："能否有幸请您跳一次舞？"间接邀请，如果自觉直接相邀不便，或者把握不是很大时，可以托请与彼此双方相熟的人引见、介绍。

邀请舞伴的身体动作也有讲究。有材料说：邀舞时，男方应步履庄重地走到女方面前，弯腰鞠躬，同时轻声微笑说："想请您跳个舞，可以吗？"弯腰以十五度左右为宜，不能过分。过分了，反而会有不雅之嫌。

六　腿脚动作

腿脚动作的表现力仅次于手和手臂。腿和脚往往并用做出各种动作，如走、跑、跳、踢、踩、跋、跨、跷、踩、踮、蹈、蹭、蹬等。

（一）站立

站立交谈是最常见的一种交往动作。

恭敬站立表达尊重、虔敬，成语"程门立雪"正是这个意思的古代呈现。立，是动作，但这个动作是站立不动，表达了恭敬、虔诚的求教之心。

《宋史·杨时传》载："见程颐于洛，时盖年四十矣。一日见颐，颐偶瞑坐，时与游酢侍立不去。颐既觉，则门外雪深一尺矣。"这段古文的大意是：有一天，杨时和他的朋友游酢一块儿到程家去拜见程颐，恰遇上了程老先生闭目养神。这时候，外面开始下起大雪。他们俩人为了不打扰先生休息，便恭恭敬敬地侍立在门外等候，不言不动等了大半天，程颐这才慢慢睁开眼睛，见杨时和游酢仍然站在门外等候，大吃一惊，问道："你俩还在这里没走？"这时候，门外的雪已经积了一尺多厚，而杨时和游酢并没有一丝疲倦和不耐烦的神情。这使程颐深受感动，便收他俩为入室弟子，悉心传授，杨时和游酢也不负所望，后来，各自成为一代名儒。

（二）脚步

心情愉快的时候脚步轻盈；处境不好的时候脚步沉重而不均匀；心事重重的时候脚步迟缓；心态沉稳、不紧不慢的时候，会迈着四方步。京剧里老生要走"四方步"（"八字步"），要求抬腿亮靴底，腰为中枢，四肢配合。来回踱步，意味着犹疑不决或反复思考某一问题。"蹒跚"就是腿脚不灵便，走路缓慢、摇摆。脚步铿锵有力与勇敢、坚强连在一起。"如履薄冰"与谨慎和存有戒心连在一起。"趾高气扬"，走路时脚抬得很高，神气十足，这是一种骄傲自满、得意忘形的样子。"昂首阔步"，抬起头迈开大步向前，显示精神抖擞、意气风发。"拂袖而去"，就是生气了，一甩袖子就走了。兴奋时跳跃，有一个成语叫作"欢呼雀跃"。足球大赛中，有的运动员踢球入门时兴奋至极，会做"前空翻"动作。

"踏着沉重的脚步，归乡路是那么漫长。"歌曲《故乡的云》的这两句歌词表达的正是处境艰难的游子心境。

悲伤的心情确实可以从脚步中显现出来。林肯的恋人安妮之死使林肯几乎变成了另外一个人，他成了全伊利诺伊州最忧郁的人。日后与林肯合伙的荷恩敦律师说："20 年间，林肯没有过上一天快乐的日子……他走路的样子，简直像忧郁就要从他身上淌下来似的。"[①]

行走的脚步往往跟脚步声连在一起。作家梁晓声在写到自己的恋爱经过时，专门写过恋人的脚步声："我的单身宿舍在筒子楼，家家户户在走廊里做饭。她来来往往于晚上——下班回家绕个弯儿路过。一听那上楼的很响的脚步声，我在宿舍里就知道是她来了。没多久，左邻右舍也熟悉了她的脚步声，往往就向我通报——哎，你的那位来啦！"[②] 我们可以从脚步声和步态辨认一个人。

（三）坐姿和站姿

人生约有三分之一的时间是坐着的，工作、学习、吃饭、休息多采取坐姿。坐姿不仅与双腿姿势有关，更与臀部有关。正确的坐姿从正面看，头正、肩平；从背面看，脊柱伸直，没有扭转，也没有侧弯；从侧面看，耳垂、肩峰和髋关节三点基本在一条直线上。"坐如钟"，正是对正确坐姿的一种形象说法。"站如松"则是对正确站姿的一种形象说法。有踞坐、打坐、静坐、席地而坐、正襟危坐等。

坐姿也反映一个人有没有良好的生活习惯。《健康时报》刊登了 2009年教师节前夕，温家宝总理与北京市第三十五中学的同学们一起上课的照

---

① 〔美〕卡耐基：《林肯传》，中国纺织出版社，2012，第 45 页。
② 梁晓声：《我的姻缘》，《广州日报》2014 年 3 月 25 日。

片（见图5-6）。在这张照片中，一位家长敏锐地发现，除了总理，照片中的6个孩子坐姿都是错的。温家宝总理有良好的坐姿习惯，而现在的中小学在培养学生良好习惯方面有待加强。

图5-6　温家宝总理的坐姿

资料来源：见《健康时报》2009年9月14日。

坐着不停地抖腿是一种不好的习惯，我们来看一段回忆：

有一天，学生会召开会议，康岫岩校长应邀出席。会议结束之后，她喊住了学生会主席。她问那个男生："知道为什么留下你吗？"男生惶惑地摇头。康校长严肃地说："孩子，刚才我坐在你旁边，我观察到你有个不自觉的小动作——抖腿。显然，你不是因为紧张而发颤，而是下意识地在抖腿。你知道吗？这个小动作非常不雅，非常有损你的风度。所以，我提醒你从今天起要努力改掉这毛病。"

后来，风度翩翩的他回到了母校。他在跟学弟学妹们分享自己成长经历的时候，深情地讲起了康校长当年对他的提醒。他说："在康校长提醒之前，我从来没有意识到自己有抖腿的毛病，即便意识到了，也感觉不到抖腿有什么不雅。说真的，当时我还觉得康校长有点小题大做。但是，当我在大庭广众之下看到有人公然开启身体的'振动模式'，我心里就感觉非常不舒服。抖腿不是讲粗话，不是随地吐痰，但和讲粗话、随地吐痰一样，是一种教养欠缺的表现。后来，我听说民间有句俗语叫'男抖穷，女抖贱'，还有句话叫'人抖福薄'，老百姓对抖腿这毛病的深恶痛绝由此可见一斑。再后来呢，我读到了梁实秋先生的一篇散文，题目是《旁若无人》，先生用漫画般的笔法描写了在电影院看电影时与抖腿者邻座的气愤与无奈。我边读边出汗，仿佛被先生无情唾骂的那个令人生厌的家伙就是我本人……我特别庆幸自己曾是南开中学的一员，这里的'容止格言'我一生都不敢忘怀：'气象：勿傲、勿暴、勿怠；颜色：宜和、宜静、宜庄。'"①

这段回忆对抖腿的批评入木三分，不用引者再赘言。

姿势指身姿架势。姿态指容貌神态、风格、气度等。姿势强调动作静止的一面，强调姿态样式。"正襟危坐"往往是恭谨或紧张，"坐立不安"则是心情紧张、情绪不安，坐着也不是，站着也不是。"昂首挺胸"则表明自信与自豪。人的坐姿和站姿各式各样。比如坐姿，有的人把全身猛然扔出似的坐下，有的人慢慢坐下，有的人小心翼翼地坐在椅子前部，有的人将身体深深沉入沙发中等。

报纸上有人著文说："猛然坐下者，内心隐藏不安"，"深坐椅内者，自大自负"，"佝偻状站立，缺乏责任心"，"站立时喜欢双手插兜，性格谨小慎微"。仅凭坐姿、站姿就下这样的论断，缺乏科学依据。某一坐姿、站姿与人的性格有一定联系，也与具体情境有关，应当综合分析，不应简单给出评判。

七 下跪和磕头

（一）下跪

下跪有下跪的对象，在这个意义上它本身就是一种表达、祈求、求饶、忏悔的行为，它是一种强烈的身体传播行为。下跪动作本身由于限制了自身的防卫和进攻能力，是一种示弱行为，通常表达的是向对方的屈服和祈求。

毛泽东13岁时，因为同父亲发生争执，父亲要他下跪，他就威胁要跳池塘，最终以"一膝下跪"达成妥协。毛泽东回忆说：

①　张丽钧：《南开的"容止格言"》，《广州日报》2013年11月21日。

当我在十三岁左右时，有一天我的父亲请了许多客人到家中来。在他们的面前，我们两人发生了争执。父亲当众骂我。说我懒惰无用。这使我大发其火。我愤恨他，离开了家。我的母亲在后面追我，想劝我回去。我的父亲也追我，同时骂我，命令我回去。我走到一个池塘的边上，对他威胁，如果他再走近一点，我便跳下去。在这个情形之下，双方互相提出要求，以期停止"内战"。我的父亲一定要我赔不是，并且要磕头赔礼，我同意如果他答应不打我，我可以屈一膝下跪。这样结束了这场"战事"。（《毛泽东自传·我的父亲母亲》）

单膝下跪而不是双膝下跪，一方面显示了毛泽东的倔强性格，即使在父亲面前也不轻易妥协，另一方面也表达了毛泽东对父亲一定程度的屈从——毕竟是父亲，中国人跪天、跪地、跪父母，并不是丢人的事儿。

1970 年 12 月 7 日，联邦德国总理勃兰特（Willy Brandt）在波兰犹太人纪念碑前下跪谢罪（见图 5 - 7），被誉为"欧洲约一千年来最强烈的谢罪表现"。这一跪，淡化了饱受纳粹蹂躏的波兰人民沉积在心底的愤怒，他们被勃兰特的举动感动得热泪盈眶，对德国重返欧洲、赢得自尊、回归正常的发展道路产生了极为深远的影响。诺贝尔文学奖获得者、德国作家格拉斯描述和评论道：

图 5 - 7　联邦德国总理勃兰特双膝跪在波兰犹太人死难者纪念碑前

资料来源：http://news.ifeng.com/history/1/jishi/200809/0904_2663_764777_1.shtml。

不可能是突然的举动。是精心策划的……纯粹是在表演。但是，确实是头条标题，纯粹从新闻角度来看，是一件轰动的事。就像一颗炸弹。完全偏离了礼仪规定。所有的人事先都以为，就跟通常一样：放下丁香花圈，整理饰带，后退两步，低下头，再抬起头，凝视远方。马上就要警车开道去维拉诺夫宫了，那是一家豪华宾馆，酒瓶和白兰地大肚杯已经准备就绪。但是他却选择了一个特别的方式：不是在几乎没有任何风险的第一个台阶上，而是直接在潮湿的花岗岩上，既没有用这一只手也没有用另一只手支撑，完全只靠膝盖跪了下来，双手合抱在腹部，一副耶稣受难的表情，就好像他比教皇更教皇，在摄影记者们喊哩喀喳一阵拍照之后，又耐心地跪了足足一分钟，然后又是没有选择安全的方式——先直起一条腿，再直起另一条腿，而是猛地一下站了起来，仿佛事先已经在镜子前面训练了好多天，迅速起立，站在那里，看上去就像是圣灵亲自到场，漂浮在我们大家头上，就好像他不仅必须向波兰人，而且还要向全世界证明，赔罪道歉可以搞得多么适合拍照似的。（《我的世纪·一九七○年》）[1]

引述这段文字主要在于其描写的细腻，但把勃兰特的下跪完全看作表演未必准确和公允。

后来，时任德国总理的施罗德（Gerhard Schroeder）曾经亲自去波兰，为刻有下跪谢罪情景的勃兰特纪念碑揭幕。

在特定情境中，下跪有特殊的传播效果。2014 年 1 月 2 日，在位于郑州市京广路的郑州鞋业包装中心工程建筑工地门口，百余名农民工手拉横幅，成片跪倒在地，讨要工资（见图 5-8）。条幅上写着："跪天跪地跪父母，老板我们给你跪下。"这里有求告，有倾诉，更有控诉；既是无奈之举，也是有力的抗争。

在杭州西湖边栖霞岭岳飞墓对面门边，人们用生铁浇铸了秦桧、王氏等四人反剪双手的跪像。墓阙上有对联："青山有幸埋忠骨，白铁无辜铸佞臣。"秦桧跪在岳飞墓前的雕像是一种民间表达，秦桧跪在岳飞面前表达了民意，将偷安卖国、陷害忠良的秦桧永远钉在历史的耻辱柱上。

---

[1]　转引自李彬《传播符号论》，清华大学出版社，2012，第 21 页。

图 5 - 8　农民工下跪讨薪

资料来源：段晋哲、宋亚楠。蒋宇飞：《郑州百余民工下跪讨薪　发包方：造出工资表就发》，腾讯·大豫网，2014 年 1 月 3 日。

（二）磕头、鞠躬

跪地不一定就磕头。磕头或叩首、顿首、跪拜，其动作为双腿并拢全跪，身子俯下，以头触地，双手触地或接近地面，与头并列。这是一种表达虔诚与尊敬以及感谢的一种方式。旧时，过春节拜年要向长辈磕头。

伏身跪拜，以头叩地乃中国旧时一种最郑重的礼节。《清会典》记载："大朝，王公百官行三跪九叩礼，其他朝仪亦如之。"听到"跪"的令下，行礼者跪下，随着"一叩头""再叩头""三叩头"的三声令，将手放在地面上，三次将额头叩向地面。听到"起"的令时，行礼者起立。如此重复共计三次，行礼人叩头共计九次，这就是"三跪九叩之礼"。

古代中国臣民习惯于磕头，脑袋像捣蒜似的叩头，朝着祖先，朝着皇帝，朝着长辈，朝着神灵，朝着比自己权势大的官老爷、横行乡里的土豪恶霸劣绅。

中国人跪拜叩头的行为很普遍，文学作品也多有描述。金代董解元的《西厢记诸宫调》卷一写道："临坛揖了众僧，叩头礼下当阳。"现代作家曹禺的《雷雨》第四幕有台词："萍，过来！当着你的父亲，过来，给这个妈叩头。"

但英国人不习惯这种行为，英语中也没有最贴切的词与中国的"叩

233

头"相匹配，于是就以音译的"kowtow"表达叩头、磕头的意思，引申为卑躬屈膝。

作为中国传统文化的重要礼节，磕头和拒绝磕头可能酿成"政治事件"。战国时，鲁昭公和齐君会盟，人家给他叩头，而他还礼时只作了个揖，结果酿成大祸，两国兵戎相见，鲁国战败割地给齐国。

有学者做过统计：从康熙到乾隆140多年间，欧洲各国使节觐见皇帝达17次，16次行了三跪九叩之礼。

到了1873年，年轻的同治皇帝即将举行亲政大典，在西方各国使节朝觐的礼仪问题上，朝廷陷入困境。要不要洋人行三跪九叩之礼呢？要，实力雄厚的西方列强早已开罪不起；不要，则大清皇帝和帝国的脸面又置于何地？正在这时，一个叫吴可读的御臣上奏说：洋人无异于禽兽，让他们行三跪九叩之礼，等于是强迫禽兽遵行五伦。能让其不荣，不能不让其不耻。如洋人也像国人一样行礼，那才是咱大清国的奇耻大辱呢！吴大臣的一番高论博得了满堂喝彩。于是朝觐时，国人行三跪九叩的"文明"之礼，洋人行免冠鞠躬的"野蛮"之礼。

1792年，英国政府利用给乾隆帝祝寿的时机，派遣以马戛尔尼为首的外交使团前来中国交涉通商事宜。1793年9月，马戛尔尼被获准到承德避暑山庄谒见乾隆帝。清政府以"天朝上国"自居，视英国使团来华为"外夷入觐"，愚昧地要求英国使节行三跪九叩之礼，钦差大臣徵瑞还专门给英国使团上了一次"磕头课"。马戛尔尼难以接受下跪叩头，最后，双方达成妥协，马戛尔尼以见英皇之礼（单腿下跪）觐见中国皇帝，但取消吻手礼。

1873年，日本特命全权大使副岛种臣出使清朝，在谒见同治帝时，礼部也要求其行三跪九叩之礼，但被其拒绝，最终同意其在谒见时行立礼。

辛亥革命后孙中山就任临时大总统时，提议废除跪拜、三跪九叩之礼陋习，类似礼仪由鞠躬取代，当即获得通过。现在吊丧、吊唁时，磕头、鞠躬并行。鞠躬不仅在吊丧、吊唁中使用，其他表示感谢、尊敬的场合也经常使用，"千言万语在一躬"，千言万语都凝聚在鞠躬之中。

八 胯下之辱

《史记·淮阴侯列传》记载：

淮阴屠中有侮信者，曰："若虽长大，好带刀剑，中情怯耳。"众辱之曰："信能死，刺我，不能死，出我胯下。"于是信孰视之，俛出胯下，蒲伏。一市人皆笑信，以为怯。

这段古文翻译成现代汉语大意是：淮阴屠夫中有一个侮辱韩信的人，他说："你的个子虽然比我高大，又喜欢带刀剑，可是你的内心却是很懦弱的啊。"并当众侮辱韩信说："假如你不怕死，那就刺死我；不然，就从我的胯下爬过去。"韩信用眼睛盯了他好一会儿，俯下身子从对方的胯下爬过去了。整个集市上的人都讥笑韩信，以为他真的很怯懦。

匍匐着身体从别人的裤裆下穿过，显示了屈从。叉开腿让别人从自己的胯下爬过，显示了强势和对弱势者的羞辱。这种身体动作行为的传播效果是极其突出的，尤其会给受辱者留下刻骨铭心的记忆。其实，这是有大志向的韩信不逞一时之能，甘受一时之辱。果然，后来韩信为刘邦打天下立下了大功，成为汉朝的开国元勋。后人评价说：大丈夫能忍天下之不能忍，故能为天下之不能为之事。

在众目睽睽之下，从别人的裤裆下钻过去，这种行为通常被看作一种极大的耻辱，但在特定情境中它表达的却是尊严。请看下面一段报道：

一次穿越丛林训练，一个身影踉跄地向终点跑过来。

冲过终点，"扑通！"刘晓东腿一软摔倒在地。

其实也难怪。刚刚结束的训练，刘晓东在3天2夜穿越了上百公里的热带雨林，没有食物，也没有水。即使有野外生存的经验，但热带雨林的复杂险恶，加之接连不断的各种考核，也让他根本没有时间去找可以饮食的东西，饥饿与疲劳已经到了极限。

"刘，你又是第一名！"一名猎人学校的教官指了指自己的裆下说道："是不是很饿？站起来，从这里钻过去，钻过去我就给你食物。"

紧闭着双眼，刘晓东根本没有理睬教官。他知道，这是战俘拷问训练，猎人学校的老套路，总会在学员最累最饿意志最薄弱的时候进行。

"刘，我命令你站起来！"似乎看出了刘晓东的"不屑"，教官"恼羞成怒"："如果你不钻过去，我就降下你们的国旗。"

腾地一下，刘晓东站了起来，双眼死死地盯着教官，看得这位号称"魔鬼"的教官眼神慌乱起来。

1分钟后，刘晓东还是缓缓地趴了下来，从教官的裆下钻了过去。

"刘，给你食物。"教官端过一托盘的食物。

"嘭！"刘晓东把食物狠狠地摔在地上，他告诉教官：钻过去不是因为食物，是为了祖国的国旗不降！听了这话，纵然身为"魔鬼"，教官仍然向刘晓东敬了一个标准的军礼①。

个人宁愿承受胯下之辱，也不能让祖国的国旗降下，外国"魔鬼"教官也向这种行为敬军礼。

第三节　劳动身体的传播

劳动是人类特有的活动，人是劳动的主体，所有的劳动都由身体来完成。"劳动创造了人"，劳动也塑造了人的身体。

劳动身体也可以叫作工作身体、生产身体（productive body）。劳动身体作用于劳动对象，并使劳动对象发生了人所需要的变化。在这个过程中，劳动者自然展示着自己的身体，大部分情况下，这种展示并无接受对象（观看者）。当然，劳动伙伴之间的身体是互相展示、交流和传播的。然而，一旦有旁观者，劳动身体的传播马上就有了接受者。如果劳动过程进入媒体（尤其是影视媒体），劳动身体就得到了更广泛的传播。

一　农业劳动身体的传播

"人"字在甲骨文中的字形是ϡ，像垂臂直立的动物形象，这个字的本义是躬身垂臂的劳作者。金文ϡ基本承续了甲骨文ϡ的字形。篆文ϡ突出了弯腰垂臂、面朝黄土背朝天的劳作形象，更像是双手采摘或在地里忙活。篆文"人"字所形象描述的正是传统农业生产劳动的身体特征——"面朝黄土背朝天"，也可以说"面朝黄土背朝天"是传统农业劳动的典型姿势。"面朝黄土"，就是俯身低头，面部向着土地；"背朝天"与"面朝黄土"

---

① 冯春梅：《中国雄鹰特战团：副连长为国旗不降受胯下之辱》，《人民日报》2013年11月24日。

是相互配合的，俯身低头就会背部朝天。这一动作也体现了农耕文明对土地的深深依赖。

照片《捆麦子的女人》劳作动作就是"面朝黄土背朝天"（见图 5 - 9）。当然，作者无意表达这种司空见惯的劳作姿势，可是只要他面对农事劳动就很难拒绝它，因为绝大部分农活都需要"面朝黄土背朝天"这样一种身体动作姿势。比如，另一种农业劳作春耕，无论是把犁的人还是撒种的人，同样是这样一种身体动作姿势（见图 5 - 10）。传统农业劳作是很辛苦的，陕北方言把"干活"说成"受苦"，进而把农村人叫作"受苦人"。长年的弯腰劳作，给农业劳动者的身体带来伤害，最常见的是弯腰驼背，有些人病痛发作时直不起腰来。

农业劳动最常用的身体部位是四肢和肩膀。手握锄头、手握铁锹、手把镰刀、手脚并用、手提肩扛都是常见的劳动动作。

图 5 - 9　捆麦子的女人

资料来源：1999 年吕楠摄于西藏。

图 5 - 10　彝族春耕

资料来源：徐冶摄，见《光明日报》2014 年 2 月 23 日，第 10 版。

斧子在捕猎、砍树、砍柴、打家具等劳作中是常用的工具。在汉字中，"父"是"斧"的本字。"父"字在甲骨文中的形状是 ，也就是在 （手）字上加一竖指事符号 ，表示手上持握的石斧或石凿之类的工具。它的本义是手持石斧，猎捕或劳动。斧子是由手持握的，这个字描述的是持斧的动作。

传统农业劳动工具不多并且简单。工具也决定了劳动的大致动作，摄影家吕楠记录下了《施肥的三个女人》，她们并未受过统一的专门训练，但动作相当一致（见图 5 - 11）。传统农业劳动多是在模仿或简单示范下就可得到传承，但对体力要求很高。

现代农业劳动的身体动作越来越接近工业劳动动作，身体动作强度降低了，但技术要求提高了。

二　工业劳动身体的传播

工业劳动动作要求更规范和精细，"泰罗制"就是最简练、最准确的操作动作总结，选择最好的工人，实施标准化管理。

复杂劳动身体动作是有意训练即有意传授和学习接受的结果。

相比农业生产的简单劳动，纺织厂的劳动操作就有一定程度的复杂性，正因为相对复杂，培训新手往往需要手把手地教，图 5 - 12 是 2014 年 2 月 18 日浙江义乌真爱集团经编车间老员工（左）手把手教刚上班的新工人。

图 5 – 11　施肥的三个女人

资料来源：2003 年吕楠摄于西藏。

图 5 – 12　手把手教

资料来源：张建成摄，《光明日报》2014 年 2 月 19 日，第 3 版。

工业生产劳动还需要不同工序之间的配合，因此这种劳动自然会培养出团队协作精神。

三 其他劳动中的身体

1958年9月，湛江民众与部队官兵历时29个月建成6.8公里长东海岛大堤，使东海岛与雷州半岛连为一体。雕塑《开拓》表现的正是当时火热的劳动场面，逼真地再现了撬动大石头的劳作动作（见图5-13）。作为造型艺术的雕塑往往捕捉最典型的身体动作、姿势，所以本书采用了很多雕塑照片。人体是罗丹雕塑的几乎唯一的主题，雕塑身体主要是雕塑动作和表情。

图5-13　开拓（雕塑）

资料来源：赵建国2014年1月21日摄于湛江湖光岩。

垂钓既可以看作一种劳作，也可以看作一种娱乐，或二者兼而有之。多数钓鱼的动作是坐着并一手执钓竿（见图5-14）。

图5-15表现的是砍刀砍椰子和喝椰子汁的场景，这个雕塑把商业劳动与消费结合在一起。

长期从事一种职业劳动，会对身体和身体姿势产生明显影响。

　　裁缝为缝衣服所采取的特定姿势对其而言已成了第二天性，因为照奥利维耶·佩兰的说法，即便他真的坐在椅子上，根本没有在自己的裁缝铺里，他还是会继续保持某种姿势，至少会"右腿曲起，这样

图 5 - 14 垂钓（湖边雕塑）

资料来源：赵建国 2014 年 1 月 21 日摄于湛江湖光岩。

图 5 - 15 椰韵（街边雕塑）

资料来源：赵建国 2014 年 1 月 23 日摄于湛江骑楼老街。

的姿势透露出了他的职业"。这在西方仍是专属男性的姿势，不可能
是缝纫女工的，缝纫女工一直以来都是他们的下属，她们得像所有女
人那样夹紧双腿，除了在床上①。

---

① 〔法〕乔治·维加埃罗主编：《身体的历史卷 1 从文艺复兴到启蒙运动》，华东师范大学
出版社，2013，第 101 页。

顺便说几句，女性如果张开双腿会被认为放荡、不雅，中国女作家铁凝的长篇小说《玫瑰门》就描写了由于被命运捉弄而自我放形的女人司猗纹在床上把双腿张得很开。"在毒水里泡过的司猗纹如同浸润着毒汁的罂粟花在庄家盛开着。从此她不再循规蹈矩、矫揉作态地对待自己，她经常用她那个习惯了的姿势大模大样地把自己劈在床上。她觉得这是世界上最自然的姿势，这姿势有着一种无可畏惧的气势，一种摄人魂魄的恐吓力量，它使那些在做爱时也不忘矫揉作态的预先准备好优美动人姿势的女人黯淡无光了，这种女人也包括了从前的她自己。"① "大模大样地把自己劈在床上"，正是作家对张开双腿这一动作极具个性的表达。

四 劳动身体的美和丑

有些作家把某些劳动动作或劳动场面描写得很美。库普林在小说《阿列霞》中写道：

> 阿列霞又坐下来纺麻，我坐在她身边的一只很不稳当的小矮凳上。阿列霞左手迅速地把丝一样洁白柔软的短麻搓成卷，纺锤在她右手里旋转着，发出轻轻的嗡嗡声，她一会儿把它几乎垂到地上，一会儿又把它灵巧地提起来，手指轻轻一捻，便又使它继续旋转下去。这种活计，乍一看很简单，其实需要长年养成的熟练和灵巧，而在她的手里干得麻利极了②。

阿列霞的纺麻动作麻利、灵巧，自有美感。孙犁笔下的小说《荷花淀》水生嫂编席子，尽管是在残酷的抗日战争环境中，但美的意境油然而生：

> 月亮升起来，院子里凉爽得很，干净得很，白天破好的苇眉子潮润润的，正好编席。女人坐在小院当中，手指上缠绞着柔滑修长的苇眉子。苇眉子又薄又细，在她怀里跳跃着。……这女人编着席。不久

---

① 铁凝：《玫瑰门》，作家出版社，1992，第205页。
② 〔俄〕库普林：《阿列霞》，人民文学出版社，1980，第32页。

在她的身子下面，就编成了一大片。她像坐在一片洁白的雪地上，也像坐在一片洁白的云彩上。她有时望望淀里，淀里也是一片银白世界。水面笼起一层薄薄透明的雾，风吹过来，带着新鲜的荷叶荷花香。

"苇眉子又薄又细，在她怀里跳跃着"，苇眉子与身体融为一体，再加上"她像坐在一片洁白的雪地上，也像坐在一片洁白的云彩上"，把我们带入劳动的诗情画意之中。阿列霞的纺麻动作、水生嫂的编席子动作，自是作家对劳动的讴歌。

中国 20 世纪五六十年代工农兵中的"铁人"（如王进喜）、"铁姑娘"（如郭凤莲）、"钢铁战士"，也是劳动和战斗中磨炼出的身体美，他们身体硬朗、意志坚强、抗艰摧难，有明显的时代特征，但现在看来，社会和他们自己对身体的保护不够。

手在许多种类的劳动中作用最大，手也成为不少作家赞美的对象。库普林的小说《阿列霞》以第一人称叙事道："我不由得注意起她的手来：这双手干活干得有些粗糙、发黑，可是并不大，而且形状非常美，连名门闺秀见了也会不胜嫉妒的。"[1] 尽管有些粗糙、发黑，但有一种健康美。

然而，多数为谋生不得不进行的劳动，注定不会轻松、愉快，而且长期的过量劳作还会对身体造成种种伤害。马克思在谈到劳动的异化问题时指出："劳动创造了美，却使劳动者成为畸形。"[2] 卡罗利娜·莫里索写道：一般地说，"对身体的侵蚀是劳动的一种特性，不管它是通过难受、痛苦、中毒、事故、变形还是通过疲劳过度的方式，都表现了这一特性"。同时，"工人似乎对其感受到的种种信息的精微之处以及这些信息使人所产生的局促不安却不大理解。用手劳动锻炼了他的触觉，但却有损于他的智力感官即视觉和听觉。工人的身体极大地影响了他的智力活动，阻碍了他的智力发展"[3]。过度劳作损伤的不仅是身体健康，还包括感觉器官和智力发展。

传统的劳动生产会使劳动者身体劳累和脏乱。白居易的《卖炭翁》有

① 〔俄〕库普林：《阿列霞》，人民文学出版社，1980，第 32－33 页。
② 〔德〕马克思：《1844 年经济学—哲学手稿》，人民出版社，1979，第 46 页。
③ 〔法〕阿兰·科尔班主编《身体的历史卷 2 从法国大革命到第一次世界大战》，华东师范大学出版社，2013，第 215 页。

外在形象的描写："卖炭翁，伐薪烧炭南山中。满面尘灰烟火色，两鬓苍苍十指黑。"有人贬称煤矿工人为"煤黑子"，也客观地点出了这种劳动带给旷工的外部颜色特征。

各种职业劳动对身体动作姿势有不同要求，职业劳动中的身体动作比较单调、重复率极高，多数劳动者不能从其中获得美感。"他有灵活的和过分的、过分准确、过分敏捷的姿态，他以过分灵活的步子来到顾客身边，他过分殷勤地鞠躬，他的嗓音，他的眼睛表示出对顾客的要求过分关心，最后，他返回来，他试图在他的行动中模仿只会被认作是某种自动机的准确严格，他像走钢丝演员那样以惊险的动作托举着他的盘子，使盘子处于永远不稳定、不断被破坏的但又被他总是用手臂的轻巧运动重新建立起来的平衡之中。……他扮演的是咖啡馆侍者。"①

> 我机械地做出我的身份所应有的标准动作，我力求使自己达到想象中的咖啡馆侍者"类似"的动作。

如果我是咖啡馆侍者，就不能按自在的存在方式行动，因此，"我对我的身体、对我的活动来说也永远是不在场者"②。职业劳动所塑造的身体往往与自然身体有矛盾冲突，或者说职业劳动所要求的身体有时是对人的身体的异化。"永远是不在场者"正表明了劳动者并不是发自内心地喜爱这种职业化身体动作，只是为了生存不得已而为之。

即使喜爱自己的职业，长期的重复动作也会给身体带来"职业特征"，这种特征不能算作健美。著名摄影师杜修贤的长期职业生涯给自己身体带来的影响是大小眼、高低肩：

> 他长期用左眼对准取景框，右眼紧闭，久而久之，他古铜色的脸上出现了左眼大右眼小的"职业眼"。一旦举起相机，那只小的眼睛便会麻利地合上，从而保证左眼一目了然，取景迅速。
>
> 除了眼睛有大小之别，肩头还有高低之分。这也是长期背负摄影器材留给他的终身纪念。早年从事拍摄，肩头除了要背几部照相机，

---

① 〔法〕让－保尔·萨特：《存在与虚无》，生活·读书·新知三联书店，1987，第97页。
② 〔法〕让－保尔·萨特：《存在与虚无》，生活·读书·新知三联书店，1987，第98－99页。

还要挎一个沉重的闪光灯充电箱，他又喜欢独用左肩，所以造成了左肩低右肩高的塌肩模样。只要一穿休闲装，特别是夹克什么的，就会出现前襟不对称的"独特款式"①。

著名肝外科专家吴孟超，创造了"吴氏刀法"，92岁高龄时还保持每年200台左右手术。他的手因为长期拿柳叶刀已经变形，右手食指上关节向外翘，即使伸直时也无法并拢。

第四节　消费身体和商品身体的传播

一　消费身体的传播

人之所以有需要（need）是因为他们有身体。动作行为是为满足需求即寻求快感、避免痛苦而产生的。有各种需求的身体，从生到死需求不断，关于这种需求，著名的概括就是马斯洛的需求层次理论。身体的吃、穿、住、用、行、性都可以看作广义的消费。

生产也生产身体的需求，身体的需求欲望（desire）也是在生产的不断刺激下不断扩张。"在每一个社会里，欲求所主要具有的是文化习得性。"②消费身体传播的是消费文化，消费文化又引导和刺激身体消费。

所谓消费，是身体的消费。在消费中身体感觉到自身最真实的存在。对于芸芸众生来说，"我思故我在"，远不如"我消费故我在"（I consume, therefore I am.）更容易体验、更容易被认同。"我买故我在"是"我消费故我在"的更通俗表达。消费文化带着日常生活的感性色彩，借助市场法则渗透到一切领域之中。

在消费主义看来，身体是消费者，身体的使命就是消费。在消费社会中，"人的每一种生理、精神和情感的需求最后都将被物化成化学物质或职业服务。除非我们学会抵抗和拒绝，否则那些曾经属于自我知识（self-knowledge）和自我身份（personal identity）的东西将蜕化成某种纯粹的消

---

① 顾保孜：《杜修贤：带着"历史瞬间"融入历史》，《北京日报》2014年6月17日。
② 〔美〕约翰·奥尼尔：《身体形态：现代社会的五种身体》，春风文艺出版社，1999，第94页。

费能力（consumerised capacity），从而将一种剩余自我（residual self）归类为生产身体的适当的外化形式（externalization）"①。消费对身体有巨大的诱惑力，大多数人难以拒斥、乐于就范。广告是消费社会的有力吹鼓手，助推着一波又一波消费浪潮。广告告诉人们，眼影、睫毛膏等化妆品可以使双眼变得更有魅力，戒指、指甲油可以使双手富有美感，项链可以凸显脖颈和胸部之美，高跟鞋使得身体更加性感，等等。越来越多的商品成为身体的消费对象，越来越多的人相信身体周围附加的消费品越多、越昂贵，身体就越高贵。于是，几乎每一个人都成为流动的广告。

在消费社会中，许多人依赖所消费的物品来建构自己的身份。多数情形下，奢侈品消费是一种炫耀，显示了富有和地位。炫富是一种自觉不自觉的显示行为。比如，网友发现陕西省安监局党组书记、局长杨达才手上频繁出现各类名表，引起舆论关注。经相关部门调查审理，杨达才犯受贿罪，已被判刑。手腕上不断变换的高档手表，泄露了天机。

2011年6月21日，新浪微博上一个名叫"郭美美Baby"的网友颇受关注，其微博中发布了一系列的"炫富"内容，打扮时髦，名包、名车、别墅，由于称自己是中国红十字会商业总经理而在网络上引起轩然大波。

与炫富心理形成对比，寒碜、廉价的消费多不愿意让人注目，因为怕人看不起，所谓"笑穷不笑娼"说的正是这种心理。不少人都有这样的感受："珠玉在侧，觉我形秽"（刘义庆：《世说新语·容止》），在豪门、富商面前会"自惭形秽"，他们被富丽堂皇压得抬不起头来。

消费由各种身体动作来完成，消费动作五花八门，如饮食消费中围桌而坐吃饭，还有举杯、碰杯喝酒等动作。

二 商品身体的传播

波德里亚指出："在消费的全套装备中，有一种比其他一切都更美丽、更珍贵、更光彩夺目的物品——它比负载了全部内涵的汽车还要负载了更沉重的内涵。这便是身体。"② 在商品社会和消费社会中，身体也成为被消费的物品、被消费的对象。人的身体被符号化为"最美的消费品"。

---

① 〔美〕约翰·奥尼尔：《身体形态：现代社会的五种身体》，春风文艺出版社，1999，第100页。

② 〔法〕让·波德里亚：《消费社会》，南京大学出版社，2000，第138页。

身体确实是人人都有、最容易开发、最容易引起关注的资源。

（一）身体消费和消费身体

本来身体是消费的主体，但有人把身体当作消费对象，于是就出现了消费身体的现象。

每一个人都有消费的身体，但并不是每一个人都愿意或能够实行对身体的消费。

在商品社会和消费社会中，身体成为欲望和消费的对象，用身体消费身体，出现了部分男性对部分女性身体的过度消费。于是身体成为商品、身体成为身体资本（physical capital），妓女的身体被商品化、身体被出售。妓女以身体为唯一资本、唯一工具、唯一表达手段，是在透支身体、透支青春。她们的身体特征往往是搔首弄姿、浓妆艳抹、卖弄风情。通常男性是买方，女性是卖方；男性是消费者，女性是被消费者。

"我们的身体，属于我们自己"（Our Bodies, Ourselves.），这对女性来说尤其重要。人应该做自己身体、自己健康、自己尊严、自己权利的主人，使我们的身体真正属于我们自己。

（二）身体器官也成为可以交换的商品

如果理论和法律认可血液是一种可交换的商品，那么像心脏、肾脏、眼睛及其他身体器官也都可以被当成在市场上自由买卖的商品。对于每一个个人来说，自己的身体及其器官是不可再生资源，卖出了身体器官就等于卖出了自己生命的一部分。

既然身体可以成为商品、可以成为消费对象，那么它也可以出租。出租子宫的代孕妇女将自己的身体作为一种工具，把自己变成生孩子的机器。

在商品社会和消费社会中，商品身体传播了多种信息。其中最重要的是，商品身体传播了一切都可以成为商品、可以交换的理念。在"色情化"的身体中，占主导地位的是商品交换功能。

（三）性身体的过度传播

所谓性身体的传播首先由视觉消费推动，在这种推动中听觉消费也起一定作用。波德里亚还指出：

性欲是消费社会的"头等大事"，它从多个方面不可思议地决定着大众传播的整个意义领域。一切给人看和给人听的东西，都公然地被谱上性的颤音。一切给人消费的东西都染上了性暴露癖①。

性感的身体成为普通公众的消费对象。如今体育比赛中女运动员着装日益"性感化"，沙滩排球女装呈"三点式"，并向羽毛球、乒乓球等项目扩展。波德里亚引用了一段话："不管被投入到商业领域中的物品是轮胎还是棺材，他们总是企图触及潜在客户的同一个部位：腰带之下。这对精英来说是色情，对大众而言是淫秽。"② 同时，对女性身体的消费从私人领域进入社会公共领域。

> 电视使得异性私下形象公开并更有说服力。通过电视的特写镜头，男性和女性在一个月内看到的"亲密距离"内异性的数量超过了早期各代人一生所看到的数量③。

网络的出现则使此种现象"雪上加霜"和"锦上添花"。比如，浏览微博就如同享用一席身体盛宴，微博为"观看身体"这一私人行为提供了公开途径。

于是，消费社会和媒介社会中的人们更缺少羞耻感，他们的所作所为让过去传统社会中的男男女女瞠目结舌、目瞪口呆、不知所措。羞耻感是一个人在自己的思想和行为与社会常态不一致时，而产生的一种痛苦的情绪体验。我们遗憾地看到，羞耻感在消费社会和媒介社会中越来越稀缺。在公共场所，身体隐私的遮羞布被一点一点揭开，在赌城拉斯维加斯的夜场演出中，笔者亲眼看到女性"三点式"服装只剩下了"一点式"——只穿三角内裤。如果说过去对身体某些部位的暴露还受到诸多限制的话，"佳人佯醉索人扶，露出胸前白雪肤"（王安石），现在则几乎没有什么部位不可以暴露了。而"裸体剧院（百老汇：《霍·卡尔库塔》）：警方允许进行演出，条件是舞台上不能出现勃起或进入的场面"④。如果过去性事还有难以摆脱的羞怯和遮掩，"记画堂斜月朦胧，轻颦微笑娇无奈。便翡翠

---

① 〔法〕让·波德里亚：《消费社会》，南京大学出版社，2000，第 158 页。

② 〔法〕让·波德里亚：《消费社会》，南京大学出版社，2000，第 157 页。

③ 〔美〕约书亚·梅罗维茨：《消失的地域：电子媒介对社会行为的影响》，清华大学出版社，2002，第 214 页。

④ 〔法〕让·波德里亚：《消费社会》，南京大学出版社，2000，第 157 页。

屏开，芙蓉帐掩，羞把香罗偷解"（贺铸《薄幸》），那么现在则成为大庭广众下的公开展览了。

性身体的过度传播，已经极大地冲击了传统的贞洁观念。"如果年轻姑娘的身体完好无恙，没有受到任何玷污，没有任何受精或污染的可能，尤其是她还不了解这种快乐，而由她的丈夫第一个使她发现这种快乐，并把她变成一个成熟的女人，那么，她的身体就以其多少已显示出具有生殖能力的品质而受到人们的赞赏。"① 这样的女人依然得到许多人的欣赏，但确实比传统社会少多了。相反，我们能听到这样的声音，木子美非常自得地说："我过着很自得的生活，有一份可以把自己弄得好像很忙的工作，工作之余又有非常人性化的爱好——做爱，而且做爱对象有得选择，有得更换，资源充足，我不需要对他们负任何责任，也不需要付出感情，更不会对我造成干扰，像一张 CD，想听就听，不想听就粒声不出。"②

第五节　政治身体的传播

由政治的特性所决定，政治身体往往同时兼有传播、交往功能，或者说，政治身体、传播和交往身体同时存在于一个特定人的身体上。正如意大利的马基雅弗利在其名著《君主论》中所说："他（君主）必须在行动中向人们展示他的伟大、英勇、庄重与强力。"统治者身体行动的这种"展示"，既是政治行为，也是传播行为。他还说："最为重要的是，君主必须殚精竭虑以自己的行动赢得伟大之名与才智超群之誉。"③ "伟大之名与才智超群之誉"是传播的结果，然而这种传播是靠自己的身体"行动"赢得的。

一　政治身体是人政治生命的基本结构

亚里士多德在《政治学》中说：人天生是个政治动物。"人类在本性

① 〔法〕阿兰·科尔班主编《身体的历史卷2　从法国大革命到第一次世界大战》，华东师范大学出版社，2013，第 156－157 页。
② 《木子美日记》，http://www.muzimei.org/yiqingshu/list_1_2.html。
③ 〔意〕马基雅弗利：《君主论》，九州出版社，2007，第 143、175 页。

上，也正是一个政治动物。"①　人是政治动物；政治身体（政治人）是人们政治生命中的基本结构，人的政治生命就存在于人的政治身体之中。

对于国王、总统、政治领袖来说，他们有两种身体，一种是自然身体，一种是政治身体。国王、总统、政治领袖死后，政治身体就从一个自然身体转移到了另外一个自然身体上了。16 世纪初的一位英国法学家在提及"国王的两个身体"时，毫无疑问说得最好："国王有两种能力，因为他有两个身体，其一是自然的身体，由自然的肢体构成，就像其他人一样，就此而言他也会臣服于激情和死亡，如其他人；另一为政治的身体，其肢体就是他的臣民，而他及其臣民共同组成了集团……他与肢体融合无间，肢体于他也是如此，他就是头脑，他们则是肢体，只有他才掌控管理肢体的权力；这具身体既不会像其他身体那样臣服于激情，亦不会臣服于死亡，因为国王的这具身体根本就不会死亡。"②　国王的政治身体不会死亡，是因为这个政治身体会从老国王的自然身体上转移到年轻国王的自然身体上。对于每一个政治人物来说，政治身体与自然身体从来都是融为一体的。中国古代皇帝的政治身体就是"龙体"，"龙体"健康与否常常关涉社稷的安危，但"龙体欠安"是人们经常可以听到的，"欠安"只会在自然身体上出现。对于封建帝王来说，臣民的身体不过是他驱使的工具而已。

最高统治者的身体拥有最高权力，他们的政治身体不容侵犯，并且往往具有极大的权威和神奇的威慑力。有研究者指出："他（国王）身体的在场便可平息所有纷争、使人忠心耿耿，摄政王们对此知道得一清二楚：卡特琳娜、玛丽和安娜带着她们年幼的国王在动荡不安的外省散步，她们的在场犹如奇迹般瞬间便确立起秩序和驯服。"③　中国历史学家有"人存政举，人亡政息"的概括和慨叹，某一最高统治者的政治身体健在或亡失，就成为某一政权兴废存亡的转折点。直到现代社会，这种权威和威慑力依然程度不同地存在。

如果政治制度、法治体系健全，不管是谁当政，基本政治行为和政治

①　〔古希腊〕亚里士多德：《政治学》，商务印书馆，1965，第 7 页。
②　转引自〔法〕乔治·维加埃罗主编《身体的历史卷 1　从文艺复兴到启蒙运动》，华东师范大学出版社，2013，第 298 页。
③　转引自〔法〕乔治·维加埃罗主编《身体的历史卷 1　从文艺复兴到启蒙运动》，华东师范大学出版社，2013，第 300 页。

结果不会有多大差别，这样的政治制度是力争"去身体化"的。但是，在"人治"突出的政治中，主政者不同，政治行为和政治结果会差别很大，就会出现"政治身体化"现象，一人身体健康与否，关系着天下社稷的安危。

国家领导人在一些重要场合身体状态或身体动作的"失控"，会引起许多猜测，甚至对政治局势带来重要影响。1973 年 8 月 24 日，中国共产党的十大在人民大会堂开幕，毛泽东主席宣布散会后，自己却坐着不动。这时，台上台下鼓掌欢呼已经持续了十分钟之久。大概是周恩来总理发现主席的腿在颤抖，他让主席坐下。而台下的代表仍一个劲地向毛主席欢呼。尽管周总理打手势要大家赶快退场，代表们还是不肯离去。在这种情况下，毛主席只得向代表们说："你们不走，我也不好走。"护士长吴旭君判断，再让主席站起来是很困难了，但这时又不能让代表们知道主席身体的真实情况。在吴旭君建议下，周总理当场宣布：毛主席目送各位代表退场。

1982 年 9 月，英国首相撒切尔夫人与邓小平在北京人民大会堂讨论香港的前途问题，众所周知邓小平明确地告诉她，中国在主权问题上"没有回旋余地"。

> 会谈结束后，撒切尔走出人民大会堂，脸色凝重。当她继续往下走时，高跟鞋与石阶相绊，使身体顿失平衡，栽倒在石阶下，以至于皮鞋手袋也被摔到了一边。她被扶起来后说没事。但这个动作被当时的媒体捕捉下来，并宣称这是"英国的倒下"①。

也许是一时走神或其他偶然原因，她身体摔倒了。然而，这一切恰恰是撒切尔夫人在遇到强大对手和巨大挑战时发生的，这不能不引起人们的关注和种种推测。

身体、生命成为政治权力、法律权力的首要对象。对某些人宣判死刑，是至高无上的权力。中国古代的臣子就有"圣上要臣死，臣不得不死"的说法。把某些人关在牢房里也是政治权力、法律权力的威力。中国古代的皇帝虽然掌握着别人的生杀大权，但不无讽刺的是，正如学者张宏

---

① 邵乐韵：《铁娘子的九段传奇》，《新民周刊》2013 年第 14 期。

杰所说:"我统计了一下:中国那么多皇帝,平均寿命只有 39.2 岁。"①

战争是政治的继续,战争是身体对身体的消灭、毁坏,本书没有把战争的身体列为单独研究对象,也很少涉及战争的身体。这里只看抗日战争中台儿庄战役中的一个片段:

> 台儿庄内的日军肃清后,有中国记者进入了这座已成废墟的运河小镇,他们首先见到的是第三十一师师长池峰城:"他的头发和胡子都长得很长,嗓子已经哑了,面色有如无光的黄纸。"接着,记者们看到台儿庄满地的残垣断壁间,到处是没有来得及收殓的双方官兵的尸体,日军在撤退时对其遗弃的尸体进行了焚烧,此时成堆的残肢依旧在冒着白烟②。

战争的身体传播了勇敢、坚强或懦弱、怕死,前者塑造了英雄,后者凸显了胆小鬼。战争的身体行为显示了爱国者的无畏、卖国贼的卑鄙、侵略者的狂暴。但无论如何,战争中的身体显示了身体不能承受之重,传播了战争对人的身体的无情毁灭。

二　社会人的身体无不折射出政治的光线

政治身体不是天生的,而是通过政治群体、社会体制、政治传播等所施加而逐渐形成,或者说是"身体政治"造就了政治身体。"身体政治"(body politics)是指社会权力调节社会成员身体的活动。大多数人的身体是"被成为"政治身体的,即使你对政治不感兴趣,政治也会找上门来。在上述意义上,身体政治也是政治传播的过程、政治社会化的过程。

布莱恩·特纳在其《身体与社会》第二版导言中指出:"一个社会的主要政治与个人问题都集中在身体上并通过身体得以表现。"③ 没有任何一个社会人的身体不折射出政治的光线。福柯指出:"但是,肉体也直接卷入某种政治领域;权力关系直接控制它,干预它,给它打上标记,训练它,折磨它,强迫它完成某些任务、表现某些仪式和发出某些信号。这种

---

① 李苑:《帝王性格如何影响社会变迁》,《光明日报》2015 年 6 月 16 日,第 11 版。
② 王树增:《抗日战争》,载《新华文摘》2015 年第 16 期,第 87 页。
③ 〔英〕布莱恩·特纳:《身体与社会》,春风文艺出版社,2000,第 1 页。

对肉体的政治干预，按照一种复杂的交互关系，与对肉体的经济使用紧密相联；肉体基本上是作为一种生产力而受到权力和支配关系的干预；但是，另一方面，只有在它被某种征服体制所控制时，它才可能形成为一种劳动力（在这种体制中，需求也是一种被精心培养、计算和使用的政治工具）；只有在肉体既具有生产能力又被驯服时，它才能变成一种有用的力量。"[1] 正像我们已经说过的那样，身体、生命成为政治权力的首要对象，政治权力首先要约束和规训（egulation and restraint）的就是其统治范围内的那些身体。权力的监控和规训必然大量生产出驯服的身体。对身体的塑造也就是对社会的塑造，对身体的规范也就是对社会的规范。"肉体政治"（politics of the flesh）、"身体政治"等说法便是对上述现象的学术描述。

一个人可能脱离社会政治，但不可能脱离文化政治。因为文化政治渗透在人类生活的各个方面。日常、世俗的吃穿住行、饮食男女，只要与权力相关，便都属于文化政治。

三　中国当代社会的政治身体传播

中国官员的政治身体与自然身体之间有明显的对比，一旦进入官场，自然身体的很多自然表现就会受到压抑和限制。久而久之，甚至政治身体成为自然身体的一部分。

总起来说，中国官员的政治身体是"正规的""被规范的"，"像个当官的样子"更加突出。

领导人在植树节前后的培土、浇水活动，多具有示范、象征意义，表示领导重视。比如，2014 年 4 月 4 日，党和国家领导人习近平、李克强、张德江、俞正声、刘云山、王岐山、张高丽等来到北京市海淀区南水北调团城湖调节池参加首都义务植树活动。此类活动几乎每年都要进行。

用手指点是领导指导工作常见的动作。

与外国领导人相见一般都要握手，同时有一个"亮相"即面对摄影、摄像记者以便留下面对镜头的形象。

在国际政治交往中，动态的政治身体的位置是一个饶有趣味的问题，

---

① 〔法〕米歇尔·福柯：《规训与惩罚　监狱的诞生》，生活·读书·新知三联书店，1999，第 27 页。

我们每每看到，口语翻译的位置最难拿捏，他们不能"居中"，也不能"居前"，不能离开所在团队的最高领导——离远了听不见谈话，又不能靠得太近以防"喧宾夺主""抢镜头"。

官员送花圈，总是要将本来摆好的挽联带用自己的手重新摆一下。

正式场合，如重要会议，每个人的座位次序都是很有讲究的。我们经常看到，绝大多数会议每一个座位前都有相应的姓名标牌，以免坐错。它鲜明地表现出政治的等级秩序。既然政治与权力连在一起，等级位序有其必要性，我们在《水浒传》中可以看到，就连草寇梁山好汉也要"排座次"。

有时，打破按官位高低排序座位的惯例会收到特殊效果。比如，在某市召开全市深入推进全民创业暨突破性发展民营经济工作会议上，与会的100余名创业者和民营企业家代表，享受到会场中间的"主座席"待遇，而市直各职能部门的"局座"们则分坐两侧。这使这些代表深受鼓舞。某省领导在照合影时也有类似做法，效果也不错。它对于破除"官本位"观念有一定积极作用。

这里有一个案例耐人寻味：有一个中国政府代表团到德国考察，到了汉堡，市长和商会会长两人出面迎接。按照中国的习惯，代表团的领导和成员都是先跟市长握手、寒暄。可是，吃饭的时候大家才惊讶地发现，人家坐在中间主座的是商会会长，市长坐在旁边。

中国当代领导人的政治身体有特有的行为模式，理论考察和梳理还有待深入开发，以上仅是粗浅的、部分的勾勒。

第六节 道德身体的传播

《礼记·礼运》曰："美恶皆在其心，不见其色也。欲一以穷之，舍礼何以哉？"意思是说，美恶之念都藏在人的内心深处，从表面看不出来，只有通过"礼"才能把它们全部显露出来。为什么"礼"能显露出"美恶之念"呢？《礼记正义》引郑作序云："礼者，体也，履也。统之于心曰体，践而行之曰履。"大意是说，所谓"礼"是存在于身心之中并通过身体和身体的实践行动表现出来的。这个说法是有道理的。沿着这个思路我们可以说，人的道德是靠身体行动展现出来的。

本节主要表达这样的主题：所谓道德主要是靠身体行为表现出来，也是靠身体行为传递出去的。比如，1982年6月21日，王湘冀从工地回家，下沱江洗澡。上岸时，忽然发现3个儿童被湍急的江水冲下江坝，他奋力跳入江中救起三名落水儿童后光荣牺牲。为纪念王湘冀烈士而建的雕像矗立在凤凰古城的沱江边，雕塑表现的是英雄从岸上向水中飞身跳下的瞬间动作（见图5-16）。反过来说，缺德也主要通过身体行为表现出来并传递出去。媒体只是二次传播，起扩大影响的作用。

图5-16 沱江英魂

资料来源：黄永玉设计，王子瑞拍摄。

在中国，雷锋的事迹传遍神州大地，成为助人为乐道德身体的代表。

2012年5月8日放学的时候，黑龙江省佳木斯市第十九中学语文教师张丽莉在路旁疏导学生。正当一群学生走出校门准备过马路时，一辆客车突然失控，撞向学生。危急时刻，张丽莉猛扑向前，将车前的学生用力推到一边，自己却被撞倒，车轮从她的大腿辗压过去。昏迷多天后，她醒来后第一句话是："那几个孩子没事吧！"经过抢救，虽然脱离生命危险，但她的双腿没有保住，被迫高位截肢。张丽莉舍己救人的壮举感动无数人，被誉为"最美教师"。她猛扑向前，将车前的学生用力推到一边的身体，定格了高尚道德的身体。舍己救人的身体行为，多会给自己的身体带来重大损伤甚至献出生命。张丽莉的高尚行为就给自己带来了身体的高位截肢。

2012年5月29日中午，浙江省杭州长运运输集团公司驾驶员吴斌驾驶着载有乘客的大客车行驶于沪宜高速上，被迎面飞来的制动毂残片砸碎前窗玻璃后刺入腹部致肝脏破裂，但他仍强忍剧痛在 76 秒内以极大毅力完成了一整套安全规范的操作，将车停稳，并提醒车内 24 名乘客安全疏散及报警，后吴斌被送往医院抢救，终因伤势过重抢救无效离世。"他出事时，不管是坐姿，还是停车措施，都是完美无瑕的。"事后，通过反复查看监控录像，吴斌生前的同事们一致认为，剧痛中精准完成的踩刹车、拉手刹、开启双闪灯、并艰难站起、通知乘客、开启车门等动作，吴斌用生命践行了"一切为了顾客""诚信、爱岗、敬业"和忠于职守的职业道德。

2017 年 8 月 8 日，四川省九寨沟县发生 7.0 级地震。在余震不断、乱石砸落、尘土飞扬的危难时刻，灾区群众正拎着行李撤离灾区，一位身穿迷彩服的年轻军人，一边看着垮塌的山体，一边逆着群众撤离的方向迅速跑向灾区。有人抢拍下了这一"最美逆行"的照片挂在了网上，这位逆行者的背影深深打动了人们。他就是武警四川总队阿坝支队十三中队士官张国全，当时他已经连续救援 40 多个小时。他冲进塌方地段，背起游客冲出危险区（见图 5 - 17）。

图 5 - 17　最美逆行

资料来源：《重庆晨报》2017 年 8 月 12 日。

从以上几个例子不难看出，高尚的道德情操是靠身体行为甚至是牺牲生命显现和传播出来的。媒体传播不过是二次传播。

现在,志愿者的身影也不时出现在人们周围,他们热心公益事业、帮助需要帮助的人,他们以自己的身体行为,传播着社会正能量和高尚的道德。

坚守社会道德和修养是捷克人的优良传统。老人摔倒被路人救助、乘车给老人让座、高速路上遇车出事其他车主都会自觉停下来问是否需要帮助……都是最平常不过的事。请看下面这幅照片。

这幅照片(见图5-18)是记者在车辆行驶中透过车窗随意抓拍到的一个镜头:一对年迈的夫妇在路边人行道上突然摔倒,被刚好路过此处的几位年轻人救助,他们一边用手机拨打求助电话,一边悉心安抚照料两位老人,画面上的人物虽然都没有正脸面对读者,但他们平凡的善举足以震撼人心!

图5-18 几位年轻人救助突然摔倒一对年迈的夫妇

资料来源:吕淑梅摄影报道,《光明日报》2013年12月2日,第12版。

照片中的助人者都是普通人,正是这些普通人用自己的身体行为,展示着人类社会中的道德身体。

第七节 宗教身体的传播

一 圣体、圣骨的传播

基督教建立在耶稣身体毁灭基础之上,被钉在十字架上的耶稣的身体传遍了全世界。被钉在十字架上的耶稣的身体的象征和传播意义，无以复加。

"在信徒们的眼里，它（遗体）散发着生命之光；它是生命之源。""被人们虔诚地收纳在一个圣龛里的遗骨会散发出一种信徒们都想要得到的力量。""在圣体所在的那个城市或附近的地区，圣徒的身体必然被赋予一种守护的功效。"① 因此，有时候把圣体安放在何处在不同地区会产生激烈的纷争。

圣骨被分成几块，保存在多个基督教国家。在圣徒看来圣骨是上帝之存在的体现、是为人祈福的象征，因而具有巨大的能量，它可以治愈疾病、增产丰收、预防流行病、保佑人们万事如意，等等。保存取自圣徒或圣女躯体的一部分，就可以最短的路程从尘世通往天国。

在圣让娜·德·尚塔（天主教圣母往见会创始人之一）逝世之后，有人把她的舌头收集起来放在一个铜质的圣骨盒里。后来它被托付给了阿维尼翁的圣母往见修道院，在那里它被视作"让娜圣骨中继心脏之后最珍贵的圣骨"，因为它"曾经说过那么多令人敬佩的言语"。因而每年的圣体瞻礼节，这个神圣的舌头都会被放在一家教堂里展览一个星期，接受信徒们的崇拜，主持教堂的教士往往会允许信徒们亲吻这块圣骨。另一根舌头是让·内波米塞纳的，它在 17 世纪也相当出名；它的名声并不是因为它曾经释放出的那些卓越的启示，而恰恰是当她的君主要求她向其出卖教派的秘密时，这位圣女始终缄默不语。这类圣骨总是与圣徒生前的一段生命片段息息相关②。

二 以身体表现信仰、以信仰规制身体

康德说过："在宗教里面，一般地似乎拜倒，垂头祈祷，带着悔恨和恐怖的面貌表情是在上帝面前唯一合式的姿态，因此大多数的民族采取了它并且保持着它。"③ 这里对上帝的动作和表情主要是指基督教，其他宗教信仰也与此类似。

---

① 〔法〕乔治·维加埃罗主编：《身体的历史卷 1 从文艺复兴到启蒙运动》，华东师范大学出版社，2013，第 31 页。
② 〔法〕乔治·维加埃罗主编：《身体的历史卷 1 从文艺复兴到启蒙运动》，华东师范大学出版社，2013，第 63 页。
③ 〔德〕康德：《判断力批判》，商务印书馆，1964，第 103 页。

（一）以身体表现信仰

吕特·阿里说："宗教信仰则是通过身体而表现出来的。"[1] 的确，即使那些卧床不起的朝圣者们，也要"用尽自己最后的力量以模仿受难的耶稣，作出基督被钉在十字架上的姿态"[2]。

祈祷是用身体表现信仰最常见的一种方式。列夫·托尔斯泰的《哈吉穆拉特》这样描写祈祷："老头在他对面跪坐在自己的赤裸的脚后跟上，闭上眼，手心朝上举起双手，哈吉穆拉特也是这样做。然后他们俩一起念祷词，两手抹过自己的脸，抹到胡须末端便合起掌来。"[3] 画十字是基督教最常见的身体祈祷动作。

中国信佛教的人也向佛祈祷，拜佛（见图5-19）、烧香（见图5-20）就是向佛祈祷，不过通常不说祈祷。拜佛、烧香的目的多种多样，总之是有求于佛。拜佛时对身体有其规范，厦门南普陀寺的"拜佛仪规"这样写道："直立合掌当胸如捧水，两脚八字形站，脚趾部分距离约八寸，脚跟部分距离约二寸。慢慢弯腰，屈膝靠近拜垫边，头开始向下叩。右掌按在拜垫中央，然后左掌按在拜垫左前方。再将右手移至右前方使两掌并排。当头贴着拜垫时，两掌同时翻起掌心向上，以示极度尊敬。起立时，两掌掌心翻回向下。右手退回拜垫中央，左手提起来合掌式回胸前，两膝起立，右掌与左掌合。"

其他用身体表现信仰的行为还有朝圣、转山、转经轮、打坐等。相关内容请参阅拙作《信仰及其传播》（中国传媒大学出版社2008年出版）"信仰传播的特征"，此处就不赘述了。

（二）以信仰规制身体

以信仰规制身体和以身体表现信仰几乎是一回事。只有以信仰规制身体才能以身体表现信仰，而在用身体表现信仰时身体则被信仰进一步规制。

为了达到对身体的规制，"修道院和神学院的教规，甚至一些职业学

---

[1]　见〔法〕阿兰·科尔班主编《身体的历史卷2　从法国大革命到第一次世界大战》，华东师范大学出版社，2013，第62页。

[2]　见〔法〕阿兰·科尔班主编《身体的历史卷2　从法国大革命到第一次世界大战》，华东师范大学出版社，2013，第61页。

[3]　〔俄〕列夫·托尔斯泰：《哈吉穆拉特》，人民文学出版社，1979，第7页。

图 5 – 19　一女游客在拜佛

资料来源：农历腊月三十（公元 2014 年 1 月 30 日）赵建国摄于海南南山。

图 5 – 20　一男游客在烧香

资料来源：农历腊月三十（公元 2014 年 1 月 30 日）赵建国摄于海南南山。

校的校规都以忘掉肉体为宗旨"①。正如乔治·桑在自传中所说："我脖子上戴着一串用金银丝编织的念珠，以代替粗糙的苦修衣，她擦破了我的皮

---

① 〔法〕阿兰·科尔班主编《身体的历史卷 2　从法国大革命到第一次世界大战》，华东师范大学出版社，2013，第 228 页。

肤。我感受到了我的点点血滴的凉意，但这不是疼痛感，而是一种惬意感……我的身体已失去了知觉，它已不复存在了。"①

其实，肉体是不可能忘掉的，忘掉了也就无法对其控制了。

修道院里的修女们都竭力控制自己的动作、调整自己的情绪，力图使初学修女们抑制冲动和急躁情绪，不断要求她们必须自我克制，坐或站的姿态、走路的方式都必须控制得当。"动作、节奏、骚动不安的根源和感觉所提供的东西"，都是她们要永远保持警惕的对象。人们祈祷的姿态应严格规范化，其神态必须始终通过双手这一唯一可见的身体部位和面部显示出来。至关重要的是，要避免表现出种种类似于向别人示意某种亲热的神情。

关键的问题则在于对五官的控制。考虑到目光的危险性，应当努力克制自己想看别人或被别人看的欲望。当然，任何猥亵的目光都必须避免，应尽可能地不要盯着别人看。修女不可看自己的裸体，而应当忘掉自身的形象。她们不能使用镜子。同样，她们也不可有喜闻香味的癖好。相反，她们却可以寻觅臭味，尤其是当她们暗示要完成某一善举的时候②。

欧洲中世纪的有些宗教派别为惩戒或修行对自己的身体进行公开的鞭笞，这就是所谓的"鞭笞派"。中世纪初期，这种虔诚的修行方法特别为在俗信徒所崇尚。13世纪中叶，意大利开始出现由在俗信徒、妇女和神职人员组成的鞭身团和鞭身游行队，后来蔓延到欧洲其他地区。14世纪中叶欧洲鼠疫大流行时，大量信徒企图靠鞭笞自己来减轻天罚。直到现在，美洲的哥伦比亚信徒依然有此类行为，在游行仪式中他们背负沉重的十字架艰难前行，用猛烈的鞭子将自己抽打得皮开肉绽。一个印第安后裔喜极而泣地呼喊："太好了！我感到天越降越低，末日要降临了！我信仰虔诚！我盼望接受审判！"

佛教同样对一些重要活动中的身体动作有特定规范。图5-21就是法事活动中观音双手十指的典型动作。

---

① 转引自〔法〕阿兰·科尔班主编《身体的历史卷2 从法国大革命到第一次世界大战》，华东师范大学出版社，2013，第54页。
② 〔法〕阿兰·科尔班主编《身体的历史卷2 从法国大革命到第一次世界大战》，华东师范大学出版社，2013，第54-55页。

图 5 – 21　观音双手十指的动作姿势（南山南海观音雕像局部）

资料来源：赵建国 2014 年 1 月 30 日摄于海南南山。

第八节　体育身体的传播

一　体育与传播

　　身体运动动作变化是体育运动的核心内容，体育运动也是动作传播的内容之一，而且是一种独具特色的动作传播方式。我们平时所说的体育交流，离开了运动动作就失去了最根本的内容。比如，有记者这样报道中国飞人苏炳添的百米赛动作：2015 年 8 月 23 日，在北京田径世锦赛男子 100 米决赛中，他"两手按在地面上，微微左右摇晃身体，一寸一寸地调整两手之间的距离，发令枪一响，半蹲着像青蛙脸颊一样鼓起来的粗壮大腿如同优质弹簧，释放出积蓄到极限的能量，将身体干脆利落地弹出跑道，观众席上不由自主的屏息瞬间，田径赛场'王中之王'的竞争在 10 秒内定格"①。

---

　　①　侯珂珂、王东：《10 秒写下的光阴故事》，《光明日报》2015 年 8 月 24 日，第 9 版。

通过竞赛运动会进行交流和传播是体育交流和传播最为有效的方式。全世界最大的体育赛事奥林匹克运动会传播范围之广、影响之深远更是无可匹敌。

体育还是人类推动社会运行的一种动力和中介。体育运动也是一种人际交流、传播方式。高尔夫球、乒乓球、羽毛球等，参赛者除了在开局和结束时相互握握手之外，没有任何的身体接触。而橄榄球、篮球、足球、冰球赛则有身体的接触和碰撞。不管有没有身体接触，体育运动比赛都会形成一种特殊的人际"对手"或"队友"关系。人们常说的"以球会友""以棋会友"，就表明了体育运动具有交往、交际功能。同时，体育运动还可能成为一种外交活动。比如，1962 年，中国围棋代表团首次访问日本并获得空前成功，拉开了后来"围棋外交"的序幕；乒乓球曾以"小球推动大球"，对中美外交起到了推动作用。

如果把身体运动比作语言，身体运动的节奏就如同语音，身体运动的动作、技巧、姿态等就如同语汇，动作、技巧、姿态等的衔接规律和组合方法就如同语法，体育运动的交际、传播功能就在这三者的动律形态与神态有机结合的过程中实现。

二　体育锻炼、改造人的身体和心灵

体育把人类自身作为活动的对象，以自身来支配自身，这是体育不同于诸多其他人类活动的根本特征。作为一种身体文化的体育，最基本的特征就是人的活动主体与客体的同一性，这种同一性就存在于运动着的身体上。

中国著名教育家蔡元培在 1919 年提出："完全人格，首在体育。"体育主要从生理和心理两个方面影响人格塑造。体育无疑是人类自我控制和调节机能的一种形式，最基本的手段是通过身体活动对人体机能进行再创造，从而改善人类自身。以改造人为核心的体育把对物的改造提升到一个新的阶段。维多利亚时代的那句"身体好则精神好"的谚语成为那个时代的格言和"几百万人的一种活的信条"。乔治·戈登·拜伦在意大利旅游时就由一位医生陪伴着，医生对拜伦的体育锻炼和饮食作出规定。经过大量的流汗和节食之后，拜伦的体重在 1807 年就减少了 24 公斤。他在书信中对自己的身体因变得细长而处于"良好的状态"进行了确切的描述："您问到了我的健康的新状况。我现在已成了一个尚可忍受的瘦子，这是我通过体育锻炼和节食而获得的。"拜伦所使用的乃是传统的植物饮食制，即只吃绿色的蔬菜和饼干之类的东西，喝的则是苏打水和茶；他也游泳和骑马。他很希望自己能瘦下去："没有什么能比听到人们说他瘦了更使他高兴的了。"[1] 在体育运动过程中，其实也蕴含着人类自身合乎理性的跃进。同时，人在其生理层面上，外在地与自然界发生了物质的交往。"到中流击水，浪遏飞舟"（毛泽东：《沁园春·长沙》），强健的身体搏击江心中的激流，人与大自然既紧张又和谐地交融在一起。

体育使人的自然属性与社会属性达到统一。体育创造的能力其实是人改造自然能力的特殊部分，在人的精神领域占有独特地位。体育运动的直观、力度和激越以及场面的宏大等推动人的精神得到有价值的升华和进步。体育促使人的物质活动和精神活动联系更加紧密。体育运动以人的身体完善为基本目标，从而为人类的精神活动提供最根本的物质基础或生理基础——健康、完善的身体，这是一方面；另一方面，体育运动也能对人的心理和精神进行全面锻造，包括勇敢、坚毅、永不放弃、机动灵活等优良精神品性的养成和提高，这些精神品性可以更有效地保证人类进行物质生产和文化、科技创造。团队精神也是许多体育项目训练和比赛的收获。一支每个队员能把球传给队友的球队，通常能战胜一支人人都只为自己而踢球的球队，足球和其他团体性的体育运动很快就教会球员们这个道理。到南京参加第二届夏季青年奥林匹克运动会的美国橄榄球球队队员巴利说，通过橄榄球，他学会了与人沟通，真正理解了团队精神和遵守规则的重要性。团体性的体育运动形成了一种"集体性的身体"。一支出色的球队是由一种其身体和战术能力彼此极其协调的群体所构成的。比赛结束的哨声一响，队员们互相握手或者互相拥抱。体育运动在改造物质世界的同时也改造精神世界，并且促使人的生命活动在物质和精神、生理和心理、肉体和心灵等方面实现有机的沟通和超越。

三　体育动作传播

跳高姿势从跨越式演变为剪式，由剪式演变为滚式，由滚式演变为俯卧式，然后是当今流行的背越式，传递了人类对自身身体结构和如何更好

---

[1] 〔法〕阿兰·科尔班主编《身体的历史卷2　从法国大革命到第一次世界大战》，华东师范大学出版社，2013，第281页。

地摆脱地球引力的认识信息。

从信息传播角度看，许多体育项目不过是对实体信息的反应与应对，看谁反应快，看谁应对及时、准确。射击、球类、武术、击剑、拳击等都有这样的特征。对抗性比赛中，对手之间在不断传递、接收和反馈信息。在体育运动和体育比赛中，多数情况下实体信息比符码信息更重要。比如，乒乓球在接发球时需要准确判断来球的速度、力量、旋转、角度等实体信息，才能恰当应对。好的接发球不仅要求将球回到对方的球台上，而且要回到对方感到难受的位置上。所谓"看着对手打"，就是快速对对手的动作作出恰到好处的回应，同时要打到对手最不好接的位置上。回球动作就是对来球信息的反馈，这种反馈准确不准确还要通过看回球的落点位置、速度、旋转与力量如何来检验。球类运动就是对实体信息从发现、反应、应对到反馈、检验、调整的一个完整传播过程。许多体育运动锻炼的实际效果之一，就是身体对实体信息的反应、判断与反馈、调整能力的提高。

竞赛体育各种动作的不断完善与改进，传递了人类追求自我超越的信息。径赛跑道上飞人们疾速的步频、争先恐后的摆臂，游泳赛道中的劈波斩浪、奋力争先，球类比赛中的你争我夺、互不相让等等，都体现了体育运动的竞争精神。体育的生命活力正是在这种超越与竞争中生成和传播。

体育比赛动作表现和评价的显性、直观，也是体育动作传播的特点之一。这个特点也是体育比赛的魅力之一。很多比赛项目，即使外行人也能大致看出高下，裁判很难作假。与其他有竞争的领域相比，公平原则在体育比赛中最容易体现出来，当然这并不意味着体育比赛评价就是绝对公平的。

体育的教与练属于教育传播，但这种教育传播有自己的特点，这就是言传身教。动作传播在其中极为重要，不可缺少；仅有语言等符码远不能完成体育教育。武术的"口传身授"，身授包括做示范动作，也是动作传播。

动作样式，传播的不仅是动作技巧、要领等，它也往往蕴含着特定的文化内容。比如，国际武联秘书长、中国武协主席王筱麟谈到中国武术在国外的传播时说："人家看到中国武术行抱拳礼，进入武术领域也就跟着我们行抱拳礼。现在基本上是国际武术界的通用礼。有些外国人并不见得真正懂得我们抱拳礼的真正含义。他们管武术叫功夫，觉得中国来的人都是大师。师傅来了，见了就行抱拳礼。远远地走过来，啪地一个抱拳礼，这就是对这个项目对这种文化的一种认可。这有时候在国内是感受不到的。"[①] 抱拳礼是中国武术文化的一个内容。

体育比赛传播激情，足球世界杯是最好的诠释。运动员的力量、速度和激情也会在观众的身体中产生巨大反响。

第九节　艺术身体的传播

所有从事艺术工作的人都在职业生涯中造就出艺术身体。艺术身体为传播而存在，身体传播对于演员、主持人等具有特殊重要性。专业演员、专业运动员的身体动作显示出较高水平。舞台演出的动作比实际生活要夸张一些，影视剧演员的动作更接近实际生活。

艺术种类庞杂，艺术身体也多种多样。比如，笛子艺术主要要求嘴巴吹出的气流与手指对笛子气眼开启封闭的有机配合（见图 5 – 22）。限于篇幅，本节只讨论一般艺术表演身体和舞蹈艺术身体。

图 5 – 22　吹笛少年（雕塑）

资料来源：赵建国 2014 年 1 月 26 日摄于三亚亚龙湾森林公园。

---

① 刘琳琳：《让世界分享武术文化——访国际武联秘书长、中国武协主席王筱麟》，《传记文学》2008 年第 8 期，第 17 页。

一　优秀演员具有表现多种身体形态的能力

优秀演员具有表现多种身体形态的能力，也就是"演什么像什么"，"装龙像龙，装虎像虎"。比如，电影演员赵丹扮演周恩来总理：

> 直到第五次试妆，试拍周总理办公批阅文件镜头。播放试片中，赵丹吓得不敢看，缩在椅子里。待他抬眼看时，愣住了，"好像啊，小兔崽子，你真行啊！""小兔崽子"是普希金写出好诗后，称赞自己的口头语。赵丹试妆后，走在北影大院里，人们都惊异地站住了，真像周总理出现了。赵丹对角色充满自信①。

要做到"演什么像什么"就需要体验不同人物的生活，"没有体验就没有艺术"②。

> 演员演什么角色，就会像角色一样地活一把。这个"活"很重要。只有深刻地理解了，才能够"活"得起来，你"活"了，才有力量。（李雪健）

只有"像角色一样地活一把"，才能把角色演活。赵丹拍《武训传》时，在电影厂、在家，都穿起一身破棉衣。妻子黄宗英回忆说："赵丹进入了角色，又不理我了。我很爱他进入角色的模样。他（武训）身上常有被踢、被打的伤痕，因为他要求对方真踢真打。"在准备演《鲁迅传》时，"赵丹就布置了鲁迅的书房。他不回家来住了。他蓄起了小髭，开始用毛笔写字，进入角色了"③。

人生如戏，戏如人生。优秀演员的生活身体已经充分艺术身体化了，艺术身体往往也是充分生活身体化的，生活身体与艺术身体有时很难分得清。生活身体充分艺术身体化才能成为艺术家，艺术身体充分生活身体化才能更真实。请看黄宗英的一段文字：

---

① 黄宗英：《命运断想——黄宗英回忆录》，《报告文学》2014 年第 1 期。
② 《斯坦尼斯拉夫斯基论文讲演谈话书信集》，中国电影出版社，1981，第 458 页。
③ 黄宗英：《命运断想——黄宗英回忆录》，《报告文学》2014 年第 1 期。

> 有人问：你一生中最难演的角色是哪个？
>
> 答：难为赵丹妻。
>
> 又问：赵丹演得最精彩的戏，是哪一出？
>
> 答：是他的死①。

黄宗英从艺演出过众多角色，但她最难演的角色是担当著名艺术家同时又充满个性和激情的赵丹的妻子。赵丹从艺塑造出众多成功的艺术形象，但在妻子黄宗英看来，他"演的最精彩的戏"是真实生活中他的死。

赵丹是怎么死的呢？

粉碎"四人帮"后，北京电影制片厂请赵丹去北京，饰演《大河奔流》片中的周恩来总理。赵丹大喜过望，而且试妆效果很好。但一天晚上厂长汪洋告知："上边说，你演周总理不适合。""要换个新人来演周总理。"赵丹在床边坐了一晚上，天不亮，他就离开了北影。

回到上海家里，赵丹病倒了，是胰腺癌。在北京住院的病床上赵丹要黄宗英将自己的想法整理成文，其中一部分发表在当年 10 月 8 日《人民日报》上，题目是《管得太具体，文艺没希望》。

> 夜里，他把我叫醒，清晰地说："我不开追悼会。"吓我一跳，我忙说："不开，不开。"丹又说："我不要哀乐，要贝多芬、柴可夫斯基、德彪西。"我说："我记住了。"他又说："一个人活着或死了都不要给人以悲痛，要给人以美以真……我祝愿天下都乐。""我都记住了，你放心吧。才三点多，你再踏踏实实歇歇吧。"

1980 年 10 月 10 日午夜 2 时 10 分，赵丹在睡梦中逝世。

> 我忙张罗着阿丹丧事事宜。有朋友打电话给我说："宗英你别紧张。"我说："我还有什么值得紧张的啦。"他说："上头有人说话了，说'有个演员临死还放个屁'，这句话要传达到县团级，要组织批判，你要挺住，要坚强。"我思索着说："谢谢你告诉我，我骄傲，赵丹是

---

① 黄宗英：《命运断想——黄宗英回忆录》，《报告文学》2014 年第 1 期。

死在火线上。"①

在黄宗英看来，赵丹的死之所以最精彩，那是因为"赵丹是死在火线上"。

二　舞蹈的身体传播

（一）什么是舞蹈

舞蹈是人体动作的艺术，以经过提炼、组织和艺术加工的人体动作为主要表现手段，其基本要素是动作姿态、节奏、表情。舞蹈与身体不可分离，所有的舞蹈都需要舞者的身体在场，都是身体跳出来的，身体在舞蹈在，身体不在舞蹈也就不在了。真正的舞蹈都具有现场表演性，现场表演结束，舞蹈随即结束。亚里士多德说舞蹈是"借姿态的节奏来模仿人的各种性格、感受和行动"。动作本身是有节奏的，而动作和表情又是相辅相成的；表情也在节奏中被呈现，节奏又因表情而变得有意义。可以说，"舞蹈是脚步的诗歌"。

动作是舞蹈的核心元素。舞蹈以个人的形体运动为基础条件来实现。动作就是欢乐本身、就是愤怒本身、就是情绪本身。微笑，放松的脸，动作的轻快，实际上包含了作为快乐本身的行为节律和在世界上存在的方式，它不需要再加任何解释。动作就是舞蹈的"语言"，"一切尽在不言中"；舞蹈语言被称为"舞蹈语汇"，所谓"舞蹈语汇"就是各种动作汇集。

舞蹈的动作一般分为表现动作、说明动作、装饰动作三种。表现动作是舞蹈艺术的主体或最重要组成部分，是描写情节进展、表达人物情感、塑造人物形象的主要手段；说明动作和装饰动作，则是舞蹈中叙述、描写与抒情的"说明"与"连接"。

舞蹈艺术的媒介就是人体本身。与其他艺术门类相比，舞蹈以自身形体动作为媒质而无须依赖"第二工具"。如果说文学用文字叙事、抒情，话剧用有声语言叙事、抒情，舞剧则用身体叙事、抒情。舞蹈动作有鲜明的直观性特点，它把人物的内心情感外化为有形的动作——实际上内心情感通常也需要通过身体动作自然呈现出来。内心情感与身体动作往往互为

---

① 黄宗英：《命运断想——黄宗英回忆录》，《报告文学》2014 年第 1 期。

一体，并不需要外力将它们捏合。"实际上，不存在什么没有欲求、意向和任务的形体动作，不存在什么没有由情感为其提供内在根据的形体动作；没有什么想象虚构不是包含有一种想象的动作；……"① 斯坦尼斯拉夫斯基在这里说的是一般表演，但它同样适用于舞蹈。舞蹈动作的主旨与灵魂是身心一致，内外一体。美国著名舞蹈家邓肯说："要解释舞蹈，与其出版评论集或论文集，不如去跳舞蹈。"② 可见舞蹈动作本身就能传递自身的种种信息并使人们理解、接受，"此时无声胜有声"。

以人类自身形体动作为媒质的存在和呈现方式而不需要再创造其他媒质，决定了舞蹈是人类历史上产生最早的艺术，甚至可以说舞蹈是人类创造的第一种真正的艺术，它素有"人类一切艺术之母"之称。大约5000年前，中国已有"鸟兽跄跄""凤凰来仪"（《尚书·益樱》），"三人操牛尾，投足以歌八阕"等舞蹈雏形。同时，又可以说舞蹈是人类表达情感的艺术之最高手段和最后手段。《诗·序》说："情动于中而形于言，言之不足故嗟叹之，嗟叹之不足故永（咏）歌之，永（咏）歌之不足，不知手之舞之，足之蹈之也。"可见，人的情感表达手段递进层次是：语言——歌唱——舞蹈。

包括舞蹈史在内的中外艺术史有一个共同特点，即最早的舞蹈与诗歌、音乐"三合一"，舞蹈、诗歌、音乐都密切结合，成为共同体。

（二）动作为主，表情为辅

舞蹈是以身体动作为核心的动态造型艺术体系，它以人体为物质基础并以占有时间和空间的运动来表现感情精神、体现审美观念。舞蹈是依靠身体，同时挖掘身体潜能，并且试图超越身体极限的一种艺术。作为身体动态造型艺术，"舞蹈是人体的书法，流动的绘画，视觉的音乐，无言的诗歌"③。简单地说，舞蹈的本体就是动作，用动作抒情、表达和传播，动作就是舞蹈的语言。

由动作显示出来的生命活力是舞蹈的第一生命，文化内涵是舞蹈的第二生命。舞蹈动作蕴含着民族特有的意绪、审美取向，以特有的方式表达感情和展示生活。

① 《斯坦尼斯拉夫斯基论文讲演谈话书信集》，中国电影出版社，1981，第698页。
② 〔美〕邓肯：《伟大的源泉》，见《邓肯论舞蹈艺术》，上海文艺出版社，1985，第95页。
③ 袁禾：《中国舞蹈美学》，人民出版社，2011，第345页。

舞台舞蹈是充分艺术化的，但包括生活中自发的、原生的舞蹈在内的所有舞蹈，都是一种生命体验。体验是人的精神与肉体同时参与的最基本、最真实的认识和情感活动，而体验的极致则是生命体验。舞蹈就是用心灵舞动身体，感知生命，体验生命，表现生命，张扬生命。舞蹈就是"以生命本身来显现生命"。

舞蹈的情感主要由动作来表达，但动作表达情感时面部表情不参与其中是不可想象的，如果富有表现力的动作配之以相应的表情则会锦上添花。但是，我们不要忘记，没有动作就不成其为舞蹈。"歌时眉黛舞时腰，无处不妖娆"（欧阳修：《诉衷情》），古人知道歌唱与舞蹈时，欣赏的身体部位不同，唱歌时重点看眉眼，舞蹈时重点看腰身。可见，舞蹈首要的是动作。

（三）表达和激发情感

1. 直接表达情感

舞蹈作为直接体现生命的生命体，是表情达意的最直接方式。中国古代的嵇康说："歌以叙志，舞以宣情。"美国舞蹈家邓肯说："在我看来，舞蹈的目的是要表现人类灵魂中最崇高也是最内在的各种情感。""各种各样的姿势都会这样激起相应的内在情绪，而同时，它们又有力量直接表现出人心中可能有的各种思想或感情。"① 人类表达内心情感最自然、最直接的方式就是动作和表情。玛丽·魏格曼也说："舞蹈是表现人的一种活生生的语言——是翱翔在现实世界之上的一种艺术的启示。目的在于以较高水平来表达人的内在情绪的意象和譬喻，并要求传达给别人。最重要的是，舞蹈要求直接传达而不是转弯抹角。"② 所谓"直接传达"，正是人体动作作为舞蹈的唯一表达手段所决定的。而舞蹈的情感表达又最易为人所感知，人们对于"情"的感知是最无障碍、最容易的。感情的直接表达就是"足之蹈之"，同时，强烈情感最适宜用舞蹈来表达。

2. 最善于、适宜表达强烈情感

舞蹈生发于人的情感最激越并且用语言难以表达之时，此乃舞蹈的特质。闻一多有"舞蹈是人的生命情调最直接、最实质、最强烈、最尖锐、最单纯而又最充足的表现"之说。舞蹈乃内心激动外化于身体。惊吓、狂

---

① 〔美〕邓肯：《伟大的源泉》，见《邓肯论舞蹈艺术》，上海文艺出版社，1985，第97页。
② 〔德〕玛丽·魏格曼：《舞蹈的语言》，载《舞蹈论丛》1980年第3辑，第99页。

喜、悲伤、急躁等情绪都可以用舞蹈动作来表现，没有内心表达的舞蹈是没有价值的。大悲大喜是人类情感的两极状态，由舞蹈来体现最是恰当，因为舞蹈是表达强烈情感最为有效的方式。舞蹈抒情性最强、最浓、最烈，有人干脆给舞蹈下出这样的定义："舞蹈是情感的艺术。"

舞蹈艺术最善于用形体动作来抒发人的感受和情怀，表达人的丰富精神面貌，强烈的抒情性是舞蹈艺术的重要特征之一。舞蹈类似于文学家族中的抒情诗、歌剧中的咏叹调。相比较而言，舞蹈的叙事能力要差一些，中国古代几乎找不到一部叙事性的舞蹈作品。

3. "舞者所以激扬其气"

舞蹈善于抒发情感，它也善于激发情感。舞蹈艺术是舞者通过愤怒、忧伤、痛苦、欢乐、幸福等情绪与观者进行的相互之间的精神交流。唐人平洌《舞赋》曰："舞者所以激扬其气"，这句话表达的是中国舞蹈美学的一个核心理念。

"气"是中国古代哲学、美学的一个重要术语。"气"具有物质和精神的双重含义。古语云："气者，身之充也"，"人之所以生者，精气也"。也就是说，气是构成和维持人体生命活动的基本物质，"气"是人能存活的基础，无"气"则无生命，这是物质层面上的含义。"气"还可以指人的情志、心性等状态，这是精神层面上的含义。古语"腹有诗书气自华"中所说的"气"则包括精神和物质两个方面。

舞蹈者以富有感染力的动作将己身之"气"宣泄而出，当然会激荡观者之"气"油然而生。如果观者有足够的才情，还能"得其神"并生发出灵感。唐代朱景玄的《唐朝名画录》记载：

> 吴道玄，字道子，东京阳翟人也，少孤贫。天授之性，年未弱冠，穷丹青之妙。浪迹东洛，时明皇知其名，召入内供奉。开元中，驾幸东洛，吴生与裴旻将军、张旭长史相遇，各陈其能。时将军裴旻厚以金帛召致道子，于东都天宫寺为其所亲将施绘事。道子封还金帛，一无所受。谓旻曰："闻裴将军旧矣，为舞剑一曲，足以当惠。观其壮气，可助挥毫。"旻因墨缞为道子舞剑。舞毕，奋笔俄顷而成，有若神助，尤为冠绝……

吴道子是唐代著名画家，被朱景玄评为"神品上一人"。他应裴旻之求，为裴旻之亲丧在东都天宫寺画鬼神数壁，但画前请裴旻先为他舞剑，以"观其壮气，可助挥毫"。

《新唐书·李白传》记载：李白歌诗，裴旻剑舞，张旭草书为唐"三绝"。郭若虚的《图画见闻志》这样描述当时裴旻舞剑的情形：裴旻"于是脱去缭（音'催'）服，若常时装束，走马如飞，左旋右转，掷剑入云，高数十丈，若电光下射，引手执鞘承之，剑透室而入。观者数千人，无不惊栗"。裴旻的剑舞势如破竹、气贯长虹，彰显了强大的生命力量，震撼了观者，激发了吴道子强烈的艺术创作冲动和美妙的灵感，"道子于是援毫图壁，飒然风起，为天下之壮观"。郭若虚《图画见闻志》曰：观裴旻舞剑，吴道子挥毫，而"平生绘事，得意无出于此"。

与吴道子观剑舞而得"气"相类，"书圣"张旭也曾因观公孙大娘舞剑而草书大进。公孙大娘是唐玄宗时的舞蹈家。杜甫的《观公孙大娘弟子舞剑器行》是这样描述公孙大娘舞剑之势的：

> 昔有佳人公孙氏，一舞剑器动四方。
> 观者如山色沮丧，天地为之久低昂。
> 霍如羿射九日落，矫如群帝骖龙翔。
> 来如雷霆收震怒，罢如江海凝清光。

杜甫《观公孙大娘弟子舞剑器行》序曰："昔者吴人张旭，善草书帖，数常于邺县见公孙大娘舞'西河剑器'，自此草书长进。豪荡感激，即公孙可知矣。"李肇《国史补》亦曰：张旭"见公孙氏舞剑器，而得其神"，书艺大长。

从这些文献可以看出，舞蹈可以"激扬其气"，震撼人心、激发灵感，从而使艺术家气韵贯通、成就杰作；它也说明各种艺术之间有内在的相通之处。以上说的都是艺术家，其实普通人也可以被富有感染力的舞蹈激发起情志、意气。

（四）追求和传播美是舞蹈艺术的一个重要目标

邓肯曾说"动作不是舞蹈的目的，只是手段而已"[①]。其实从舞蹈的发展历史来看，美的动作、动作本身的美也是舞蹈的目的之一，技艺精妙的

---

① 〔美〕邓肯：《伟大的源泉》，见《邓肯论舞蹈艺术》，上海文艺出版社，1985，第95页。

舞蹈有极高的观赏性。

艺术的特征之一是有"度"的限制，或者说"戴着镣铐跳舞"。阮籍《乐论》中说舞蹈"周旋有度，俯仰不惑"，指舞蹈表演中的规矩和原则，强调舞蹈艺术"有度"和"不惑"。没有度，或者说没有限制，就没有艺术。艺术巨匠就是在限制之中获得了自由。

即使表达最强烈的情感，优秀的舞蹈艺术家也会在身体极限与动作美之间找到平衡，甚至创造出新的动作美范例。在美的创造中突破，在突破中创造美的新规范。

（五）对大自然的模仿和追随

现代舞的先驱伊莎多拉·邓肯认为，学习舞蹈根本的一条是"观察自然，研究自然，理解自然，然后努力表现自然"[1]。"我在周围的一切事物中看到舞蹈的基础。凡人的身体所能做出的真实的舞蹈动作，最初都存在于自然界。"[2]"在自然中寻找最美的形体并发现能表现这些形体内在精神的动作，这就是舞蹈家的任务。"她通过仔细观察窗前的棕榈树叶在风中的颤动，创造出一种胳膊与手指轻微颤动的舞蹈动作。她观看海浪翻滚、树木摇晃等波浪式运动，悟出了"以波浪曲线为特征的节奏"。"我的灵感来自于树木的摇动、波浪的翻动、飞雪的飘动，来自于激情和风景之间、温情和微风之间的联想，等等。我始终赋予舞姿以某种得自天然的延续性，而大自然的一切就是因为有这种延续性才显得美妙而有活力的。""凡是伟大的艺术大师都懂得，具有真正价值的、无比崇高的典范就是大自然。"[3]追随自然，本是所有艺术的通则。

中国舞蹈家杨丽萍的孔雀舞正是从对孔雀生活习性的观察、模仿、升华而来。杨丽萍说："我们云南，向日葵叶子都会跳舞，风一吹，那个形状。"她谈到她的舞蹈团队时说："他们和我一样，都从自然里学跳舞。"

2015年，中央芭蕾舞团一行60余人赴黑龙江齐齐哈尔扎龙国家级自然保护区开展采风创作，观察丹顶鹤的形态、习性，为创作汲取养分（见图5-23）。之后，中央芭蕾舞团大型原创芭蕾舞剧《鹤魂》在北京与观众见面。

---

① 《邓肯论舞蹈艺术》，上海文艺出版社，1985，第129页。
② 〔美〕邓肯：《舞蹈家与自然》，见《邓肯论舞蹈艺术》，上海文艺出版社，1985，第64页。
③ 〔美〕邓肯：《伟大的源泉》，见《邓肯论舞蹈艺术》，上海文艺出版社，1985，第96-97页。

图 5-23　观察丹顶鹤，为创作汲取养分

资料来源：新华社记者金良快摄，《光明日报》2015年6月2日，第7版。

唐代的平冽《舞赋》曰："其为体也，似流风迴雪而相应；其为势也，似野鹤山鸡而对镜……迴身若春林之动条，举袂若寒庭之流雪。"观赏神采各异的舞姿会使人想到大自然中的万千气象、千姿百态，不仅彰显了舞蹈受惠于大自然，同时表明了观赏者的想象力也受到自然景物的强烈影响。"舞蹈用人体呈现惊鸿、游龙之象，秋月、春水之韵；用人体呈现流风、回雪之态，电闪、雷鸣之势；用人体呈现古松、弱柳之姿，大海、溪流之景……这一切，是宇宙万物生命跃动的状态，是宇宙间万千气象的自然之美！"[①] 舞蹈模仿自然，舞蹈表现自然。

（六）以动作和表情为表达和传播手段的舞蹈，中西有所不同

人类学家说过，"请跳支舞给我看，我将知道你是什么人"。舞蹈昭示着一个民族的文化身份，中西舞蹈有各自不同的特征。

从表情特征来看，中国舞蹈面部表情十分丰富，欢乐、忧伤、痛苦等都在面部表现出来，通过丰富的表情来配合舞蹈动作；而西方表演者基本上一直保持着优雅的姿态与面部表情，舞蹈的情绪通过肢体的舒展和延伸表达出来。面部表情的丰富有利于示意，面部表情的单一有利于体现形体动作。舞蹈评论家于平指出："西方舞蹈以形体取胜，中国舞蹈则以姿态和神韵取胜，其特征可以用一个词概括——风姿流韵。"

中国舞蹈学者傅兆先说，中西舞蹈语言组合的方法有所不同，在组合

---

① 袁禾：《中国舞蹈美学》，人民出版社，2011，第345页。

原则上，中国多注重人的情意表现，编排调度队形构图多有一定的含义，强调以技表意；西方多注重展现人体美，多研究动作科学的抽象逻辑性及组合的几何形，规整性强，条块分明；中西舞蹈语言在组合原则上也在一定程度上表现出中国舞蹈以示意为主，西方舞蹈以示形为主①。因此，我们欣赏西方舞蹈多是就其整个舞姿的"形"而言的，中国舞蹈则不尽相同，我们除能欣赏其整体舞姿外，还能欣赏到那丰富的"意"。中国古典舞着重内心情感的表达，讲究"舞以宣情"。

明代朱载堉的《乐律全书·六代小舞谱序》说："学舞，以转之一字，为众妙之门。"这是朱载堉舞蹈美学思想中极具价值的命题之一。朱载堉以"转"之一字去概括和归纳整个中国舞蹈玄妙变化的总门径，把"转"看成它的美学原理和规律、本质和核心，这既是对中国舞蹈形态特征的整体概括，更是从中国哲学的高度对中国舞蹈美学特征的理论总结。中国舞蹈动律的根本特征是"画圆"，在"画圆"中运动，在"画圆"中构图和表演。中国舞蹈的典型姿态，是"体如游龙、转似回波"的圆融贯通，遵循"走圆"的原则，形成了顺风旗、云手、大小射燕等经典造型。白居易的《霓裳羽衣歌》中有两句诗"飘然转旋回雪轻，嫣然纵送游龙惊"，对中国舞蹈特征概括得很形象。

中国舞蹈是典型的"画圆艺术"，"圆"贯穿于中国舞蹈形体运动的始终。"圆"既是中国舞蹈的一种审美范式，又是中国舞蹈动律形态的本象②。

中国舞蹈"转"或"画圆"的特征，在白居易的《胡旋女》诗中就体现得很明显：

胡旋女，胡旋女，心应弦，手应鼓。
弦鼓一声双袖举，回雪飘飖转蓬舞。
左旋右转不知疲，千匝万周无已时。
人间物类无可比，奔车轮缓旋风迟。

① 参见于平《舞蹈文化与审美》，中国人民大学出版社，2005，第166页。
② 袁禾：《中国舞蹈美学》，人民出版社，2011，第256页。

276

从"回雪飘飘转蓬舞"到"左旋右转不知疲，千匝万周无已时"，再到"奔车轮缓旋风迟"，都与旋转有关——因为标题即为《胡旋女》。如果说中国古代早期"胡"还有外来意味的话，后来则中国韵味十足了，"胡"只是与中原文化相比较而存在的中国文化的一部分了。也许，中国舞蹈的"画圆"与"太极图"和太极拳有着内在关联，太极拳的动作特征是"非弧即圆"，还有一个很特殊的要求"圆裆"。

与中国传统舞蹈不同，西方芭蕾是脚尖上的舞蹈，有人说"狗的感情表现在尾巴上，芭蕾舞的感情表现在脚尖上"，此话强调了脚尖对芭蕾舞的重要性。芭蕾舞的另外一个特征为两腿外开，当然，不是说芭蕾舞没有旋转。

三　舞蹈与体育的比较

舞蹈以表达情感为出发点，以情感需要来支配身体动作。而体育以强健身体和在竞技中取得胜利为目的来支配身体动作，尽管不排除情感，但不以表达情感为目标。

从易于接受性着眼，体育比舞蹈更易理解；从情感丰富、深刻性看，舞蹈优于体育。因为体育本身以展现技术为基本手段，较易模仿，而舞蹈的动作是为了表现情感的，动作背后的情感较难理解。

舞蹈美与体育美都存在。但舞蹈美是舞蹈追求的目标之一，舞蹈不美就很难存在了；通常，体育并不以追求美为直接目标（也许花样游泳等为例外），但其结果却带来了动作美和体形美。一方面，几乎所有的体育竞赛优胜者，其动作都符合审美的要求，就连外行也能凭直感领略到这种美；另一方面，绝大部分体育活动的结果会带来运动者的体形美。在这里，科学理性与美达到了惊人的一致。

舞蹈与体育两者都需要遵守和符合人体运动的生理、物理等科学规律，两者又都有突破人体极限的内在欲求。

第十节　健康身体和病态身体的传播

现在传播研究中有"健康传播"这样一个术语，在笔者看来，健康身体的传播可以包含在健康传播里面。但由于健康传播研究者一般没有"身

体传播"的概念，所以健康身体的传播和病态身体的传播的意识比较
淡薄。

当身体健康时，我们几乎感觉不到大部分器官的存在，"主体对自己
身体无意识"，健康就是"生活在各器官的沉默之中"，似乎身体"不在
场"，身体被屏蔽掉，身体才健康。埋头读书或是陷入沉思，就沉浸在观
念的世界里，很少注意自我的身体感觉或姿势。进行某种剧烈运动，肌肉
紧绷，随时准备回应对手的一举一动。注意力所在，是这个对手、这场比
赛，而不是我自己的身体。

身体某一器官或部位一旦"在场"，就提示我们健康出问题了。这是
身体向大脑和感觉系统传递信息的独特方式，即平安无事时处于隐信息状
态，一旦有问题了才进入提醒状态。在生病的状态下，"有一个身体"这
种感受最为突出，有病的人就会突出地体验到身体的存在，在这样的情况
下，身体似乎表现为一个客观的和外在的环境。如果说人的身体有局限
性，恐怕最突出的局限性就是它会得病并终归死亡。

现代人对身体健康格外重视，有副对联写道：

上联：爱妻，爱子，爱家庭，不爱身体等于零
下联：有钱，有权，有成功，没有健康一场空
横批：健康无价

有一段顺口溜，同样表达了人们对健康身体的渴望："穷人失去健康，
等于雪上加霜。富人失去健康，等于一辈子白忙。男人失去健康，老婆会
成为别人的新娘。女人失去健康，老公会重新妆点洞房。老人失去健康，
天伦之乐成为奢望。儿童失去健康，孩子父母痛断肝肠。"

一　健康身体和病态身体的传播

（一）病态身体信息的传播

健康的年轻人涌动着生命活力，体弱多病的人显露出衰弱的气息，这
也是一种人体信息。在体育身体中我们看到的基本上都是健康身体，因此
这里侧重介绍病态身体。

疾病是身体的无序，病人就是承受身体痛苦的人。我的悲伤痛苦只有
我的身体承受，别人的身体代替不了。别人的悲伤痛苦只有他自己的身体

承受，我的身体也代替不了。

残疾身体不单单是那种已被致残的身体，它也是那种烙有所患的各种各样的疾病和痛苦伤痕的身体。疼痛的真情实况存在于忍受痛苦的人本身之中。疼痛的身体表现多种多样，沉默、呻吟、啜泣或悲叹、打手势、现出滑稽相、做鬼脸。病人的痛苦呻吟是生活中不时可以见到的场景。病态身体对身体形象的影响显而易见，并且多是负面的。美国第一任总统华盛顿 1789 年在纽约主持首都工作时，满嘴牙齿掉得只剩一颗，而这一颗牙也很快就掉了。他戴了一种新发明的假牙，上下牙靠放置在口腔后部的铰链连接，开合要靠弹簧帮助。这副牙弄歪了他的嘴唇，面容有些扭曲。这一点在他的许多传记中都提到过。

X 光片能让人看到身体内部，这项技术发明的最初阶段曾使许多人感到神奇。

尼古拉·布维耶（Nicolas Bouvier）曾多次停驻锡兰，充分利用电影放映的机会，让广大条件一般的患者也能体验这一美的享受，这种享受比起在私人画廊里看画展丝毫不逊色。每天晚上，都会在这所简易医院将白天所拍的 X 光片投影到一张床单上，供住院人员消遣。"我们全都到场，"尼古拉·布维耶说道，"欣赏着节目，观看着受损的内脏和解剖结构，他们不时发出'噢'、'啊'、'嘘'的声音，兴奋与开心的情形与看电影并无二致……当我自己那对几乎没有阴影、毫无瑕疵的富人的肺出现在屏幕上时，他们的反应简直是喝彩，好像我单刀直入射中一球。所有这些可怜的人最后都为看到我身体如此强壮，比他们长寿而感到高兴。"[1]

中国古代作家对自己所得疾病症状也多有描写。公元 751 年，40 岁的杜甫旅居长安时，由于蚊虫叮咬，染上了疟疾，多日下来，形容消瘦，体力不支，好友王倚见了，忙馈美馔以救之，杜甫在给他的感谢诗中叙述了自己的病状："疟疾三秋熟可忍，寒热百日交相战。头白眼暗坐有胝，肉黄皮皱命如线。"

对于自己的眼疾，白居易描写得很详细："散乱空中千片雪，朦胧物上一重纱。纵逢晴景如看雾，不是春天亦见花。僧说客尘来眼界，医言风眩在肝家。"

辛弃疾则在《卜算子·齿落》中描写了自己牙齿掉落的情况："刚者

---

① 〔法〕勒布雷东：《人类身体史和现代性》，上海文艺出版社，2010，第 253－254 页。

不坚牢，柔底难摧挫。不信张开口角看，舌在牙先堕。已阙两边厢，又豁中间个。说与儿曹莫笑翁，狗窦从君过。"

当代人留下的病症记录就更多了。比如，焦裕禄得肝癌后，开会、作报告，经常用右膝顶住肝部，不断用左手按住疼处。给人印象最深的一个细节就是，疼痛时他用一个硬东西一头顶着椅子，一头顶住肝部，久而久之他坐的藤椅，被顶出一个大窟窿。它传达了焦裕禄与疾病作斗争的坚强意志。

再比如，范敬宜胆结石发作时，"疼起来简直要命！在床上打滚，满头黄豆大的汗珠，把身上的衣服都湿透了"①。

残疾身体在有些情况下可以创造残缺美。网络上曾出现过一组伤残军人的裸照：健壮的胸肌或饱满的乳房与残缺的肢体形成一种特殊组合和对比，具有某种特殊美感和性感魅力。但无论如何，这种美是一种残缺美，而不是健康美、完善美，它有时可以给人带来震撼，但审美者总有一种遗憾，甚至残忍时隐时现——对战争的控诉和谴责。雕塑维纳斯的残缺美不属于上述范畴，维纳斯的美本来是完整的，但由于后来的毁坏，才成了残缺美。完整的雕塑肢体残缺了不影响其他部位，但有生命的人的身体重要部位的残疾，会带来整体的变形尤其是精神的委顿。

（二）身体疾病对传播的影响

1. 治疗和战胜疾病需要交流

医生为病人治病需要接触病人、与病人交流。同时医疗技术的进步需要医生包括研究人员之间的信息交流。

在网络时代，以往在候诊室私下交流的信息，如今转入了无限的网络空间，医生也将病人有关治疗的反馈纳入考虑范围。人们对各种病的症状和治疗比过去知道得更多。

医学不仅是关于身体的科学，也是关于人的科学。医生与病人都感受到平等，并且相互之间心存感激，这样，对身体的科学和对人的关怀就统一起来。

2. 传染病有可能阻断人际交往

历史上在传染病流行期间，人们之间包括家族和邻里之间的旧有往

---

① 王慧敏：《教诲将伴笔耕老——我与老师范敬宜的点滴往事》，《光明日报》2014 年 2 月 21 日。

来，因害怕传染而被人为阻断，人际交往变成了令人恐惧的事情。在有族裔或种族隔阂的地区，亦互相揣测和指责是对方引发了瘟疫，而矛盾激化甚至引起肆意迫害。犹太人在黑死病流行期间就遭到大规模屠杀。

二　身体疾病与文学艺术创作

人的精神活动取决于身体器官的生理性能和健康状态。作为精神活动的文学艺术创作，不能不受身体健康状况的影响。作家艺术家身体健康与身体疾病会对创作带来不同的影响。

身体疾病肯定会影响作家艺术家的创作速度和创作寿命。比如，"初唐四杰"之一诗人卢照邻患了麻风病，感情非常冲动和忧郁，投颍水而死，他的创作自此终止。但身体疾病也在一定程度上造就作家艺术家，某些作家如果没有疾病可能就不会成为作家。

> 每当我看见七大卷《追寻失去的时间》，翻开之后又每每看见长达数十行的句子，我就禁不住问自己：普鲁斯特年轻时被看作一个出入贵妇沙龙、宴饮旅行无度的花花公子，他什么时候改邪归正又找得出时间写出如此规模而且读起来不止于艰难的著作？原来他是"善用疾病"。
>
> 九岁的普鲁斯特，突发哮喘，自此顽疾缠身，终生不去。声响、风吹、花香、气味、与人接触，都能导致哮喘病发作。为防止声音喧扰，他的房间四壁贴以软木，帷幔四垂，几同囚室，至此，普鲁斯特基本上杜门谢客，偶尔破例外出，所乘汽车也是封闭得密不透风。他倒不乏幽默，自嘲为"唯一穿着毛皮大衣吃晚饭的人"，坦然道："我比任何人都清楚什么适合于我，病是永远治不好的，人们只学会与疾病共存。"然而我们知道，普鲁斯特所谓"学会与疾病共存"，实际上就是学会孤独，学会在孤独中让记忆浮现出来，并且将其抓住，即让失去的时间再现[①]。

疾病成就了普鲁斯特的作家人生。

身体疾病使他们表现出别的作家艺术家不具备的独特性。"然而疾病

---

① 郭宏安：《善用疾病》，《光明日报》1995 年 8 月 16 日。

不只是把适宜于这种工作的生活方式强加于人。陀思妥耶夫斯基的癫痫病在他笔下的所有人物身上留下深深的痕迹，印上了立刻就认得出来的自己的标志，正是这种癫痫病使这位作家创造的人物性格具有一种特殊的神秘性。"① 吴敬梓 1754 年 12 月 11 日晚饮酒后痰涌流渐，不治而殁，终年 54 岁。在《儒林外史》中他多次写到痰。

有学者在涉及这个问题时指出：

> 疾病决不会无中生有地制造出一个艺术家来。它或许会解除压制、改变人的价值观念，将他以前隐蔽着的力释放出来。当一个艺术家患精神病的时候，这病在他们的创作中显然有所反映，梵·高就是典型的例子。关于梵·高的病的特点，曾有一些争论，他不仅是酒精瘾，还有因健忘症而患的严重幻觉。在一次发作此病时，他割掉了自己的耳朵，另一次发作时，他就自杀了。……当我们研究他的从早期作品到《黑鸟》的创作过程时，我们可以一步步地追踪他的天才和他的疾病的发展过程。

身体上的慢性疾病也会影响艺术家的创作。据说西班牙画家格列柯是眼睛散光的，这可以解释为什么他的人物会变形，换句话说，他会以跟我们正常眼睛不同的眼睛看视自然和他的作品。画家莫奈后来患有白内障，他在1918 年说："我在画光线时不会再有同样的准确度。对我来说红色很浑浊，粉红色平淡，我看不到中间色调或暗色调。"眼病促使莫奈的画风转变。

疾病会影响某些艺术家对主题的选择。法国画家安托万·华托毕生患肺结核，他所画的许多无忧无虑玩乐的优雅的夫人和意大利喜剧演员、勇武的士兵，都表达了一个人对于曾经被他无情地拒绝了的生活的恋慕之情，表现了一个深知自己命运已经注定的人感情的迸发。

严重的疾病总是深刻地影响一个人的生活。临近死亡是极其激动的，艺术家比其他的人更加敏感，他的表现感觉事物的功能不能不十分强烈地反映出这种感受②。

---

① 〔法〕莫里亚克：《小说家及其笔下的人物》，见《法国作家论文学》，生活·读书·新知三联书店，1984，第 200 页。

② 〔美〕亨利·E. 西吉里斯特：《文学艺术与医学（下）》，《海南师院学报》1993 年第 3 期，第 56 页。

患有严重疾病的作家艺术家其身体感受和身体对世界的感受与常人迥然不同。

> 丑的艺术是精神健康的人去观察表现精神病人的艺术；而荒诞艺术则是不健康的精神病人的艺术，它以不合逻辑的不合情理的精神病人的心理去观察处理一切，包括去观察正常的精神健康的人和生活。美国 W. M. 弗罗霍克说：他们"用不属于健康人而是属于重病患者的观点去分析理解问题"①。

由于疾病，身体受到某种限制的时候，作家的想象可能更加出色。史铁生说："我的躯体早已被固定在床上，固定在轮椅中，但我的心魂常在黑夜出行，脱离开残废的躯壳，脱离白昼的魔法，脱离实际，在尘嚣稍息的夜的世界里游逛，听所有的梦者诉说，看所有放弃了尘世角色的游魂在夜的天空和旷野中揭开另一种戏剧。"②

---

① 周来祥：《崇高·丑·荒诞》，《文艺研究》1994 年第 3 期。
② 史铁生：《轻轻地走与轻轻地来》，《文艺报》2010 年 7 月 21 日。

第六章　身体与传播媒体的关系

在人类传播的范围内，传播可分为身体传播和媒体传播两大类。使用"身体传播"这个术语，才能把身体传播与媒体传播区别开来；显然身体传播是媒体传播的前提和基础。在这个意义上，传播媒体也可以分为身体媒体和人造媒体两大类。我们进而可以说，媒体传播是身体传播的扩展和延伸，人造媒体是人体的延伸。同时，所有传播媒体都离不开身体的参与。没有身体和身体传播，所有的传播媒体都是一堆废物。

当身体与媒体融合时，尤其是深度融合时，人的媒介功能就会超越自身感官的局限。

身体在传播时依然在思考，媒体传播的是思考定型成果。

彼得斯（John Durham Peters）说："假如说，过去的成功交流，是跨越中介的身体去触摸另一个人的灵魂，那么到了电子媒介时代，交流的成功就成了跨越中介的灵魂去触摸另一个人的身体。这里所谓的灵魂并非机器中的幽灵，但是媒介中的身体是现代传播中一个核心的两难问题。"[1] 所谓"两难"意指：在交流、传播中，身体是个悖论。就亲密无间而言，我们希望像天使一样没有肉身，但当媒介技术的发展使得交流的文本开始脱离身体的时候，我们发现交流开始出现更大的障碍。

第一节　传播媒体与身体

科学技术既针对自然也针对人类自身（身体）。技术发展的趋势是越来越像人，技术在模仿、复制人体的感知模式和认知模式。传播媒体是为人的身体"量身定做"的，传播媒体的设计和制造必须适应身体，并且满

---

① 〔美〕彼得斯：《交流的无奈　传播思想史》，何道宽译，华夏出版社，2003，第 201 页。

足身体的需求，这是一方面。另一方面，人越来越成为一种技术性存在（being-in-technology），传播媒体一经制造出来，身体在使用它们的时候，也需要适应媒体，调整自己并做出相应的动作，才能更好地使用它们。因此，面对书刊、广播、电视、互联网和手机时，我们的身体动作和姿势是不同的。在这个意义上可以说，是传播媒体形塑了我们的身体。

不同媒介身体的感官使用比例不同。拼音文字发明之前，身体感觉器官的使用是均衡的。文字的发明打破了人眼、耳、口、鼻、舌、身的平衡，突出了眼睛的视觉，而机械印刷的发明，则进一步加重了感官使用失衡的程度；电话、广播的发明突出了耳朵的作用；电视和网络多媒体的出现，则恢复了人感官使用比例的平衡，使眼、耳、口、鼻、舌、身重新均衡使用。电子时代使身体感觉器官得以整合使用。

如果说书籍、报刊、广播属于传统媒体，电视处于传统媒体与现代媒体之间，网络和手机则属于新媒体。现代人正在经历"电视屏幕－电脑屏幕－手机屏幕"的并用时期。人们通常以较远的距离坐着面对电视屏幕，遥控器单手控制而且也不是总在手上。人们也是坐着面对电脑屏幕，但距离比电视近得多，而且需要双手操纵键盘，还需要不时腾出一只手移动和点击鼠标。面对电脑的身体多处于活跃状态，一方面需要不停地搜索，另一方面不少人（尤其是研究者）还在积极思考。电视和电脑都需要眼睛盯着屏幕。"1958 年的一天，30 岁的余光中赴美。在西雅图机场入境的时候，他看到很多美国人都在朝一个方向看。循着他们的目光看过去，发现那里有只盒子。就这样，余光中第一次知道电视为何物，进而看到了另一个世界。"[1] 面对手机屏幕人们的姿势可以五花八门，站着、坐着、躺着、走着的都有，但有四点与前两者明显不同，一是眼睛与手机屏幕近在咫尺；二是多低头看手机屏幕，"低头族"由此而来；三是手机贴着耳朵的机会更多；四是手持（手机的名称就是由此而来）。不难发现，与前两者相比，人们使用手机时身体灵活度最大。

一　书籍、报纸、杂志与身体

书籍、报纸、杂志造就了坐着"捧读"的身体，有时也躺着读书、看报、看杂志。书籍、报纸和杂志对于身体来说，可以随时取用，不需要接

---

[1]　密斯赵：《余光中：中国文字的炼丹人》，《名人传记》2014 年第 3 期。

电，不需要开关电源。书籍、报纸、杂志需要书架或书橱，书报杂志多的人可以有"坐拥书城"的自豪感。马克思就曾经对着自己的书籍说，"书是我的奴隶，应该服从我的意志，供我使用"。人们在广播和电视面前这种主人感大大降低了，很少有人说，他能支配正在进行的广播和电视节目的播出。

（一）读书中的身体

"手不释卷"是刻苦攻读的典型身体姿势。深深嵌入书中的读书人可以用"含英咀华""沉潜把玩""视通万里、思接千载"来形容。网上阅读所吸收的信息质量往往不如纸质书籍。那些分布在网络文章中五颜六色的小链接会分散读者的精力和注意力，而用来处理阅读内容的精力和注意力自然就会减少。

宋代朱熹对苦读状态有这样的描述："须是一棒一条痕，一掴一掌血！看人文字，要当如此，岂可忽略！""直要抖擞精神，如救火治病然，如撑上水船，一篙不可放缓。""耸起精神，树起筋骨，不要困，如有刀剑在后一般。"

刻苦读书当然是一种身体行为，所以才有了"悬梁刺股"这个成语。悬梁刺股，即头悬梁，锥刺股，"悬"的是身体，"刺"的也是身体。

"悬梁"的故事发生在楚国一位名叫孙敬的人身上。东汉班固《汉书》载："孙敬，字文宝，好学，晨夕不休。及至眠睡疲寝，以绳系头，悬屋梁。"孙敬为免受瞌睡困扰而勤学，就把头发绑住悬在屋梁上。这样，如果读书疲劳，眼睛一合、头一低，吊在梁上的头发就拉疼头皮使人清醒，于是就可以继续读书了。

"刺股"的故事发生在战国时苏秦身上。西汉刘向《战国策·秦策一》载："（苏秦）读书欲睡，引锥自刺其股，血流至足。"苏秦少有大志，随鬼谷子学合纵连横之术。后变卖家产置行装，以连横之术游说秦惠王，未被采纳。只好衣衫褴褛返回家中，亲人对他冷淡。苏秦发愤昼夜苦读师傅送给他的《阴符》一书。读书时他备了一把锥子，一打瞌睡便用锥子刺自己的大腿，强迫头脑清醒过来继续读书。后再次周游列国，终于说服齐、楚、燕、韩、赵、魏六国"合纵"抗秦，成为战国时期著名的纵横家。

著名的《三字经》中有"如负薪，如挂角。身虽劳，犹苦卓"十二字，说的是隋朝的李密骑牛外出时在牛角上挂着一部《汉书》一边赶路一边读、汉代的朱买臣每次担柴将书放在担头边走边读的两个故事。

阅读需要光线，所以才有"凿壁偷光""囊萤映雪"的苦读，以及通常油灯下的夜读和电灯下的夜读。

"青灯黄卷"成为古人夜读书的写照。歌曲《回延安》"枣园的灯光照天明"，描绘的是抗日战争、解放战争初期毛泽东在延安枣园挑灯夜读写作的情景。

读书需要不断用手翻阅，因而有了"韦编三绝"这个成语。《史记·孔子世家》记载，孔子为读《易》而多次翻断了书简的牛皮带子。

（二）手书

上网需要用手输入，用鼠标翻页，听广播、看电视则静听静看即可。读书看报遇到好段落，需要动手抄，电脑只需手指轻轻一点即可复制、粘贴。

纪德的小说《窄门》有一段话："每当我读到自己喜欢的字句，我都会在书上做下标记。因为我期待。当你打开这本书，读到我的标记，你会喜欢。"这个意思用现在网友的话说就是："如果你读起同一段文字，那便是我们在纸上相逢。"

在很长一个历史时期里，书籍、报纸、杂志与手书连在一起。手书笔画的粗细、文字的大小、线条的工整与潦草、字间距与通篇的结构搭配等，无不传达着书写者的性格与素养，这样的文字有生命、有温度、有弹性，正如董桥所说，"文字是肉做的"。被赞誉为"天下第一行书"的《兰亭集序》虽然获得了至高赞誉，但是根据冯承素神龙年间的摹本考察，它存在明显的涂改。在 325 字的作品中，有一处补写、一处涂抹、六处改写。"作为一幅书法作品，《兰亭集序》的涂改保留了当时创作的现场感，有利于历史还原和再现。"[①]（见图 6-1）

图 6-1　王羲之作《兰亭集序》

---

① 朱美禄：《评＜兰亭集序＞的涂改》，《光明日报》2014 年 8 月 27 日，第 12 版。

被赞誉为"天下第三行书"的苏轼的《黄州寒食帖》（见图6-2），不仅诗的内容表达了悲苦等心情，同时也把这种心情写进字里行间，学者谢田说，哪怕别人不懂写的是什么，也能看出作者的心情。他还分析说，其中的"年""中""苇""纸"，如同长剑一般，最形象的是"纸"下面的"君"字，指的是皇上，但字体又小又扁，与上面尖尖的长竖连着，像是被刺了一剑，又像是在悬梁上吊，深深怨念，尽在其中。

图6-2　苏轼《黄州寒食帖》

文献中有"东坡贺新郎，当筵命笔，冠绝一时"[①] 的记载。苏轼的《西江月·顷在黄州》写道：

> 照野弥弥浅浪，横空隐隐层霄。障泥未解玉骢骄，我欲醉眠芳草。
>
> 可惜一溪风月，莫教踏碎琼瑶。解鞍欹枕绿杨桥，杜宇一声春晓。

这首词的前面有一段话记载了苏轼写作这首词的过程："顷在黄州，春夜行蕲水中，过酒家饮，酒醉，乘月至一溪桥上，解鞍曲肱，醉卧少休。及觉已晓，乱山攒拥，流水铿然，疑非尘世也。书此语桥柱上。"苏东坡将词直接写在桥柱上，纯粹是现场的即兴创作，如果能够看到这首词当时的手书真迹，对作者的感受和认识自是更加立体。

吴文英《莺啼序》写道："青楼仿佛，临分败壁题诗，泪墨惨淡尘土。"临分别时在败壁上题诗，如今和泪留下的墨迹已经淹没在灰尘之中，仅从留下的墨迹就可想象出当时的情景。

---

① 周济：《介存斋论词杂著》，载《词话丛编》，中华书局，1986，第1629页。

改革开放初期，文学艺术作品曾产生过强烈的社会反响，读过作品后不少读者写信给作者。作家冯骥才回忆说："记得当时我和一位作家交谈作品的读者效应时，都感受到一个细节常令我们感动不已——就是一些读者的信打开时会发出沙沙声；因为读者是流着泪写的信，泪滴纸上，写好折上时，纸有点粘，所以揭开时发出这轻微、令人深深感动的声音。"① 滴在信纸上的泪水，也许比信纸上的文字内容更感动人。

作家叶永烈保存了几千封信件，并挑选出一批精品捐赠给上海图书馆的名人手稿馆。他写道：

> 我收藏的书法最漂亮的信，要算两位诗人——流沙河和汪国真所写。流沙河用端端正正的小楷写信，而汪国真的竖写八行毛笔华笺可以说体现了中国传统书信"八行书"之美。

他不无留恋地感慨道："纸质书信，已是明日黄花。然而各人用富有个性的字体写下来的这些书信，面字如人，充满温馨，泛黄而不褪色。"②

2013 年，在陕西师范大学，年逾古稀的退休老教授们"饱蘸墨汁"一笔一笔书写的大学录取通知书，被誉为"最值得珍藏的录取通知书"，因为眼下郑重的手书真迹越来越少了。

长期的毛笔、钢笔写作，锻炼了"写作肌（肉）"，敲击键盘和点击鼠标也会造就"敲击肌"和"点击肌"。而电脑文字输入，已经使这种能够体现人的性格与素养的手书痕迹变得无影无踪，人们只能从文字所表达的内容中去揣摩人的性格和素养了。

（三）爱书、惜书

过去读书人对书是非常珍爱的，有的人达到了视书如子的程度。近代的郑珍"烘书之情何所似，有如老翁抚病子"。

"净手""焚香"，乃古人读书时的一种仪式，表达了对书的敬畏。

宋代费衮《梁溪漫志》载：司马温公独乐园之读书堂，文史万余卷公。而公晨夕所常阅者，虽累数十年，皆新若手未触者。尝谓其子公休曰："贾竖藏货贝，儒家惟此耳，然当知宝惜。吾每岁以上伏及重阳间，

---

① 冯骥才：《凌汛》（节选），《收获》2014 年第 1 期。
② 叶永烈：《泛黄却永不褪色》，《新民晚报》2015 年 3 月 21 日。

视天气晴明日,即设几案于当日所,侧群书其上,以暴其脑,所以年月虽深,终不损动。至于启卷,必先视几案洁净,藉以茵褥,然后端坐看之。或欲行看,即承以方版,未尝敢空手捧之,非惟手汗渍及,亦虑触动其脑。每至看竟一版,即侧右手大指,面衬其沿,而覆以次指,拈而挟过,故得不至揉熟其纸。每见汝辈多以指爪撮起,甚非吾意。今浮图、老氏尤知尊敬其书,岂以吾儒反不如乎?汝当谨志之。"

这段话的大意是:司马光在独乐园的读书堂中,藏有文史类书籍一万多余。其中司马光每天早晨傍晚常常阅读的书,即使读了几十年,看上去都新得像是从没用手摸过一样。司马光曾经对他的儿子公休说:"商人们爱收藏钱财货物,儒家所收藏的,只有这些书,应当知道珍爱它们。我每年在上伏到重阳期间,遇到天气晴朗的日子,就把几案设在对着太阳的地方,将那些书斜放在上面,晒穿订书的线。所以虽然时间很长,书还是没有损坏。说到打开看书,必然先把几案打扫干净,用褥子铺垫在书下面,然后端坐好,才看书。有时候不能端坐着看,需要边走边读,那就把书放在方的木板上读,从来不敢直接用手捧着书,这不只是担心手汗浸到书页上去,也担心碰到穿订书的线。每到看完一页,就用右手大拇指的侧面贴着书页的边沿,再用食指与拇指相配合捻起书页,这样翻过一页,因此可以不把纸弄烂。我常看到你们翻书时直接用手指撮起书页,这很不合我的意思。现在佛教徒和道教徒仍知道尊敬他们的经书,我们儒家怎么能反而不如他们呢?应该要记住我的话。"

作家孙犁对书非常珍爱,他写道:

> 妻子对我爱书的嘲笑,有八个字:"轻拿轻放,拿拿放放。"……我的书,看过以后,总是要归还原处,放进书柜的。中国旧医书上说有一种疾病,叫做"书痴",我的行为,庶几近之①。
>
> "我之于书,爱护备至:污者净之,折者平之,阅前沐手,阅后安置。""余之读书,不洁不整不愿读,书有折角,如不展舒,则心中不安亦如卷折。然细想实不必要,徒损时间精神,于读书求学无关也。但古来读书人多爱书,不读书者视之为怪。余见他人读书,极力

① 孙犁:《芸斋琐谈·爱书续谈》,《孙犁全集》第7卷,人民文学出版社,2004,第208页。

压迫书籍以求方便，心颇痛之，然在彼人，此种感情实难理解。"①

存放书的屋子为什么叫"书斋"？《说文解字》说："斋：戒，洁也。"书斋就是读书人藏书、读书、反省、洁净身心的处所。书是神圣的，斋则容纳了书和身体。于是书斋就成了读书人寻求心灵与身体宁静，使身心澄澈合一的地方，设置书斋也是力求书籍保持整齐、洁净。

书与作者有血脉联系，作者的精神和魂魄灌注进书中。古代有的读书人相信书中精华，可以通过吃书吃进自己的身体中。张泌《妆楼记》里面记载，唐代女诗人姚月华因爱慕杨达的诗，不仅将杨诗背得烂熟于胸，还烧成灰，和酒吞下，称之为"款中散"。唐代冯贽在《云仙杂记》中记载：张籍取杜甫诗一帙，焚取灰烬，副以膏蜜频饮之，曰："令吾肝肠从此改易。"清代袁枚也作诗云："泪珠洗面将毫染，诗句焚灰和酒吞。"其实，书焚化成灰后，已经与作者的精神气质没有任何关联了，吃进肚里的只是纸墨之灰而已。

二 广播、电视与身体

区别于其他媒体，广播对身体最解放。除了用耳朵听之外，几乎可以干任何事，走着可以听，躺着可以听，干着活也可以听。笔者20岁左右时，在故乡农村就曾边"起圈"边听收音机广播。起圈就是将沤好的粪从猪圈里用粪叉移起并扔到猪圈外。直到现在，我们仍然不时可以看到，有的老人边散步边听收音机。汽车司机可以边开车边听收音机，但不能边开车边看电视，也不应该边开车边打手机。

电视把身体牢牢拴在屋里。看电视时人的身体必须围着电视机转，而手机则跟随着人走。手机意味着游走、交流、相聚，电视意味着闭门而视、与他人的隔离。

看电视，最典型的身体姿势是后仰，最惬意的姿势是大腿压二腿，嘴里叼支香烟，还不时呷口茶。广播和电视都可以躺着听或看，有的人可能在不知不觉中进入了梦乡。某些岁数大的人还真把广播或电视当成了催眠工具，睡觉时没有广播或电视的陪伴还真难以入睡。当然，看书催眠的人

---

① 孙犁：《耕堂书衣文录》，《孙犁文集》第五卷，百花文艺出版社，1982，第24、72页。

也非个别。

在家庭环境中，人与电视若即若离，可能边择菜或边织毛衣不时抬头看一眼电视。即使是亲戚朋友来了聊天，开着的电视也可能伴随始终。

三　手机与身体

（一）手机与身体

手机把身体从室内解放出来，人们游走在大街小巷、出没在高山大海，随时随处都可以用手机与他人保持联系。

手机与身体距离最近，手握手机，斜插在嘴和耳朵之间，这已经是一个固定的动作模式。有时候，手实在需要干别的事，肩膀和脑袋夹住手机成为一种替代方式。与其他媒体相比，手机与人的身体关系最为密切，手机带着每个人的体温。通常每个人随身必须携带的少数几样东西，手机是其中之一。

中国学者汪民安较早研究身体与手机的关系，下面的一些内容来自他的研究：手机实际上"已经变成了人的一个器官。手机似乎长在人们的身体上面。它长在人们的手上，就如同手是长在人们的身体上面一样。人们丢失了手机，就像身体失去了一个重要的器官，就像一台机器失去了一个重要的配件一样。……手机是另一个说话器官，是一个针对着远距离的人而说话的器官，因为有了手机，人的语言能力增加了，人们可以将语言传送到非常遥远的地方——从理论上来说，可以传送到任何地方，也可以在任何时候传送。同样，人们的听觉也增加了，耳朵居然能神奇般地听到千里之外的声音。手机将人体处理声音的能力强化了——这是一个听和说的金属器官。它一方面连着耳朵，一方面连着嘴巴。它是耳朵和嘴巴的桥梁。手机将嘴巴和耳朵协调起来，在手机的中介下，耳朵要听，嘴巴要说，它们要同时工作。与此同时，手也参与进来，手、耳朵和嘴巴也要同时工作。因为手机，手参与到说话的范畴中来。事实上，在不用手机的情况下，人们也经常看到手和手势参与说话，但手和手势是辅助性的，它只是对言语的强化，但并不必需。只有在使用手机的情况下，手才能和耳朵、嘴巴结为一体，这样，我们看到了人身体上的新的四位一体：手、嘴巴、耳朵和一个金属铁盒——手机。它们共同组成了身体上的一个新的说话机器。""在这个意义上，手机深深地根植于人体，并成为人体的一个重要部分。离开了人体，离开了手，它就找不到自己的意义。正如人们称呼它为'手机'那样，它只有依附于手，才能获得它的存在性。"① 手机身体化了。

几乎每个人都会和这个机器以及这个机器所发出的铃声相伴终生。人体前所未有地和一个机器紧密地结合起来，我们前所未有地为自己创造了一个新的身体：一个新的人和机器的混合体。手机使得人的生物体进化了。人一旦进化到"手机人"的状态，它就没法再裸身"返璞归真"。

甚至可以把手机安装在身体内。在《新科学家》杂志工作的吉姆·盖尔斯（Jim Giles）提醒大家：在不远的未来，我们可能用自己的身体来与一些设备对接。他写道："又把手机忘在家啦？解决办法是现成的，把手机植入到你的手臂里，确保它永远不丢。"如果是这样，手机就真的成为人体的新器官。有人对未来智能手机有这样的畅想："未来人打开镶嵌在手臂里的手机，屏幕自动跃入他的眼帘，打开预先设置的按键，轻轻一触，手机那端的智能家居开始启动，不仅烹饪好了可口的晚餐，更是完成了所有的家务。当需要视频会议时，手机会投射出会议室的环境，并让未来人置身其中。"

要想控制一个人也需要同时控制他的手机。人们一旦丢失了手机，就如同失去了左膀右臂一样，如同切掉了一个器官，他就变得残缺不全，他的能力一下子就被削弱了。那些被监禁起来的人，那些被人为强制性地同社会隔离的人，就会被剥夺使用手机的权利。手机权利的被剥夺，就是社会化权利的被剥夺，也是一部分人权的被剥夺。

然而，社会最顶端的总统、总书记不用手机，他们有一个庞大的办公班子完全将手机的功能覆盖了。社会最下层的人不用手机，他们没有能力深入这个社会的复杂之网。他们在社会中找不到一个联络线索，没有能力为自己在社会中找到一个号码。他们活在自己的身体能力之内，而并不需要一个超越身体有限性的手机。

有趣的是，在几乎人手一部手机的现代社会，要找一个人，不再是去直面他，不再是去找到他的肉身，而是要找到他的手机号码。肉身似乎变成了一个号码，每个人都被抽象成一个手机号。储存了一个人的手机号码，就储存了这个人。人的所有一切都潜藏在一个号码中。

身体对手机传递或反馈回来的信息的反应，可谓五花八门，这种动作

---

① 汪民安：《手机：身体与社会》，《文艺研究》2009 年第 7 期，第 100－101 页。

和表情的反应方式和变化，是各种传播媒体中最多样的。图 6 – 3 中，女人看到手机屏幕上的内容时右手的动作变化很大，上图是在搔头，下图是在用手指触摸嘴唇；表情的变化更明显，上图是似乎不解或惊疑，下图是发笑、欢喜。

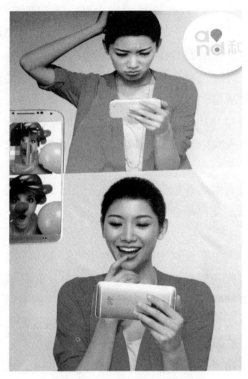

图 6 – 3 一则手机广告图片

资料来源：赵建国 2015 年 12 月 1 日摄于福州火车站。

（二）使用手机对身体产生的副作用

手机频射可能会使身体组织温度升高，有些研究甚至怀疑它会引发脑肿瘤。

不少手机制造商在说明书里建议人们把手机放得离身体远一点，包括黑莓、iPhone、诺基亚等多个品牌的手机说明书中都有相关建议。黑莓一款手机的说明书上写道：如果可能，请使用免提设备。手机开机以及连接无线网络时，至少距身体 0.98 英寸（25 毫米）。减少通话时间。苹果公司 iPhone 说明书上则两次写道，贴近身体进行语音通话或接收无线网络数据时，需确保手机距身体至少 15 毫米。但这些建议通常用小号字体印刷，普通消费者难以注意到。

低着头，眼睛专注于手机屏幕，右手大拇指不停地点击和拨弄，旁若无人。由于长时间保持低头姿势，颈部肌肉和骨骼受到损害，慢慢就会形成颈椎病，颈部血管受到压挤，脑部的供血可能出现不足，易导致精神萎靡、头晕等。广州中山大学眼科中心最近的调查显示，小学五年级学生的近视患病率高达 70%。专家分析视力下降的主要原因是埋头看手机。

四　手机：正常工作和生活的最严重干扰者

手机给人们的生活带来了极大的便利，成为最重要的社交媒体，不然怎么会达到几乎人手一部的程度呢？关于手机给社会带来的种种重要影响，包括积极方面和某些消极方面，人们已经有过许多探讨。然而，关于手机已经成为人们正常工作和生活的最严重干扰者这一负面影响却鲜有人提及。

（一）手机干扰正常工作和生活已经成为一种普遍的社会现象

报纸、广播、电视、互联网等媒体的使用，并没有像手机那样导致人身意外伤害事故，使用手机却可直接或间接导致身体伤害事故发生。近年来，不断有"低头族"玩手机/打电话一脚踏空掉入深渊摔死、司机看手机短信导致撞车致乘客死亡的新闻报道。开车时用手机接打电话或看短信是造成交通事故的原因之一。比如，2015 年 12 月 8 日晚，济南一位韩姓女士边驾车边接听手机，将正在执勤的济南市公安局交通警察支队槐荫区大队民警王玄飞撞伤，王经抢救无效殉职。2014 年 10 月 24 日，江苏镇江一名客车司机在 7 分钟内看了 39 次手机，导致撞死一名骑车老汉的悲剧。据美国研究人员的跟踪调查，司机开车使用手机发短信，发生车祸的概率是正常驾驶时的 23 倍，而打电话发生车祸的概率是正常驾驶时的 2.8 倍。英国研究人员公布的数据表明，边开车边用手机发短信的司机其反应时间比正常驾驶时慢 35%。据官方统计，2005 年全英共有 306 起开车用手机导致的交通事故，死亡 13 人，重伤 49 人；到 2014 年，上述数字分别上升至 492 起、21 人、84 人。数据显示，在情况最糟的 2014 年，全国交通事故共造成约 1800 人丧生，涉及开车使用手机的事故近 500 起。尽管交通规则禁止开车司机接打电话，但实际上在公路上经常可以看到开车接打电话的司机，由此酿成的交通事故时有发生。网络调查显示，两成受调查的网友开车时有使用手机的习惯，其中超过 70% 的网友在开车时发微信或刷微博。公路上的行人打手机、看短信也是交通事故的隐患之一。

可能许多人都有这样的经历，在一些服务窗口排着长队好不容易轮到你时，工作人员手机响了，于是你还得耐心等待他（她）把电话打完，也许这个电话仅仅是闲聊。

在高校，一些学生上课看短信、上网，有的甚至看到来电显示后中断上课离开教室去接电话。尤其是将手机与互联网结合的微博、微信，使老师在"争夺"学生的注意力时，显得力不从心。如果有哪位学生忘记把自己的手机调整到静音或振动模式，突然的一声铃响，整个课堂的进程就顿时被打断。学生身上开着的手机不时把他们的注意力拉到课堂之外，已经成为高校教学的重要干扰者。

甚至一些重要场合，随身携带的手机也会对正在进行的事务产生干扰，而且越是技术先进、功能齐全，这种干扰就越多、越有效。2009 年 4 月，美国《每日秀场》（The Daily Show）的主持人约翰·斯特沃特批评一些国会议员，在听总统奥巴马的国会演讲时，只顾低头看 Twitter，而对奥巴马讲话的实质性内容置之不理。

上面所述内容是手机对正常工作的干扰，日常生活是否也受到了这种干扰呢？"无论人们在进行衣食住行中的哪一种活动，手机都会给人们的生活带来或多或少的影响。即使是在睡觉、开车、开会等情况下，手机铃声都是不可抗拒的召唤，只要有手机来电或新信息，即使不会马上接通电话、回复信息，人们也往往会暂停手中的事情，拿起手机看一下。"[1] 本来旅游休闲是为了放松身心，但随身携带的手机会不时把人们带回工作场所，同时家务纷争、情感纠葛、陈年旧账等也会通过手机不断带入旅游休闲地，使你变得身心不宁。一场亲朋好友之间兴趣盎然的聊天，被不期而至的电话铃声打断变得索然无味。日常生活中，甚至热恋中的青年男女也由于手机这个第三者的呼唤而中断自己正在进行的接吻行为。

（二）手机为什么能干扰人们的工作和生活

手机为什么会对人类的正常工作和日常生活产生明显干扰呢？报纸、广播、电视、互联网四大大众媒体从产生到现在，并未像手机这样对人们的正常工作和日常生活产生严重干扰。手机是普及率最高的媒体，并可随身携带，它无时无处不在陪伴着人们。1973 年手机注册专利，1985 年第一

---

① 王黑特、石雪影：《手机与人的关系》，《现代传播》2010 年第 8 期，第 103 页。

台真正可以移动的电话诞生。由于移动电话的优势，它在世界范围内迅速普及。中国工信部 2011 年 6 月发布的统计数据显示，中国已成为世界上第一个手机用户数量突破 9 亿的国家。国家统计局的数据显示，2013 年末移动手机用户达到 122911 万户。人们出门时随身必带的东西除了钥匙、钱之外，就是手机了——如果手机具备付款和开门功能后，只带手机就可以了。手机也的确不断被开发出新的功能，如用手机体验扫描户外广告牌上的二维码就能将商品收入囊中。简直可以说，一机在手，代替所有。

人手一部，随身携带，总是处于待机状态，在这些方面手表也跟手机差不多，但手表并未干扰人们的正常工作和生活。手机的另外两种技术优势或功能是手表不具备的。其一，手机是最方便因而也是最重要的社交媒体，它可以随时、随地保持与外界的社会联系和沟通，它可以"被叫"。开会、上课时有人也有看报纸、看书的现象，但报纸和书没有"提示"功能，手机则有催促你看它的功能。更重要的是，报纸和书上的内容多与你无直接关系，而手机上的多数内容与你直接相关，或者是你的恋人打来的，或者是你订购的货物送来了。正是手机上的这些与你紧密相关的内容引诱你不时看它。其二，智能手机还可以成为互联网的移动终端，实现了与互联网无缝对接的手机，把精彩的、无所不有的互联网世界带到了手掌上。不仅如此，手机可以与互联网共用微博，而微信主要存在于手机用户中，在互联网上使用微信反而不方便。

人手一部，随身携带，总是处于待机状态，再加上手机的上述两大技术功能，就使手机具备了干扰人们正常工作和生活的能力。如果机主本人不能有效控制自己，如果在特定场合没有相关纪律和法规有效约束，手机就会干扰正常工作和生活。从理论上讲，尽管手机具备了干扰人们正常工作和生活的能力，但理性的人应当能够避免手机对工作和生活的干扰。可是，手机的高普及率、高使用率还是带来了一个社会问题，即"手机依赖症"，人们被手机所"绑架"。

2013 年 4 月《中国移动互联网发展报告》统计，手机互联网用户对手机上网依赖性较强，79.9% 的手机移动互联网用户每天至少使用手机上网一次，近六成手机移动互联网用户每天使用手机上网多次；手机移动互联网用户的手机上网黏度大，平均每天累计使用手机上网时长为 124 分钟，每天上网 4 小时以上的重度手机移动互联网用户比例达 22.0% 。英国一项研究发现，人类已经成了智能手机的"奴隶"，一般人在醒着的时候，平均每 4 分钟就要看一次手机。

　　一家心理卫生研究所对手机人群的调查显示，50% 以上的人有"手机依赖症"，很多人长期处于"待机"状态。他们因为害怕丢掉重要客户而不敢关机，总在期待电话带来最新信息。这些强烈的心理暗示，甚至会诱发手机幻听。有的人表现为高度精神紧张，需要反复地查看手机，明知毫无必要，但不如此则于心不安；有的人仿佛听见手机在响，掏出来一看，却没有任何电话。刚放到包里没多久，又感觉手机铃声响……①

　　由于"手机依赖症"的存在，一些人抗拒不了手机铃声或振动的召唤，甚至没有铃声或振动也要不时掏出手机来查看，即使在工作和上课时间也是如此。也应指出，有些由手机引起的严重后果或明显违反课堂、工作纪律的手机干扰现象，如车祸，如上课中走出课堂接听电话，并非是由"手机依赖症"造成的，而是当时确实"有事"，如有个约会，如有个客户呼叫。但这些所谓的"有事"与造成的严重后果比起来，即使当事人在事后也会认为那不是"事"，并后悔不已，甚至来不及后悔。

　　手机屡屡干扰人们的正常工作和生活还有一个原因，那就是手机被认为是"私媒体""自媒体"，使用手机、"玩手机"被认为是私人的事情，尤其是接手机电话或看、发短信属于私密事情，他人或组织不便于干涉。确实，相对于报纸、广播、电视和网络，手机更具有私人媒体属性，通信内容也的确包含个人隐私，他人未经允许不应当偷看或干涉。但在工作场所或公共场所使用手机却并不是单纯个人行为，因为这种行为会干扰正常工作或危及公共场所的安全、扰乱公共场所的秩序。所以在工作和公共场所对手机的使用需要"他控"和自控，即使在纯私密场合，如自己的卧室里，为了自己的身心健康，为了不至于干扰自己有规律的生活，也应当"自控"，不能过度使用手机。研究表明，那些自控能力差的人容易形成手机依赖症，而那些自控能力强的人则较少被手机"俘虏"。

（三）手机"依赖""干扰"现象的负面影响

　　"低头族"玩手机一脚踏空掉入深渊摔死、司机看手机短信导致撞车

---

① 赵含悦：《都市流行病　信息强迫症》，《北京日报》2011 年 12 月 16 日。

致乘客死亡的危害，不用分析就能看到其负面影响。社交媒体在提高人们工作效率的同时，也在不少情形下降低工作效率，如上班工作时间接打聊天手机电话等，其负面影响也比较明显。手机分散人们的注意力，干扰正常工作和生活的潜在、长远影响却不是所有人都能意识到的。

对人类来说，人们的注意力还从来没有像今天这样由于手机的无时无处不在而被干扰、被分散。手机是偏向空间的媒体，即使你人不在某一个空间，由于随时可以与这个空间里的其他人保持联系，你是在场的，你可以把你的存在向这一空间宣示，甚至能够保持对这一空间的监督和控制。然而，正当你对某一个你不在场的空间施加影响时，却在你真正在场的空间"缺场"了——并不是你人离场了，而是心离场了。所谓"缺场"就是你被场外的人干扰了、注意力被分散了。

有研究表明，现代人的注意力集中能力下降明显，80%的人已经无法一次性阅读超过1500字的文章。手机和互联网的伴随是注意力下降的主要原因，试想每4分钟看一次手机——即使延长到每10分钟看一次手机，我们的注意力还能较好地集中在正常工作，尤其是创造性工作吗？注意力是心理活动对一定对象的指向和集中，它总是伴随着各种心理过程，存在于感觉、知觉、记忆、观察、理解、想象、思维等心理过程中，还存在于情感体验和意志行动过程中。注意力在人的心理活动中有着特殊的地位，在普通心理学中通常是作为重要的智力要素来看待的。常识告诉我们，要想干好一件事，必须注意力集中。宁静以致高远，聚力以成大事。试想，如果人们的注意力总是处于被干扰、被分散的状态，还能干好一件事吗？这一点对青少年来说更加重要，如果注意力总是不能集中，就会养成浅阅读、浅思维、碎片化阅读、碎片化思维的习惯，对心理和思维产生的影响是更加深远的。如果不重视和解决这个问题，就会对青少年的成长和成才产生严重负面影响。

手机本来是社交媒体，并促使人际交流、交往进入一个新的阶段，移动智能手机实现了随时随地、方便快捷的远距离异地即时沟通、交流、交往，时间、距离和地域不再限制人与人之间的交流，这在人类历史上是从未有过的，在人类交流、交往历史上具有划时代意义。这本来是人际交流、交往的巨大进步，但对于有手机依赖症的人们来说却并非如此。姜永志、白晓丽对大学生使用手机的研究发现，"手机依赖与疏离感密切相关，高手机依赖者的疏离感显著高于低手机依赖者，即大学生手机依赖程度越高，社会疏离、人际疏离和环境疏离也越高"①。王欢、黄海、吴和鸣的实证研究也表明，"相比无手机依赖的大学生，有手机依赖者的神经质、社交焦虑得分呈显著更高（P < 0.05），外向性、开放性、宜人性和严谨性的得分显著更低（P < 0.05）"②。过度的手机依赖弱化了人际交流、交往能力，使人在面对面交流、交往中感觉焦虑或害怕，过去面对面的人际交流所维系的社会关系变得疏远，个体经常感到无助和孤独。

（四）加强手机使用的综合社会管理应提上议事日程

综上所述，移动电话已经成为社会成员日常生活和专心于正常工作的最严重干扰者，人类的注意力还从来没有像今天这样被手机所驱赶和分散，因而对手机使用进行综合社会管理应该被提上议事日程。然而，这个问题还没有得到研究者和全社会的充分关注、重视和认真对待。

要解决上述问题，需要从以下几方面入手。

第一，要在思想认识上重视它。尽管不断有新闻报道使用手机造成交通事故，但手机干扰工作和生活方面的内容却鲜有新闻关注。理论界更少有对此类问题的调查研究，社会管理部门也就更谈不上制订相应的治理措施了。

第二，要普及和加强全体公民的传媒素养教育，使人们对传播媒体的负面社会功能有更加清晰的认识。使用手机时规避它的负面影响，包括干扰工作和生活、分散注意力等。传媒素养普遍提高了，手机干扰工作和生活的情况就会有效减少。

第三，要养成使用手机的良好习惯，在特定重要场合，如上课时应关掉手机；养成习惯，"开车不喝酒，喝酒不开车"，做到"开车不使用手机，使用手机不开车"；晚上睡觉通常也应关掉手机；与人谈话时最好不用或少用手机（这是对对方的尊重）。对于已经产生"手机依赖症"的群体，可以尝试定期开展"无手机日"活动。

第四，要制定必要的法律法规和规章制度，实现有法可依、有规可循。比如，哪些人员不能携带和使用手机，何种情况下要对使用手机实行限制，如果违反应当如何惩处等，应当有明确规定。实际上，不少部门已经采取了一些措施，如在重要会议的会场和重要考试的考场以及需要保密

---

① 姜永志、白晓丽：《大学生手机互联网依赖对疏离感的影响：社会支持系统的作用》，《心理发展与教育》2014 年第 5 期，第 546 页。

② 王欢、黄海、吴和鸣：《大学生人格特征与手机依赖的关系：社交焦虑的中介作用》，《中国临床心理学杂志》2014 年第 3 期，第 447 页。

的场所实行手机信号屏蔽。有些大中小学校规定，不允许学生带手机进入课堂，或者倡导"无手机课堂"，在每间教室设置"手机保管箱""手机屏蔽袋"。这些学校采取的措施曾引起争议。2016 年 3 月，河北省沧州一中 12 名学生因带手机上课被学校劝退，引起家长向上级主管部门"告状"。显然，这些措施或"自制规定"缺乏国家法律和制度依据，因此，法律法规和规章制度应当及时跟进。据报道，已经有全国人大代表提议，建议对开车玩手机"盲驾"的处罚列入刑法。

第五，在必要的部门和场合通过技术手段限制和控制，如对司机开车使用手机进行限制和控制，使车辆运行中司机的手机处于休眠状态。

最后做一点展望，我们相信人类有反思和自省能力，经过一个时期的磨合，大部分人通过自控和他律能够合理使用手机。据报道，现在德国人只有一半网民使用社交媒体，而美国受智能手机和平板电脑影响巨大的"90 后"，正在经历一种社交媒体疲倦症。人们使用包括手机在内的各种媒体的理想状态应当是：得心应手的工具而不滥用和沉溺。

五　电脑与身体

（一）电脑与身体

电脑可能是最需要身体和精力投入的媒体了，对于身体来说，在电脑面前是最辛苦的。电脑是最需要做好各种准备的机器，不仅需要装备所需软件，更需要相应的知识素养。

使用电脑工作或上网，最典型的身体姿势是前倾。电视使身体后仰，应接不暇；网络则让身体前倾，不停地搜索。当然，移动鼠标，一目十行，听着音乐、品着茶，与朋友边聊天边阅读浏览，也是有些人使用电脑网络的一种状态。

过去需要记在脑子里的东西，现在有一部分可以转存到电脑和手机里了。诸如电话号码、联系地址等，都可以存到电脑和手机里，随用随取。电脑和手机已然成为人的第二大脑。

电脑可能是最不怕疲劳的机器了，尤其是办公室内的电脑，可能一天24 小时都处于开机或待机状态。

网络和手机使身体缺场交往普遍化，同时社交媒介化了，还在一定程度上出现"社交幻化"现象。

过度使用电脑同样会给身体带来负面影响。比如，研究人员分别对每天平均上网约 10.2 小时和少于 2 小时的大学生进行脑部核磁共振扫描，发现上网成瘾者大脑的灰质均出现萎缩，并且上瘾时间越长，灰质萎缩得越严重。灰质萎缩会使认知功能出现缺陷。

（二）网络虚拟社会交往中的身体

网络"虚拟社会形成之初，网络交往行动者一度同现实角色脱离关系，不但同现实自我角色脱离关系，而且同社会角色期待脱离关系，交往者一度抛弃现实社会的习俗和规则，遵循一套完全新异的规范脚本，这样的状况一般延续到虚拟角色和现实角色出现矛盾那一刻就得停滞，而出现矛盾则是必然的。矛盾的出现总是因为身体，因为身体本身是行动的依据，不管这种行动发生在现实社会还是虚拟社会"[1]。

"纯粹匿名状态的虚拟社会交往行动切断了同现实自我的身体和社会身体之间的联系，只有这样的交往才属于身体不在场的交往行动。这也正是以往关于身体不在场的论断绝大多数都以角色扮演类游戏（如 MUD）为案例进行证明的原因。不过，纯粹匿名状态的网络交往行为少之又少，绝大多数虚拟社会的交往行动都无法切断同现实自我的身体或者同社会身体之间的关系。"[2]

网恋也是网络交往的一个内容。网恋最大的特征是恋爱者双方肉身的缺席，但"现实社会文化以重构的身体形式嵌入在整个网络恋爱过程的始终"[3]。"网络婚恋者的社会身体从未从整个婚恋过程中退隐"。[4]

总之，"网络交往'有身体，有主体'，因为网络交往者身体一直在场，所以交往者从来没有失去其属人的现实主体性"[5]。网络上操纵信息的身体从来没有离开键盘和鼠标，没有人存在的网络世界也不可想象并将失去意义。

美国一项名为"结识在社交网络的人们，最终能走向婚姻殿堂吗"的调查研究发现，从 2005 年到 2012 年，有 21% 的人通过网络寻找配偶并最后喜结良缘，这与通过传统方式（如在学校结识、彼此已熟悉）结婚的人

---

[1] 金萍华：《网络交往中的身体嵌入》，2009 年复旦大学新闻学院博士学位论文，第 47 页。
[2] 金萍华：《网络交往中的身体嵌入》，2009 年复旦大学新闻学院博士学位论文，第 48 页。
[3] 金萍华：《网络交往中的身体嵌入》，2009 年复旦大学新闻学院博士学位论文，第 90 页。
[4] 金萍华：《网络交往中的身体嵌入》，2009 年复旦大学新闻学院博士学位论文，第 100 页。
[5] 金萍华、芮必峰：《"身体在场"：网络交往研究的新视角》，《新闻与传播研究》2011 年第 5 期，第 13 页。

群比例大致相当①。两位新人在线留言写道："我们的爱情故事是从推特上的 140 个单词开始的。"

但美国婚姻律师学会一项调查表明，美国五分之一的离婚案件与脸书有关②。波士顿大学一项新的研究显示：社交网站用户人群相对来说考虑离婚问题更多些，要比非社交网站用户高出 32%。他们统计了使用社交网站的 43 个国家，发现在 2008 年至 2010 年，脸书使用率增长了 20%，离婚率也相应上升了 2%。

第二节　媒体中的身体

一　身体与图像

（一）物象与图像

物质世界就是个物象世界，面对客观世界，实际上是面对客观的物象世界；这种物象世界也可以被看作一种图像，只不过这种图像是真实的三维、四维甚至更多维的"图像"。人工图像只是这个物象世界的复写、模拟。即使人工图像，如人类早期的岩画，也比文字的历史悠久。在现代人类社会中，由于图像的大量出现，图像已经成为物象世界的组成部分，更形成了"以形象为基础的现实"（the image-based world）。

"图像从来就不是一个现实的复制品，而是对现实的看法，是一项技术使用的结果，这项技术阐明了一些数据，却隐藏了另一些。没有无诠释的图像（甚至也没有无诠释的现实），没有无观念影响的图像。显然，科学程序旨在细致认真地根除内在想象，追求客观或事实的完全忠实复刻，试图给出一个现成的，可以直接思维或直接使用的结果。"③ 图像不仅记录了物象，而且也记录了特定时期人们如何看某一物象或某一物象如何被人们看。但无论如何，与文字记录相比，图像具有"保鲜"的特征。对于某种已经变化或消失的事物，文字记录者记述下来，后人只能根据这个记述来辨认、分析，而图像只要保持原有的清晰质量则是永久"保鲜"的，不

① 韩显阳：《社交网络改变美国婚恋文化》，《光明日报》2014 年 6 月 23 日，第 8 版。
② 韩显阳：《社交网络改变美国婚恋文化》，《光明日报》2014 年 6 月 23 日，第 8 版。
③ 〔法〕勒布雷东：《人类身体史和现代性》，上海文艺出版社，2010，第 245－246 页。

会受到记录者眼光的限制，后人完全可以看出（辨析出）拍摄者所没有看出（辨析出）的东西，文字记录的缺陷表现在它永远是记录者所看到的东西。图像最具有在场效果。

现在人们对图像世界很关注，所谓"读图时代"正表达了这一点，但很少聚焦物象世界，关于物象世界及其与图像世界的关系，是一个很值得探讨的问题。

（二）身体与图像

身体传播的最佳途径首先是实体身体的展现，其次是动态的身体影像和静态的身体照片。与语言文字的叙述、描写相比，具象展示的身体确实令人印象深刻。维萨里的《人体构造》具有划时代的意义，身体（及其结构）这一观念从此植入西方思想体系中。《人体构造》初版时包含三百页插图，可见插图对于身体结构之重要。后来取代人体绘画的是人体摄影。

身体在水中的形象，尤其是身体在镜子、照片和影视中的呈现，为人反观自身提供了极大的便利。摄影和影视出现之前，人们通常是通过观察他人来反观动态的自身。影视使人全方位、动态地反观自身成为可能。全方位和动态地反观自身是人们更好地反思自身的重要机缘。动作可以被完整地记录，录像是记录动作最准确的方式。由于监控录像的普遍使用，人类动作被记录的广度超过了以往任何时候。在赛场上，许多摄影机从不同角度对准一个运动员，记录个人动作细节达到了过去难以想象的程度。

然而，对于叙事文学作品来说，文字所塑造的人物身体形象一旦转化为影视形象，就会马上凝固、封闭人们对这些人物形象的想象空间。20世纪初期法国伟大作家普鲁斯特对文学作品阅读说过这样一段富有启发意义的话："我们应能由衷体会，读者的智慧始于作者写作之终了。当我们渴望作者能够给予我们答案时，他能给的却只是更多的渴望。而他只有竭尽所能发挥他的艺术，让我们的思绪陷入作品里崇高的美好，他才能在我们身上挑起这些渴望。不过……规则可能意味着我们无法由任何人那里获得真相，我们只能创造真相……。"①"我们无法由任何人那里获得真相"，意思是说，即使作者本人我们也不能从他（她）那里获得"真相"；"我们只能创造真相"，意思是说，我们只有在作品提供的可能的范围里驰骋自

---

① 〔美〕玛莉安·沃夫《普鲁斯特与乌贼》，商周出版社，2009，第18－19页。转引自沈迪飞《阅读的进程》，《山东图书馆学刊》2015年第2期。

己的想象，从而创造出"真相"。文学作品中的人物形象都是在作者展示的空间里，读者展开自己的想象塑造而成的。在《红楼梦》转化为戏剧、影视之前，每一个人心目中都有一个虽然有些模糊但充满魅力的林黛玉，这个林黛玉超越身边所有最美的具体的美女，她的美具有无限的想象空间。可是戏剧、影视中的林黛玉一出现，虽然她的形象具体化了，但也正因为如此，她的身体形象一下子被固化，从而魅力大减。也有许多观众并不认同这就是小说中的林黛玉，认为小说中的黛玉比戏剧、影视中的黛玉漂亮多了、丰富多了！看来，对于文学艺术作品来说，文字作品想象的空间更大，影视作品可想象的空间较小。

身体是媒体传播的重要对象，尤其是视觉媒介更成为身体展示的舞台，视觉身体占了图像世界的半壁江山。而影视将活动着的身体的"影子"投射到银幕或荧屏上，这是纸介媒体办不到的。

但身体的不同部位，有的能进入大众媒体，有的则受到了限制。下半截身体本不应过多进入媒体，但它总是以这样那样的方式，或公开或隐蔽地进入媒体。

随着技术的发展，图像越来越细致，越来越具体，越来越深入人体内部。

"一位接受超声波检查的妇女欣喜地看到了自己的宝宝。她通过一般体感感受到他，但是这种内心及身体的感知对她触动不大。图像即胎儿在屏幕上的抽象重组令她感到震撼，要等到被转换译码的孩子的心跳（并非她的孩子的真正心跳，而是其心脏的电子信号）闪烁，她才会萌生感情，第一次产生做母亲的感觉。心理感觉在超声波之后产生，好像一直在等待后者的许可似的。图像的纯符号特征在女性想象所赋予的意义（尤其是用'心脏'一词来指示屏幕上的闪烁处）下变得丰富起来。……就在看到的一瞬间，图像改变了妇女，妇女也改变了图像。"

"想象的力量是如此之大，以至于一位妇女抽噎起来，说'现在她不再属于她自己'。让她确信自己怀有自己的孩子的，并非一种建立在内心幻想之上的身体直觉，而是屏幕的中介作用。心理感觉自身并没有发生作用，这位妇女需要一个确实的证据，而这个证据只有技术才能为她提供，而不是自己的身体。"①

---

① 〔法〕勒布雷东:《人类身体史和现代性》，上海文艺出版社，2010，第254－255页。

"想象带来的这种补充，即将出生的孩子通过电脑被反映到屏幕上的真实情况，物体及其幻想之间的这种混淆，其意义非凡，以至于大部分前来接受超声波检查的夫妇在回家时都会带走这样一幅图片。这将成为他们专门为孩子准备的相册里的第一张图片。"①

二　媒体中的身体影响着现实中的身体

（一）　大众传媒成为身体审美时尚、审美标准

J. B. 普里斯利在 1933 年写作《英国之行》时在林肯郡一个农家咖啡馆喝茶，注意到邻座的女孩子们打扮得非常入时，都是照着她们喜爱的电影明星精心修饰的，他写道：

> 甚至二十年前这样的女孩儿看上去都会与附近大一点镇子里的姑娘不一样；看上去免不了会有些土气的乡村味儿，可现在她们与别处许多大都会的姑娘们相比也不会有什么区别。因为她们拥有共同的榜样——自然是来自好莱坞的榜样②。

这是一位调查者对年轻农民工的一段记录：

> 我记得一次曾访问朱瑾，她在一家服装店当售货员，住在丰台区一个狭小的出租房里。在我访问期间（2002 年 12 月），我们坐在她的床上翻看她的相册。她热切地让我看她自己和她的朋友在北京郊区旅游点上拍的最新相片，但是当我们一起翻看早些时候她还在家乡或者刚刚来到北京拍的相片时，她大声说了好几次："太土了，真不好看！"以我自己的眼光来看，她看上去一点也不难看，只是在她早先照片上所展示的和她几年后培育的外表之间存在一种明显的差别。在我访问她的那天，朱瑾画了眉毛，涂了睫毛膏和眼影。她穿着一件黑色的紧身针织套头连身衣，戴着一条项链，下面挂着一个大大的十字架，上面装饰着彩色的人造宝石。她的头发剪得很短，很潇洒，很时

---

① 〔法〕勒布雷东：《人类身体史和现代性》，上海文艺出版社，2010，第 255－256 页。
② 迈克·费瑟斯通：《消费文化中的身体》，见汪民安、陈永国编《后身体　文化、权力和生命政治学》，吉林人民出版社，2011，第 287 页。

髫。在她早期"太土"的照片中，她的头发稍长一些，但不那么潇洒，她的服装也不太露一些，看上去更加无性别（或男性化），并且更加蓬乱。例如在一张照片中，她穿着一件宽松的牛仔夹克和有几个口袋的肥大裤子。

朱瑾的当代形象很好地符合了媒体中包括《农家女》和《打工妹》杂志中所倡导的现代女性的形象[1]。

大众媒体中倡导的现代女性形象少了些自然、朴实，多了些雕饰、脂粉气，而不少打工妹像朱瑾一样正在向这样的"现代女性形象"靠近。

电影《少林寺》拍出后，许多年轻人没有弄清武术是什么，就剃光头要去少林寺学武。李连杰后来对此开始自责。

某些男人为自己阴茎的长短或大小苦恼，一些女性不仅前去隆胸丰臀，甚至还为小阴唇或大阴唇整形，以求更好地满足她们的伴侣，与专门杂志上或色情电影中的性感代码相一致。

（二）媒体中的身体不等于真实生活中的身体

每当面对大众媒体或面对众人时，女性多要去除腋毛。因而大众传媒上的女性腋窝无毛，而真实生活中的女性腋窝则多有毛。大众媒体与真实生活形成了巨大反差。在这个意义上，媒体只反映了审美时尚但并没有反映普遍的真实生活。

男人看过杂志上的美女照片后，会觉得身边的女友好像并不那么漂亮。其实美女照片并不等于其本人，那是化妆修饰过的，并选择了最佳的侧面、最佳的瞬间。即使没有经过化妆修饰，同一个人在影像中与在真实生活中相比也会有所不同。罗兰·巴特写道："我经常是在知道的情况下被拍照。于是，从我觉得正在被人家通过镜头看的那刻起，就什么都变了：我一摆起姿势来，我在瞬间把自己弄成了另一个人，我提前使自己变成了影像。"

第三节　身体叙事

本节并不能对身体叙事做全面探讨，只就与本书主题有关的内容和笔

① 〔澳〕杰华：《城市里的农家女——性别、流动与社会变迁》，江苏人民出版社，2006，第230页。

者有心得的地方进行论述。这一节有独特性的内容在于"真正意义的身体叙事"。

舞蹈和体育都以身体为载体来展现，但体育主要不是"叙事"，笔者不把体育看作身体叙事。当然，体育比赛中形成的"事件"，如2008年北京奥运会男子110米栏预赛中刘翔退赛，尤其是2012年伦敦奥运会110米栏预赛刘翔跨第一个栏就"悲壮"摔倒失去决赛资格，引起热议和关注，这当然也是身体叙事，但这种身体叙事与正常的体育比赛是两码事。舞蹈可以叙事，舞蹈就是用身体来抒情和叙事，本书有专门的章节讨论，本节不涉及舞蹈身体叙事。

一 真正意义的身体叙事

人的一生都在用身体叙事或者讲故事。其实，用"叙"和"讲"都是不准确的，身体在"做"、在"行"，事都是做出来的、干出来的，而不是叙出来的、讲出来的。"叙"和"讲"只能复述已经发生的事。现代京剧《智取威虎山》中杨子荣所唱的"甘洒热血写春秋"，就是要用自己全身的鲜血来创造和书写英雄的历史。

（一）身体叙事本是身体传播的一种途径和方式

语言固然能够叙事，但身体本身也能够叙事，而且不借助于语言也能够叙事。苏霍姆林斯基在《给儿子的信》（第19封信）中讲过一件发生在苏联卫国战争初期的一件事：

> 战火笼罩着整个乌克兰，法西斯强盗野兽般地从西面扑来。苏联军队撤退到第聂伯河的对岸。在八月的一个寂静的早晨，敌人的摩托车队开进了村子的主要街道上。人们都躲藏在屋子里，孩子们不敢出声，畏惧地向窗外窥看。
>
> 突然，人们看到一件令人难以置信的事。一个人走出屋子，他身穿绣花衬衫，脚蹬擦得闪光的靴子，双手捧着放在绣花毛巾上的面包和盐。他向法西斯匪徒作出谄媚的微笑，把面包和盐端上前去，鞠了一躬。一个长着红黄色头发的小个子上等兵故作仁慈地接过了面包和盐，拍了拍叛徒的肩膀，并请他抽了一支烟。
>
> 这个人殷勤招待敌人的丑态，整个村子都知道了。人们心中燃烧起仇恨的烈火，握紧了拳头。

　　整个村子都知道了这个叛徒的丑行，并非由于他说了什么，而是他做了什么，是人们看到了他的所作所为。他向法西斯献媚，是靠动作和行为表现出来的，他是在用身体来叙事。他的身体叙事，法西斯看懂了，村里的人也看懂了。

　　我们再来看一个身体叙事的当代案例。俄罗斯圣彼得堡当地时间2013年9月6日，G20领导人拍摄全家福，奥巴马闹别扭低头不看普京，普京也闭眼做鬼脸，摊手表无奈。二人显得相当孩子气，其他领导人在旁边看得很乐（见图6－4）。这个过程没有语言，奥巴马以低头不看普京的动作表达了自己的情绪，普京则以闭眼做鬼脸、摊手来表达自己的无奈。其他国家的领导人只能以站在旁边看着笑的身体动作和表情面对这个尴尬的情境。

图6－4　奥巴马、普京在用身体叙事

资料来源：《G20闭幕全家福：奥巴马低头普京扮鬼脸》，《广州日报》2013年9月10日。

　　身体之所以能够叙事，那是因为身体具有行动、表达、传播能力，身体是陈述性的和表达性的，身体可以传播。身体能够叙事的根本原因在于身体具有行动能力——即做事的能力，而事情、事件都是由行动构成的。身体叙事的能力比任何符号的叙事功能都要强大得多、普遍得多。人民解放军打进上海的那个夜晚，部队没有去敲居民的门，而是露营在路边。这一事件本身就让上海人看懂了人民军队。人民军队这种用身体叙事的方式，比任何语言文字标语口号的叙事都更有说服力。

　　五台山碧山寺早斋前，所有人须合掌默诵感恩经，随后由和尚派饭。"每个人应根据自己的食量来要求，饭菜必须吃精光，容不得半点浪费。

出于平素惯性，部分居士、信众会多要些饭菜，结果吃剩了。和尚收碗时，会当面一声不响地、以极其坦然的表情，将余下饭菜悉数吃下，菜汁舔尽，令未食完者羞愧难当。"① 不动声色的动作和表情，比任何说教或指责都更有感染力和引导力。

身体叙事的特征在于具象化，也就是说，身体的行动和表情本来就是真实物象世界的一部分。电影、电视等图像只是把立体多维的物象世界平面化了。有学者认为：

"叙事"实属语言而非图像之优长②。

其实，最佳的叙事方式是图像和语言的有机结合，早期的无声电影固然不利于叙事，但有声语言和动态画面有机结合的电影故事片和电视剧，不是已经把叙事诗和小说这种语言叙事几乎推到了边缘的位置上了吗？

需要指出，笔者所说的"真正意义的身体叙事"是文学作品中身体叙事的依据和基础，没有前者，后者就无从谈起。

（二）身体与事件

叙述普通事，不容易吸引人，最吸引人的叙事往往是叙述事件。事件是叙事的主要对象，而事件的主体是身体。在人类社会中，无论是普通事情还是事件，身体是主角。身体就是事件，事件就是身体的事件，事件没有了身体就被抽空了。

1789 年 5 月 5 日，法国国王路易十六为解决国内财政危机被迫召开中断了 175 年之久的三级会议。但第三等级的代表却提出了改革的要求，希望每个代表都有表决权，并于 6 月 17 日宣布自己的会议为"国民议会"，遭到路易十六的反对。6 月 20 日，路易十六得到国民议会重新开会的消息后立即派兵封闭了会场，第三等级的代表们冒着大雨在附近的凡尔赛宫室内网球场集会，他们在议长巴伊的带领下郑重宣誓："不制定和通过宪法，决不解散。"这就是著名的"网球场宣誓事件"，该事件拉开了法国大革命的序幕。

以身体为唯一对象，身体成为中心就形成"身体事件"，最突出的

---

① 李晔：《红尘中的禅修》，《解放日报》2013 年 9 月 5 日。
② 赵宪章：《语图叙事的在场与不在场》，《中国社会科学》2013 年第 8 期，第 147 页。

如屈原投江、陈天华蹈海，自焚也是烧毁身体的"身体事件"。硫酸毁容当然也是身体事件。本书前文已有论述，"身体事件"具有强烈的传播效应。

（三）身体叙事说理、抒情效果好

以身体叙事说理往往有效，在现代京剧《杜鹃山》中柯湘为了说服雷刚唱道：

> 他（指剧中人物田大江）推车，你抬轿，
> 同怀一腔恨，
> 同恨人间路不平，路不平。
> 可曾见他衣衫破处留血印，
> 怎忍心——怎忍心（哪）
> 旧伤痕上又添新伤痕？

"他推车，你抬轿"两人都是受剥削、受压迫的劳动者。"衣衫破处留血印"更是直接以身体叙事，提示雷刚再打田大江就是"旧伤痕上又添新伤痕"，就是兄弟相残。正是柯湘以身体叙事说理，才使雷刚醒悟过来："见伤痕往事历历涌上心，受苦人肩上压的都是豪绅"，从田大江身上的伤痕，想到了自己的身上也曾经伤痕累累，受苦人有着共同的敌人。

在现代京剧《磐石湾》第四场中，为了唤醒对敌人保持警惕、保持兄弟情谊的意识，陆长海对已心生隔阂的海根唱道：

> 怎能忘穷兄弟同经忧患，
> 一起生一起长苦根相连。
> 怎能忘手拉手，一起街头讨剩饭；
> 怎能忘身贴身，一起檐下度饥寒。
> 一只红薯分两半，
> 半瓢剩饭二人餐（四手紧握）。
> 怎能忘，你我的父亲一起出海同遭劫难；
> 你和我，海岸边，一起盼哪盼归帆，一起盼哪盼归帆！
> 嗓音同哭哑，
> 眼泪同哭干，

双双问大海，
一起唤苍天！
讨血债，一起闯进渔行栈；
一条麻绳将咱俩（拉海根走向大树）绑在大树前。
皮鞭一落，伤痕两道，屠刀一举，鲜血飞溅，两条臂膀两条伤，
（与海根一同扬臂出示刀疤）
一样深哪一样宽！

"手拉手，一起街头讨剩饭"；"身贴身，一起檐下度饥寒"。"嗓音同哭哑，眼泪同哭干，双双问大海，一起唤苍天"，两个人的身体共同经历了一样的苦难。他们的身体上还留有当年苦难、反抗的痕迹，"两条臂膀两条伤，一样深哪一样宽"，动作提示"与海根一同扬臂出示刀疤"绝非可有可无，那是身体共同承受残暴的见证。经过身体叙事说理之后，海根很快觉醒，并提供了重要情报。

身体叙事之所以说理效果好，一个重要原因就在于它容易打动人的情感。写身体或写身体某一部位的散文不少，其中朱自清的《背影》很有名，长期被选入中学语文课本。"我与父亲不相见已二年余了，我最不能忘记的是他的背影。"对父亲身体背影的怀念，就是对父亲的怀念。

《背影》中重点写父亲买橘子时的背影："我看那边月台的栅栏外有几个卖东西的等着顾客。走到那边月台，须穿过铁道，须跳下去又爬上去。父亲是一个胖子，走过去自然要费事些。我本来要去的，他不肯，只好让他去。我看见他戴着黑布小帽，穿着黑布大马褂，深青布棉袍，蹒跚地走到铁道边，慢慢探身下去，尚不大难。可是他穿过铁道，要爬上那边月台，就不容易了。他用两手攀着上面，两脚再向上缩；他肥胖的身子向左微倾，显出努力的样子。这时我看见他的背影，我的泪很快地流下来了。我赶紧拭干了泪。怕他看见，也怕别人看见。"父亲买橘子时身体的背影并不高大完美，甚至有些拙笨琐陋，然而它让作者朱自清落泪，自然也能感染读者的内心情感，勾起自己的父爱记忆。

台湾作家龙应台在《目送》（生活·读书·新知三联书店）一书中写道："所谓父子母女一场，只不过意味着你和他的缘分，就是今生今世不断地目送他的背影渐行渐远，你站在小路的这一端，看着他消失在小路的转弯处，他只是用背影默默地告诉你，不必追。"多少父母目送子女的背

影走向远方，目送子女背影凝聚了父母的惦念与关怀。

二　文学中的身体叙事

在相当大的程度上，文学就是身体的文学。

写作永远是作者身体的活动，然而身体叙事并不是在这个意义上使用的。严格说来，作家是用别人的身体叙事。这个正在叙事的身体往往是虚构的。然而，写作中的作家的身体自然会将自己投注到文本中。写作中写作者的身体总是"在场"的，读者可以从文本中想象作者的在场。作者在写作中也会设想自己的身体叙事对读者的身体所产生的效应。

"丹尼尔·庞德（Daniel Punday）在《叙事的身体》中正式提出身体叙事学。这本书指出经典叙事学忽视了身体在叙事中的重要作用，并且论述了身体观念在形成叙事观念这一过程中的作用，身体对于叙事技巧比如叙事时间的影响，以及如何叙述身体等，力图从身体与叙事技巧和形式的关系等方面勾勒出身体与叙事关系的轮廓。"[1]

叙事是对一个特定长度的身体行动的模仿。文学的身体叙事有两种含义：第一，身体作为叙事的符号，也就是广义的身体叙事；第二，女性主义的身体叙事，具有特定的含义，是一种特指。

（一）广义的身体叙事

广义的身体叙事，简而言之，即以身体作为叙事符号，以动态或静态、在场或虚拟、再现或表现的身体，形成话语的叙事流程，以达到表述、交流、沟通和传播的目的。这种身体叙事一直存在于文学中。在叙事过程中身体具有双重身份，它是行动的主体，也是叙事的主体。

身体叙事在传统叙事学中没有得到多少关注。但身体叙事源远流长，几乎与文学叙事同时产生，这在中国古老的《诗经》中不乏例证。例如，《卫风·氓》的"氓之蚩蚩，抱布贸丝"，再如《卫风·硕人》的"手如柔荑，肤如凝脂"等。

在中国文学体裁中，有"长篇叙事诗"，但没有"长篇叙事词"。即使过去不被认为以叙事见长的宋词，也有研究者写出专著《宋词中的身体叙事——经济因素的渗透与反映》，认为"身体叙事可以而且应该成为解析

---

① 欧阳灿灿：《欧美身体研究述评》，《外国文学评论》2008 年第 2 期，第 29 页。

宋词词体特征的一个新的视角"①。

> 宋词以身体作为消费对象和消费材料，是"创造者和消费者"试图以此摆脱文化控制、趋向观念自由和自身解放的一个重要标志、象征与出路②。

> 词以生命（身体）为本体，注重身体的感受与体验，有着强烈的"身体化"倾向③。

宋词的繁盛与美女身体不无关系。吴自牧在《梦粱录》中记述道："娉婷秀媚，桃脸樱唇，玉指纤纤，秋波滴溜，歌喉宛转，道得字真韵正，令人侧耳听之不厌。"④ 有作品为证："樱唇玉齿，天上仙音下士。留住行云，满座迷魂酒半醺"（欧阳修：《减字木兰花》）。这时的美女身体形象带有更多的市井消费特征，宋词中对女性的"嫩脸""如花面""千娇面""粉面""香腮""莲腮""蛾眉""玉齿""素腰""纤腰""香足"的描写很多，脂粉气浓重。

即使在"左"的思潮浓重的氛围中、在身体被压抑的年代，身体叙事依然存在。请看现代京剧《沙家浜》中郭建光的一段唱词：

> 朝霞映在阳澄湖上，芦花放稻谷香岸柳成行。
> 全凭着劳动人民一双手，画出了锦绣江南鱼米乡。
> 祖国的好山河寸土不让，岂容日寇逞凶狂！
> 战斗负伤离战场，养伤来在沙家浜。
> 半月来思念战友与首长，也不知转移在何方。
> 军民们准备反"扫荡"，何日里奋臂挥刀斩豺狼?！
> 伤员们日夜盼望身健壮，为的是早早回前方！

---

① 窦丽梅：《宋词中的身体叙事——经济因素的渗透与反映》，河南人民出版社，2012，第 9 页。
② 窦丽梅：《宋词中的身体叙事——经济因素的渗透与反映》，河南人民出版社，2012，第 2 页。
③ 窦丽梅：《宋词中的身体叙事——经济因素的渗透与反映》，河南人民出版社，2012，第 10 页。
④ （南宋）吴自牧：《梦粱录》二十"妓乐"条，中国商业出版社，1982，第 178 页。

这里存在三重的身体叙事。首先是"全凭着劳动人民一双手，画出了锦绣江南鱼米乡"。锦绣江南鱼米乡是劳动人民的一双手"画"出来的。其次是"战斗负伤离战场，养伤来在沙家浜"，"负伤"是身体负伤，"养伤"是养护、恢复身体，之所以来到沙家浜，是因为身体负伤来这里养伤。再次是"伤员们日夜盼望身健壮"，为的是早回战场，"奋臂挥刀斩豺狼"，早回战场的前提是"身健壮"。这里是对身体的盼望，是身体的将来时。

与《沙家浜》差不多同期的歌曲《老房东查铺》也存在三重的身体叙事。

第一重是老房东查铺的身体叙事。老房东半夜三更来"查铺"，从"手儿里捧着一盏灯"，"脚步迈得鹅毛轻"，到"举起红灯仔细瞧"，再到"掖好被角儿添旺了火"，老房东查铺的身体叙事贯穿始终。这重身体叙事主要表现了老房东对子弟兵的深情关爱。

第二重是想象中战士们行军的身体叙事。"战士们千里来野营，爬过了多少山那越过了多少岭啊，白天练走又练打"，这是战士们不在场的身体叙事，表现了战士们野营训练的紧张、辛苦。

第三重是沉睡中的战士们的在场身体叙事。"梦里还在喊杀声"，"举起红灯仔细瞧，越看心里越高兴，一个个都像老八路"。这里是战士身体的在场叙事，睡梦中还在操练杀敌本领，他们继承了老八路的光荣传统，所以老房东越看心里越高兴。在第二重和第三重叙事中，老房东的身体叙事穿插其中，"想笑又怕笑出声"，"举起红灯仔细瞧"，自然就引出了战士们的睡态。

（二）特指的身体叙事

法国女权主义者埃莱娜·西苏于 20 世纪 70 年代中期提出女性主义的身体叙事理论，她说："妇女必须通过她们的身体来写作，她们必须创造无法攻破的语言，这语言将摧毁隔阂、等级、花言巧语和清规戒律。"[1] 美国女权主义批评创始人伊莱恩·肖沃尔特对这一理论作了进一步的解释：身体写作"即女子的身体，女子的差异刻入语言和文本的行为"[2]。

女性身体叙事对于揭示和探索潜意识有其贡献。埃莱娜·西苏说：

---

[1] 〔法〕埃莱娜·西苏：《美杜莎的笑声》，见张京媛主编《当代女性主义文学批评》，北京大学出版社，1992，第 201 页。

[2] 〔美〕伊莱恩·肖沃尔特：《荒原中的女权主义批评》，见王逢振等主编《最新西方文论选》，漓江出版社，1991，第 262 页。

"写你自己，必须让人们听到你的身体。只有到那时，潜意识的巨大源泉才会喷涌。"①

"身体写作"是身体叙事的另外一种说法。在中国，"身体写作"是用以描述 2000 年前后出现的以卫慧和棉棉为代表的女作家，代表作是卫慧的《上海宝贝》，棉棉的《啦啦啦》《糖》等。这种身体写作与"私人化"写作相关联。"私人化"写作常有大量关于人体器官感觉的描写，这些器官感觉有一定深度，常常探测无意识心理，"私人化"写作表现出强烈的拒绝公共空间与公共领域的倾向。还有"美女作家"的说法，这种说法没有文学理论意义。

不少"身体写作"实际上集中在"下半身写作"，描写自己的月经、性器官等生理现象，把感官欲望推到了极端。在 2000 年度引起很大争议的"下半身"诗派，就将生命等同于下半身：

> 我们只要下半身，它真实、具体、可把握、有意思、野蛮、性感、无遮拦。
>
> 我们更将提出：诗歌从肉体开始，到肉体为止。
>
> 只有肉体本身，只有下半身，才能给予诗歌乃至所有艺术以第一次的推动。这种推动是惟一的、最后的、永远崭新的、不会重复和陈旧的。因为它干脆回到了本质②。

它割裂了人的上半身和下半身，将人只看作无头的肉体。头脑天然地是身体的一部分。"无头的肉身"和"无肉身的头脑"都荒唐至极。

"下半身写作"并非现代社会才出现，欧洲文艺复兴时期就有类似现象。

> 通常人们都注意到，在拉伯雷的作品中，生活的物质——肉体因素，如身体本身、饮食、排泄、性生活的形象占了绝对压倒的地位。而且，这些形象还以极度夸大的、夸张化的方式出现。有人称拉伯雷为描绘"肉体"和"肚子"的最伟大的诗人（例如，维克多·雨

---

① 转引白胡辛《中国女性文学纵览》，《南昌大学学报》（人文社会科学版）2001 年第 4 期。
② 沈浩波：《下半身写作与反对上半身》，载诗歌民刊《"下半身"》创刊号（2000 年）。

果）。另一些人指责拉伯雷是"粗野的生理主义"、"生物主义"、"自然主义"等等。人们在文艺复兴时代其他文学代表人物（薄伽丘、莎士比亚、塞万提斯）的作品中，也看到了类似的现象，但表现方式没有这样强烈。人们解释说，就文艺复兴时期而言，这是典型的"为肉体恢复名誉"，这是对中世纪禁欲主义的反动①。

人们已经注意到，对中世纪禁欲主义反抗是此类作品出现的社会意义。

观察通俗作品市场，性和暴力成为许多作品身体叙事的主打内容。

三　动作片

动作片（action films）又称为惊险动作片（action-adventure films），是一种影片类型，以一系列外在惊险动作和事件为核心，常涉及追逐、营救、战斗、搏斗、逃亡等。动作片以身体动作叙事为主体，表演的核心是武打、枪战等动作过程，并以这些动作过程形成故事情节。

动作片的身体叙事很多时候是以暴力为主题展开的。

最著名的华人动作片演员是李小龙、成龙、李连杰、甄子丹，他们都以出色的武打"功夫"动作而著称。

---

① 〔苏〕巴赫金：《弗朗索瓦·拉伯雷的创作与中世纪和文艺复兴时期的民间文化》，《巴赫金全集》第 6 卷，河北教育出版社，1998，第 22 页。

代结语 身体、身体传播与"人化的人"

第一节 关于"人化的人"

一 从"人化的自然"到"人化的人"

"人化的自然"或"自然的人化"是马克思使用过的一个术语，笔者沿着这个思路提出"人化的人"这一术语。

其实，人本来就来自大自然，与大自然浑然一体，是大自然的一部分，正如《庄子》所言，"天地与我并生，万物与我为一"。如果把人看作大自然的一部分，所谓"人化的人"只不过是"人化的自然"的一部分。这样，"人化的人"就可以放在"人化的自然"中讨论了。与自然的人化相比，人的人化是一个更加漫长的过程。这个过程很不易察觉，以致人们只注意到了"人化的自然"，而忽略了"人化的人"。

只要简单了解一下人类的发展史就会发现，现代人与原初的人相比，已经有了相当大的差别，无论是外在体征还是内在素质。人类的进化在达尔文的进化论里面已经揭示过了。达尔文的进化论揭示出人的进化是适应环境的结果，这无疑是正确的。然而，人的进化在一定程度上也是"人化"的结果，是人按照希望自己成为的那样，并且与大自然提供的可能反复"协商"的结果。文化和科学技术加入到了人类的进化中。人类的进化本身是选择性的，选择或者能够选择是人类理性的证明。

随着科学技术的不断发展，随着人类对自身认识的不断深化，"人化的自然"在加速，"人化的人"也在加速。随着人对自然人化能力的不断增强，人对自身人化的能力也在加强。变性人在过去是不可想象的，现在已成为现实。"变脸手术"在过去是不可能的，现在也正在逐步变为现实。

318

可以说动物是一代又一代地复制自己，而人是一代又一代地发展自己。

把"人化的人"放在媒介社会中考察会发现，媒介对"人化的人"有显著的影响。在现代社会中，媒介与市场"共谋"，在相当程度上实现了对人的控制。

> 一方面，消费者们期望变得自然，具有创造性，和成为自己之趣味的主人……。另一方面，（设计者设计的）各种模型、趣味或风格标准又不断强加于消费者，为的是使他们将自己的生活环境"个性化"（显然是自相矛盾），最后，消费者的自由被减少到只能选择早已存在的"原型"（"原型"是"类型"在心理学和美学中的变种，或造成模型性的母体技术，为的是形成或制造出自己的个性）。在这种情况下，就产生了一个人人皆知的事实：不再创造或发明一个人自己的个性，而是顺应或选择一个市场所提供的原型性的个性。或者更直接地说，把自我塑造成一个原型的个体①。

上面所说情况可以叫作"市场霸权"。而媒介对这种"市场霸权"的形成起着推波助澜的作用。我们只要看一下媒体上劈头盖脸推销各种商品的广告，就很容易理解这个观点。

二　"人化的人"表现在四个方面

从"自然的人"到"人化的人"，"人化的人"表现在四个方面：一是人体外在形态的人化，二是人的行为的人化，三是人的脑神经的人化，四是人的思维方式和思想、观念的人化。思维方式和思想、观念本身就是一种"人化"，说"人的思维方式和思想、观念的人化"，只不过是为了与前三个方面的说法一致，而且包括这种思维方式和思想、观念在不断"人化"。以基因工程和电脑网络为代表的高新技术，充分显示了科学技术对人类生活世界重新改造的能力，基因工程改变人的自然属性，基因工程和电脑网络会改变人的社会属性。改变人的自然属性和改变人的社会属性都

---

① 奥廖尔（Tufan Orel）：《"自我—时尚"技术：超越工业产品的普及性和变化性》，见马克·第亚尼编《非物质社会（后工业世界的设计、文化与技术）》，四川人民出版社，1998，第69－70页。

属于"人化的人"的范围。改变人的自然属性包括笔者说的前三个方面，改变人的社会属性包括笔者说的第四个方面。

"人化的人"是一个大课题，它对人类有极其重要的意义，有很多问题需要探讨。

三　如何评价人体外在形态的人化

黑格尔说过："人通过改变外在事物来达到这个目的，在这些外在事物上面刻下他自己内心生活的烙印，而且发现他自己的性格在这些外在事物中复现了。……不仅对外在事物人是这样办的，就是对他自己，他自己的自然形态，他也不是听其自然，而要有意地加以改变。一切装饰打扮的动机就在此，尽管它可以是很野蛮的，丑陋的，简直毁坏形体的，甚至很有害的，例如中国妇女缠足或是穿耳穿唇之类。只有到了有教养的人，形状举止以及外表一切样式的改变才都是从精神文化出来的。"[①] 人在力图使自己变得更像自己所希望的那个样子。

对于几乎所有的人来说，都希望自己更美，因为爱美之心人皆有之。然而，怎样才算美却是一个简单而复杂的问题。每个人都在按照自己对美的理解，使自己"人化"。在这种人化的过程中，根据人化的程度不同可以分为两类。一类是穿服装、佩戴首饰和化妆，不改变人自身的自然外观，即使有外观的改变也还是可以复原的。比如，发型设计、头发染色、描眉、修眉，涂口红、描口型线，面部涂脂抹粉，涂手指甲、涂脚趾甲，戴手镯、戴戒指，等等。另一类是改变人自身的自然外观，而且这种改变一般是不可复原的，比如文身、戴耳环、戴肚脐环、裹小脚等。在这一类中，最突出而彻底的是整容手术和开始时间不长的"变脸手术"。整容手术和"变脸手术"有很多复杂问题需要探讨。这里只就这两类"人化"中的一般情况谈谈笔者的看法。总体来说，不反对第一类的化妆修饰，因为它一般不会给人体带来损害或损害不大。而第二类对人体不可还原的人化应格外谨慎，因为它给人体带来了不可恢复的损伤，正如上文黑格尔所说。当然，从医疗角度所需要的整容手术和"变脸手术"应有其存在空间。

笔者对第一类化妆修饰有如下看法：恕我直言，现在非常多的使自身

---

① 〔德〕黑格尔：《美学》第 1 卷，商务印书馆，1979，第 39－40 页。

向"人化"美的努力，并没有达到美的目的。多数人受着化妆品生产商和大众媒体的共同操纵（这种共同操纵主要手段是广告），花了钱、消耗了时间，却慢慢消损了自己的自然美，加速了自身的衰老。

首先，对于人体，自然美是最高形式的美。中国古人早就有这种认识："曾识姮娥真体态，素面元无粉黛。"① 国外也不例外，我们随便看一个文学家的看法：英国大诗人拜伦在《唐·璜》中描写海黛时写道：

> 她的睫毛虽然像夜一般幽暗，
> 还是照习俗抹上黛，但是枉然；
> 因为那大眼睛的边缘是如此黑，
> 光滑的睫毛嘲笑着墨玉的斑染，
> 这反抗很对：不染它反而更美。
> 她的指甲涂过指甲花的朱丹，
> 但这又一次证明巧工的无用，
> 因为她的指甲本来已经够红。
>
> 首先那指甲花应该深深染过，
> 好把她的皮肤更衬得洁白柔和，
> 但实则不必了：晨光照耀的雪峰
> 也不曾有她那种天庭的光泽。
> 眼睛看着她，不禁疑心是做梦，
> 因为她太像幻影了；我也许说错，
> 但莎士比亚也说，谁给纯金镀金，
> 或者给百合涂色，那才最愚蠢②。

姮娥、海黛这种天生丽质一般人达不到，但绝大多数正常人都有自己无须化妆就具有的自然美。须知，自然美是真美，化妆美是打折扣的美。所有异性在选择配偶时以自然美为根据，绝不会以化妆美为根据。

其次，人化的美应当是健康美，而健康美主要是通过体育锻炼、合理

---

① （南宋）刘克庄：《清平乐·五月十五夜玩月》。姮娥即嫦娥，元作"原"。
② 〔英〕拜伦：《唐·璜》，人民文学出版社，1980，第268－269页。

营养、良好的心境和适当劳动得到的，多数化妆品很难奏效，其他方式副作用更难以避免。如果以损害健康换取外表的美就不足取。据张学良的夫人赵四小姐自己讲，她在年轻的时候就把牙全拔了，装了假牙，因为要美。

再次，人化的美应是整体和谐的美。而这种整体和谐美需要较高的美的修养才能判断。其次和再次两点可以用女作家铁凝的话来表达：

> 但依我看美的标准首先是健康，是整体的和谐。这是大美。并不是所有的大美都能被一般人所欣赏、领会的。换句话说，欣赏真正的美（非流行的）是需要不一般的能力的。很多男人（或女人）没有这种能力，他们只能是随着流行的东西设计自己的理想[①]。

整个社会的大多数人能够以健康美为追求，追求整体的和谐，欣赏大美，这是一个非常高的境界。并非科技发达了，经济生活富有了，就可以达到这样的审美追求。人化的美应当使人向更加健康、完美的方向发展，但是眼下的状况显然并非那么令人满意。

四　人的思维方式和思想、观念的人化

人类进化的特点是心智的进化，这种进化使拥有相对发达大脑的人类祖先靠智慧而不是体力兴旺发达起来。

人类在持续地远离所起源的动物界，从生物进化转化为文化进化。无论是生物进化还是文化进化都可以看作"人的人化"，只不过文化进化、"人的人化"色彩更浓罢了。托马斯·温特沃斯·希金森在1867年给文化下了这样一个定义：

> 文化的意义在于培养和造就完人，直到他把肉体的需求看得无足轻重，而把科学和艺术作为唯一值得追求的、有内在价值的目标。这种精神置纯艺术于功利主义的艺术之上，并为求得更为高尚的精神生

---

① 铁凝：《铁凝日记：汉城的事》，人民文学出版社，2004，第169页。

活而安贫乐道①。

这种文化所造就的人与孔夫子所说的"君子谋道不谋食"何其相似！文化对于"人的人化"来说主要表现在思想观念、精神世界层面。

人的思维方式由最初的简单、综合思维，经过了高级的逻辑思维，现在在继续高度分化的同时，也在向包括形象思维、逻辑思维在内的综合思维发展。至于思想、观念的变化那更是显而易见，翻开任何一部思想史，任何一部历史发展著作，任何一部哲学史、文学史等，思想、观念的变迁贯穿其中。思想、观念的变迁与人的思维方式的变化相关，思想、观念的变迁也有力地影响着人体外在状态的人化。思想、观念对人的行为有重要制约作用，中国古代"存天理，灭人欲"的观念，曾经极大地束缚着当时人们的社会行为。

第二节 身体的"人化"及其未来

一 身体可"人化"、可形塑

存在先于本质，已经存在的身体的本质由自然进化和文化塑造而成，身体的本质也不是一成不变的，而是逐渐进化的。"人是什么，只有他的历史才会讲清楚。"身体既是此在的，又有超越此在的冲动。正如德国哲学家雅斯贝尔斯（Karl Theodor Jaspers）所言："人永远无法穷尽自身。人的本质不是不变的，而是一个过程；他不仅是一个现存的生命，在其发展过程中，他还有意志自由，能够主宰自己的行动，这使他有可能按自己的愿望塑造自身。"② 人的身体既是不断自然进化的结果，也是不断"人化"的结果。

"人化的人"强调了人类文化对人的影响，强调了文化"化人"的这

---

① 见丹尼斯·杰·切特罗姆《传播媒介与美国人的思想》，中国广播电视出版社，1991，第33页。

② 〔德〕雅斯贝尔斯：《现代的人》，《存在与超越——雅斯贝尔斯文集》，生活·读书·新知三联书店，1988，第209页。

一面。这里所说的"文化",是一个中性词,文化并非都是积极的、进步的东西。所以,"人化的人"也是一种复杂的、不能简单肯定和简单否定的社会现象。在讨论"人化的人"这一社会现象时,本书重点关注"人化的身体",也就是重点关注人类文化对人的身体的影响。也可以说,如果沿着文化"化人"的思路探讨,这里探讨文化是如何"化身"的。当然,文化可以"化身"。比如,某些人把"性别变成了一片广阔的试验田。誓将瓦解分界,立志既不再让性别决定身体,也不再让性别成为命运,而是逾越性别之上,自我创造,把自己带到这个世界上"①。然而,没有现代医学技术提供的可能性,变性只能是一种幻想。

人的身体是兼具生物性与社会性的未完成的雏形。尤其是人的大脑,从生物学角度看,"在人类进化过程中,大脑的快速发育与人类女性的直立行走是相互冲突的。直立行走要求人类女性的骨盆不能太宽,而人类进化使得大脑越来越大。哺乳动物的孕育期与大脑量有一个线性相关关系。按照人类的脑量,这个孕育期应该是 21 个月,但是,孕育了 21 个月的人类胎儿脑量将达到 675 毫升,是成人脑量的一半。达到成体脑量的一半,是哺乳动物胎儿娩出时合适的脑量。然而,孕育了 21 个月的人类胎儿太大了,人类的母亲无法产出这样大的胎儿。人类女性为了直立行走,其盆骨的最大宽度只能容纳 300 毫升脑量的胎儿娩出,因此,进化无情地宣判,人类必须早产。这种生物学意义上的早产,使得人类的婴儿有漫长的后天学习时间。正是先天缺失,使得人类必须通过后天的努力,自己创造自己","作为先天缺失者,人类可以有多样的发展可能性"②。大脑必须在出生后快速发育、成长。身体在母亲的子宫里诞生时就处于未完成状态,生下来后依然是个未完成状态,只有死了才定型。李益诗曰:"十年离乱后,长大一相逢。问姓惊初见,称名忆旧容"(《喜见外弟又言别》),说的是离别久了,人的外貌发生了很大的变化,"纵使相逢应不识",只能依稀想起过去的样子。作家孙犁写道:"有些老朋友,他们的印象里,还是青年时代的我,一旦相见,我怕使他们失望。对于新交,他们是从我过去的作

---

① 〔法〕勒布雷东:《人类身体史和现代性》,上海文艺出版社,2010,第 238 页。
② 吴国盛:《东西方不同的人性理想》,《光明日报》2015 年 12 月 24 日,第 11 版。

品认识我的，见面以后，我也担心他们会说是判若两人。"① 时间在人的面孔和动作上慢慢沉淀，缓慢的衰老往往难以察觉。

自然变化是一方面，另一方面人们往往把身体看成一个处在成为、成长（becoming）过程中的实体，身体是可塑的实体，在其主人的时刻用心和艰辛劳作之下，得到形塑和打磨。人可能是唯一可形塑的动物，在所有动物中只有人主动、自觉地改变自己的身体。任何对人体的改造都是对自我的改造，身体也是自己的作者和作品。

身体可在相当程度上形塑，但身体不能分解和重组。

二　从缠脚到整形整容所贯穿的观念

束腰、束胸、缠脚是身体可塑性的一个侧面。束腰、束胸现在依然程度不同地存在。

　　缠足的陋习早已消亡，但它所植根的古代癖性并未彻底铲除。从某种程度上讲，穿高跟鞋也可被理解为一种摩登的缠足。大街上常常有一些矮胖的女人，她们像踩高跷一样穿上高跟皮鞋，肉乎乎的脚面硬是被鞋帮挤得高高隆起，看到她们步履艰难的样子，活像是目睹了小脚的再生。有时还可以看到一些在人行道边倚栏杆的女郎，她们大概初试高跟，尚未磨炼出来，因而一边轮换地脱下鞋子，一边用手抚摩自己被鞋夹痛的纤足。所有时髦的女鞋总是又尖又瘦，对于女人的双脚，美的装饰依然意味着冷漠的物对有感觉的皮肉进行强迫的矫正。

　　不仅对脚如此，对身体的其他部位也有类似的处理。新兴的美容术就是外科手术的一个分支：为了扩大目眶而割双眼皮，为了性感而做隆胸术，为了腰细而敲掉肋骨，为了增白而把脸涂抹成脂粉的面具……为了在这个世界上维持光洁的外表，爱美的女人就是这样硬着头皮忍受了对自己的残忍。只有她们自己最知道此中的甘苦与忧乐，我们局外人恐怕很难说清那痛与快混合在一起的滋味②。

---

① 孙犁：《芸斋书简》上，山东画报出版社，1988，第 288 页。
② 康正果：《妇女为什么缠足新说》，《女友》1994 年第 5 期。

据说，高跟鞋是这样问世的：15 世纪时，有一个威尼斯商人为了让美丽的妻子困在家里而发明了高跟鞋。岂料，他的妻子穿上这双鞋子之后更加婀娜多姿，于是追求时髦的女士争相效仿。高跟鞋发明的直接原因是为了使女性行走不方便，是为了"让女人们走慢点"，女人穿上它后不能跑、不能跳、不能快步走。高跟鞋使女人看上去更性感、苗条。

从妇女缠足到今天女性所青睐的高跟鞋，再到整形整容，有一个观念在支配着她们——取悦于男人、给男人看。女人这种对身体的改造和规训其根源来自男人。不少女人明明知道化妆会损伤肌肤，但她们却习惯了每天在精心打扮后才敢走出家门。如果说化妆品对身体的副作用是潜在的，在长期积累之后才会显现出来，那么有些装饰品则需要毁坏自然身体才能戴在身上，如戴耳环需要在耳朵上穿孔。时装模特儿界有一个好习惯，时装模特儿们表演时多不戴耳环。

三　整形整容手术及其是是非非

（一）身体从头到脚被改造

整形整容手术，身体被格式化，身体从头到脚被改造，具体说来包括："种植头发、隆额头、去眉间纹、隆眉弓、双眼皮成形术、开眼裂、隆太阳穴、提升眼角下垂、去眼袋、激光除皱、隆鼻/去驼峰鼻/穿鼻洞、去高颧骨、丰耳垂、丰鼻唇沟、丰唇、瘦脸/丰脸、酒窝成形、去下颌角/隆下颌、快速去除双下巴、上臂溶脂、乳房综合塑形、腰部吸脂减肥、脐部挂环、臀部提升术、妇科整形（如阴唇挂环）、大腿移脂、小腿削薄术、去脚骨。"① 人们还在不断开发新的项目。

（二）整形整容最常见的原因

整形整容最常见的原因是希望自己的外形变得漂亮。一个韩国美容机构的广告这样说："把你全身都换掉，像金喜善一样美。"一则丰胸广告说："挺不起胸，怎能抬得起头？"挺胸丰乳，不仅意味着女性的身体性感，还关系到女性在社会上能抬得起头。

妇女实施的隆胸手术（breast implants），越来越多的男人也竞相效仿，接受隆胸手术（chest implants），以求看上去更显肌肉强健，花钱买一副更

---

① 中国医学科学院整形整容医院提供《女性整形手术清单》，《中国妇女》2004 年第 7 期。

显"完美男子气概"的身体。

人们力图改造自己的容貌，这种改造反映着时代的审美潮流。在美国和南美洲举行的选美比赛中，参赛选手们的身体从上到下都接受过整形手术。经过精雕细琢的身体像全身修改过的雕塑一般。外科整形手术在美洲大陆已经得到广泛推广，数以百万计的女性定时接受整形，她们修整乳房、体形、大腿，以便能够跟上时尚潮流。许多女人关注自己的身体，变成了一项专门的内容。从女性杂志上可看到类似标题：《今冬做好这些手术，让您成为明年夏天沙滩上的亮点》。

（三）较为极端的例子

这里有一个较为极端的例子。

菲律宾人赫伯特·查维斯为了把自己变成超人模样，在16年间接受了19次外科整形手术。整形内容包括鼻部整形、抽取唇部脂肪、下颌调整、隆胸、皮肤漂白、隆腹肌等（见图7-1、图7-2）。

经媒体报道，查维斯现在成为菲律宾的名人。他的家人和朋友对他的特殊爱好非常支持。他的母亲琳达说："他虽然渺小，但已经成为菲律宾的超人，我们为此感到高兴。"

查维斯说："我对自己所做的事不后悔……因为超人，我生命中的每

图7-1 整形之前的查维斯

资料来源：乔颖：《菲律宾一男子为变"超人"疯狂整形19次》，《羊城晚报》2013年9月10日。

图 7 - 2 整形之后的查维斯

资料来源：乔颖：《菲律宾一男子为变"超人"疯狂整形 19 次》，《羊城晚报》2013
年 9 月 10 日。

件事都变得积极。每当我出现在街上，人们就会走近我，想跟我合影。他
们都为能在菲律宾看到真人版超人激动不已。"

在中国，有些人坚持不懈地修改自己身体的外表并喜不自禁。下面这
个例子虽然手术也不少，但对于想通过整容整形而获得美貌的人来说，似
乎算不上极端。2003 年，24 岁女孩郝璐璐历经 200 多天，耗资 30 万元，
接受了多达 14 项的整容整形手术，成为"中国第一人造美女"。

（四）如何看待整形整容手术

对于整容整形手术应该慎之又慎。每一个人体都是独一无二的，应当
有充分的自信。

目前，整形外科存在问题还较多。在脸上动刀的瞬间就永远告别了自
然美。

不少做整形整容手术的人原因不在于自己的外表，而在于心理问题。
2013 年 34 岁的英国女子艾丽西亚·杜瓦尔 17 岁第一次接受隆胸整形手
术，随后陆续"动刀"50 余次，花费百万英镑，只希望自己看起来像芭比
娃娃。如今，她意识到出问题的不是外表，而是自己的心理，后悔不已。

杜瓦尔求助于整形医生的最初目的是让自己"看起来更像芭比娃娃"，想变得"完美"。她随后陆续接受了 16 次隆胸术、6 次隆鼻、11 次眼部提升、脸型修整、面部整体提升、腹部除皱、臀部植入、垫下巴、去除下巴植入物等。她还让整形医生帮她缩短肋骨，令身材更苗条；缩短脚趾，"以便穿高跟鞋时更好看"。

除手术外，杜瓦尔还不时注射肉毒杆菌和植入填充物，总共接受了 330 多次整形美容。

整形美容已经成为她经济生活的第一要务，房子、衣服乃至食物统统为之让道。她说："除女儿的教育，我只在手术上花钱。我吃豆子吐司，从不休假，甚至说服男朋友们为我的手术'埋单'。"

杜瓦尔育有两个女儿，"女儿求我停止手术，我仍然继续"，杜瓦尔说，"我的情况不妙，对手术上瘾。但没有一个医生试图阻止我，我觉得他们只想要我的钱。"

事实上，杜瓦尔已经患上身体畸形恐惧症。这是一种与焦虑和强迫症相关的心理疾病，患者强烈地认为自己身体某部分存在缺陷，觉得"丑陋"。

百万英镑巨资、手术的痛苦是否让杜瓦尔感到满意和快乐？事实远非如此。她说："经过这么多次手术，我的脸不能动，无法自如微笑，不能用鼻子呼吸。再看手术前的照片，我发现自己长得并不差，如果从未做过手术，可能比现在漂亮得多。"①

人类在力图征服自然的同时，也试图征服自己的身体。现在人们已经意识到与其征服自然，不如与自然和睦相处；同样，与其征服身体，不如与身体和睦相处。整形整容至少应当以保证身体健康为底线。

四 器官移植手术

弗洛伊德在《文明及其不满》中指出："人类似乎已经变成了某种佩戴着假肢的上帝。佩戴上所有辅助器官之后，他的确显得仪态威严，但这些器官并未真正生长在他身体之上，所以仍不时让他烦恼不已"。② 如果说

---

① 黄敏：《英国整形狂人后悔不已》，《文汇报》2013 年 3 月 25 日，
② 转引自〔美〕约翰·奥尼尔《身体形态：现代社会的五种身体》序言，春风文艺出版社，1999。

整容整形手术多不属于绝对必需，那么器官移植手术则多属于延续生命所必需。然而，移植的器官来自他人的身体，这个陌生人变成了生命中的不速之客，往往不受欢迎。

　　移受者在自己的身上感受到一个陌生的存在，另外一个人那挥之不去的痕迹。他自己的一部分消失了。"我在自己的身体里感到另外一个人的存在，他的存在感比我自己的还要强烈。好像我一半的身体都消失了"；"不是很清楚自己是谁"；"我觉得自己似乎换了一个身体"，这样的说法时常可见。从此终日陪伴移受者的抗排异药物所引起的副作用更增强了这种感受①。

身体对异体器官的排异问题，一直是接受移植手术的患者和做手术的医生需要面对的。排异现象越严重，这个器官不属于自己身体的感觉就越强烈。

妇女的肾脏使男人担心会丧失一部分男性气概，而接受男性肾脏的妇女则会为自己能否继续保留女人味儿而担忧。年轻的移受者担心接受来自一位年龄稍长的人的器官会对他未来的生活产生影响；而上了年纪的移受者则会乐于接受年轻人的心脏或肾脏，并且希望能加以"利用"。

摘除自己的器官，移植上别人的器官，这不仅在肉体上打开一个缺口，更是在深层次触及了病人的价值观及其存在的理由。哲学家让－吕克·南希接受过心脏移植手术，曾就此痛苦地思索："让我不安或让我受毒害的正是让我痊愈的，让我过早衰老的正是让我重获新生的。我的心脏比我小二十岁，而我身体的其他部分比我（至少）大十二岁。因此，我同时变得年轻和衰老，我不再拥有自己的年龄，也不再拥有严格意义上的年龄。同样，我还没有退休，就不再拥有严格意义上的职业。"②

还有一种特殊的器官移植，这就是换头术。

　　卡纳韦罗也在论文中写道："'换头'手术将创造一种嵌合体，他

①　〔法〕勒布雷东：《人类身体史和现代性》，上海文艺出版社，2010，第277页。

②　让－吕克·南希（J.-L. Nancy）：《入侵者》，见〔法〕勒布雷东《人类身体史和现代性》，上海文艺出版社，2010，第278页。

（她）具有接受者的思想，但他们的后代却携带身体捐献者的遗传物质。"那么，我们是该以生物学特性去定位这个"混合人"，还是该以思想特性去定位这个"混合人"?①

这的确是个问题。

第三节　"人化的人"之未来

一　现代高科技为"人化的人"开辟的可能性

奥尼尔指出："人的交往身体所蕴涵的最根本的力量，正是这些力量建构了我们的宇宙观以及某些现存的传统，而且还有可能铸就人类未来的身体形态。"② 人类文化的"意向性"必然对人类未来的身体面貌产生不容忽视的影响。只要我们进行观察，这一点已经在人类发展进程中显现出来。

从进化的角度考察，每一个物种都不是一成不变的，而是在代际传承中不断发生着变异，有些变异被保留，有些变异被抛弃，而基因技术等使这种自然过程增加了更多的变数。科学技术的不断发展，无疑为"人化的人"提供了更大的可能性。生物繁殖、基因工程、整形手术、芯片植入、运动科学等，为身体提供了多种可能和多种选择。将来可以在大脑中植入芯片，让人"过目不忘"。科学技术也促使自然选择的方式发生变化。用控制人类基因组的方法，人类将遵循一套全新的规则来进化。人类正在获得新的基因，并以前所未有的速度进化。美国人类学家亨利·哈彭丁领导的研究小组发现，人类基因组中有大约 1800 个基因呈加速进化状态，这一数目约占整个人类基因组的 7%。

浙江大学医学院附属第二医院神经外科与浙江大学求是高等研究院合作组建的"脑机接口临床转化应用课题组"，首次用病人颅内植入电极意念控制机械手，成功完成高难度的肢体运动——"石头、剪刀、布"这一

---

① 胡轩逸：《换头术，疯狂还是科学?》，《光明日报》2013 年 8 月 6 日，第 12 版。
② 〔美〕约翰·奥尼尔：《身体形态：现代社会的五种身体》，春风文艺出版社，1999，第 13 页。

猜拳动作。这一最新研究成果为"渐冻人"实现运动功能重建带来了希望①。奥地利科学家研发出全球第一个有感觉的假腿，可模拟真腿的感觉。这个轻型假肢的脚底有六个传感器，它们同残肢骨干内的模拟器衔接在一起。安装了这一假腿的残障人士说："我甚至能够感觉到小石块。"②

一批美国工程师创造出了会说话、会走路、会呼吸的生化电子人。它由工程师利用人造肾脏、义肢和人造血液循环系统，再辅以植入式电子耳和视网膜等组装而成，是具备真人多种基础性功能的机器人。但模仿人类大脑仍遥遥无期③。

不久前，俄罗斯亿万富翁德米特里·伊茨科夫开启了一项名为"阿凡达"的高科技研究计划，旨在把人脑思维移植进机器人体内，通过人类生物身体和机器身体之间的融合和交换，从而实现"长生不死"。

这个计划将分四个阶段进行。首先，在第一个阶段（2020 年之前）打造出可以通过人脑进行遥控的机器人复制体"阿凡达"，也就是人类可以借助设备远程控制"阿凡达"，轻松实现人类意识的转移；第二阶段，当某人生命终止后，科学家能够将其大脑移植到"阿凡达"身上，从而使他的生命可以在这个"生化机器人"身上继续"存活"下去，而这个阶段的实现节点在 2025 年左右；到了第三阶段，科学家将研究发明出和真人大脑功能相似的"人造大脑"，它可以储存主人的所有经历、记忆甚至性格；最后一个阶段，也就是到 2045 年，科学家将创造出一个全息影像版的虚拟"阿凡达"（全息影像是一种利用干涉和衍射原理记录并再现物体真实三维图像的技术，人们无须佩戴立体眼镜，裸眼就可以观看到全方位的立体影像）。它虽然没有真实的肉体，但外观与主人一模一样，且具有人类的思维、意识和感情。当主人去世后，这个拥有"人造大脑"的仿真"阿凡达"将会延续主人的生命④。

"数码化的肉体，在假器或电子芯片的辅助强化下，成为最终能够实现不朽，逾越一切生理、时间、感觉、空间等局限性的解决方案。身体是

---

① 石琳、严红枫：《我科学家实现人脑意念操控机械 "渐冻人"有望实现运动功能重建》，《光明日报》2014 年 8 月 27 日，第 1 版。

② 《假肢可模拟真腿感觉》，《光明日报》2015 年 8 月 7 日，第 11 版。

③ 陈洁琳：《生化电子人》，《光明日报》2015 年 1 月 9 日，第 11 版。

④ 文若：《换一种方式"长生不死"》，《百科新说》2015 年第 8 期。

需要征服的最后一道防线。"① 当人的灵魂、心智可以移植、保存、重组并在新的载体上运行时，当这种新的载体具有自主性时，人就可以以"信息人"的方式全息性地在场。它与实体性的人"亲临"现场就不再有效能上的差别了，人类有可能进入"超人类时代"。

在电影《异次元黑客》中，强大的计算机虚拟出城市和城市中的人，人类怡然自得地生活着，这些人有思想、有感觉，没有人怀疑世界的真实性，也全然不知道自己是个人工智能。

对于熵主义理论家罗斯（D. Ross）而言，"只需要"在电脑程序中建造出特定大脑的每个神经元和每个突触，即可实现精神与电脑包括全套记忆在内的信息传送，身体被扔在一边。人只有大脑才有价值，身体的瓦解不会造成其身份的改变，相反，身体的瓦解将熵主义者从疾病、事故或死亡等可能性中解放了出来。如果他在网络空间里感到无聊，他完全可以退回现实，根据自己的 DNA 或者在另外一个身体基础之上，再或者通过克隆，重新制造出一个新的身体出来，将精神加载进去。熵主义理论把即将到来的后人类描述为"生理、智力与心理空前发达的一群人。自我编程、自我定义、极有可能不死不朽，这是一群无极限的人"。熵主义者在其全能无敌的想象指导下，以一种发达人类的姿态傲视群雄，他们重新谱写了历史与进化，罢黜了死亡，将当代技术转变为获得救赎的直达线路。"熵主义者们"，皮茨（V. Pitts）说道，"提出借助科学与技术，进化可以成为个人选择及规划的内容。进化，换言之，将实现个人定制"。进化不再是关于一个物种，而是关于一个人②。

以上所述当然只是部分有一定根据的设想，并不等于真实的未来。然而，有一点是肯定的：人类的未来、人类的命运，包括人身体的里里外外，在相当程度上掌握在人类自己手中。上帝创造了人——姑且沿用西方这一习惯说法——人也创造了人。其实，"劳动创造了人"这一经典说法本身，就已经包含了人创造了人自己这一内涵。

人类已经是一种自为的生物，他试图按照自己的意愿发展，但这种发展要与自然的基本规律一致，即合目的性与合规律性的统一。如果宇宙给这种生物足够的时间，人类有可能逃脱——至少在一定时期内逃脱——其

① 〔法〕勒布雷东：《人类身体史和现代性》，上海文艺出版社，2010，第 322 页。
② 〔法〕勒布雷东：《人类身体史和现代性》，上海文艺出版社，2010，第 324 页。

他生命灭绝的命运。比如,移民其他星球。

二 "人化的人"向何处去

在"人化的人"的过程中,总体上对人类的影响以积极或正面为主,但消极或负面的东西时时伴随着它。

"人化的人"并不能为所欲为。它必须尊重人的自然属性和不违背人类的最基本道德规范。凡是违背人的自然属性,毁坏人的天然肌体、不利于人体健康健全的"人化"都应在被谴责之列,也终究会被人类自己淘汰。"三寸金莲"这种戕害妇女身心健康健全的陋习不是已经在中国绝迹了吗?

"人化的人"究竟能把人类引向何处?究竟把人类变成什么样子?国外有学者说,"他(指自然人——引者注)几乎没有属性,而纯粹是潜能,没有终结,而只有可能性。人没有任何限定,他是自由的动物"①。人性包括人的自然属性和社会属性,在很大程度上是一种可能性,存在着巨大的可塑性。正如控制论创始人维纳所说:"多样性和可能性是人的感觉中枢固有的,这真正是通向人类最高才华的钥匙,因为多样性和可能性是人类的有机的真正结构。"② 但是这种可能性、多样性和可塑性绝不是没有任何限定,人作为自由的动物也受种种因素限制。人的基本生理属性就很难突破。比如,一般来说,人的体温超过 40℃ 时,人体内部就会出现新陈代谢的严重紊乱和中枢神经系统的严重障碍;相反,如果人的体温下降至 27℃ 以下时,可使人失去知觉。如果人的体温升高超过 42℃ – 43℃ 或者体温下降到 22℃ – 25℃ 时,就可危及生命。当然,有些人能在特定范围内超出人类一般高温和低温区间,还有一定程度的忍耐力。1980 年盛夏,热浪席卷了美国的亚特兰大,一位名叫琼斯的居民体温高达 47.05℃,由于抢救及时,幸免于死,创造了体温的最高纪录。与此相反,有一位名叫玛丽·苔维丝的女孩,所居住的居室气温低达零下 31℃,致使这位女孩完全失去了知觉。当时,她的体温竟下降到 16℃,成为目前有记录的世界上体温达到最低的人。应当指出,无论是高温还是低温,即使有特异体能的人忍耐程度都是有限的。

---

① 列奥·斯特劳斯等主编《政治哲学史》,河北人民出版社,1998,第 651 页。

② 《维纳著作选》,上海译文出版社,1978,第 39 页。

　　科技的自由度就是人性的自由度，科技做不到的就是人性的天然限度。人性内在的边界限度也制约着科技的自由，为科技发展设置了某些禁区，也为"人化的人"设置了某种边界。但是，如果科技自由超越了人性的限度，那就会导致人的终结和科技自由的终结。

　　人类向何处去？虽然细节难以揣测，但大的方向应该是明确的。随着科学技术不断发展，人类对自身进化的影响越来越大。与以往不同，不仅人自身的行为影响人的进化，人的主观意志也将会在人的进化过程中发挥作用。

　　　　一旦人类决定对人类基因组进行大规模的改造，其威力将远远超过自然选择，它不需要上万年甚至上亿年突变的缓慢积累，不需要漫长的适应性过程，但会面临极大的不确定性，现在很难猜测改造后的人会是什么样子。而如果不出现大规模人为改造基因组的情况，科学家还是敢于按照生物进化的正常速率做出这样的判断：在今后5000年的时间里，人类的遗传特征或者说模样大概与现在的我们相差不多。

　　　　如果最终我们往哪里去在很大程度上是由我们自己决定的，那么，我们身上的责任可就有些沉重了①。

正因为责任重大，所以必须慎重对待、谨慎行事。

---

　　①　付立：《我们将往哪里去？》，《学习时报》2012年9月17日。

后　记

　　笔者在本书构思和写作过程中曾两次放弃——怀疑研究写作它的意义，但最终还是继续下去了，而且随着研究的深入，越发感到这是一片广阔的天地。

　　本书社会学色彩较浓，说它是身体社会学也未尝不可，有些地方还涉及语言社会学，然而它是笔者继《实体信息传播：改变我们关于信息和传播的观念》之后的第二本传播学本体研究专著。本书初步构筑了身体传播研究的框架，当然这个框架是相当个性化的。

　　本书的身体传播研究相当中国化，这不仅表现在大部分材料来源于华夏本土，还在于中国式的思维和表达。然而，在全球化背景下，没有本土之外的视野是不可想象的。

　　在写作本书的过程中，笔者不断回到"我的身体"，转向"他人的身体"，对"我的身体"和"他人的身体"做着从形而下到形而上的观察、体验与思索，一会儿肯定，一会儿否定，有时赞叹，有时哀伤——这就是人？这就是身体吗？是的，喜欢也好，唾弃也罢，这个身体就是这样以它所是的样子存在着并交往和传播着。

　　笔者愿意把研究写作看作蜜蜂酿蜜和人盖房子。酿蜜是将从许多植物花蕊上取来的东西加工成蜜，这个加工过程与研究写作中将各种材料加工、升华为某种思想观点的过程相似。至于思想观点的形成，尤其是新观点的形成，有的能够找到来龙去脉，有的却理不清是如何产生的。盖房子是把各种材料按照一定的结构组合在一起，构建一个有机的整体，这个过程与研究写作搜集、整理材料，然后把有关材料按照整体布局嵌入某一部位，从而形成一部著作的整体框架相似。笔者经常先把搜集到的材料粗略分类堆放在一起，等构筑起框架之后再把它们安置在合适的位置，也常常为此而煞费苦心。有的材料放到书中不合适，笔者就只好忍痛割爱，舍弃它们。

本书收尾和修改时正值酷暑，笔者在青春年华时曾经写过一首长诗《你去吧，春天》，热切盼望和呼唤人生夏天的到来。论年龄，笔者已经进入人生的秋季甚至是秋冬之交，忽忽焉，不知老之将至。恰好，本书关于"身体的实体信息"等内容也涉及人从出生到老年的身体变化，也有对青春身体的赞美。将这首诗作为附录置于后，为读者提供一个经历过春寒、在青春期没有得到充分营养、热切呼唤夏天到来的身体案例，同时用以纪念本书煞尾时的这个夏天和我人生的春天和夏天。这首诗名曰《你去吧，春天》，实际上饱含着对已经失去的春天的留恋，读者明鉴，笔者幸甚。

池笑琳助理研究员撰写了本书第五章第九节和第六章第三节。笔者指导的研究生靳瑜辰、王亚平对全书文字特别是引文作了认真校对。

本书责任编辑曹长香女士富有成效的工作，纠正了书稿中的一些错误和不当之处。感谢河南大学新闻与传播学院王文科书记、杨萌芽院长、王建平副院长、严励副院长、王鹏飞副院长的支持和帮助。

赵建国记于 2014 年 7 月，2017 年 7 月再修改

附　录

你去吧，春天

题序：如果把人的一生分为四季的话，那么，有一代人的青春——他们的春天，是在十年"文化大革命"中度过的。

你去吧，
春天。
因为我是，
四月的桃花瓣。
看到你，
我只会想起，
往日的冬寒；
你要是不去，
也许春寒还会延缓。
看到你，
我只会抱怨，
逝去的华年；
你要是不去，
也许还要耽误我更多的时间。
我不爱你，
春天。
你去吧，

春天。

是的，
我不爱你，
春天。
当阴风冽冽，
当冰雪遮天，
你只会施舍一点希望，
让生物苟延残喘，
让生物安心冬眠。
并且宣称：
冬天即将过去，
春阳就在前面。
当温风煦煦，
当阳辉普天，
你只会使轻浮的柳絮，
娇舞蹁跹。
你只会使像"应声虫"一样的花草，
——我管它们叫"应时草"，
去争芳斗艳。
却使迎风斗雪的松柏和红梅，
被众芳遮掩。

是的，
我不爱你，
春天，
——尤其是北方的春天：
干风卷着尘土，
尘土裹着病源。
人们只知道，
用"万物复苏"来美言，
春天的生机；

却不知道，
生机的春天，
跟冬天一样盛行流感。

人们只知道，
用"春雨贵如油"去渲染，
宝贵的春雨，
却不知道，
宝贵的春雨，
正是由于它，
很少施舍给人间。

人们只知道，
用"鸟语花香"来夸赞，
难得的春天，
却不知道，
春天的难得，
还在于它，
在一年四季中，
最难得到果菜粮棉。

人们只知道，
用"春风送暖"去媚谄，
温暖的春天，
却不知道，
春天的温暖，
正是由于它，
时时有寒流的侵犯。
……

你去吧，
春天。

你给我的可怜的温暖，
早已被延绵的春寒驱散。
我不记得我曾有过美好的少年，
大自然似乎没有给过我明媚的春天。
我从未得到阳春的温暖，
也就不会对它有什么留恋，
何况现在已是四月天。
我已不再抱怨人间的不公平，
也许我的命运就是这般；
大自然把我生在这世上就够了，
也许过多的恩赐，
只会使人骄奢贪婪。

是的，
从缪斯的母亲，
到嫦娥的故乡，
再从空中的蘑菇云，
到森林中的第一群原始人；
不管是《诗经》，
还是拜伦，
不管是《春望》，
还是普希金，
有的盼春、探春、迎春，
有的伤春、惜春、怨春，
有的叹春、怀春、送春，
这些我已经没有，
也不应该再有；
我所有的，
仅仅是，
撵春。

是的，

你去吧，
春天。
春去之后不是冬，
秋来之前正是夏。
夏天，
真正的生机勃勃，
真正的气象万千，
真正的轰轰烈烈，
真正的本色毕现！
夏天呵，
你来吧，
我的青春在夏天。

人们都诅咒赤日炎炎，
烤焦了几株病草。
却不知道，
正是炎炎赤日，
给了万物充足的光暖。

人们都诅咒雷鸣电闪，
摧拉倒几棵枯树。
却不知道，
正是电闪雷鸣，
给万物掘开了生命之源。

人们都抱怨夏天过于繁喧，
没有春天的温柔静恬，
却不知道，
夏天既有交加的风雨雷电，
又有弯月下纹丝不动的湖面，
更有柳荫里柔过柳丝的情恋。

人们都说春天预示着明天，
我说夏天预示着明天的明天。
谁见过，
几只动物有春恋？
不，
热恋在夏天，
一加一等于三！

人们都说"一年之计在于春"，
我说夏天是计划的实践。
春天是理论，
夏天是实践；
理论是灰色的，
长青之树是夏天。

是的，
我热爱夏天，
我向往夏天，
我祝福夏天，
我赞美夏天。
如果我是太阳，
我就要永远停留在赤道上端；
如果我是海伦，
我就只在七月里出现。
如果我是雪莱，
我就让《西风》将夏天呼唤；
如果我是郭沫若，
我就要写《科学的夏天》。
啊！
夏天，
你快来吧。
我需要火，

我需要剑；
我需要雷；
我需要电。
我要潜地，
我要飞天！
——这一切，
——所有这一切，
这一切都在夏天。

是的，
抖掉冬冰的锁链，
抹去春寒的伤斑，
脱下沉重的棉布袄，
换上奥林匹克运动衫，
来了，
就要来了，
我的夏天。

真的，
你去吧，
春天。
因为我是，
四月的桃花瓣。
兴许夏天来了，
我还能结出一颗果子。
你要是不去，
就永远不会有夏天。

真的，
是真的，
你快去吧，

春天，

你去了，

好迎接——我的夏天。

1983 年 3 月草，1985 年 6 月改

本诗曾得到我堂哥赵秋长的指教，特致谢意。

图书在版编目（CIP）数据

身体传播／赵建国著. -- 北京：社会科学文献出版社，2018.7
ISBN 978 - 7 - 5201 - 2684 - 7

Ⅰ.①身…　Ⅱ.①赵…　Ⅲ.①传播学－研究　Ⅳ.①G206

中国版本图书馆 CIP 数据核字（2018）第 092149 号

身体传播

著　　者／赵建国

出 版 人／谢寿光
项目统筹／王　绯
责任编辑／曹长香

出　　版／社会科学文献出版社·社会政法分社（010）59367156
　　　　　地址：北京市北三环中路甲 29 号院华龙大厦　邮编：100029
　　　　　网址：www. ssap. com. cn
发　　行／市场营销中心（010）59367081　59367018
印　　装／三河市尚艺印装有限公司

规　　格／开　本：787mm × 1092mm　1/16
　　　　　印　张：22　字　数：372 千字
版　　次／2018 年 7 月第 1 版　2018 年 7 月第 1 次印刷
书　　号／ISBN 978 - 7 - 5201 - 2684 - 7
定　　价／79.00 元

本书如有印装质量问题，请与读者服务中心（010 - 59367028）联系